21世纪高等教育标准教材

区域经济学

（第二版）

冯云廷 主编

东北财经大学出版社
Dongbei University of Finance & Economics Press
大连

图书在版编目（CIP）数据

区域经济学／冯云廷主编．—2版．—大连：东北财经大学出版社，2013.3（2014.7重印）
（21世纪高等教育标准教材）
ISBN 978-7-5654-1019-2

Ⅰ．区…　Ⅱ．冯…　Ⅲ．区域经济学-高等学校-教材
Ⅳ．F061.5

中国版本图书馆CIP数据核字（2012）第251132号

东北财经大学出版社出版
（大连市黑石礁尖山街217号　邮政编码　116025）
教学支持：（0411）84710309
营 销 部：（0411）84710711
总 编 室：（0411）84710523
网　　址：http：//www.dufep.cn
读者信箱：dufep@dufe.edu.cn

大连美跃彩色印刷有限公司印刷　　东北财经大学出版社发行

幅面尺寸：148mm×210mm　　字数：424千字　　印张：14 3/4
2013年3月第2版　　2014年7月第4次印刷

责任编辑：时博　王瑜　　责任校对：贺　鑫
封面设计：冀贵收　　版式设计：钟福建

ISBN 978-7-5654-1019-2
定价：28.00元

第二版前言

学科理论和方法的体系化一直是区域科学、区域经济学面临的重要课题。沃尔特·艾萨德的《区域科学导论》、埃德加·M. 胡佛的《区域经济学导论》、哈利·W. 理查森的《区域经济学概论》的中译本在这方面都进行了有益的探索。20 世纪 90 年代以来，国内在这方面也进行了许多探索，出版了大量的不同版本的区域经济学教材。然而，在区域经济学学科理论体系上，植根于其间的研究传统使得大多数的教材几乎毫无例外地沿袭了西方新古典经济学的逻辑——从区域经济的供给与需求角度来展开它的体系。呈现在读者面前的这本教材打破了这一传统，从城市与区域互动关系这一视角入手来进行布局谋篇。第一篇讨论区域经济学的微观基础——企业的区位选择行为；第二篇讨论经济活动的空间分布及其结构；第三篇研究的是区域经济增长、地域分异与空间均衡方面的问题；第四篇从区域经济关系入手，研究城市竞争与区域合作；第五篇主要聚焦于区域经济的空间组织与区域政策方面。

本教材吸收了近年来区域经济学领域所取得的最新成果。相关理论、经济分析和政策演化的新发展是本书的基础性和普遍性的内容。下面是本书组织结构上的一些关键性变化：

（1）关注了区域经济的狭域、中域和广域三个层次的空间问题。在狭域上，我们探讨了城乡关系构成的区域经济空间所涉及的城乡统筹等问题。在中域上，以大都市区为区域范围，讨论了大都市区结构、体制和资源整合等问题。在广域上，以区域差异为着眼点，分析了中心城市与周围地区相互之间的投资区位选择、市场分配、产品流通、技术转让、产业转移等诸多方面的问题。

（2）对网络城市的结构及其形成机理的研究是新增补的内容。这是在全球化背景下，区域经济学在解释空间联系机制与地域结构方面面临的一个新的挑战。在这里，我们把分析的重点放在城市体系的网络化结构上，试图对真实世界中区域空间网络结构的规律给出一个经济学的解释。

（3）区域经济的自组织增长机制也是一个新的研究领域。本教材在吸收了最新的研究成果的基础上，从理论上解释了区域经济是如何在市场内在力量的作用下实现的增长过程。

（4）从区域经济关系入手，探讨城市竞争与区域分工的冲突，以及城市竞争的社会基础。对于作为区域分工和交易基础的传统的比较优势原理进行反思，探索区域性分工和合作的新的理论基础。其中，城市灵动联盟问题被首次引入到区域经济教材中来。应该说，这些内容是本教材中具有探索性的部分。

（5）新增长中心的出现给区域经济带来的影响也是我们关注的一个重点。本教材突破传统的中心—外围理论，从集聚—扩散机制上，阐释了新城和新产业空间的出现、增长点转移等对于区域空间结构的意义及传统城区关系面临的挑战。

（6）在现代社会经济生活中，城市公共资源整合愈来愈成为影响一个地区经济运行的基本力量。本教材从城市公共服务规模和效率的视角，分析城市公共资源的空间配置问题。其中，着重讨论城市公共服务产业的规模效益、地区服务边界、服务共享和区域协作、地区性资源共享机制等问题。

（7）根据我国行政区经济的特点，我们特别关注了行政区与经济区关系整合与调整问题。本教材从行政区与经济区的深层矛盾入手，全面讨论了行政区与经济区二者之间的内在关系，分析了从行政区经济向经济区经济转化的路径、模式、机制和制度基础。

（8）随着全球化背景下大都市区在资源整合中的地位和作用的凸显，中国现行的区域经济管理体制遇到了前所未有的挑战。本教材从制度创新的角度，总结了区域治理结构演进规律，对我国区域管理体制进行分析，阐述了大都市区治理结构的新模式。

本书的内容是为本科城市经济学和区域经济学课程所设计的。因此，各章的内容大多数是以文字表述为主，不涉及高深的数学知识。不过，由于本教材的本土化和探索性特点，它还可以用于城市和区域经济专业的研究生课程，当然，也可以用于城市和区域规划、公共政策和公共管理专业的研究生课程。

这本书的出版，是大家共同劳动的结晶。我的在读博士生们都参与了这一工作，他们的辛勤工作为教材增色不少。全书由我设计了教材的体系框架，完成了最后的总纂和修改定稿工作，也承担了部分章节的写作任务。具体分工情况如下：冯云廷撰写了第一、十三、十四、十五、十六、十七、十八章；苏东坡撰写了第二、三、四章；白雪撰写了第五、六、八章；关溪媛撰写了第七章；周笑非撰写了第九、十九章；郑伟东撰写了第十、十一、十二章。

在组织编写本书的过程中，参考了大量文献与研究成果，也得到了东北财经大学出版社相关人员的全力支持，在此特致谢忱！

冯云廷

2013 年 1 月

目录

第一章 导 论

美国区域经济学家埃德加·M. 胡佛（Edgar M. Hoover）曾说过："区域经济学是经济学中最年轻、最有生气的分支学科之一。"作为一门新兴的应用经济学学科，区域经济学尽管时至今日仍未形成完整的理论体系，但是，近几十年来区域经济理论研究却取得了长足的发展，已经成为具有明确的发展方向和巨大研究潜力的经济学科领域。本章首先对区域的内涵、特点与范围进行分析，然后简要回顾区域经济理论研究的演进脉络和新的发展趋势，接下来就区域经济学研究的中心问题展开讨论并给出本书进行区域经济分析的切入点，最后对本书的知识体系和结构安排进行简要阐述。

第一节 区域的内涵、特征与空间边界

一、区域的内涵

不同的学科对区域的含义有着不同的回答：地理学把区域定义为地球表面的地域单元，这种地域单元一般按其自然地理特征来划分，比如，沙漠地带、冰缘地带均称为区域；政治学把区域看成是国家管理的行政单元，这种地域单元主要是按行政权力覆盖面而划分的，因此其边界与国界或一国内的不同省（区）、县界重合；社会学把区域看作为相同语言、相同信仰和民族特征的人类社会聚落，按这种标准，区域可以越过国界和行政边界，也包括不同的自然地理单元，只要语言、信仰或民族特征相同都可以划归为某一同一社会聚落内。

经济学中关于区域的概念迄今尚未有明确的定义，目前影响较大的一种定义则是由美国区域经济学家胡佛于 1970 年给出的。他认为"区域是基于描述、分析、管理、计划或制定政策等目的而作为一个应用性

整体加以考虑的一片地区。它可以按照内部的同质性或功能一体化原则划分。”[①] 在我国，有些学者认为，“所谓区域，乃为有内聚力的地区。它是通过选择与特定问题相关的特征并排除不相关的特征而制定的。也就是说，区域包含的地区具有同质性”[②]。一般来说，区域有如下三个层面的含义：

1. 区域，是一个客观上存在的地理空间。从这个角度去理解区域时，区域是指一定范围的空间，可以用点、线、面来表述，而且它属于一种有限空间。这种有限空间具有一定边界。胡佛等学者所说的区域概念就是指这种有限空间。胡佛指出：“把区域视为一种聚合体，可以减少所掌握处理的数据和事件，这有助于描述区域。”目前国内在对区域概念的理解上，大都趋向于这种解释。如果把区域理解为有限空间，那么这些区域在经济上应该是比较完整的区域，也就是，区域能够独立地生存和发展，具有比较完整的经济结构，能够独立地组织与其他区域的经济联系。

2. 区域，是一种抽象意义上的经济空间。这种空间就是佩鲁所说的“受力场”，即区域是一种经济场。“场”是一个物理学概念，它是一种看不见、摸不着的物质实体。一些学者将“场”的概念引入区域经济学，经济场可以理解为经济空间区域内的经济变量或数学函数。简言之，即为经济空间中的点函数[③]。可见，在一定条件下，经济场就是经济空间本身。借助于“场”的概念，区域可以看作是一个空间经济场。经济场范围是一个城市的吸引力和辐射力对城市周围地区的社会经济联系起着主导作用的一个地域。换言之，经济空间的形成是区域内各级城市空间交互作用力量平衡的结果[④]。其实，区域经济空间就是市场域边界所确定的范围。

3. 区域，是一种以城市体系为核心的经济组织。任何一个城市都和外界发生着各种联系，即城市存在着空间交互作用。这种联系通过以中心城市为中心形成的城镇体系进行交易活动，进行人口、物资、货

---

① ［美］埃德加·M. 胡佛：《区域经济学导论》（中译本），郭万清等译，239页，上海，上海远东出版社，1992。

② 方伦：《区域经济学的研究对象》，载《区域经济研究》，1988（1）。

③ 冯宗宪：《经济空间场理论与应用》，16页，西安，陕西人民出版社，2000。

④ 周一星：《城市地理学》，351页，北京，商务印书馆，1997。

币、信息等的交易来实现。其中，区域的大小取决于以城市为中心的区域的自组织能力。如果缺乏自组织能力，则不能独立地组织整个区域的经济活动，只能隶属于另一个自组织能力很强的区域。从这个意义上说，区域就是以具有较强自组织能力的城市为中心，通过城市体系进行交易活动的所有消费—生产者的居住空间①。

二、区域的基本特征

为了更好地理解区域的内涵，综合众多中外学者的研究，可以概括出经济学关于区域概念包含如下的基本特征：

1. 区域既是一个实体概念，又是一个抽象的空间概念，它具有典型的二重性。我们所说的区域，通常是指地球表面存在的特定范围的空间，即特定的地区。然而，在理论研究中，"区域"一词又经常被看成是一个抽象的、观念上的空间概念，没有严格的范围、边界以及确切的方位。正因为如此，在区域经济学文献中，"区域"和"空间"这两个概念往往可以相互换用，而不必做细致的区别。

2. 区域的内聚力、结构、功能、规模和边界是构成一个区域的五个基本要素。其中内聚力是区域形成和演变的基础，它决定了区域内部的结构和功能，进而决定了区域的规模和边界。正是由于这种内聚力的存在，从而在一个区域各组成部分之间形成了一种相互依存的关系，并由此产生了一种共同的区域利益和区域意识。正如美国经济学家胡佛所指出的："一个区域，它之所以成为一个区域，就在于区内有一种认识到某种共同区域利益的一般意识。"② 这种意识是区域采取一些积极的措施，做出共同努力，提高区域福利水平的前提条件。

3. 区域具有客观性和动态性两个最根本的特征。一方面，区域是一个客观存在的现实现象，由此可以根据一定的目的对其加以描述，进而划区，并揭示其一般规律性。另一方面，区域又处于不断演进变化之中，随着社会经济的发展，区域的内聚力将不断发生变化，继而导致区域特别是经济区域的结构、功能、规模和边界也随之发生变化。但是，

---

① 安虎森：《区域经济学通论》，6页，北京，经济科学出版社，2004。

② ［美］埃德加.M. 胡佛：《区域经济学导论》（中译本），郭万清等译，174页，上海，上海远东出版社，1992。

在某一特定时期，区域一般具有一定的规模和比较明确的边界。根据区域类型的不同，区域边界可能是一条明确的边界线，或者是一条相互交叉融合的边界带。由于商品经济的不发达，在两个经济区域之间可能会暂时出现一些空隙地带即废地。

4. 区域具有一定的等级体系，不同等级区域的规模可能相差甚大。一个城市工业区、一个大的经济地带甚至一个国家都可以看作是一个区域。区域经济学主要以国内的区域作为其研究的地域单元。按照地域规模的大小，国内区域大体可分为地带级、大区级、省区级、市级、县级、乡镇级等多个层次。当然，区域并非是无限可分割的，它具有一定的最小规模即单元区规模①。

三、区域空间范围的界定

区域，是一个客观上存在的空间概念，但它往往没有严格的范畴和边界以及确切的方位。由于区域边界的不确定性，我们研究的区域空间范围也就存在着不同的尺度。

（一）不同功能尺度下的区域

根据研究目的不同，可以对不同类型的区域功能及其范围进行人为地划分。

布代维尔（J. R. Bouldeville）主张将区域分为均质（均一）区、节点（极化）区、规划（计划）区。均质区为具有某些共同特点的多个不同空间单元组成的区域。在研究均质区时，区域内部差异和区内相互作用往往不是研究的主要问题，因而被忽略。节点区是由一系列与上一级增长极保持密切联系的，且这种联系要强于其他同等级中心的经济空间单元组成的区域。在研究节点区时很少考虑其内部一致性。规划区是为了以最经济的方式实现一定目标而设定的连续空间。规划区的设定与行政调控或政治因素有关，其主要目的是便于为解决特定空间范围的问题而实施一系列特殊的政策与规划。

克拉森（L. H. Klaassen）针对传统的以收入水平为标准将区域分为增长区、停滞区与退化区，该分类法缺乏动态观这一缺陷，提出了按增

① 魏后凯：《现代区域经济学》，14~15页，北京，经济管理出版社，2006。

长率进行区域分类。他选取了两个基本指标，即区域人均收入水平与全国人均收入水平之比（A）、区域增长率与全国增长率之比（B），然后根据 A 与 B 的不同组合将区域分为四类：繁荣区（A≥1 且 B≥1）、处于扩张过程的欠发达区（A<1 且 B≥1）、潜在的欠发达区（A≥1 且 B<1）、落后区（A<1 且 B<1）。这一分类的优点在于其强调了区域的动态特征，不仅识别了繁荣区与赤裸裸的贫困区，而且识别了正在摆脱困境与可能面临滑坡的区域，因此可为针对不同问题区域采取不同政策提供区域框架。

汉森（N. Hansen）利用三种资本或投资，即直接生产活动、经常经济资本与经常社会资本，根据它们的组合状况将区域分为三类：拥挤区、中间区与落后区。拥挤区是进一步扩张的边际社会成本（MSC）高于或等于边际社会收益（MSB）的区域。中间区是 MSC≤MSB，私人投资可明显获利的区域。落后区是经济结构以小规模农业和下降或停滞的工业为主的、对新经济活动缺乏吸引力的区域。这种区域分类同样有助于制订与实施区域政策和规划，同时有利于协同调整区域产业结构。

中国学者侧重研究的是经济区和行政区。经济区是经济区域化的表现，行政区是职能区域化的表现。就二者之间的关系而言，经济区和行政区的确定分别基于不同的形成机制，一是经济机制，另一是行政机制，因此两者的地域形态和空间内涵将构成不同的体系。然而，值得注意的是，经济区与区域行政职能之间存在着密切联系。正如美国经济学家萨缪尔森精辟地指出的那样，“现存的经济机会的分配，是历史上区域边界划分的结果”。在拥有行政职能同时掌握经济权力的条件下，现实的经济区的边界将受到行政管辖范围的限制。

（二）不同空间尺度下的区域

不同空间尺度下的区域范围的形成是分层次的、分阶段的，其空间范围应该是从狭域到中域，再到广域的空间扩展过程。从空间尺度上说，狭域的区域范围指中心城市与边缘区形成的空间区域。中域的区域范围指由中心城市与经济腹地形成的空间区域。广域的区域范围指由若干都市区组成的空间地域。上述三个层次的区域都是经济区域。具体来说，经济区域范围可界定为如下三个层面：

第一个层面：城市、边缘区与乡村。它是由城乡关系构成的整个区域经济空间。具体来说，是一个由城市核心区、城乡边缘区和农村三个部分构成的整体。核心区是指城市的建成区，它是已经完全被城市化的区域。农村则完全是以农业化的生产方式和生活方式为主的区域，即我们观念上的完全意义上的农村地区。从空间上看，城乡边缘区是介于二者之间的边缘地带，这样的地区也可以称为“亦城亦乡地区”，它是城市发展指向性因素集中渗透的地带，是城市郊区化和疏散中心城市人口和产业的地区。这一地区已成为一种特定的经济空间结构实体，是介于城市和乡村间的连续统一体。

第二个层面：城市与经济腹地。与中心城市保持着一定经济联系的地区，我们通常称为城市经济腹地。因此，确切地说，这个层面的城—区范围是指城市与它的经济腹地之间形成空间地域。一般地，城市经济影响范围的消长盛衰随着城市实力的变化而变化。由此决定经济腹地所波及的空间范围也是变化的。因此，城市与经济腹地构成的区域，实质上是指城市经济的影响区，从理论上讲，是指中心城市与周围地区相互之间的投资区位选择、市场分配、产品流通、技术转让、产业转移等多种经济因素共同作用所形成的地域空间范围。

第三个层面：大都市圈或城市连绵区。有许多都市区连成一体，在经济、社会、文化等方面的活动存在密切交互作用的巨大的经济区域，称大都市圈或城市连绵区。一般地，它具有这样一些特征：区域内有比较密集的城市；有相当多的大城市形成各自的都市区，核心城市与都市区外围的城市（镇）有着密切的社会经济联系；有联系方便的交通走廊把这些城市联结起来；必须达到相当大的总规模，是国家的核心区域，具有国际交往枢纽的作用。大都市圈或城市连绵区具有一体化的经济空间结构、经济网络系统的组织和协调经济区域内的经济活动和区际联系的机制。

第二节　区域经济理论的演进过程与发展趋势

一、区域经济理论的历史演进过程

自 1826 年德国古典经济学者杜能（J. H. Von Thunen）发表《孤立

国》以来，区域科学在理论和实践上经历了前艾萨德[①]（Walter Isard）（1826 年—20 世纪 40 年代）、艾萨德（20 世纪 50 年代—80 年代）和后艾萨德（20 世纪 90 年代以来）三个不同时期，共计有 180 多年历史。

（一）前艾萨德时期（1826 年—20 世纪 40 年代）

前艾萨德时期，区域经济理论主要是围绕区位选择理论进行的系统研究。从经济学发展历史上看，人们为搞清楚空间问题作了种种尝试，最早的例子是杜能（J. H. Von Tunen，1826）的有关农业土地利用区位的经典分析，还有韦伯、帕兰德、霍特林、普雷德尔、克里斯泰勒、廖什等，为空间经济分析做出了各种开创性的研究工作。但在第二次世界大战以前，区域经济学还没有成为一门独立的学科。到了 20 世纪 50 年代，区域经济学作为空间经济问题的分析框架，被人们所接受（后来还包括城市经济学），逐渐发展成为一门独立的经济学分支学科。

一般经济学研究经济现象时，做出很简单也是很不现实的假定，即所有生产和消费都集中在一个地点上，这样他们就剔除了空间因素这一极其重要而很棘手的变量。如果把空间因素包括进去了，那么这时所得出的结论和不考虑空间因素时所得出的结论，在许多情况下是截然不同的。最简单的例子是运输成本，这种运输成本是因生产区和市场区的空间分离而产生的。一般经济学视这种成本为一种生产成本，并认为降低这种成本的主要途径为运输技术的改进和发展。然而，如果调整厂商的生产区位，则可以避免这种额外的成本或大大降低运输成本。为解决这种空间因素对经济现象的影响而产生的理论就是区位理论。区位理论就是研究厂商选择何种地点才能最大限度地降低运输成本（古典区位论）、或实现利润最大化（新古典的区位论）的问题。杜能最早注意这种成本，他发现离消费市场的距离的远近对农作物的布局有重大影响，他计算出各种农作物组合的最合理的分界线，并划分成六个同心圆状的农业圈；韦伯（Max Weber，1909）开创性地分析了区域间、国家间的

① 艾萨德被誉为西方区域经济学的创始人，他于 1954 年创办了世界上第一个区域科学协会、第一个区域科学系、第一个区域科学研究所和第一本区域科学杂志，1960 年他又出版了《区域分析方法》一书，书中系统阐述了区域开发的理论和方法，标志着区域经济学的正式形成。

经济区位，认为理想的厂商区位是生产和分配过程中所需运输里程和货物重量最低的地点，他在运输费用之外又增加劳动费用和聚集因素，并由上述三者决定的最小成本作为厂商最优区位的标准；霍特林（1929）发展了企业间空间竞争理论，重点分析了在线性市场上的企业间非价格区位竞争。然而，韦伯以后的区位理论研究者发现，最小生产成本不能最终确定企业的最优区位，成本最低也不意味着利润最大化。这样他们创立了以利润最大化为原则、以市场为中心的区位理论；克里斯泰勒（1936）认为，高效的物质生产和流通的空间结构是以城市为中心的多级市场区构成的网络体系；廖什（Losch ，1938）进一步发展区位理论，解释了为什么区域会存在，它定义了依赖于市场区以及规模经济和交通成本之间关系的节点区。这样，不仅使区位分析由单纯的生产扩展到市场，而且开始从单个厂商为主体扩展到整个产业。总之，区位理论研究的宗旨是为不同企业和部门寻找最佳的生产区位，使得企业或部门最大限度地降低生产成本，实现利润最大化。

（二）艾萨德时期（20 世纪 50 年代—80 年代）

区位理论研究，无疑属于微观经济学的范畴。显然，传统区位理论存在很大的局限性。首先，它是以微观经济学完全竞争下的厂商理论为基础的，即市场是完整的，不存在不确定性，因而不存在实现交易所需信息搜寻费用，同种同质产品的价格差只因运输费用而产生。然而，市场实际上并不是完整的，存在许多不确定性，不仅是发展中国家的市场，发达国家的市场也是如此。因此，不同市场之间的商品价格差，不仅要考虑运输成本，还要考虑对不确定性的贴现问题。其次，传统区位理论的分析方法是局部均衡的，又是静态的方法。这种分析方法，都试图寻找一种力的平衡点，并在这些平衡点上配置厂商，而且这种平衡是以单个厂商的经济行为为基础的，因而就忽略了某种经济活动的布局在区域内外引起的一系列反应，尤其是累积性的影响，忽略了经济活动间的相互依赖、相互制约的关系。战后的区位理论在这些方面有了很大的改进。再次，传统的区位理论只注重运费或劳动力费用等经济因素，忽略了制度、技术创新以及经济政策等的作用。从区位研究转向区域研究、从微观经济分析转向宏观经济分析，与资本主义国家区域问题的出现以及凯恩斯主义的国家干预政策是密切相关的。在 20 世纪 20 年代，完成了工业化的资本主义国家（英国、美国等国家）中，开始出现了老工业区的结构性衰退现象。20 世纪 30 年代的经济危机使得这些萧条地区和贫困地区处境更加恶化，大量人口失业，城乡之间和地区之间经济发展严重不平衡。对这种经济发展不平衡现象，英国、美国等国家采取了一些措施，如英国 1936 年成立巴洛委员会，试图遏制产业和人口向英格兰东南部地区集中，并通过建立工业开发区、税收优惠等手段使产业向萧条区分散；美国于 1941 年成立田纳西河流域管理局，制定了田纳西河流域综合开发计划，其成功经验后来被许多国家所借鉴。然而，西方发达国家广泛关注区域经济问题，是在第二次世界大战结束以后。战后，世界资本主义经济进入了繁荣昌盛的时代，各国把大量的物力、财力和人力投入在那些经济发达、技术力量比较雄厚、基础设施良好的地区，以便获得更快的发展速度，解决大量劳动力就业问题。因这种经济政策，整个资本主义世界经济获得了高速增长，资本主义国家的失业率保持在较低水平上，然而，有些地区的发展速度相当缓慢，失业率持续地偏高且越来越严重，大量产业和人口流入大城市，甚至那些金元帝国的美国也出现了一批劳动力过剩、人口大量外流、经济状况日益恶化的地区。这种现象引起了许多学者的关注，缪尔达尔提出了累积因果论（1957），认为不管何种原因，一旦区域间出现发展条件和发展水平的差距，那么发展快的地区在发展过程中就会为自己积累有利的因素，遏制落后地区的发展，使得落后地区的处境日趋恶化；赫希曼（1958）也提出了类似的观点，认为一旦增长点形成，则通过累积性聚集就会不断增强它自身的发展，扩大区域间的差距，虽然涓滴效应可以缩小区域差异，但这种效应要起作用需要一段较长的时间。这些说明，不同企业为利润最大化而做出的区位选择，在很多情况下不能实现区域整体效益的最优；地区之间差距不会因经济的普遍繁荣而降低，在市场力的促使下生产要素流入要素回报率高的趋势不会因经济的普遍繁荣而减弱；资本和劳动力的外流使得落后地区的处境更加恶化，陷入贫困的恶性循环。随着这种区域问题（包括城市问题）的出现，许多经济学家根据凯恩斯主义的国家干预政策，运用宏观经济学的分析方法研究区域经济政策、劳动力就业以及城市问题。这些研究把区域看成是国家经济的一种版本，并把解决区域问题纳入到宏观经济学的范畴。这些研究认为，正确把握区域问题、研究区位以及其他的空间联系问题，是把握区域经济规律、提出区域经济政策和解决城市问题的关键。这样，从单纯的区位研究逐渐转向区域经济研究，从微观经济分析逐渐转向宏观经济分析，进而区域经济学逐渐发展成为独立的学科。①

（三）后艾萨德时期（20 世纪 90 年代以来）

20 世纪 90 年代以来，区域经济理论界出现了一支新的理论。以藤田昌久、保罗·克鲁格曼和安东尼·J. 维纳布尔斯等为代表的"新经济地理学"迅速兴起并对区域和城市问题进行了很多有说服力的解释。新经济地理的基本问题是空间经济的核心问题，即解释地理空间经济活动的集聚现象。城市本身就是聚集的结果。在经济学家那里，需要有一个一般均衡理论来解释这种集聚现象。新经济地理学理论的目标就是通过建立模型，阐释使经济活动集聚的向心力和使经济活动分散的离心力，以便人们很清楚地理解经济活动的地理结构和空间分布是怎样在这两股力量的相互作用下形成的。正如新经济地理学派的代表人物之一保罗·克鲁格曼在描述新经济地理学时说，"它是这样一个学派，它试图运用某些技术和技巧来构建存在报酬递增和不完全竞争市场的模型，其目的在于解释经济的空间结构"。

区域和城市经济理论研究始终有一个基本问题，那就是城市和区域发展的任何理论都取决于规模报酬递增的作用。然而，不幸的是，规模报酬递增常常给城市理论学者带来麻烦。因为对于存在规模报酬递增的市场结构，是主流经济学家掌握的建模技术无法处理的领域。更重要的是，除了极其特殊的情况之外，规模报酬递增会导致新古典经济学中的完全竞争和规模报酬不变假设分崩离析。如何才能将规模经济和不完全竞争这种常态纳入经济模型中去呢？1977 年，迪克西特和斯蒂格利茨在《美国经济评论》上发表了一篇著名文章，建立了一个非常精巧和独特的 D—S 垄断竞争模型，为空间经济中规模报酬递增研究提供了崭新的工具，扫除了前进路上的技术障碍，从此，掀起了城市经济学研究中收益递增和不完全竞争的革命，特别是用于分析产业组织、国际贸易和经济增长的建模技巧，把原本令人望而生畏的领域变成了理论家的乐

① 安虎森、邹璇：《区域经济学的发展及其趋势》，载《生产力研究》，2004（1）。

土。正如克鲁格曼所说，新经济地理学是用现代分析方法复兴和弥补了古典区位理论的内容。因此，有经济学家对新经济地理学理论也心存疑问，他们认为，“新经济地理学使用的所有材料均来自区位理论，它只是用一个新的菜单写上了区位理论早就做好的菜肴”。但新经济地理学毕竟重新表述和组织了那些老的问题，传统区域经济学理论无力解释的内容也在新经济地理学那里得到重生。

二、区域经济理论研究的发展趋势

经济活动的空间特征是区域经济学的存在理由。经济活动的空间分布和结构的研究一直以来都是区域经济理论研究的主流。近些年来，围绕这个主流又出现了一些新的变化，这些变化也表明了区域经济研究的新发展及其特点。

1. 更多地重视微观行为的分析。因为空间过程和空间动态变化研究只能分析个体动机。随着对区域内部微观研究的深入，人们认识到企业间经济关系对区域发展有着深刻的影响。区域经济运行依赖于企业之间的经济关系及相互作用。在经济关系的联结和传导下，某个地区产业的扩张引起区内相关企业的连锁反应，产生区域扩散效应，从而促进区域发展。因此，企业之间的经济关系以及与之相应的产业关联日益成为区域经济研究的重大课题之一。

2. 区域经济学与其他专业之间的边界已经而且正在逐渐被打破，学者大量地借鉴其他专业领域的研究成果。除了地理经济学及土地经济学之外，西方经济学其他分支学科，早先对区域经济学的影响并不大。但近些年来，这种影响有日益增大的趋势。例如，在产业组织理论中，关于信息不确定性及不对称性的研究成果就被适时地引入区域经济学中关于企业布局的理论之内，提出了信息成本与性质在布局中的影响机制的新观点。又如，在金融市场分析中，关于风险对投资组合决策影响的研究成果，就被借用来研究公共设施区位选择的空间结构的说明，甚至经济学以外的专业如社会学、地理学等的最新研究成果，也逐渐地被引入区域经济学理论之中，造成交叉性的格局。

3. 利用计量经济工具而完成的实证研究的大量出现。在西方区域经济学各专题中，近些年来大量发表的文献多为实证研究而非规范研究，它们几乎都是区域经济的经验计量研究。通过现有理论的实证检验及修正，无疑会有助于提高理论体系的准确性及完整性。而且，通过实证研究所得出的某些结论，对于政策制定部门仍有间接启示作用。同时，区域经济的模拟模型也在增加。这类研究有助于政策分析，特别是区域交通体系规划。实证研究的盛行，主要原因在于，西方国家统计网较发达、实际资料较易获得、各种计量经济模型丰富而有效、计算机普及等。充足优质的数据、特别设计的计量工具和拥有计算机的专家们将使区域经济学的应用研究得到发展。

4. 不断加深对区域经济基础领域重大理论问题的研究。首先，在全球化背景下，大都市与大都市圈在区域资源整合和区域竞争中的作用引起了高度重视。城市与区域之间的经济关系、地区本位与地区自治、城市竞争与合作等问题成为重要研究课题。其次，制度变革与空间动态变化的交互影响，成为新研究领域。如，人口城乡和区域流动对区域劳动力市场、居住环境、福利设施以及交通基础设施和影响；社会变动（如妇女地位的变化、种族隔离等）对劳动力流动、劳动力参与以及住房需求等方面的影响等。再次，新技术对空间区位和空间相互作用模式将产生很大的冲击，这种冲击深刻地影响社会组织和空间组织，这也是区域经济学主要的研究内容。最后，政策变动和个体行为变化相互作用时，常发生结构变化和空间的动态变化，空间的动态变化与政策变化以及个体行为变化之间的联系，将是区域经济研究的新的领域。

5. 加强区域经济政策方面的系统研究。首先，设计出评价区域政策效应的方法，如区域对国家商业周期的反应，国家政策或国际贸易对区域的影响，区域结构变动及其对制订区域经济政策方面的影响等；其次，发展能够解释城乡二元结构、大范围空间移动之原因和影响、空间相互作用和交易成本变化规律、空间动态系统非均衡等的理论和方法；最后，在区域政策与管理方面，研究的侧重点主要集中在区域可持续发展、区域政策与产业政策的协调、地方经济政策、区域治理结构等方面。

第三节 区域经济学的基本问题与研究视角

一、区域经济学的研究对象

任何一门学科能够相对独立存在，都有排他性的研究对象和相对独立的研究范畴，否则，便会失去存在的根据。作为新兴学科的区域经济学，当然也不例外。近几十年来，中外许多学者都曾试图对区域经济学的研究对象给出明确的表述，但由于各自研究的着眼点不同，因而所下定义也具有较大的差异。概括起来，主要有两类：一是描述性的表述，即区域经济学是关于满足人的自身需要、有目的的人类空间系统的学问。许多学者都或多或少从这个角度定义过区域经济学。杨开忠认为，区域经济学是从空间分布角度研究人类活动的经济科学。杨吾扬指出，区域科学研究区域系统。安虎森认同国外学者彼得·尼茨坎普、埃德温·S. 米尔斯的观点，认为区域经济学研究经济活动的空间分布与协调。二是分析性的表述，即区域经济学研究社会如何管理它的稀缺资源的空间配置，也就是研究社会在各种竞争性用途之间安排稀缺资源，使之具有一定系统性的空间行为或过程，包括个体（企业、家庭/个人）的区位决策，区位相互作用以及作为整体的区域经济运行。因此，更进一步讲，区域经济学是有关区位个体决策、区位相互作用以及区位总体运行的社会科学①。

作为一门独立的学科，区域经济学研究对象的内涵，应当是适应社会实践的需要，能够反映本学科研究的最本质的问题。因此，我们认同这样的观点：区域经济学是运用经济学的方法，研究资源的空间配置机制、区域间经济发展的交互作用过程及结构，以及与此有关的区域决策的科学。这种表述强调如下三个要点：首先，强调了资源空间配置过程中人们的经济活动规律，即稀缺性资源的选择问题。正因为资源稀缺性的存在，区域经济都具有经济活动的自组织机制和能力。因此，与地理经济学侧重资源分布、自然环境条件及如何利用不同，区域经济学更看

① 杨开忠：《中国区域科学的回顾》，载《中国区域经济》，2010（2），1~2 页。

重人的空间经济活动规律和经济的区域秩序和空间组织。其次，强调了区域各组成部分之间在经济上相互依赖、相互作用及其由此形成的一种结构。区域经济学在空间相互作用的整体中去研究资源的配置问题。这一研究任务包括经济活动的空间分布（结构）、生产要素的区域间流动（互动）和区域经济的发展动力（过程）三个方面，而这三个方面构成了一个相互依赖、相互影响、相互作用的区域经济体系或系统。最后，强调了该学科的决策性特征。区域经济的不平衡是区域经济学产生与发展的主要原因之一。新古典经济学认为，市场机制能够实现资源的有效配置，因而区域经济问题长期以来一直被排斥在经济学研究领域之外。实践表明，单纯依靠“看不见的手”很难实现区域均衡发展，要有“看得见的手”的干预，由此决定了区域经济学必须强调区域经济政策的研究。

二、区域经济学的基本问题

区域经济学分析经济体系的空间组织，还要解释其在空间上的不均匀分布现象。根植于其间的传统研究可追溯到杜能（1982）、龙哈德（1885）、韦伯（1909）、克里斯泰勒（1933）和廖什（1940）。所有这些贡献突出的德国先驱们都考虑了全国性的空间或所有经济活动的空间。他们还分析了经济活动发生的处所，这就带来了相关的问题，如，商品或人口的流动是有成本的，而且生产是典型地遵循某种递增收益的方式进行的。不过，区域经济学的创始人重点研究了经济活动发生处所的不同方面。比如杜能强调农民对地点选择的决策，而韦伯分析的是制造型厂商的最佳地点选择和厂房的最佳规模，克里斯泰勒不仅力图解释城市的地理选址，还研究通过城市所实施的不同功能对它们进行区分。

如上所述，区域经济学脱胎于区位理论，它是在区位经济学的基础上形成和发展起来的。经过几十年的发展，目前西方区域经济学已从传统的以单个厂商的区位选择为主要研究对象的区位理论，逐渐演变为宏观区域决策提供理论依据的完整科学体系。尽管国外区域经济学研究的内容繁多，但在三个主要领域的研究中，为经济理论的建立与分析做出了真正的贡献，这三个主要的研究领域为：区位分析；区域经济模型和空间相互作用分析；区域经济发展和区域经济政策分析。

区位问题历来是区域经济学研究的重点内容之一。区位分析主要集中在厂商区位、居住区位和公共设施区位及其空间均衡分析方面。建立区域经济模型是近来比较流行的研究方法。在众多区域模型中，过去最常用的是里昂惕夫所建立的投入产出分析模型，目前关注运用比较多的是多区域模型。因为区域之间的相互作用，只有在多区域经济模型中才能得到很好的解释。区域发展以及政策问题分析，大都建立在新古典经济增长理论、累积因果理论和依附理论的基础之上。新古典主义的观点视区域为一种聚集体，强调制造业部门以及各种生产要素的作用；累积因果理论把区域政策引向增长中心，强调各种基础设施、交通、信息以及教育的作用；依附论主张分权化，强调区域的自主权和向落后地区的政策倾斜。较为完整的区域经济政策包括这三个方面的内容。

总结区域经济学的研究内容，可以概括出区域经济学要回答的最基本的问题，那就是，人类活动“在哪里？为什么？应该怎样？”具体来说，包括以下三个方面：

1. 经济活动的区位选择与决策。区位选择是区域经济学的微观基础，它重点回答特定经济活动发生在何地的问题。首先是厂商的区位选择。企业的选址行为是在局限条件下追求利润最大化的过程。因此，厂商区位分析涉及空间需求与供给、空间定价与产出、区位选择、空间资源（土地）利用、空间生产均衡等诸多方面。其次是居住区位的研究，包括居住区位的选择与与此相关的迁移模式。任何居住区位的研究，都涉及住房市场以及市场中的交易问题。从静态的角度看，居住区位的研究涉及区域空间范围内的居民以及他们的居所分布；从动态角度上看，包括寓所的买卖（租住或出租），以及交易发生时家庭的迁移等问题。因此，居住区位的研究，要考察地方住房市场的性质以及城市间或城市内家庭迁移的特性以及迁移构成，还要研究住房交易发生变化时住房市场的变化以及区域间或区域内的迁移模式。此外，还有公共设施的区位问题，主要研究如何配置公共设施才有效率。

2. 经济活动的空间分布及其结构。厂商的选址行为是导致产业集聚还是产业分散，这是区域经济学要回答的核心问题之一。第一个被广泛认知的企业区位选择行为特征是，绝大多数的经济活动在空间上都趋向于集中。基于这一现实，我们要思考为什么这些经济活动在地理上趋于集聚。第二个被广泛认知的企业区位选择行为的特征，是空间集聚的规模分布，即不同的经济活动发生在不同的集聚区。而形成这种地域系统的原因值得研究。另外，区域经济学还十分关注经济活动的空间结构和地域分异现象。它需要系统回答这样一些问题：什么因素决定了区域的产出和就业？为什么一些地区的人均收入比其他地区高？为什么区域间的劳动生产率的增长存在差异？哪些因素决定了区域的专业化和区域间的贸易、投资和产业转移？区域间的人口迁移在什么程度上可以用经济因素来解释？为什么一些区域比其他区域拥有更多失业率？等等。

3. 经济活动的空间组织与制度。区域经济学还涉及经济活动的空间组织制度方面的研究，它要回答：如何组织区域经济活动？区域经济增长是如何发生的？什么样的空间组织制度或区域政策效率最高？其中，一个根本性问题是，谁决定空间组织？在什么条件下由政府干预？在什么条件下交给市场来解决？而对资源空间配置决策主体、程序、规则的选择是影响空间组织的关键方面之一。在市场经济条件下，政府干预区域经济关系一般是通过区域经济政策来实现的。由于“市场失灵”和“政府失灵”都是客观存在的，因此政府干预并非是在市场与政府间的一种单纯的取舍，而是一种二者组织程度的选择。

三、区域经济学的研究视角

在传统的区域经济学框架里，区域经济增长往往是作为研究的轴心的。同所有的经济问题一样，供给与需求问题通常是迄今人们研究区域经济现象时的基本切入点。如果从需求角度去解释区域经济发展，它强调的是区域经济活动的前向联系，因为这种联系表现为对区域某种产出的需求又引发对其他产业活动的需求。如果从供给角度去解释区域经济增长，那么是分析区域内部的资源、资本和劳动力是如何引发各种经济活动的问题，它所强调的则是经济活动的后向联系。

从需求角度的分析，有一种理论叫经济基础理论。该理论认为，区域中的某些经济活动是区域经济的最基本的活动，它的发展将带动其他产业的发展进而决定区域整体的发展；其他一些非基本活动只是区域经济发展的结果而不是引发区域经济发展的因素。从供给角度的分析，常把上述的需求看成一个自然发生的过程，也就是说，假定对该区域产品的需求有完全的弹性，因而认为区域经济增长主要取决于能否获得基础性资源的问题。这种分析认为，经济活动的起点是基础性供给而不是最终需求，一旦获得资本、劳动力、技术、输入品以及各种基础设施，那么这些资源通过后向联系，通过中间生产环节，就能刺激其他产业的发展，本地区某些经济活动的产出增加，既而通过后向联系刺激下游产业活动的增加，产生一种“供给乘数”效应。

这两种模式都具有它的缺陷或片面性，只强调某一方面而忽略另一方面可能导致严重错误。需求驱动和供给驱动应看成是互补的，而不应该视为相互冲突的。此外，在区域经济发展的不同阶段，两种模式也可能存在着相互交替的情况，比如区域经济刚起步时可以更多地考虑供给一方，经济活动步入正常轨道以后可以更多地考虑需求一方，当经济运行出现某种“瓶颈”时可以考虑增加某种投入。

与传统区域经济学的逻辑体系不同，在本书中，我们以城市与区域关系作为研究的轴心。我们认为，城市是区域的核心，区域是城市的基础。离开城市谈论区域发展，或离开区域谈论城市增长，都是片面的。因此，将区域经济学的研究放在城市与区域关系这个大的背景下，才不会“只见树木，不见森林”，犯就事论事的错误。

众所周知，在市场经济条件下，城市与区域都是开放系统，二者相互影响、相互作用，是一种互动发展的过程。在这个过程中，中心城市是主体，居于主导地位。但这并不是说中心城市自然而然地会在城市与腹地关系中居于主动地位，而腹地只是受其推动。因此，城市引擎的效率，要求那些同城市齿轮连接起来的部件紧密吻合。假设中心城市与区域在各自的发展中具有“届地化”倾向的话，那么，各地往往只是从自身发展的角度来处理城市与区域关系，而不是将自身的发展置于整个区域发展的整体框架之内来全方位地考虑和处理问题。在互动机制缺位情况下，各城市必然是封闭起来发展的，即使是中心城市，纵有再好的区位动力，也不能产生极化或扩散效应。从这样的立场出发，以城市与区域互动发展作为区域分析的切入点是适宜的。

若以城市与区域互动发展作为区域分析的切入点，经济区域就应该成了区域经济学关注的重要方面。经济区域，又称市场区，从理论上讲，是指城市对其周边地区或城市之间的投资区位选择、市场分配、产品流通、产业扩散等多种经济因素共同作用所波及的最大地域范围。有学者认为，区域经济学应该在实现国民经济总体最优的目标下研究各地区的发展问题，不能孤立地研究某个区域内的资源配置。因此关注经济区域的研究有倡导“诸侯经济学”之嫌，这样的理解是不对的。其实，以城市与区域互动发展为切入点的研究，不否认整个社会资源配置效率的提高和帕累托改进。因为以这样的切入点分析区域经济，并不排除区际之间的比较分析和区际协调。诸如区域差异、区际分工与要素流动等这样的问题都可以放在城市与区域互动发展比较研究的框架下加以讨论。

第四节 本书的安排

本书是以城市与区域互动关系为轴心展开对区域经济的分析和讨论。从全书的结构上看，除了导论一章以外，其余章节共分为五篇。第一篇包括第二～四章，讨论区域经济学的微观基础——企业的区位选择行为。区域经济发展从微观上就是体现为经济行为在自组织机制下的行为演化。我们关注的是，企业区位的决定及其对区域经济的影响。尤其是，全球化背景下企业区位选择行为受到的影响和挑战。第二章分析伴随企业空间扩张过程的区位选择行为，以及企业的空间组织和区位调整。第三章重点讨论影响区位选择的因素，特别是新的区位决定变量对区位选择的影响。第四章介绍由企业区位选择行为导致的产业区位及其理论发展。

第二篇包括第五～八章，讨论经济活动的空间分布及其结构。对真实世界中区域空间结构的各种规律给出一个精确的经济学解释，这是区域经济学家面临的一个主要挑战。在这一篇中，我们将用四章的内容来讨论这一重大课题。第五章探讨经济活动的地理结构和空间分布是怎样在集聚力和扩散力这两股力量的相互作用下形成的。第六章讨论产业的地域分工与区域产业结构的内在关系。第七章探究网络城市的结构及其形成机理。第八章把分析重心专门放在大都市圈层面上，讨论这个区域内城市之间空间联系机制与地域结构。

第三篇包括第九～十二章的内容，它研究的是区域经济增长、地域分异与空间均衡方面的问题。这一部分的目的是阐述区域经济增长为什么能按照它们表现的那样进行，以此取得一个对区域差异产生及如何达到均衡的解释。第九章讨论区域经济的自组织增长机制。搞清楚区域经济是如何在市场内在力量的作用下实现的增长过程。第十章对区域增长差异进行描述和衡量。第十一章从集聚经济、产业成长、创新能力等方面考察了区域经济差距产生的原因。第十二章探讨缩小区域经济增长差异，实现空间均衡发展的途径。

第四篇包括第十三～十六章，从区域经济关系入手，研究城市竞争与区域合作问题，这部分有 4 个主题。第十三章探讨城市竞争与区域分工的冲突，以及城市竞争的社会基础。第十四章对作为区域分工和交易基础的传统的比较优势原理进行反思，探索区域性分工和合作的新的理论基础。第十五章针对行政区边界逐步被打破的现实，探讨超越行政边界的区域性资源共享机制。第十六章将分析视角转向区域经济关系的一个重要组成部分——城乡关系，讨论城乡统筹发展背景下新型城乡关系的建立。

最后，本书第五篇包括第十七～十九章，这部分主要聚焦于区域经济的空间组织与区域政策。第十七章讨论区域经济关系发生重大变革条件下的区域资源整合问题。第十八章关注区域管理体制，重点阐释大都市区的治理结构。本书的最后一章，第十九章考察与分析区域一体化背景下政府的区域经济政策。政府对区域经济关系的干预是为了协调区域发展，毫无疑问，空间组织制度（尤其是政策）研究是区域经济学的重要组成部分。

第一篇　企业区位行为：区域经济的微观基础

第二章　企业空间成长、迁移与区位调整

企业的空间成长导致企业的空间结构发生改变，这种改变与企业的扩张战略密切相关，企业扩张战略的空间表现即企业的空间扩张战略。除了企业扩张改变其空间结构外，随着内外环境的变化，企业也可能通过寻求新的区位谋求企业发展，这表现为企业的迁移，企业迁移能够改变区域经济结构，引起相关产业的集聚与扩散。本章从企业的空间成长过程出发，讨论企业迁移和选址行为，以及企业组织的空间区位选择与调整。

第一节　企业的空间扩张战略

企业的扩张表现在多个方面：资本总量的增加、市场影响力的上升、竞争能力提高等。企业的空间扩张是企业扩张的空间表现形式。现代企业大多数是由多个部分构成，这些不同部分有时可能出现在不同地域，这就是企业的空间构成。企业在扩张过程中对不同部分进行空间调整，并且将一些新部门布局到原有地域或者新地域，构成了企业空间扩张的内容。

一、企业空间扩张的经济动因

企业空间扩张是由多种原因构成的。追求利润最大化是企业空间扩张的根本原因。利润最大化决定了企业一切行为，包括企业扩张行为。企业扩张的具体原因：

1. 追求规模经济利益

规模经济使得投入的增加能够带来更多产出，在企业追求利润最大化的前提下，企业通过扩张追求规模经济是一个必然选择。

规模经济可以划分为内部规模经济和外部规模经济。内部规模经济

是就单个工厂或企业而言的。单个工厂或企业通过自身生产规模的扩大，能够采用原来小规模无法使用的技术与设备，能够促进企业内部分工的发展，这些能够提高生产效率；企业或工厂规模的扩大能够降低单位产品的原料和能源消耗，能够以较低的价格批量购买原材料和能源，这些能够降低生产成本；当企业规模达到一定程度时，就会具有更强的社会影响力，获得更多的公众关注与政府支持，营销、融资、谈判等经济活动更加便利，这些都有助于企业收益的增加。在内部规模经济的影响下，企业倾向于不断扩张。外部规模经济是指同一行业的企业在同一地域积聚形成的成本节约。处于同一地域进行集中生产的企业能够共用中间品、基础设施和公共服务，从而能够降低企业的生产成本；大量企业集聚形成的巨大的市场供给和市场需求效应能够提高企业的收益；行业规模扩大带来的行业共同利益形成一定的利益集团能够对国家政策形成一定压力。行业规模扩大一方面是由企业增加推动；另一方面是由行业内企业扩张推动。

2. 获取范围经济收益

范围经济是指企业在同时经营多种产品和多种事业时长期成本下降的趋势，这种范围经济称作内部范围经济。在同等条件下，企业产品种类增加将降低企业成本，提高企业利润，在利润最大化前提下，扩大经营是企业的必然选择，而这个过程必然导致企业规模的扩大，表现为企业扩张。范围经济还存在外部范围经济，即大量经营不同事业的相关企业聚集在一起形成的成本节约。这种节约需要在企业都达到一定规模且配置合理时才能实现。这些企业或是其他企业投资形成，或者是原有企业规模扩大形成，都包含了企业扩张的因素。

3. 迫于竞争的压力

企业在建立之初，首要任务是谋得生存。这是企业进行其他一切活动的首要前提。在企业生存得以保障之后，企业发展成了核心问题。在企业谋得生存阶段，由于市场竞争的存在，企业必须获得足以维持生存所需的最低投入与市场，这需要企业通过扩张来实现。在企业谋求发展阶段，市场竞争更加激烈，企业为了比竞争对手发展得更快更好，需要获取更多、更优质的资源，获得更高的市场控制力。这种竞争压力更能够促进企业扩张。此外，企业扩张也是企业进行竞争的手段。在寡头垄断市场上，市场容量既定情况下，寡头垄断厂商可以通过先于竞争对手扩张获得额外的生产能力，从而遏制竞争对手的扩张。

4. 独享垄断利润

形成垄断利润是有条件的，或者企业具有其他企业所没有的投入品，或者是企业具有很高的市场控制力，或者是企业具有企业没有的政府许可。但无一例外的，企业只有在达到一定规模时，才能获得这些条件。通过市场控制能力获得垄断利润，对企业规模的要求更高，只有现有企业生产能力和成本达到一定水平才能具有足够的市场影响力，而这都对企业规模提出了要求。在政府许可领域，一般政府倾向于对规模较大的企业进行特殊许可，从而有助于其形成垄断利润。所有这些方面都要求企业具有一定的规模，垄断利润的可能性促使企业不断扩张。

除了上述几个方面的具体原因，企业扩张也包含其他原因，包括企业提高社会威望的需要，企业家追求成就感的需要，企业化解风险的需要，政府政策的效应，政府的指导与支持等。值得一提的是，制度经济学派的科斯从交易费用角度解释企业存在的原因，从而交易费用节约也是企业进行扩张的原因之一。企业通过控制与自身相关的供应商和市场，可以使市场交易转化为企业内部行为，减少市场带来的交易成本。

二、企业空间扩张过程与战略

伴随着企业的增长，企业的生产经营活动将由单个产品、单个部门逐步向关联部门和多个部门扩展，其经济活动的地域范围也将随之向更广泛的地域扩张，如图 2—1 所示。

企业的空间扩张战略可以看做是企业扩张战略的空间表现，将空间维度引入企业扩张战略，企业的空间扩张战略概括为以下几个方面：

1. 横向空间扩张。横向空间扩张，也称水平空间扩张，是指企业在同一区域层级上向周边地区扩张，由近及远的扩张方式和跳跃式的扩张方式都属于横向空间扩张，如图 2—2 所示。扩张方式的不同一般与企业所属行业的性质有一定关系。

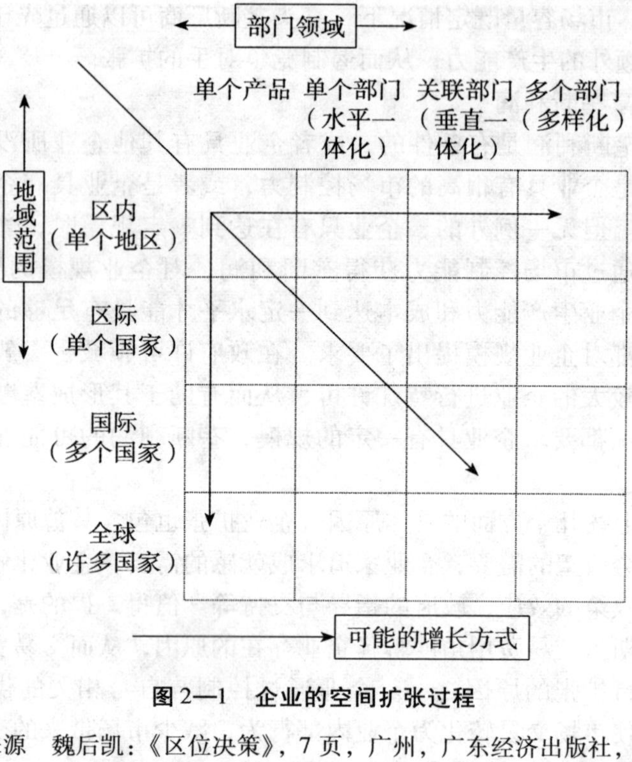

图 2—1　企业的空间扩张过程

资料来源　魏后凯：《区位决策》，7 页，广州，广东经济出版社，1998。

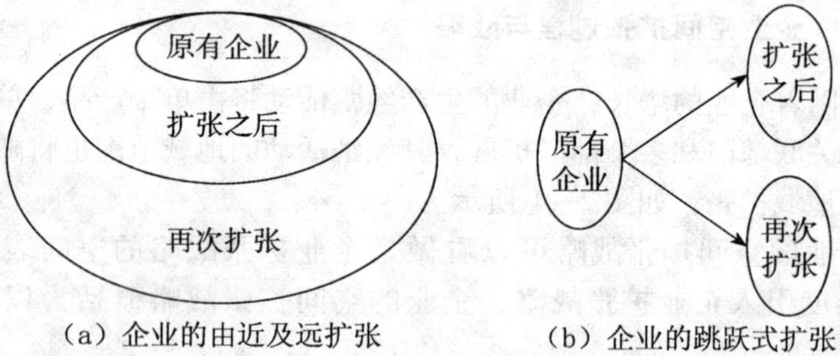

图 2—2　企业横向扩张的两种形式

企业通过横向空间扩散能够在短时间内在更大区域范围内获取谋求自身发展的资源，这些资源包括市场、原料、信息网络、品牌影响力等。这种横向扩张在同一区域水平上进行，管理层级相同，新企业的建立可以视作原有部门或企业的简单重复，实施较为简便；技术、经营管理经验的相似性使这种空间扩张的成功率较高。

2. 纵向空间扩张。纵向空间扩张，也称垂直空间扩张，是指企业将市场统一划分成不同的市场层级，由高级市场不断向次级市场扩张。由于不同市场层级是由不同的地域范围构成的，企业的纵向空间扩张表现为企业从高级区域向次级区域的扩张。企业最先进入最大的市场，在高级区域销售产品，在市场扩大到一定程度时再组织生产，然后进入次级市场。随后，企业可能进入再次将市场范围细分并向下渗透，如图2—3所示。一些跨国公司在中国的扩张具有明显的纵向空间扩散特点。

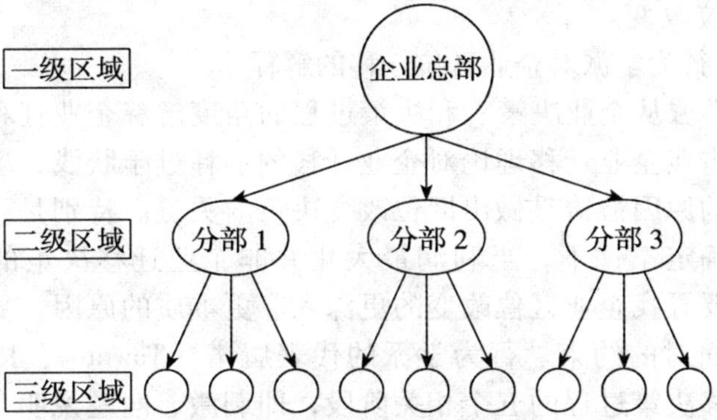

图 2—3 企业的纵向空间扩张

这种纵向空间扩张战略需要依赖等级体系，优势在于能够使企业在短时间内对市场的全面占领，利用自上而下的控制，便于中心机构命令的执行。其缺陷也在于这种等级体系，自上而下的信息传递比较便捷，自下而上的信息反馈却较为困难，容易造成信息失真；同级区域间不同部门之间信息沟通和合作障碍增多，对企业管理能力要求较高。

第二节 企业迁移与区位调整

一、企业改变区位的原因和动力

（一）新古典学派对企业区位迁移的解释

新古典学派从经典的企业假设入手，分析企业的迁移行为。新古典学派认为，追求利润最大化的目标决定了企业的迁移行为。当企业不再位于其边际赢利空间时，它就促使企业迁移到新区位。而新区位如果存在更高的利润回报率，也会吸引企业的迁入。一般地说，在企业的不同区位，存在着影响企业成本和收益的不同区位因素，这些因素会随着时间和空间而有所改变，当某一区位不能为企业带来最大收益时，企业可能选择新的区位，即企业迁移。新古典企业迁移理论主要关注成本对企业区位的影响，或者说关注成本最小化或利润最大化，人们称其为成本学派。成本学派认为，企业根据其成本最低点确定最优生产区位，企业追求成本最小化的行为导致企业区位改变。

（二）行为学派对企业区位迁移的解释

行为学派从企业决策者和决策过程的角度解释企业迁移行为。他们认为新古典企业迁移理论对企业迁移的解释过于肤浅，事实上一些不为人知的原因恰恰是做出区位改变决策的关键。特别是，在不完全信息和不确定条件下，当利润最大化并非企业迁移决策的最终目标时，就需要寻找企业区位改变的更深入、更本质的原因，更详细地考察决策者面对的约束。行为学派的代表唐诺（Townroe，1972）最早提出了迁移决策过程的五个相关阶段，即刺激、问题说明、寻找、明确表达并比较可选方案、选择和行动。随后，劳埃德和迪肯（Lloyd & Dicken，1977）、罗（Louw，1996）等学者又提出了区位决策过程和区位改变动力的更加复杂的模型。然而，到目前为止，人们对企业区位改变决策的原因和过程的认识仍然处于初级阶段，许多本质性的东西还不十分清楚。

（三）新制度学派对企业区位迁移的解释

新制度学派从社会交易过程的角度解释企业迁移。企业迁移的新制度学派认为，是社会价值体系决定了企业决策者的行为，决定了企业迁移和经济空间过程。换言之，企业改变区位的空间经济过程主要是由社会的文化制度和价值观决定的。新制度区位理论假设前提是，空间经济过程是由社会、文化制度和价值系统形成，而不是由企业区位行为决定。因此，企业做出区位改变决策时，不仅要考虑企业的决策行为，而且还要考虑植入这些行为中的社会和文化内涵。

二、企业区位变化：结构效应与空间效应

企业迁移对地区产业结构具有重大影响。企业一定要从属于某一产业，并从属于某一产业类型。企业从迁出地迁出会减少这一产业的企业存量和这一产业类型的比重。相反的，企业将增加迁入地这一产业的企业存量和这一产业类型的比重。产业和产业类型比重的变化会直接导致产业结构的变化。对于迁出地，企业迁出为这一区位腾出了新的产业发展空间，使迁出地能够按照自身条件发展更新型产业；对于企业迁入地，企业迁入加强了当地资源的开发和区位优势的发挥，同时也挤占了其他产业发展的可能性。

当然，迁入地和迁出地的产业结构和产业结构调整空间都将直接受到巨大影响。这种影响可能是有利的，也可能是不利的。对于迁出地来说，如果迁出的企业属于过时、落后的生产力，这类企业的迁出能够为区域产业结构调整提供机会和空间。如果企业因区域经营环境恶化被“挤出”该区域，而该区域又无法吸引新兴产业中的企业，区域产业结构调整无法完成，结果会形成产业结构“空洞化”，削弱区域经济发展潜力。对于迁入地来说，如果迁入的企业相对于本地区来说较为先进且与本地区位条件相适应，这对区域产业结构优化具有推动作用；如果迁入企业本来是作为落后产能被先进地区挤出来的，这类企业的迁入尽管能够带来地方经济短时间的增长，但长期来看，这类企业将占据地区经济发展空间，也可能成为未来产业结构调整的潜在障碍。

对于某地区来说，企业的迁移能够带来这一地区产业结构的变化；对于某产业来说，产业内企业的迁移可能造成产业的集聚或扩散。我国学者魏后凯认为①，结构效应即地区产业结构专业化，是指少数产业贡献了地区总产值大部分的状况；空间效应即地理集中，是指大部分产业集聚在某几个少数地区的状况。

企业迁移引起的地区产业结构变化和产业集聚可以通过偏离份额的

---

① 魏后凯、白玫、王业强等：《中国区域经济的微观透析》，114页，北京，经济管理出版社，2010。

方法进行分析。偏离—份额分析法（Shift-Share Method）的基本思想是将区域内经济总量的变化分成三个因素：经济总量变化=份额分量+产业结构偏离分量+竞争力偏离分量。可以用产业结构偏离分量表示结构效应，用竞争力偏离分量表示空间效应。

假设某地区 i 在期初 O 时期经济总量为 $b_{i,O}$，经过 t 时间后，到达 t 时期，此时该区域经济总量为 $b_{i,t}$。假设该地区 j 产业在 O 时期规模 $b_{ij,O}$，在 t 时期时该产业规模达到 $b_{ij,t}$。则 i 区域内 j 产业经过 t 时间的发展，增长量 G_{ij} 可以表示为：$G_{ij}=b_{ij,t}-b_{ij,O}$，该产业在该时间段内的变化率 $r_{ij}=(b_{ij,t}-b_{ij,O})/b_{ij,O}$。显然，$G_{ij}=r_{ij}*b_{ij,O}$。

为了能够使该区域产业发展与其所在区域产业发展区分开，还需要选定一个更大的区域作为比较，通常选取该区域所在的更高一级区域。假设该高级区域在期初 O 时期经济总量为 B_O，其中，j 部门经济总量为 $B_{j,O}$，到 t 时期时发展到 $B_{j,t}$，那么在 t 时间段的段内该高级区域 j 产业的变化率 $R_{ij}=(B_{j,t}-B_{j,O})/B_{j,O}$。

将 i 区域内的 j 产业按照所在高级区域标准化得到：$b_{ij}'=(b_{ij,O}\times B_{j,O})/B_O$。由此根据 SSM 分析的基本思想可以写成 $G_{ij}=N_{ij}+P_{ij}+D_{ij}$。其中，$N_{ij}$ 表示份额分量，由计算式 $N_{ij}=b_{ij}'\times R_{ij}$ 得到。它的表示按其所在高级区域该行业的增长，i 区域 j 产业拥有的增长量，也即按照份额分，该区域按照所在高级区域 j 产业增长率带来的增长量。P_{ij} 表示产业结构偏离分量，由计算式 $P_{ij}=(b_{ij,O}-b_{ij}')\times R_{ij}$ 得到，表示 i 区域内 j 产业的份额与所在高级区域 j 产业比重不同引起的 i 区域内 j 产业的增长量，它排除了 i 区域与所在高级区域 j 产业增长率不同，显示出 j 产业对 i 区域经济总量增长的贡献水平。D_{ij} 表示竞争力偏离份额，有计算式 $D_{ij}=b_{ij,O}\times(r_{ij}-R_{ij})$ 得到，表示 i 区域内 j 产业增长速度与所在区域内 j 产业增长速度不同引起的增长量，反映了 i 区域内 j 产业的竞争力对 i 区域经济增长的推动作用。此外，还可定义 $PD_{ij}=P_{ij}+D_{ij}$，它表示 i 区域 j 产业总体竞争优势。

将计算结果表示在两个坐标图能清晰地表现出分析的结论，如图 2—4 所示。其一是部门优势分析图，分别以 PD_{ij} 和 N_{ij} 为横纵坐标，分成四个区域，再用 45°线将这四个区域分成八个区域，每个区域代表份额增长量和部门优势的不同组合。其二是部门偏离分量分析图，分别以

D_{ij}和P_{ij}为横纵坐标分成四个区域，再用45°线将这四个区域分成八个区域，每个区域代表原有基础和竞争力状况的不同组合。

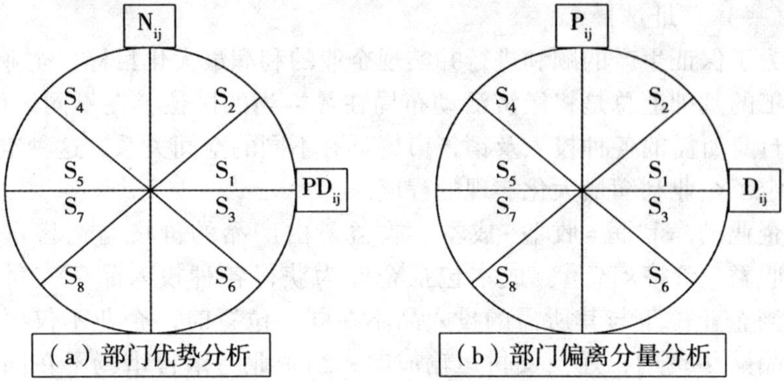

图 2—4　结构效应与空间效应分析

在部门优势分析图中，分布在第S_1、S_2区域内的部门具有部门优势，是较好部门。分布在S_3、S_4区域内的部门是一般部门，区域S_3中的部门有竞争优势但却趋向衰退，区域S_4中部门是增长部门却没有竞争优势。处于S_5、S_6区域的部门在i区域所在的高级区域都是在萎缩，S_5区域显示i区域内j部门为增长部门，区域S_6显示部门具有一定的竞争力，但是它们都不足以弥补所在大区域j产业的衰退，因而它们属于较差部门。位于区域S_7、S_8的部门既没有竞争优势，又是不断萎缩的部门，因而它们是最差部门。

在部门偏离分量分析图中，区域S_1内的产业原有基础很好，竞争力较强，是较好部门；区域S_2内的产业原有基础较好，竞争力很强，是较好部门；区域S_3内的产业基础差，发展较快，是一般部门；区域S_4内的产业基础较好，但发展萎缩，是一般部门；区域S_5内的产业基础较好，竞争力较差，是较差部门；区域S_6内的部门基础很差，竞争力较强，是较差部门；区域S_7、S_8内的产业基础很差，竞争力很差，是最差部门。

总之，通过偏离份额的方法对区域经济增长进行分解和分析，可以更好地考察产业区位变迁过程中的结构效应和空间效应变化，为企业的区位决策提供理论依据。

三、企业的选址与区位调整

（一）厂址选择

为了保证生产的顺利进行并实现企业的利润最大化目标，企业在产业分工的基础上总是将经济活动布局在最恰当的区位。在不同区位上，企业自身所需的各种投入及销售市场具有不同的空间关系，这种空间关系决定了企业利润最大化实现的程度。

企业的净利润=收益-成本。收益是由产品的价格与销售量决定的，收益=价格×产量。成本包括企业为获得各种投入品所支付的费用，当企业位于与其所需的投入品不在同一位置时，企业不仅要支付投入品购买费用，还要支付运输成本；当企业与销售市场不在同一位置时，企业将产品运往销售市场也需要支付运输费用。因此，总运输费用=原料运输费用+产品运输费用。企业净收益可以表示为：$R=TR-TC=P\times Y-\sum W_i\times P_i-\sum W_i\times T_i-T_s$。公式含义为：企业净收益等于产品总收益减去投入品购买费用，减去投入品运输费用，减去产品运输费用。

为了便于分析，这里作出几项假设以简化分析。（1）企业在唯一市场上销售单一商品；（2）企业只有一种投入要素需要从外地输入，这种要素是可以运输的，其他投入要素可以从本地方便地获得；（3）企业需要运输的投入品和产品的运费与其各自费率和距离呈严格的正比例关系，即 $T_i=t_i\times S_i$，$T_s=t_s\times S_s$，其中 t_i 表示投入要素单位距离的运费率，S_i 表示投入品需要运输的距离，t_s 表示产品单位距离的运费率，S_s 表示产品需要运输的距离。因此，企业净收益可以表示为 $R=P\times Y-\sum W_i\times P_i-t_i\times S_i-t_s\times S_s$。

我们来分析这一公式的含义。如果企业的生产函数是规模报酬不变的，企业投入品与产出品具有固定的比例关系，面对固定的投入品价格和产品价格，我们发现，企业净利润取决于产品运输费用和投入品运输费用的相对比较。只要总运输费用最低，企业就能实现利润最大化。在唯一市场和唯一原料产地条件下，企业布局必然位于这两点决定的直线段上。任何对这一直线段的偏离将违背企业的最低运输成本原则。两点之间的总距离可以表示为 S_i+S_s，总运输费用可以表示为 $TT=t_i\times S_i+t_s\times S_s$，又可以表示为 $TT=t_i\times S_i+t_s\times(S_i+S_s-S_i)=t_s\times(S_i+S_s)+S_i\times(t_i-t_s)$。当投入品运费率高于产出品运费率，即 (t_i-t_s) 为正时，使 S_i 最小即工厂实现运输成本最小化，显然，这时企业的最佳区位位于投入品产地，即取 S_i 为 0。用同样的办法可以推导出，如果产品运费率高于投入品运费率，企业的最佳区位位于市场地。当然，如果企业产品运费率与投入品运费率相等，企业布局于两点及之间的任何位置其运输成本都是相同的，企业为自由区位。

上述的分析建立在严格的假定基础上，如果放松假定，企业区位将会发生什么样的变化？如果投入品不能被运输，则这种投入品被称为地方化投入。地方化投入常见的例子是经济政策、制度环境等，中间投入品和劳动力流动性较弱，也可以作为地方化投入来考察。不同区位有不同的地方化供给状况，优良的地方化投入供给状况能够降低企业成本，如果地方化投入带来的成本节约能够弥补共产区位对最低运费点偏离引起的成本上升而有余，这种偏移将是有利可图的，吸引企业布局于地方化投入良好的地区。例如劳动密集型企业布局于劳动成本较低的地区，资源密集型企业布局于资源丰富的地区，依赖中间投入的企业布局于相近产业集聚的地区。

如果企业需要运输的产品和投入品的运费与其各自费率和距离不存在严格正比例关系，这将引起企业最优区位的不同。现实的情况一般是随着运输距离的增加，运输成本下降，这在长途运输中表现尤为明显。总运输费用不能简单以 $TT=t_i\times S_i+t_s\times S_s$ 来表示，需要根据运输成本具体情况重新选择运输费用最低点。

如果企业有多种投入品处于不同位置，有多个市场需要产品供给，则最低运输成本计算更为复杂，且需要依据各自运输费用状况具体考虑。总体的情况是，企业将位于这些投入品和市场的中间位置。

（二）区位调整

区位调整是企业重组的一个重要方面，它是指多厂企业对各种生产和服务设施进行空间结构调整和重组的过程。多厂企业的区位调整主要采用以下几种方式[①]：

1. 专业化。这是企业区位调整经常采用的一种策略。所谓专业化，就是把各种产业活动集中在那些最具有优势的地点。产业活动的集中，将可以获取规模经济效益，从而有利于降低成本。

2. 原址集中。当两个工厂的产业活动相同时，企业可以采用合并的方法，把这些活动集中在一地生产。这种区位调整策略，不仅可以获取规模经济效益，而且可以节省行政管理和厂际联系的费用。放弃的厂址还可以供出售或出租之用，由此增加企业收入。

3. 新址集中。这种策略是在一个新的地点建立新工厂，并把现有工厂的各种活动全部集中起来，以获取规模经济效益。放弃的厂址可以改作他用。当原有工厂的生产设备陈旧，或者位于市中心区时，一般可采取这种策略。

4. 综合战略。这实际上是以上三种区位调整策略的整合。在这种策略中，企业一方面把某些活动集中到一个新建的工厂，另一方面又把其他的活动转移到条件较好的现有工厂。在实际运行中，各个企业由于自身条件的不同，也可以采取其他综合的区位调整战略。

第三节 企业组织的空间区位

随着企业从单厂企业发展到多厂企业、企业组织，企业的组织结构也应作出相应调整以适应企业管理的需要。这种调整一般使得企业组织结构越来越复杂，部门之间联系向网络化发展。在这个发展过程中，企业组织结构的不同构成部分可能脱离企业原始区位，在新的区位上进行布局。布局与不同区位的企业各组成部分存在着空间上的联系，这构成了企业空间组织的区位。因此，企业空间组织可以理解为企业组织的空间表现。企业组织的空间区位决定于企业的组织结构，同时受外界区位条件和内部企业组织战略的影响。

---

① 魏后凯：《现代区域经济学》，65页，北京，经济管理出版社，2006。

一、企业组织结构及其空间特征

（一）企业组织结构模式

企业组织结构是企业内部各组成部分相互关系的方式。它承担着企业内部信息传递、资源调配、业务分配与开展等职能，协助企业达成相应的组织目标。企业组织架构的模式，典型的有四种：

1. 直线型组织结构

管理者直接控制若干个下属，下属在上级的指导下执行一系列日常工作任务。一个下属只对一个上级负责。日常经营和战略决策都由中心管理者负责完成。这种组织管理结构最为简单。由于管理者要负责的事务较多，这种组织结构只能适用于小型企业。

2. 职能型组织结构

职能型组织又称为 U 形组织。企业将整体职能划分成若干部分，并建立各个对应的职能部门负责相应职能。各个部门由企业管理核心直接领导。现代企业较多的把企业划分成采购、研发、生产、销售、财务、公关企划、人力资源等部门，这些部门分别承担相应职能并对企业高层管理者负责。这种组织模式适用于较大规模的企业，但部门协调较为复杂，高层领导负责经营战略同时也负责部分日常经营，限制企业进一步发展。

3. 事业部型组织结构

事业部型组织又称为 M 型组织，是 20 世纪初美国通用汽车公司率先采用的。企业将经营的各项业务按照不同标准划分成不同的部门，各部门相对独立的负责不同业务内容。这种组织结构的优点是能够将企业的战略决策与日常经营决策分开，高层领导负责战略决策，各事业部负责相应业务。各个事业部具有一定的自主权，有较为完善的经营系统，同时受公司总部管理和监督。常见的划分标准包括产品和服务的种类、客户类型、市场区域，相应的事业部型组织包含以下类型：

A. 产品部型组织结构。企业按照产品服务的种类划分成不同的事业部，一个事业部门负责一种类型的产品服务。例如，一家经营多种业务的公司可能存在多家分公司，分别负责家电、医药、传媒、超市、地产等业务。

B. 区域部型组织结构。企业按照经营的区域设立不同的事业部，分别负责各个区域的经营，这种经营单位划分可能根据生产布局，也可能根据市场范围，还有可能根据行政区划。例如，中国的银行、通讯公司（包括中国移动、中国联通等）、石油公司（包括中国石油、中国石化）都是按照行政区划来设立分公司，各地区分公司都有一套完整的经营体系。

C. 顾客部型组织结构。企业按照顾客类别设立不同事业部，每个事业部服务一类顾客。例如，一些培训结构依据顾客所需服务不同设立幼儿部、青少年部、成人部；综合性大学分设不同的学院，为各个专业学生提供教学和指导。

4. 矩阵型组织结构

矩阵型组织结构不仅具有纵向垂直的层级管理体系，同时也按照职能或事业部划分成横向组织。垂直管理能够加强中央控制，横向管理便于协调部门关系，二者结合的双重管理体制能够最大程度的发挥垂直管理和横向管理的优势。人员首先受所属职能部门的领导，在面对具体任务或者项目时，组成任务小组，人员同时接受小组领导。这些小组可能是临时性的，任务结束即告解散；也可能是长期性的，以相对固定的成员接受不同的任务。

（二）企业组织结构的空间特征

各种不同类型的企业组织结构构成了企业在组织上的分权，这种分权也会反映在地理区域上，因此在企业范围内，同时存在空间上的组织形式，表现出一定的空间结构，这种企业组织的空间构成方式就成为企业的空间组织。企业的空间组织受企业组织形式的影响表现为不同的空间状态。

1. 直线型组织结构的空间特征

直线型组织结构下的企业空间组织相对比较简单。由于企业决策集中，中央控制严格，企业规模较小且多为单厂企业，这种企业在空间上一般表现为一个点。严格来说，这种组织结构的企业并未形成实质意义上的空间组织，因为企业不同部分之间的空间联系并不存在。这种企业自主决策空间区位的选择，但原始的区位选择能够在很大程度上影响企业未来的空间扩张能力、扩张速度和扩张方式。占有良好区位的企业能够为未来扩张谋取足够的资源，为未来扩张打下良好基础。

2. 职能型结构组织的空间特征

职能型组织将企业职能划分成不同部分，分别由专业部门承担。这些不同部门由于承担的任务不同，各自的最优区位也各不相同。采购部门要求最大限度的靠近企业供应商，以便了解企业原料供应情况。生产部门需要各种要素的投入，各种要素需求比例、运输成本和要素获得的难易程度决定了不同生产工艺工厂区位选择的多样性和复杂性。销售部门要求最大限度的靠近市场以把握市场最新动态，并要求有足够的物流条件以便于商品运输。研发部门要求靠近知识高地以便于获得知识溢出，提高获取知识和信息的速度。职能型组织结构的初期，为了便于中央控制，各职能部门可能像直线型一样布局于同一区位。随着企业空间扩张的进行和相应的信息交通技术的发展，各职能部门离开企业总部，寻找各自区位优势地域成为可能。各职能部门之间仍旧存在着组织关系，这种组织关系因各部门区位的不同构成了企业内部的空间组织关系。销售部门、研发部门和生产部门可能成为第一批脱离企业中心的职能部门。职能型组织的空间组织最可能的形态是中心辐射模式。各职能部门与企业总部存在密切关系，受企业中心控制，形成“企业总部——各职能部门”形态的空间结构。由于中央控制和辐射的存在，这种空间组织的企业在空间上相对集中。

3. 事业部型组织结构的空间特征

事业部型组织把企业的业务按不同标准划分开，各事业部门负责不同业务，各事业部门形成相对完善的经营系统。各事业部门相对独立，受中央控制已大为减弱，各事业部门的经营系统中可能又存在下级职能部门，形成“企业中心—事业部门—职能部门”的三级组织结构。各事业部门在企业中心的控制下，依据自身需要选择不同的区位。与企业中心关系的减弱使事业部门的区位选择自由度更高，由此形成的企业内部空间结构更为分散。事业部下级的职能部门选择则受事业部影响较大，与事业部形成中心辐射关系。这种企业空间组织方式我们可以称之为卫星型模式，即事业部受企业中心影响（但不是控制），事业部的下级职能部门受事业部控制的空间组织形态。事业部型组织的空间结构较为分散，不同类型事业部组织结构空间分散程度有所不同。

A. 产品部型组织结构的空间特征。

产品部型组织结构的空间分散程度较低。企业在发展早期一般只经营一种业务，随着企业发展壮大，企业的多样化扩张促进其他事业部的形成。在其他事业部的形成过程中，需要企业中心提供较多的资源支持，因此，新事业部对企业中心存在较大的依赖性，这种依赖性使产品型事业部企业空间扩张范围受到限制，分散程度较低。

B. 区域部型组织结构的空间特征。

企业按照经营的区域设立不同的事业部，分别负责各个区域的经营，这种经营单位划分可能根据生产布局，也可能根据市场范围，还有可能根据行政区划。由于各地区分公司都有一套完整的经营体系，企业内部组织结构、空间布局受到的制约较小，企业分散程度较高。同时，依据不同的划分标准，可能表现出不同的空间特征，如果企业根据行政区划分公司分部，则企业组织空间结构具有明显的等级分布特征；如果按照生产布局划分公司分部，则具有生产区位指向的空间特征。

C. 顾客部型组织结构的空间特征。

企业按照顾客类别设立不同事业部，每个事业部服务一类顾客。这种类型的企业组织内部结构划分按照顾客特点进行，空间特征决定于顾客分布的空间特征，空间布局具有较大的不确定性，空间表现为较大的分散性。

4. 矩阵型组织结构的空间特征

矩阵型组织由于兼具垂直管理和横向管理的管理关系，内部组织结构的复杂联系在空间特征上也表现出较复杂的特性，某些内部组织间表现出较强的空间集中性，某些内部组织表现出较强的空间分散性，组织结构的可变性带来空间特征多变。

二、企业组织的分散化与区位决策

随着企业规模的扩张，企业从原来的单厂企业扩张到多厂企业、地区企业乃至跨国公司，在此过程中，企业的组织形式需要不断调整以适应相应的企业规模。在单厂企业条件下，企业的生产功能是其核心功能，工厂布局是企业选址的核心。在以后的发展中，企业的营销功能、财务功能、融资功能、公关功能、监督功能、人力资源开发功能，研发功能、物流功能、决策功能等先后强化，为此，企业需要成立各个部门来承担相应的企业功能，最终形成新的企业组织模式。企业组织结构图如图 2—5 所示。

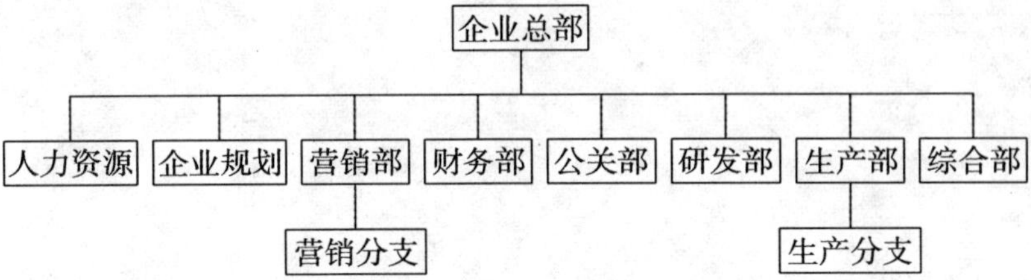

图 2—5　企业组织结构图

在企业发展早期，这些部门可能位于同一地点，但各个部门需要的区位条件是不同的。承担核心决策功能的企业总部需要发达的交通通讯网络，并尽可能接近重要的战略利益相关者，如重要的合作伙伴，因此企业总部一般布局在大都市区。承担营销功能的营销系统要尽可能接近消费市场，以便为消费者提供产品和服务，市场空间和市场结构决定了营销部门的空间布局。承担研发功能的研发部门依据不同情况有不同布局，为了得到消费者的反馈信息，可以布局在大规模市场的中心；为了便于进行技术交流与学习，可以布局在大学、科研院所周边；为了便于对产品生产进行指导和改进，可以布局在生产中心。

由于企业内不同部门具有不同的区位指向，为了提高部门效率，不同部门具有分散化布局的倾向，即不同部门布局于不同位置。要将这种分散化倾向转化为现实还需要一个核心条件：企业组织分散化带来的成本与收益相比较，收益上升要能够抵成本上升而有余。

企业组织分散化的基本条件是发达的交通通讯系统。企业组织的分散化是近几十年才出现的，其原因首先在于企业规模的扩大，但交通、通讯系统的发展具有重要作用，是企业组织分散化布局首要基本条件。分散化的企业组织内部各部门需要持续地沟通，这就使得人员、信息流动必不可少，在交通通讯不发达，人员信息流动的时间成本、经济成本较高的条件下，企业组织分散化布局的净收益较低。当前大型企业，尤其是跨国公司中出现的一种情况是，不仅企业内部各部门分散化，而且承担生产功能的生产系统也日趋分散化，它们在世界范围内组织生产，在每个地区生产地方化产品或者零部件，在世界范围内组装、销售，生产系统内部的产品、信息、人员流动更为频繁，对交通通讯系统的依赖性更强。

第三章 区位决策及其影响因素

企业的任何经济活动都必然在一定的地域空间内展开，为了便于经济活动的开展，企业依据自身需要将不同经济活动布局于不同区位。企业经济活动的区位需求与特定地区的区位条件相结合构成了企业区位选择的主体和客体。在区位决策过程中，任何决策都是由人作出的，个人和组织的偏好与特点使企业的决策行为和决策过程有所不同，这导致区位决策具有多样性。此外，在新经济条件下，信息成本和集聚经济对企业区位决策具有重要影响。以上就是本章要讨论的主要内容。

第一节 区位决策：企业区位行为理论

一、行为区位论

德国经济学家冯·杜能 1826 年完成的《孤立国对农业和国民经济之关系》（简称《孤立国》）开辟了区位理论新的研究领域，成为古典区位理论的典型代表。此后，区位理论作为经济学的一个新分支不断发展。受限于当时的生产方式，冯·杜能主要对农业的区位作出了考察。随着资本主义工业生产的发展，以韦伯和马歇尔为代表的一些经济学家在 20 世纪 20 年代将区位理论发展到新古典区位理论时代。马歇尔 1920 年的《经济学原理》和韦伯 1929 年的《工业区位论》对工业区位进行了研究，尤其是深入考察了“集聚经济”这种新现象，并对其进行了解释。之所以称这些理论为新古典区位论，其原因在于这些理论都建立在新古典经济学的一系列假设之上，如“经济人”假设，即假定经济中的参与者都以最大化为目标，企业或企业主追求利润最大化和成本最小化，消费者追求效用最大化和支出最小化；信息完全，即经济的参与者能够掌握关于其他经济参与者和周围环境的一切信息；完全竞争的市场结构。在此基础上的一系列研究构成了区位理论研究的一个高潮。

古典区位理论解释了很多经济现象，并为经济发展和企业生产提供了诸多有益的建议。但古典区位理论的弊端也逐渐暴露。首先是这一理论所依据的新古典经济学假设与现实差距较大，削弱了该理论对现实的解释能力和指导能力。其次，静态的分析方法不能够描绘动态的过程和机理，动态视角不足。

为了对这一理论加以改造，一些经济或地理研究者将一些其他理论成果引入区位理论，试图对古典区位理论作出调整，形成了一些新理论，行为区位理论便是其中的典型代表。20 世纪 60 年代，邓尼逊、普赖德、戴依、赛门、史密斯等人将行为经济学的一些理论成果引入到古典区位理论中，对其理论进行了补充，形成了行为区位理论。行为区位理论依据行为经济学对古典区位理论的前提假设作出了修正。（1）认为区位决策最终是由人或者组织作出的，人或者组织在决策过程中将不可避免地受到主观因素的影响，例如个人情感、特殊偏好、思想观念等。（2）人的区位决策的目标并不是单一的，而可能是多样化的，例如企业区位决策不一定只考虑利润目标，同时还可能考虑企业家和员工的生活质量。（3）客观环境的信息完全是无法实现的，个人的决策受到自身掌握知识和信息的数量和质量的影响，个人对信息的应用能力也会影响到决策的结果。（4）由于人决策过程中受主客观限制，人自身也可能意识到在主客观条件受到限制的情况下追求最大化的障碍，这使得个人或组织放弃最优化，转而追求满意。（5）很多市场并不是完全竞争市场。

在这些假设的基础上，行为区位理论的分析过程具有浓重的行为主义烙印。（1）在分析过程中着重强调人的作用，强调人的主观性对客观经济结果的影响。（2）对经济过程进行动态分析，强调人的学习效应。个人或他人的正确决策具有示范作用，引导个人作出更合理的决策；相反的，个人或他人的错误决策能够具有警示作用，引导个人避免作出错误决策；个人在决策和决策修订过程中，能够不断提高信息的数量和质量，提高利用信息的能力。因此，经济决策的结果将趋向最优。

在上述假设和分析的基础上，行为区位理论认为：（1）经济结果可能是最优，可能是次优，也可能是劣于次优；（2）决策的动态调整决定了经济决策结果是一个不断优化的过程。

此外，一些行为区位理论还强调个人决策对客观环境的改善。认为不仅个人决策部分受制于客观环境，而且个人决策能够对客观环境加以改善。例如，大企业的布局能够吸引一批配套企业进入，从而优化区域协作条件；特定产业的发展能够对区域经济政策、区域规划、政府公共服务、基础设施等多个方面施加影响。

二、空间收益性边界

空间收益性边界，又称空间盈利边际（spatial margin to profitabiltiy），最初是由英国地理学者 E. M. 罗斯特朗（Rawstron）于 1958 年提出来的，后来另一英国地理学者 D. M. 史密斯（Smith）进一步发展了这个概念，它是少数真正由地理学者所提出的空间经济概念之一。现在，空间收益性边界成为工业区位理论中独具特色的组成部分。

空间收益性边界的推导如图 3—1 所示。

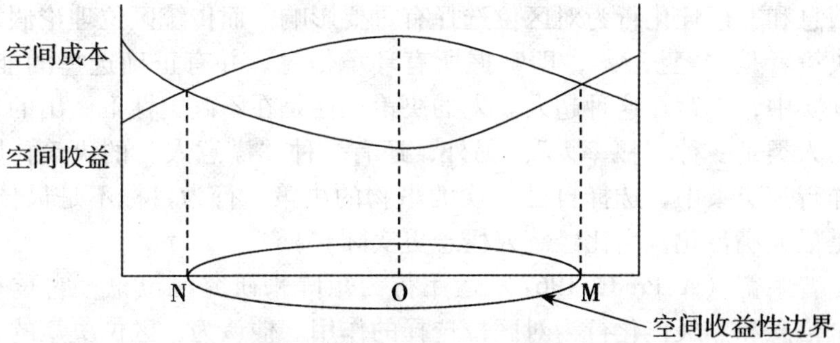

图 3—1　空间收益性边界的推导

空间收益性边界是由两条曲线相交而成的。在图中，横坐标表示空间距离，纵坐标表示成本或收益。工厂的最优区位在 O 点，这是可达利润最大的区位。可是，实际中如何呢？可能这个 O 点没有投资者所需要的条件如高尔夫场所、夜总会等，那么他就是离开最优区位，而在空间边际内的赢利地域，找适合他需要的区位，这种区位称为次优区位。图中，NM 内的其他区位就是次优区位。

空间收益性边界之所以重要，就是因为他准许了次优区位，承认了次优区位的合理性，因而取代了先前单一最优区位的理论。在空间边际内的任何地方都可以取得某些利润，因此厂商可以在这个限度内根据个人需要而自由选择。换言之，只要企业收益高于成本，企业获得正收益，企业布局都是可行的，空间收入曲线高于空间费用曲线的区域都是企业区位选择的可选范围。也就是，企业在这一范围内布局都可以获得正收益。由于企业在这个区域的布局都可行，这就为企业家区位选择提供了空间，为个人因素对区位选择施加影响提供了可能性。例如，企业的区位决策考虑的可能不仅是成本—收益的相关要素，同时考虑个人偏好、生活质量、娱乐休闲等，这些因素的影响可能使企业偏离最优经济区位。

三、行为矩阵理论

行为区位理论的一个代表性学说是行为矩阵理论。美国地理学者普莱德研究了企业区位选择中行为因素的影响，于 1976 年提出了行为矩阵理论。该理论认为，区位决策者并不一定是“经济人”，因此，不完全信息和非最佳化行为对区位选择有重要影响。而传统区位理论假定区位决策者是“经济人”，即掌握所有环境信息，并有正确选择的能力。但现实中，不存在这种超人。人的决策往往是在不确定性下做出的，因此，人类是一种“概率人”。另外，还有一种“满意人”的决策，即在多样行为决策中，选择自己喜欢的事物的决策。行为目标不是最佳化，而是最大满足化，它比经济人概念更实际。

普莱德（A. Pred，1967）运用行为矩阵来研究区位论，它重视不完全信息和非最佳化行为对区位选择的作用。他认为，区位决策的优劣程度取决于两个方面：一是所获得信息的量的多少和质的好坏；二是使用信息的能力。这两个参数构成了行为矩阵的两个轴。掌握的信息越多，能力越强，选择的区位越接近最优区位。行为矩阵理论如图 3—2 所示。

从图 3—2 可见，决策者的信息量和信息利用能力对区位决策有决定性影响。矩阵的“行”表示决策者掌握信息的数量，沿箭头方向，越往下，决策者掌握的信息量越多。矩阵的“列”表示决策者利用信息的能力，沿箭头方向，越往右，决策者利用信息的能力越强。因此，

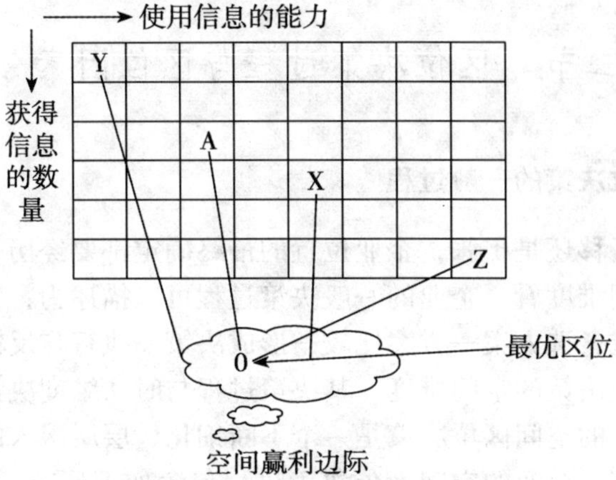

图 3—2　行为矩阵理论

越靠近左上角 Y，决策者拥有的信息越少，利用信息的能力也越差，最终区位决策的结果也越差；相反，越靠近右下角 Z，决策者拥有的信息越多，利用信息的能力也越强，最终区位决策的结果也越好。这是决策中信息因素的两个极端状态。一般的区位决策者处于这两个极端之间的某个位置 A 或 X。区位决策的结果可能是较优的，也可能是较差的，决策结果可能处于空间赢利边际界限之外，企业获得损失；也可能处于收益性空间界限之内，企业获得正收益。

随着时间推移，决策者可能积累更多信息和经验，结果他们可能向矩阵右下方移动，更接近最优区位。首先，个人具有学习能力，能够从过去的决策实践中获得经验教训，借以提高信息利用能力。其次，个人具有模仿能力，他人成功的决策能够为更多决策者提供经验借鉴，使模仿者信息利用能力提高。再次，随着时间变化，决策者可获得信息的数量在增加，成本在减少，新的信息搜集手段和现代信息技术提高了信息的可获得性。这些因素都促使决策者的决策结果不断优化。此外，客观环境的变化也能够使决策矩阵发生变化。新知识、新技术的产生和应用可能改变客观因素发生作用的方式，原有的信息和信息利用能力不一定适用于新的环境。例如，铁路运输的发展使大型生产企业不一定布局在港口附近，冷冻运输技术扩大了生产产品的销售范围，客观世界的变化改变了个人在行为矩阵中的位置。

第二节 区位决策过程与区位因素分析

一、区位决策的一般过程

无论是迁移还是扩张，企业位置的最终确定都要经历一个区位决策过程。从时间维度看，企业的一般决策过程可以描述为：决策目标—搜集信息—形成备选方案—方案比较—形成决策—执行与反馈。企业的区位决策是企业决策的空间维度，其决策过程与时间维度决策既有联系又有区别。企业的空间区位决策是一个不断细化、层层深入的过程。

一般而言，企业的空间区位决策过程包含如下环节：（1）对区域的选择。在不同空间尺度决策过程中，区域选择的范围不同。对于大型跨国公司来讲，其首先要选择的区域可能是世界范围内地区级的。例如，跨国公司可能选择在远东地区采购某种材料，在北美地区建立研发基地，在西欧地区建立营销中心。对于国内企业来讲，其首先选择的区域可能是国内区域。例如，对于中国国内企业来说，选择长三角地区作为企业总部，选择中部作为生产基地，选择西部作为原料产地等。在区域选择上，企业同样要经历目标—信息—方案—决策这一过程。在这一过程中，企业所要搜集的信息和方案比较的内容主要是社会宏观方面的区位因素，如经济发展状况、文化传统、地区安全局势等。（2）对次级区域的选择。在选定了区域之后，企业要对区域内不同子区域进行分析。对跨国公司来说，其选择的次级区域可能是国家级的，也可能是国家内地区级的。例如，石油开采公司选择自己的海外石油开采基地，可能在选择了中东这一区域后，进行中东地区内部国家的比较选择。对国内公司来讲，可能在确定区域布局的方向之后，在区域内选择合适的省区、市域。在次级区域选择上，企业所要搜集的信息和方案比较的内容主要是经济宏观方面的区位因素，如市场状况、基础设施、劳动力市场等。（3）对地点的选择。在选定次级区域之后，企业要选定区域内具体地点。企业一般要选择某个城市或者某一村镇作为自己区位布局的地点。在具体地点选择上，企业所要搜集的信息和方案比较的内容主要是具体的区位因素，如交通通达性、通讯设施、自然环境等。（4）对具体位置的选择。在选定了地点之后，企业还要选择具体的位置，例如具体厂址的布局，办公室所处的街道与大楼等。在具体位置选择上，企业要考虑的区位因素则更加具体化。例如，厂址选择可能要考虑不同位置与工厂所需的供水供电、地质状况、排污、风向的状况；办公室所处位置的选择可能要考虑市内交通、外联交通、距市中心距离、关联机构等。工业企业区位决策过程如图 3—3 所示。

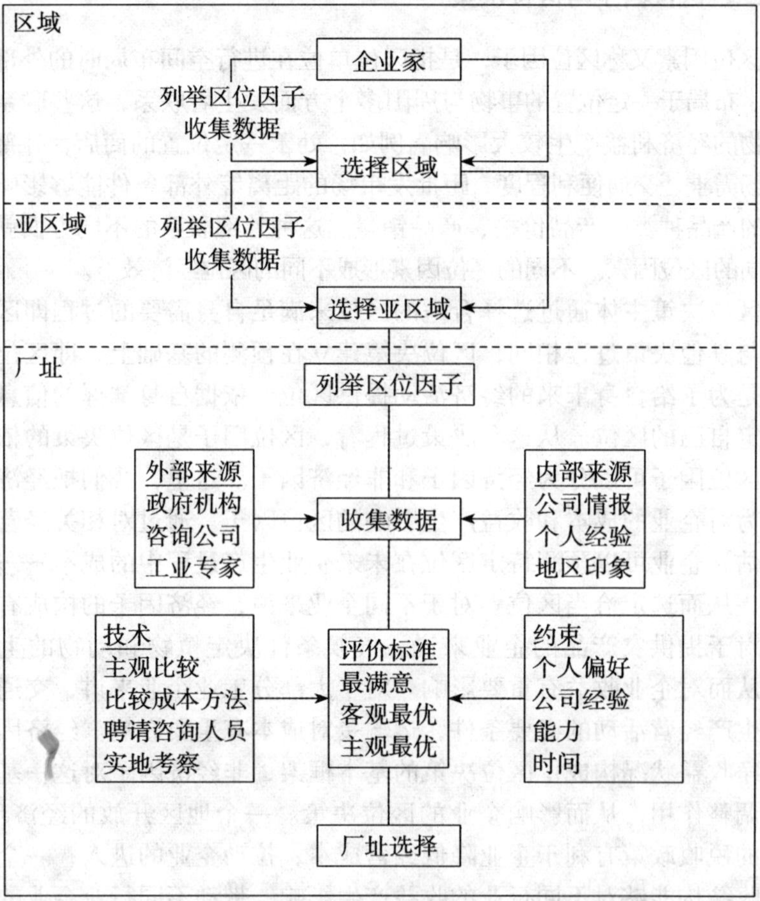

图 3—3　工业企业区位决策过程

需要注意的是，在区位决策的不同阶段，决策主体可能是不同的。例如，大型跨国公司分为不同的行政层级，这些层级在区位决策的不同阶段起不同的决定性作用。对于区域和次级区域的选择，企业总部和高层起决定性作用；对地点和位置的选择，地区分部起决定性作用。在其他情况下，企业总部可能成立临时的决策小组负责区位决策的全过程，也可能选择咨询公司为其决策提供足够的支持。对于国内企业区位决策，企业家的个人偏好往往能起到重要作用。

二、区位因子与区位决策

区位因素又称区位因子，是指区位单位在进行空间布局时的外部约束因素。布局于一定位置的事物与周围多个方面发生着联系，这些联系能够对事物的经济利益产生较大影响。例如，处于一定位置的商店，外部消费者市场需求、交通便利程度、距批发市场的距离等外部条件能够影响商店经营的产品种类、产品价格、产品销量。这种外部联系的不同方面就构成了不同的区位因素。不同的区位因素形成不同的区位经济效益。

区位决策主体通过选择合适的区位来满足自身需要的过程即区位决策。与其他决策过程相同，区位决策建立在预测的基础上，即区位决策主体是为了给自身未来的经济活动提供区位，依据自身掌握的信息，借以确定自己的区位。从这一决策过程看，区位因子是区位决策的依据。

区位因子可以分为经济因子和非经济因子。这里，我们把经济因子定义为对企业的成本和收益产生影响的区位因子。通过对相关经营条件的评估，企业可以预测特定区位在未来企业生产过程中的成本——收益状况，从而选定恰当区位。对于不同企业来说，经济因子的构成有所不同。对于提供农产品的企业来说，气候条件决定植物和动物的生产效率，从而对企业收益有重要影响。对于大部分工业企业来讲，交通运输是其生产经营活动的必要条件，运输费对成本有重要影响。经济因子决定的净收益状况构成了区位决策的基本框架，非经济因子对这一基本框架有调整作用，从而影响企业的区位决策。一个地区开放的经济环境、优惠的税收政策有利于企业降低经营成本，拉动企业的进入；一个地区的税收结构能够对不同行业的收益产生影响，带动不同行业企业的区位变动；高效的政府办公、透明的法律制度能够减少企业的交易成本，吸引企业进入。这些非经济区位因子改变了经济区位因子所决定的未来成本收益状况，对企业区位决策施加影响。

在区位决策过程中，决策主体的自身特点也能够对区位决策施加影响。企业主和高层管理者的偏好、企业的管理风格、企业文化和价值观念、企业当前经营状况、企业的决策传统和特殊决策程序等等与外部环境不同的主体特征都可能在区位决策中发挥作用，其最终的结果是区位决策结果的多样化和不确定性。

此外，区位因素的可变性更增加了决策结果的多样性。企业的区位因素并不是固定不变的，人类可以利用自身的能动性对一些区位条件加以改造，同时，决定企业区位选择的因素也在发生着变化。这些区位要素的变化与改变首先是由科学技术进步导致的。农业科技改变着农业的生产方式，品种改良、土地改良、化肥的广泛应用提高了农业产量，增加了可利用土地数量；塑料大棚使自然热量得以充分利用；新的灌溉技术减少了农业对水源数量的依赖。生产技术进步使工业生产开发出新的可用资源并减少对资源的依赖。冶炼技术和交通运输的发展使炼钢厂脱离原有煤、铁资源产区的限制，向市场区靠拢；工业生产的标准化和工艺流程使汽车生产不需要依托机械设备制造中心而向全球分散。其次，社会观念的变化能够改变一些区位要素起作用的方式。人类对自身生活质量要求的提高促进绿色、无公害农产品需求的增加，对原有农业生产中的土壤、水源等要求提高。再次，环境的改变使区位要素发生改变。环境是由多种要素构成的，其中某一要素的改变可能在社会系统中有更深刻的影响。全球气候变暖改变了原有全球热量分布，使部分农作物种植向高纬度转移。人类对自然资源的开采，减少区域自然资源存量，最终造成资源枯竭，原有依托自然资源优势发展起来的企业将不得不迁移或倒闭。

第三节　信息成本、集聚经济与区位选择

一、不完全信息条件下的区位选择

（一）信息在区位选择中的作用

经济主体进行区位决策需要在掌握一定信息基础上展开，企业在特定区域开展经营管理活动也离不开一定信息的支持。在现实中，信息的获取和使用需要花费时间、资金、设备、脑力等成本，这些耗费统称为

信息成本。换句话说，信息成本是指人们在使用信息的整个过程中发生的各种人、财、物的消耗。

信息成本与传统的物质资本存在较大差异，具有一些特殊性质。信息经济学家香农（Claude E. Shanon，1948）总结了信息成本的特性。（1）信息本身就是一种稀缺投入。（2）信息部分地具有资本特性。信息的获取和使用需要投入一定的成本，这种成本耗费可能在较长时间内发挥作用，这使得信息投入具有资本品的特性。（3）在不同领域中，获取和使用信息的成本是不同的。个人在自身熟悉的领域中获取和使用相关信息成本较低，在未知领域获得信息成本较高。这使得个人和企业更倾向于在与自身密切相关的领域中进行信息投入。（4）信息成本与信息的使用规模无关。与其他物质生产要素不同，信息在使用过程中并没有被消耗，一次信息投入在以后的生产和交换过程中可以多次使用。使用规模的增加不会带来信息成本的相应增加。

基于信息成本的存在和信息成本的特性，企业在进行区位选择时将受到信息成本程度的影响。信息的主要价值在于降低未来的不确定性，但企业的信息消费又会造成信息成本的上升。因此，企业区位选择也有赖于合理的信息成本水平。

企业在进行区位决策之前首先要对区位的劳动力、市场等传统区位因素进行调查，获得相关信息，对这些信息进行综合分析，最后作出区位决策。在这种信息获得和使用过程中必然要耗费一定的成本。信息成本在企业区位选择中的意义在于：企业的区位选择不仅要依据本地区的区位特征，也要依据企业获取这些区位特征信息的成本。

（二）不确定性、信息成本与空间选择

企业的大多数区位决策行为是在不确定性条件下完成的。这里所涉及的有关“不确定性”问题，主要是对投资风险的估计和对预期利润率的估计。需要指出的是，不确定性与风险有着本质的区别：不确定性指经济行为人面临的直接或间接影响经济活动的无法充分准确地加以观察、分析和预见的外生内生因素；而风险是概率估计的可靠性以及因此将它作为一种可保险成本进行处理的可能性。奈特（1921）认为，风险不会为经济行为人提供获益的机会，相反，不确定性则提供了获利的机会。正是在一个充满不确定性的世界中，一部分人才会努力获取信息，以寻求获益的机会，而这部分行为者也会比他人得到更多的有关利润机会的信息。这一点对于分析企业空间选择行为具有重要意义。

经济世界中并不存在一个能使人们的预期得以实现的给定状态。“不确定因素”存在的事实，使得传统区位理论对现实世界的解释力度大打折扣。韦伯之后，无论是成本学派，还是市场学派，抑或行为学派，尽管他们在区位理论上各执一词，但在理论基础上都承袭了新古典主义的完全信息假设，即假定信息是“免费财货”，获取信息无需支付成本。这一假设的逻辑结论便是：企业进行空间选择决策的经济环境是完全确定的。

但是，“假设”并不等于现实。企业空间决策所掌握的初始信息是有限的，面临着大量的不确定因素，信息具有消除不确定性的功能。因此，企业要作出最优区位决策，必须对信息进行搜寻，但信息搜寻是有成本的。由于信息成本因素的制约，企业区位决策不可能拥有完全信息。在信息不完全条件下，不确定性始终存在。这就意味着空间区位选择是有风险的。

怎样规避风险？一个很重要的考虑是，在前景难以预料的情况下，应当力求维持利润的稳定化。也就是，为了设法从多方面寻找利润来源，企业投资相应地应当多样化，而避免作出把握不大的单一化的投资决策。

多样化的投资是对利润最大化原则的有条件的放弃，而以适度的、可以满意的利润原则来代替它。企业在决定其空间区位时，较多地考虑多样化投资和多种因素的作用，而不以偏向于单一化投资，尤其是不以某个单项成本因素作为选择某一投资地区的基本条件，见表3—1。

多样化投资的结果，表现在企业区位选择上可能是采取比较分散的布局，或者尽可能地利用各个不同地区的特点组织多样化的生产或经营。但是，它却是导致生产要素超区域聚集的重要原因。超区域聚集是生产要素超越了地理上的区域限制而聚集，它是一种客观存在的现象，也是现代经济中才有的现象。这种空间聚集不仅能获得聚集规模经济，而且还能获得因经营领域和经营区域的广泛性带来的范围经济利益。

表3—1 **影响美国企业区位选择的主要因素**

1993 年	1973 年
1. 接近消费者和顾客	1. 环境方面的考虑
2. 接近州际高速公路	2. 劳动力供应与质量
3. 较低的房地产价格	3. 公用设施的可得性
4. 熟练工人的供应	4. 交通尤其是高速公路
5. 能与政府官员保持较好的联系	5. 向农村和郊区扩散
6. 较低的工资水平	6. 社区对工业的态度
7. 合理稳定的设施收费	7. 低成本融资
8. 较低的生活费用	8. 土地的供应与费用
9. 较低的营业税	9. 市场
10. 文化和娱乐设施	10. 税收

资料来源 Site Selection , February 1994, p. 35.

企业规避风险的另一个途径是，在区位的确定过程中考虑信息成本的影响。在以往对产业区位的微观经济分析中，信息成本的重要意义是被忽视的，信息成本甚至不列入企业成本项目之中。但当前，由于技术的变革以及新技术发明应用于实际生产过程中的时间间隔的缩短，在企业之间竞争加剧的条件下，企业越来越感到及时获得市场信息和技术情报的迫切性，从而信息成本受到了特别注意。获得信息是有收益的，而搜寻信息同样也具有经济成本。在考虑到不确定性和信息成本之后，一个企业的区位决策就需要在下述两种可能性中作出决定：或者按照传统的做法，把降低运输成本或工资成本作为增加企业竞争力的主要手段；或者考虑现代的生产技术条件，把易于获得市场信息，更加及时和灵活地作出决策，以及把科学技术研究成果的利用和情报交流方面的便利作为增加企业竞争力的主要手段。如果是后一种情况，为了获得信息，降低信息成本，避免因信息闭塞而在研究和发展中落后，企业经济活动同样也会产生向信息中心区位聚集的趋势。运输成本和工资成本虽低，但信息较闭塞的区位，从信息成本的角度来分析，不可能成为企业有希望的发展区位。一些大公司的总部向大城市的集中或迁移证明了这一点。

美国和英国最大的500家公司总部的区位见表3—2。

表3—2 **美国和英国最大的500家公司总部的区位**

美国（1967）			英国（1971）		
	个数	资产（亿美元）		个数	资产（万英镑）
纽约	137	1 203.42	伦敦	295	2 560.5
芝加哥	38	165.53	格拉斯哥	10	114.0
匹斯堡	18	166.77	伯明翰	8	48.7
克利夫兰	18	63.86	谢菲尔德	8	21.5
底特律	11	203.86	利物浦	7	25.6
圣路易斯	11	57.63	曼彻斯特	6	32.0
圣保罗	11	36.45	利兹	5	10.7
洛杉矶	10	72.68	爱丁堡	4	53.3
费城	10	58.86	诺丁汉	2	13.7
旧金山	6	72.02			
波士顿	5	12.83			

资料来源 Fortune，May，1968；Times 1000，1972.

大公司总部在大城市集中可以获得许多方面的好处。其中，最重要的一点是，由于公司总部每天都要发送或接收来自海内外的大量经济信息，并对这些信息及时进行处理、加工和传递，因此，大公司总部一般需要建立一个高效畅通的全球信息网络。大城市尤其是首位城市一般具有较发达的信息产业和完善的通信设施。同时，大公司相对集中在大城市地区，为工商业者提供了面对面交流的机会，这些都为公司降低信息成本创造了条件。

另外，对于已经确定了区位的企业，由于不确定性的原因，也会强化它们对相对“安全”区位的偏爱，而不轻易地采取新区位决策。因为对于企业来说，进行一次区位选择，通常都代表着作出一项重要的长期承诺，这种承诺包括改变区位所要付出的代价，承担风险。所以，企业一旦确定了区位，便都表现出了很大的惰性。当然，大公司的空间行为所受约束较小，而小公司则可能受到“埋没成本”等因素的影响，这种区位选择的惰性可能更强一些。总之，在不确定性条件下，把“利润最大化”（或成本最小化）看成是支撑企业区位决策的唯一动力，可能是一种过于简单化的看法①。

（三）投资区位决定：信息和集聚经济的重要性

当企业决定在某一特定地区进行投资时，就必须考虑当地的投资环境。一般来说，地方的投资环境是一种地方投入品，也就是，它是无法转运到另一个地方的投入品。比如，能源、生态环境、当地的公共服务等都属于这类性质的投入品。如果在企业成本中，相当大的部分对这种地方投入品有依赖，那么，它必然倾向于设址于地方投入品低价的地方。

从理论上讲，所有的投资环境因素或所有的地方投入（如能源、劳动力、中间投入品等）都影响企业的投资区位选择，那么，哪一种或哪一类投资环境因素最重要呢？我们把所有的地方投入或投资环境因素进行简单的分类，具体如下：

在图3—4中，我们把投资环境或地方投入品分为三类：一是传统变量；二是与集聚经济有关的变量；三是与信息成本有关的变量。这三类变量都影响投资区位的选择。换言之，用这三个变量，就可以解释一个地区是如何成为投资区位的首选地点的。

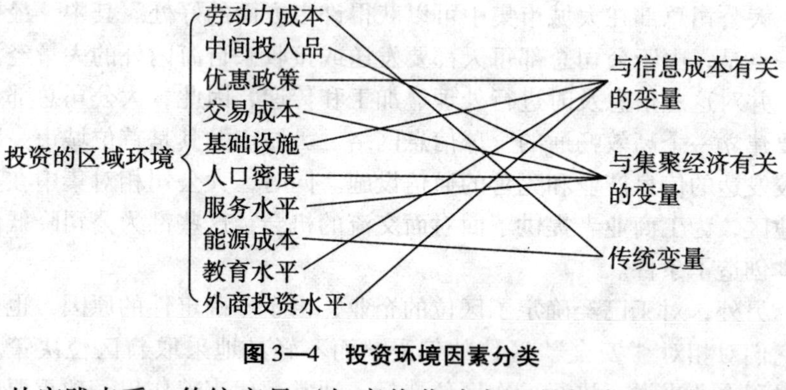

图3—4 投资环境因素分类

从实践来看，传统变量（如廉价劳动力）是投资环境中最重要的

① 冯云廷：《城市聚集经济——一般理论及其对中国城市化的应用分析》，46～50页，大连，东北财经大学出版社，2000。

变量之一。一般地，要素成本低的地区，对资本有一定的吸引力。但是，我们发现，有些地区比起其他地区来有更低的要素成本，但对外部资本却没有足够的吸引力。这样的事例不胜枚举。相反，我们也看到，信息成本和集聚经济变量在现代投资区位选择中变得更为重要了。道理是生产要素经过经济组织或经济制度（与信息成本有关）才能变成产品。如果要素成本很便宜，但交易成本和信息成本非常昂贵，那么对投资者仍不会有吸引力。另一种情况是，要素价格低，信息成本也不高，但如果与聚集经济相关的交易成本乏善可陈，这样的投资区位也不会成为投资者的首选。

二、信息和集聚变量决定的区位选择

一个发育完善的大企业通常有三层组织机构：（1）决策机构（公司总部）；（2）协调机构（公司地区分部或产品分部）；（3）职能机构（研究与开发、生产、营销系统等）。在企业发展的初期阶段，只有决策机构和职能机构，它们位于同一个地理区位，不存在空间分离现象。随着企业规模的扩大，企业的组织机构出现空间分离。其中可能的空间结构形式有：（1）决策机构在一个区位，协调机构和职能机构同处于另一个区位；（2）决策机构和协调机构同在一个区位，职能机构则在不同的区位；（3）决策机构、协调机构和职能机构全部分离在各自的地理区位。企业组织的多区位空间结构特征是由企业的发展战略所决定的，其中，这种决策一定考虑了机构区位选择的影响因素。企业总部、研发活动（R&D）和生产区位的选择明显地受到信息成本和集聚经济因素的影响。下面以这三种机构的区位选择为例，看一看信息成本和集聚经济变量在区位决策过程中的重要作用。

（一）企业总部的区位选择

企业总部在企业经营与管理中处于核心地位，承担着重要职能。一般而言，企业总部承担的经营和管理职能大体包括四个方面：（1）战略决策功能：企业总部主要针对企业的长期发展制定决策，包括事业发展方向决策，市场进入与退出决策，竞争策略制定，战略扩张决策等。（2）中心控制功能：企业总部要能够对企业各个分部有足够的控制能力，在诸项控制功能中，财务控制功能和人事控制功能居于中心地位。

(3) 信息交流与沟通功能：企业总部要能够汇集各个分部的经营信息，便于各个分部之间进行有效的信息交流与互动沟通，协调各个分部之间的经营活动。(4) 提供基本服务功能：企业总部要承担起树立企业总体形象、帮助企业分部融资、与相关机构建立战略合作关系等服务功能。

企业总部的功能决定了企业总部区位选择的基本要求，与企业总部职能相对应，企业总部区位应当具备四个条件：(1) 有发达的通讯系统。企业总部要承担起多项职能，必须依赖于与各个分支机构快速便捷的信息沟通。当代社会的信息传递主要依靠诸如电话、传真、电报通讯系统，国际互联网的快速发展和应用使得电子信息传递通道成为企业总部更为关注的基本通讯条件。(2) 有便利的交通运输网络。企业总部对各个分支机构的中央控制离不开人员的流动，企业总部要具备良好的运输，尤其是客运条件，使各个分部人员能够快速安全地集中到总部，而总部人员也能够快速到达各个分部。因此，企业总部一般都位于交通中心，尤其是航空运输中心。(3) 接近战略伙伴所在地。企业的战略合作伙伴包括供应商、关键客户、政府机构、融资渠道、公关服务与技术服务等各项相关服务的提供者。企业总部要能够与这些战略伙伴保持人员与信息的交流，而接近这些战略伙伴对企业来说尤为重要。(4) 有流畅的信息渠道。企业总部要作出各项战略决策离不开对未来的预测，而预测必须建立在充足信息的基础上。企业总部区位要能够满足企业总部对信息占有的需求，服装企业总部位于时尚中心能够获得最新的面料信息、设计信息、潮流时尚等，然后交由各个分部执行其相关决策；电子企业总部在高新技术产业中心能够获得最先进的技术信息。

为了满足上述企业总部所需的区位条件，企业总部一般布局在一个国家或地区的中心城市。一般而言，中心城市是一个国家或地区的经济中心、金融中心、服务中心、交通中心、行政中心，其多种中心职能为企业总部开展各项活动提供了便利，使企业总部的各项需求得以满足。此外，中心城市一般也是一个国家或地区的人才高地，数量众多、品质较高的劳动力为企业总部的运行提供足够的劳动力资源。中心城市集聚了大量的工商业企业，这便于企业主之间的面对面沟通，有利于信息的交流，有利于企业间战略关系的建立和维持。因此，中心城市集聚效应吸引了大量企业总部的集中分布。

随着交通通讯技术以及基础设施建设的发展，企业总部也出现了分散化趋势。尽管中心城市具有信息、交通、人才、行政、金融等多项优势，但其他地区的不断发展正在使中心城市的诸项优势弱化。中心城市的周围城市与中心城市有着便捷的交通通讯联系，也具有同样便捷的交通通讯网络，其较低的地价、较好环境吸引着企业总部的向外扩散。社会经济的一体化，使各个地区经济发展水平收敛性增强，地区差异缩小，原来经济落后地区的经济发展使一些企业的次级中心逐步建立，这也导致了企业总部的扩散。

（二）R&D 活动区位的选择

为了最大限度地满足消费者需求，提高生产效率，保持自身的竞争优势，企业都倾向于用更有效的技术生产技术含量较高的产品，企业 R&D 活动把这种倾向转化为现实。因此，R&D 活动对企业的生存与发展具有极为重要的意义。与企业总部相比，企业的 R&D 活动及其机构承担的职能更加单一，即提供新产品与新工艺。

职能特点决定了企业 R&D 活动所需条件的特殊性，一般而言，企业 R&D 活动需要的区位条件包括以下几方面：

（1）高素质的研发人才。与企业的生产活动不同，企业研发活动作为知识密集型活动首先依赖于劳动力的质量。因此，企业的研发机构倾向于高等院校、科研机构集中的地区，这些区位上独有的劳动力市场优势对企业研发机构的吸引作用尤为明显。

（2）通畅的信息渠道。企业的研发活动受到信息的影响，对于针对新产品开发和产品改良的研发活动，消费者的需求信息对企业研发活动起导向作用；对于针对生产工艺和基础研究，其他研究机构的进展状况和技术更新信息影响着企业研发活动的效率。相对而言，消费者需求信息更容易获得，在其导向下，企业研发活动的区位集中于市场中心；技术更新信息由于企业竞争的需要具有一定的机密性，为了了解这些信息，增加各机构研发人员的联系是有帮助的，因此企业的研发机构又有一定的集聚效应。

（3）有较为便利的交通通讯设施。企业的研发活动不是独立存在的，它与企业的其他活动存在联系。因此，相关的信息传输、人员流动与交流成为必需，这就需要便捷的交通通讯。例如，企业的研发机构要能够为销售服务，帮助销售人员掌握必要的产品技术信息；企业的研发机构要能够支撑生产活动，及时解决生产过程中遇到的问题。

（4）有适合研发活动的环境。在社会环境上，最好有较高的社会知识积累、较高的文化素养，有创新思想与意识，有国家政策的支持和相应的政策优惠，有便利的生活设施，以利于吸引人才。在自然环境上，最好有适宜居住的气候，良好的植被，清洁安静的环境，以利于研发活动的劳动者和管理者生活和开展工作。

承担新产品新技术研发的企业 R&D 机构根据目的和动机的不同，在 R&D 区位选择上将有所偏重。（1）如果企业 R&D 活动的主要目的是进行基础性研究，R&D 机构将尽可能布局于大学、科研院所集中的地区，以利用这一位置较为丰富的高素质科研人才。（2）如果企业 R&D 活动的主要目的在于向市场提供新产品或进行产品改良，企业 R&D 机构将尽可能的位于距消费者较近、便于与消费者接近的区位，在地理位置上可能靠近企业的营销中心。（3）如果企业 R&D 活动的主要目的是为了支持生产的顺利进行并提供新的生产技术、生产工艺，企业 R&D 机构可能位于企业的生产基地或者相关产业集中的地区。（4）对于专门从事 R&D 的企业，为了开展研发活动和获取市场的便利，可能更多地处于高新技术及相关产业集中的地区。

值得注意的是，企业的 R&D 活动也正在经历一个从集聚到分散的过程。企业初期的研发活动更多的集中的在企业总部，企业总部集中的地区也即企业研发机构集中的地区，原因在于这种位置上的接近既有利于企业总部对研发机构的控制，也有利于研发机构从企业总部获取信息、资金等支持，更便于研发机构为企业总部与分部活动提供服务，企业总部与研发机构对人才、环境、基础设施等条件要求的相似性促进了这种地理临近。随着社会经济的发展，企业的市场空间不断扩张，地方市场的特殊性以及地方生产的发展要求相应的技术支撑，这促使企业在新的市场区和生产基地建立研发机构。此外，一些地区通过市场或政策形成的区域性高新技术产业区等技术、知识集聚的地域，这些地域以其优良的环境吸引企业研发机构进入。

（三）企业生产区位的选择

生产区位的选择是伴随着区域转包活动出现的，也就是，企业通过合同将生产过程的一部分转移到另一个地方生产。那么，生产布局的指向有怎样的规律性呢？通常生产活动总是有向能满足它主要要求的地区或地点接近的倾向。它大体上有以下几种情况：原料地指向；市场地指向；劳动力指向；交通枢纽指向；集聚经济指向等。过去，生产区位的选择常常受原料、劳动力、交通和市场方面的影响较大，向这些地点接近是一个一贯的做法。但是，随着经济的发展和科技的进步，生产布局指向出现了一些新的趋势。其中，最明显的趋势就是原料指向削弱，集聚经济指向、市场指向和转运点指向加强，而劳动力指向出现比较复杂的情况。

与公司总部和 R&D 活动的区位选择一样，企业生产区位的选择同样重视追求信息成本最小化，同时重视集聚经济对其决策的影响。一般地讲，对于生产区位的决策来说，信息成本是区域性的。一些地区信息成本较高，另一些地区信息成本则较低。信息成本最低化行为导致企业偏好某一些生产区位。另外，集聚经济的存在可以增强区域的吸引力。大量的实践也表明，集聚经济对生产者区位决策具有十分重要的作用，甚至是生产区位选择的决定性因素。

第四章 产业区位理论

工业区位理论、中心地理论和市场区域理论构成了区域经济理论的三大基石。这三大理论中蕴含的思想与研究方法对区域经济理论的发展影响深远。本章首先介绍了韦伯的工业区位模型，然后讨论了中心地理论与城市等级结构，最后对企业市场区域形成过程中的垄断和竞争力量进行分析。

第一节 韦伯的区位—生产模型

一、工业区位论产生的背景

早在18世纪中期，一些古典经济学家的论著已经包含了经济区位思想。经济学的创始人亚当·斯密在其经典著作《国富论》中部分提及了运费、原料等对工业分布的影响。完整意义上的区位理论产生于德国。1868年德国经济学家罗舍尔首先提出了“区位”一词，并将区位定义为受原料、劳动和资本制约的生产利益，初步论述了原料产地对工业布局的吸引作用。此后，德国经济学家劳恩哈德在19世纪80年代对区位理论进行了深入研究，通过设计一系列定量公式，劳恩哈德开辟了工业区位理论精密化、计量化的道路。

工业区位论真正建立于20世纪初。德国经济学家阿尔弗雷德·韦伯于1909年出版《工业区位论：区位的纯理论》一书，提出了工业区位论的基础理论；1914年，韦伯又出版了《工业区位理论：区位的一般理论及资本主义的理论》一书，综合分析了工业区位问题及资本主义国家人口转移和集聚。这两部著作是在总结前人和自己研究成果的基础上产生的，通过这两部著作，韦伯系统论述了工业区位理论的完整理论体系，并给出了工业区位理论严格的研究方法。

同任何理论一样，工业区位论是在特定历史背景下产生的。与英法美三国相比，德国的工业革命起步较晚，直到19世纪30年代，德国才开始真正的工业革命，但工业革命起初二十年进展极为缓慢，德国并没有摆脱农业国的本质。1848年，德国革命使资产阶级占据了统治地位，国内的工业革命才得以迅速展开，矿山、公路、铁路、企业大量建立，到了19世纪60年代，工业生产与现代公司制度相结合，促进了工业生产的快速发展。1871年，普法战争以德国取胜而告终，这不仅使德国完成了最终的统一，也使德国从法国获得了大量的战争赔款和采矿权，进一步加快了德国的工业化进程，到19世纪70年代末，德国完成了工业革命。伴随着德国的工业化进程，大量的人口、产业、资本的转移引起了经济学家的关注，相关的研究不断增多，其中韦伯本人也对1860年以后德国工业的区位进行了实证研究，并发表了《工业分布论》。相关的研究中有一大部分试图通过工业的布局来解释社会中的要素流动现象，这构成了区位论的理论基础。在工业生产发展、要素流动和理论探索增多的背景下，韦伯通过对社会现实的分析和理论上的总结，给出了系统的工业区位理论。

韦伯工业区位论的核心思想是通过对运输、劳动力、集聚的综合分析，确定工业生产的成本最低地点，并将这一地点作为工厂布局的最优区位。首先，韦伯在限制条件的经济空间中单独考察了原料和市场分布以及由此引发的交通运输费用问题，提出应当将综合运费最低点作为工厂的最优区位。其次，韦伯考察了工业另一种投入要素——劳动力的分布对工业布局的影响，提出由于劳动力分布不同，造成了不同位置劳动成本的差异，追求最低成本的工厂将在劳动费用节约大于运输费用增加的条件下，将工厂布局在劳动费用最低点。最后，韦伯也考察了工业集聚的影响，认为工业的集聚有利于降低单个工厂的成本，从而引发工厂向工业集聚区位进一步集中。

二、韦伯的区位三角模型

以韦伯为代表的区位理论将企业区位选择的决定力量归之为最小生产成本。其理论前提是：费用最小的区位是最好的区位。韦伯认为，企业不能影响由一个完全竞争的市场所决定的销售价格，因此企业家的目的是尽量减少产品运到市场的费用，以取得最大利润。运输费用是各种费用中的重要费用，它与距离和所运送货物的重量成正比。企业家要寻找运输费用最小的区位，就要考虑：（1）原料运到工厂的距离和产品运到市场的距离；（2）加工中原料或产品重量的减少或增加。韦伯还提出，当劳动力或聚集的节省抵消了较高的费用时，企业就要寻找劳动力费用最低或较低、聚集经济最大的区位。

因此，韦伯着重分析了运输成本、劳动力成本和聚集力这三个主要区位因素。他把运费和劳动力费用看作影响工业区位的一般地域性因素，其中运费对工业的基本定向起决定作用，劳动力费用是对运输定向的工业区位的第一次修正。聚集则是一种一般地方性因素，使运输定向的工业区位发生第二次修正。

韦伯的区位—生产模型是一个三角模型。它假定只分析某一种产品，其原料来自两个地区，此时区位图形用三角形表示。如原料地和市场各有一个，则区位图形可用一直线来表示。韦伯的区位三角形如图4—1所示。如何在区位三角图形中寻找适合的工厂区位？

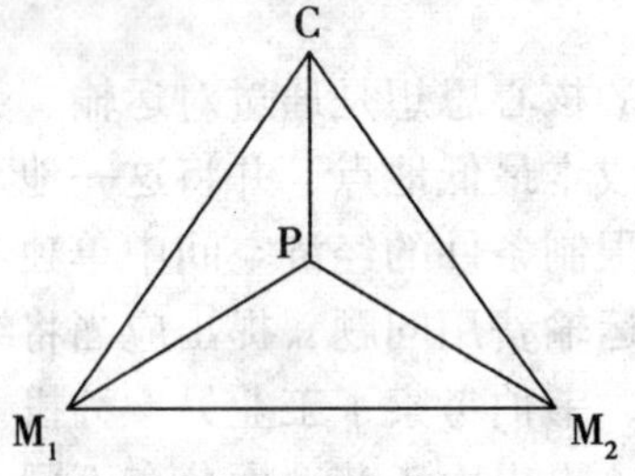

图4—1 韦伯的区位三角形

寻找最适宜的生产地点时首先与运输成本有关系。原料必须由产地移到工厂，制成品也须由工厂移到市场。在区位三角中，工厂区位可用直线CP与三角形的三个角——原料地 M_1 和市场 M_2 连结。P点是运输成本最低点，就是工厂的区位。但是劳动力成本对由最低运输成本确定的工厂区位有直接的影响。也就是，最低劳动力成本的地点是否能削减最低运输成本地点的影响，取决于劳动力成本的节约是否会大于所附加的运费。劳动力指向的等费线如图4—2所示。

在分析劳动力指向时，韦伯用了等费线这个分析工具。如图4—2

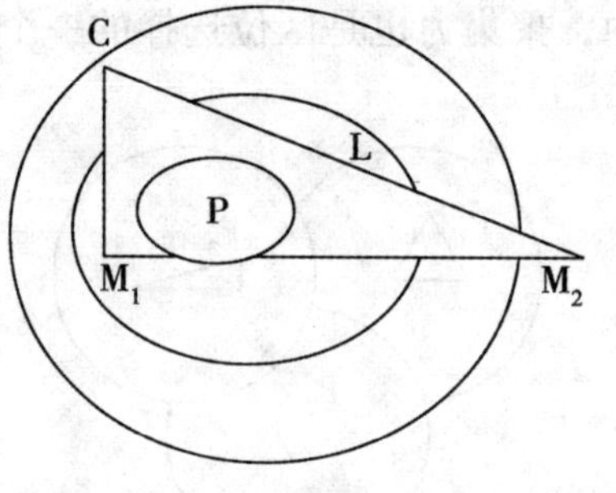

图 4—2 劳动力指向的等费线

所示，市场 C 和原料地 M_1、M_2 三点组成区位三角，P 是运费最低点，以 P 为圆心的同心圆是等费线，表示了运费从 P 的增加，L 是最低劳动力成本的点。假定在 L 生产时，可节省的劳动力费用与等费线相比，L 更靠近 P，它意味着从 P 移到 L 要付低于等费线的附加运费，因此总费用在 L 最低。在所有等费线中，有一条最重要，即临界等费线。在这条线上，单位产品附加运费与所节省的劳动力费用恰好相等。如果最低劳动力费用区位在临界等费线上，则此区位比最低运费区位更理想。这一规律也可通过图 4—3 来表示。

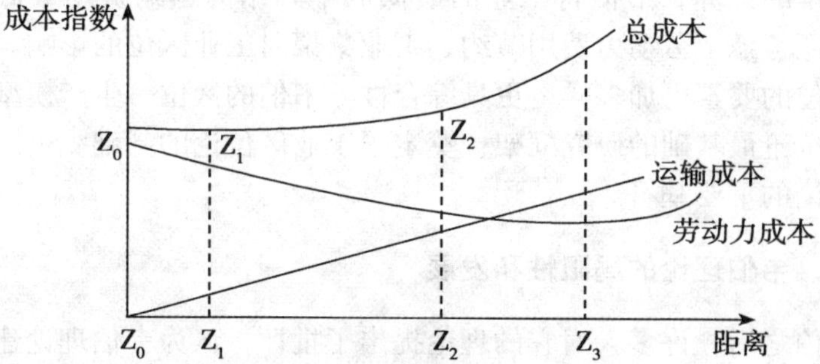

图 4—3 临界等费线示意图

工厂的区位如果按总成本最低应该设在 Z_0 处；如果将区位转移到 Z_1 点，它与 Z_0 处是等价的。如果移到 Z_2点时，是因为这一点节省了劳动力成本，总成本降低；然而，若将区位转移到 Z_3 处时，运输成本则大幅提高，总成本再度上升。因此，最优的地点应该是运输成本与劳动力成本相交的那一点，而这一点就是所谓的临界等费线。

在韦伯的模型中，聚集力也是区位选择的一个重要因素。聚集机会图示如图 4—4 所示。

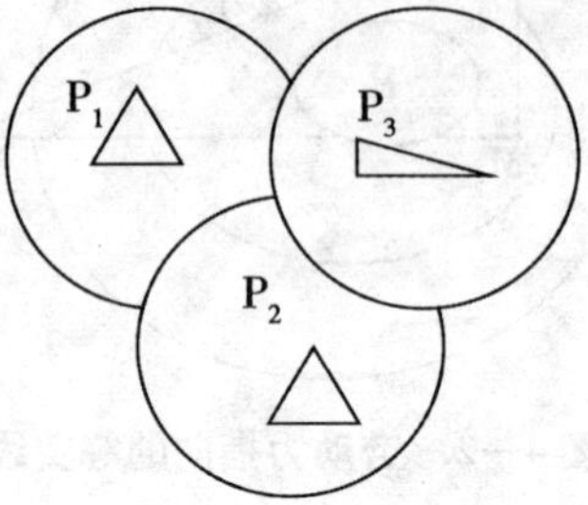

图 4—4　聚集机会图示

图 4—4 中韦伯又一次用到临界等费线的概念。P_1、P_2、P_3 三个工厂区位各有一条临界等费线。由于三个工厂区位相近，三条临界等费线相交，形成公共地段（重叠部分）。在这个区域内，聚集所节约的费用大于所附加的运费，使三个工厂都得到好处。

可见，在韦伯的区位—生产模型中，他通过对工业运输成本的计算，给出了在假设条件下工厂区位选择的一般结论。通过对交通运输中运费成本的计算，韦伯将工业的最低成本归结为运输费用最低点，此外，他还考虑了劳动力费用节约、工业集聚对工业区位的影响。这使得产业区位的要素更加多样，更具综合性。韦伯的区位—生产模型给出了工业区位论最基础的研究框架，奠定了工业区位论的基础，也成为区域经济理论的重要基石。

三、韦伯理论的局限性和发展

韦伯之后，许多人对它的理论提出了批评，认为韦伯理论建立在简单化的假设基础上，仅对少数区位因素作了纯理论的分析。就他所提到的内容看，也受时代局限显示出片面性。不过，对韦伯分析的重要批评是，其完全竞争假设导致了忽视区位对厂商产出需求的影响。因此，与韦伯理论相对应的是，一些学者假设费用固定，而需求变化，产业区位的选择是和厂商的活力以及对销售市场的控制相关的。另一些学者主张，产业区位的决策者根据竞争对手的战略作出反应，最优区位是由区位相互依赖性决定的。勒施把这些理论结合起来，把每一产业的区位趋势解释为转移成本（运输成本）和规模经济影响的结果。

此外，在此后的区域经济研究中，也出现其他几种工业区位论，发展方向大致可以分为两类。一类是在韦伯的工业区位论的基础上综合考虑其他因素对工业区位布局的影响。1924 年，美国经济学家弗特尔将生产成本纳入到贸易边界的计算中，提出贸易区的边界决定于单位生产成本和单位运输成本，这一理论被称为“贸易边界理论”。美国经济学家伊萨德于 20 世纪 40 年代发表一系列著作，提出要将工业生产的成本和利润共同加以考虑以确定工业生产的最佳区位。这些理论的发展都是要为工业生产最优区位的选择做出指导，这些都属于区域理论的微观方面。另一类理论将微观的工业区位理论宏观化，在整个国民经济的背景下探讨工业整体的布局。研究国际贸易的瑞典经济学家俄林在其著作中研究整个工业的布局。1940 年，德国经济学家廖什《经济的空间秩序》一书问世，从综合因素，动态视角研究工业总体的布局，是宏观区位理论的典型代表。另外，工业区位理论也开始与其他相关经济学科融合，例如工业区位理论与行为经济学的融合产生了行为区位理论。

第二节　中心地理论

一、理论产生的时代背景

第二次世界大战以后，资本主义经济快速发展，伴随着经济发展，经济活动大量向城市集聚，产业、人口、商业、交通等在城市中的集聚推动了城市的快速发展。城市在国民经济中的地位上升并成为地区经济的中心。这引起了一些地理学家、社会学家、经济学家的关注，他们将研究的焦点聚集于城市规律的探索。此外，城市的快速发展也引发了一些社会问题，如交通拥挤、住房紧张、环境污染等，对这些问题的研究也促进了对城市相关规律的研究。在这样的社会经济背景下，德国经济地理学家克里斯泰勒在总结前人成果和研究的基础上，提出了系统的城市规律理论。

同杜能的农业区位论、韦伯的工业区位论一样，克里斯泰勒的中心地理论也是在对前人成果的批判继承和自身的实践基础上提出的。在克里斯泰勒中心地理论提出以前，德国已经有一些经济学家、地理学家对城市的规模、形态、分布进行了零星探索，这成为克里斯泰勒中心地理论的前导。对克里斯泰勒中心地理论有直接作用的是韦伯的工业区位论，类似的演绎研究方法、类似的空间假设方法体现了理论的继承性。事实上，二者理论上的继承性部分源自于韦伯与克里斯泰勒的师生关系。为了对城市规律进行深入研究，克里斯泰勒走遍了德国南部几乎全部的城市，对该地区的城市进行了大量深入的调查，数据与资料的积累为理论建立提供了实践基础。此外，克里斯泰勒具有深厚的地理学、经济学素养，在大学学习期间，除了主修地理学以外，克里斯泰勒也学习了国民经济学，这对他从经济视角解读地理事物奠定了良好的理论基础。总之，对前人的总结与继承、自身的研究实践与深厚的理论积淀成为克里斯泰勒理论的重要基础。

克里斯泰勒中心地理论的首要目的是探索城市规律，包括城市的数量、规模、分布、区位、空间上的规律。1933 年，克里斯泰勒《德国南部的中心地原理》一书问世，这标志着中心地理论的形成。这一理论的核心思想是通过对经济活动的空间分析，探讨中心地，或城市与聚落规模与分布的规律。首先，理论假设和基本概念是理论阐述的准备，在此基础上，克里斯泰勒提出了正六边形的市场区，在市场原则、交通原则、行政原则的影响下，中心地具有不同的等级性、数量、规模与分布规律。克里斯泰勒的中心地理论是 20 世纪人文地理的重大发展，也是区域经济理论的重要进步。与杜能的农业区位论、韦伯的工业区位论相对应，中心地主要为周边地区提供商业等服务，中心地理论也被称为服务业区位论。

二、城市等级与中心地理论

（一）门槛值与中心地职能服务范围

中心地理论主要研究城市的空间结构和分布原则，研究的起点是商业和服务业的经济活动区位。商业和服务业是为居民提供服务的，根据市场区分析，不同的商业和服务性企业有不同的市场区，市场区的中心就是企业的定位点，或称为市场区的中心地。

因此，中心地是指向居住在它周围地域的居民提供各种货物和服务的地方。相应地，由中心地提供货物和服务就称之为中心地职能。

任何商业和服务企业必须有最低限度的营业额支撑，才能保证有一定的利润收入，以便维持其经营活动。维持某企业存在所需要的最起码的入口（门槛入口）或购买力（门槛需求）就叫门槛值。低于门槛，经营者无法获利而不能生存。注意，这里所说的企业是执行某种中心职能的企业，因此，门槛值准确地说应该叫某中心职能的门槛值。

与此相关，企业经营的商品和服务都有自己的销售范围，中心地提供的职能也就都有一定的服务范围，如图 4—5 所示。

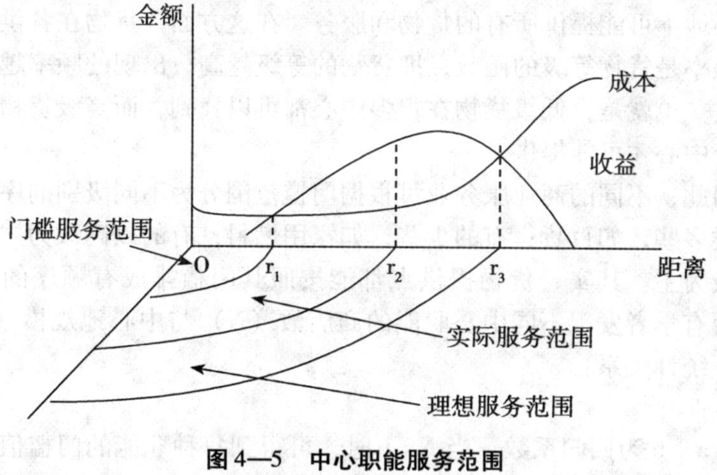

图 4—5 中心职能服务范围

一般地，人们到中心地接受服务所花费的代价随着他到中心地距离的增加而增加，而执行某一中心职能的企业的收入随着销售距离的增加先明显上升，后趋于平缓。Or_1 是企业达到门槛值时的最小服务半径，Or_3 是最大服务半径，相当于消费者愿意到中心地购买某种商品的最远距离。超出这个距离，顾客或选择到其他中心地，或舍弃购买欲望。Or_2 是获利最大时的服务范围，相当于企业单元在竞争中的实际服务范围。

服务范围这个概念是理解中心地理论的关键。由中心地提供的货物或服务能够到达多么大的范围，这实际是一个距离的概念。当居民光顾中心地购买时，它是指顾客从居住地到中心地移动的距离；如果由商店送货的话，是指企业的服务半径或范围。不论哪种情况，对于双方都有一个经济许可的界限，超出这个界限必然会带来经济的不合理。

(二)中心地的等级性与市场区

不同的中心职能有不同的门槛值和服务范围。那些相对昂贵、人们并不经常需要的商品或服务，门槛值就高，顾客也情愿到较大的中心地去获得这种商品或服务，因为那里可供选择的机会较多，因此这些职能要求有较大的服务范围。人们经常需要的，一般是低值或易腐烂的商品和服务，顾客不会舍近求远，门槛值低，服务范围也小。

将商品或服务按照它们的门槛范围从小到大排列，门槛范围较小的称作低级货物，而门槛范围较大的称作高级货物。由于门槛的限制，有的中心地不可能提供所有的货物和服务。在这方面，货物在各供应点出现的频率是货物等级的函数，即货物的等级越高，出现的频率越低，相反反之。也就是，低级货物在很多中心都可以找到，而高级货物只有少数几个中心才可能提供。

因此，不同的商业服务业可根据门槛范围分为不同级别的序列。有的品类多些，如百货；有的少些，如家用燃料；有的以高级为主；有的以低级为主。其实，货物提供点都能按照其门槛排成有顺序的等级体系。曾有学者发现不同中心职能的商店数（N）与中心地规模（P）存在如下统计关系：

$$P=ab^N$$

式中：a、b为回归系数，当 N=1 时，可得到每种职能的门槛值。不言而喻，具有不同社会、经济、文化背景的地区，相同职能的入口门槛是不一样的，因此中心地的职能组合也不相同。若干职能的门槛入口规模比较见表4—1。

表4—1 **若干职能的门槛入口规模比较**

中心职能	门槛入口规模	
	辽宁省	广东省
保险	243	409
加油站	124	321
旅店	344	677
银行	567	789
服装店	666	876

根据职能门槛值的高低，就可对各种中心职能分出高低等级。低级职能的中心地企业数当然比高级职能的中心地企业数要多。中心地等级与职能等级的关系见表4—2。

表4—2 **中心地等级与职能等级的关系**

中心地等级	中心地的职能等级				
	1	2	3	4	5
村	#				
镇	#	#			
小城市	#	#	#		
中等城市	#	#	#	#	
大城市	#	#	#	#	#

根据中心地所执行职能的数量，也就可以把中心地划分成高低不同的等级。中心地等级结构的特点：①中心地等级越高，它提供的中心职能越多，人口也越多，反之，越少。②高级的中心地不仅有低级中心地职能，而且具有低级中心地所没有的较高级职能，这些新增加的职能有较高的门槛值和较大的服务范围。③中心地的级别越高，数量越少，彼此间距就越远，它的服务范围也就越大。反之，越是低级的中心地，数量越多，相互间隔越近，服务的范围也越小。

（三）中心地原则与城市等级体系

中心地理论的一大特点，是中心地具有严格的等级体系，不同等级的中心在数量上，从大到小按一定的倍数增加，同等级别的中心地应有相似的人口、职能类型、职能数和市场区范围，从而在市场供应上从低级到高级形成逐级依赖的嵌套关系。城市位序如图4—6所示。

总之，这是一种呈阶梯状特点的等级体系结构。在中心地等级体系中，一定等级的中心地控制着数个下一等级的中心地，这个控制数量就是K值。可见，K值指的是低级中心地数量与高级中心地数量的倍数关系。克氏认为，由于建立中心地等级体系的原则不同，K值也不同。按市场原则组建的中心地等级体系K=3；按交通原则组建的K=4；按行政原则组建的K=7。市场原则是按照市场最优目标决定的中心地序列。市场最优要求每个中心地市场范围尽可能地大，从而有利于中心商

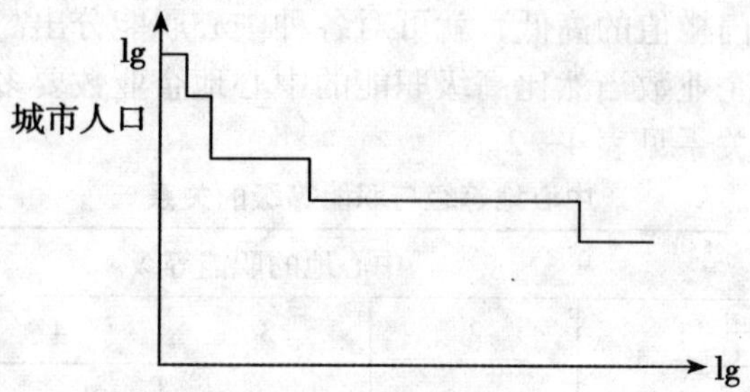

图 4—6 城市位序

品与服务的提供。在同等级相邻中心地连接构成的等边三角形中心，是高级中心地影响最弱的地区。因为高级中心地不仅提供高级中心商品与服务，也提供低级中心商品与服务，这种高级中心地所具有的低级中心地职能面临低级中心地的竞争，在高级中心地形成了等边三角形中心，低级中心地竞争力最强，成为低级中心地的最优位置。围绕一个高级中心地，三个低级中心地的市场区瓜分高级中心的市场区，每个低级中心地占有三分之一的高级中心地市场区。由此形成 K=3 的中心地体系。交通原则下的中心地体系是将低级中心地布局于两个相邻高级中心地连线的中点上，连接相邻高级中心地的主干道不仅能为两个高级中心地服务，也能为中点上的低级中心地服务，具有最高的交通效率。按照克氏的推算，每个高级中心地商品服务范围是低级中心地商品服务范围的四倍，即低级中心地市场区占高级中心地市场区的四分之一，由此形成 K=4的中心地体系。行政原则下的中心地体系是在市场原则和交通原则下，市场区体系都是割裂的，即低级市场区没有完全包含在高级市场区范围之内。为了便于进行行政管理，需要将低级市场区完全纳入高级市场区范围之内，由此形成 K=7 的中心地体系，即将每一个高级中心地的市场区划分成七个相同大小的低级市场区。

三、中心地理论的意义与局限性

在经济人的假设下，克里斯泰勒推演出中心地的规模、数量与分布特征。这一理论推演模拟了城市在等级、规模、数量、功能、分布上的规律。对于城市体系的模拟开创了经济学家对城市规律的研究领域，成为城市经济学、区域经济学和经济地理学的重要理论基础。对现实的解释力使这一理论成为区域经济理论的重要基石之一。事实上，这一理论对现实的解释不仅被大量的实证研究所证实，也成为对新开发区域城市、交通规划的重要理论指导，具有重大的理论和现实意义。

对中心地理论的质疑主要是，它属于一种局部性分析，既没有考虑到企业之间的重要联系，也没有考虑到与居民居住地选择的相互作用。在中心地理论中，生产地的集中对消费者的区位决策没有影响。居民也不能对下述变化做出反应，即由于企业集中在中心地，这个中心地因产品供给的集中和劳动力需求的集中而使其居住地更具吸引力。此外，中心地体系的特征是静态的，包括中心地在内的等级体系中找不到产生变化的动力。

第三节　市场区域：空间垄断与竞争的力量

一、追求空间垄断条件下的市场区域

企业的市场区域是指这样的一个地理区域：区域内居民到该企业购买商品的净价格要比到其他企业购买同样商品的净价格低。企业商品的净价格是指消费者购买该企业商品的实际支出（即商品的售价）加上消费者往返旅途成本。由此可知，消费者到哪家企业购买商品不仅取决于企业商品的销售价格，还与消费者所花费的旅途成本有关。在商品销售价格相同的情况下，居民通常到距离最近的企业购买①。

现假定某地区只有一家销售 S 商品的商店，地区人口密度是均匀的，这个商店位于地区的中心。垄断条件下企业对顾客的吸引范围如图 4—7 所示。

由于该地区只有一家 S 商品店，所以是单独垄断市场。单独垄断市场是指在一个市场区域内，只有一家企业供应整个市场的全部产出。已知顾客购买 S 商品每公里往返路程的旅途成本是 0.5 元，同时，每张 S 商品的售价 8 元。因此，居住在 0 公里处的居民，购买 S 商品的净价 8

① 黄桐城、黄碧云：《城市土地经济学》，50～51 页，上海，上海交通大学出版社，1998。

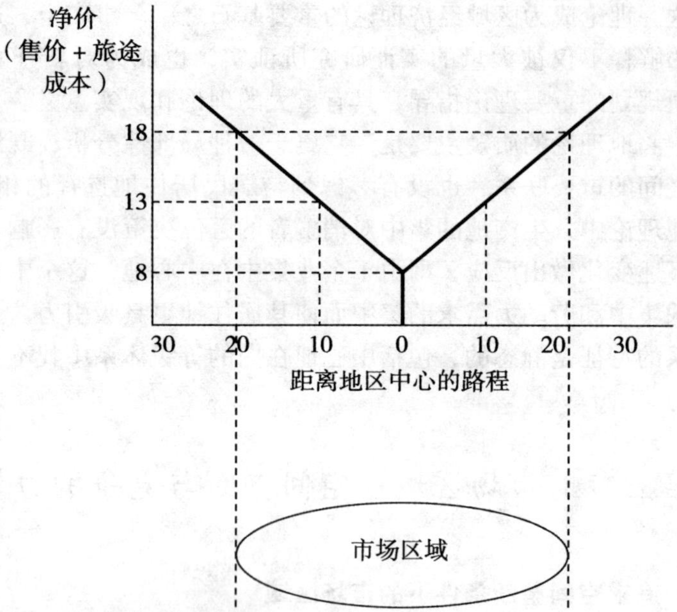

图 4—7　垄断条件下企业对顾客的吸引范围

元。在 10 公里处，净价 = 8 + 0. 5×10 = 13（元）。依次可得，在 20 和 30 公里处分别为 18 元和 23 元。这样，该企业的市场区域就是一个半径 20 公里的区域。

然而，由于空间人口密度的不同，不同空间收入分配的不同，以及消费者品位的地区差异导致的空间消费者需求不同，使得市场区域会经常随着空间发生变化。其实，即使人口密度、收入分配、消费需求模式没有空间的差异，空间也仍然是一个重要的竞争议题。因为地理位置和空间可赋予企业垄断力量，这就激励了企业为获得这种因区位选择行为带来的垄断力量，而展开空间竞争。

假设垄断者有利可图，其他企业开始竞相进入该地区与之竞争。现有两家生产同质产品的企业分别位于 A 和 B 位置。垄断竞争下的空间市场区域如图 4—8 所示。

位于 A 位置的企业 A 的生产成本 p_a 可以用垂直距离 a 来表示，位于 B 位置的企业 B 的生产成本 p_b 可以用垂直距离 b 来表示。可以看到，企业 A 比企业 B 效率更高。随着我们将企业的位置向任何一个方向移

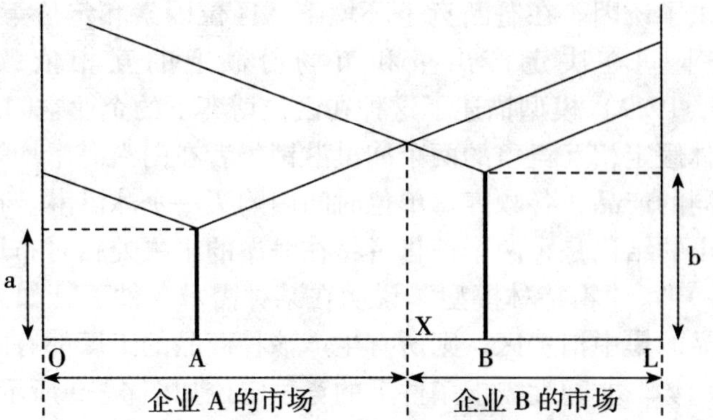

图 4—8 垄断竞争下的空间市场区域

动，每个企业面临的运输成本都由运费率函数的斜率来表示。这个例子中两个企业的运费率是相同的 $t_a=t_b$。任一个与企业 A 的距离为 d_a 的区位，商品的交付价格即为（$p_a+t_ad_a$），而任一个与企业 B 的距离为 d_b 的区位，商品的交付价格即为（$p_b+t_bd_b$）。

假定理性的消费者会从特定区位中提供最低交付价格的企业处购买商品，那么整个市场区域将被划分为 OX 和 XL 两部分。在 O 和 X 之间，企业 A 的交付价格（$p_a+t_ad_a$）总是比企业 B 要低，同时，在 X 和 L 之间的所有区位，企业 B 的交付价格（$p_b+t_bd_b$）总是比企业 A 要低。虽然企业 A 比企业 B 的效率高，并且两个企业生产同样的产品，但企业 A 仍然没有占领全部的市场，这是因为区位赋予每个企业在其周围地区一定的垄断力量。尽管企业 A 比企业 B 更有效率，它还是不能夺取企业 B 的全部市场，因为与企业 B 附近的市场运送货物相关的运输成本使交付价格（$p_a+t_ad_a$）上升到了一个没有竞争力水平。在企业 B 附近的地方销售产品，企业 A 仅仅是因为距离太远而失败了。事实上，即使其生产效率不高，企业 B 仅仅因为在合适的区位上就能在这个地区的销售中获得成功①。

二、霍特林空间竞争模型

空间垄断力量的存在为企业把空间区位视作获取更多垄断力量的有

① ［英］飞利浦·麦卡恩：《城市与区域经济学》，李寿德、蒋录全译，19 页，上海，格致出版社，2010。

力武器提供了诱因。在垄断竞争环境下，区位因素和定价策略的影响，导致了企业间在决定产出量和市场份额上的互相依赖。霍特林(Hotelling，1929）模型描述了这种在区位博弈下的企业空间依存关系。

霍特林假定相互竞争的两个冰淇淋销售者在向沿海岸均等分布的顾客供给相同的产品，各顾客每单位时间内购买一个冰淇淋。在这种情况下，他得出的结论是，两个销售者将在海岸的中央处相对布局，分别占有市场的一半。“霍特林模型”说明在某种需求条件下，如果存在着一个某种商品的集中消费区，则所有生产该种商品的工厂都有向消费区中心移动的趋势。非弹性需求条件下的竞争定位如图 4—9 所示。

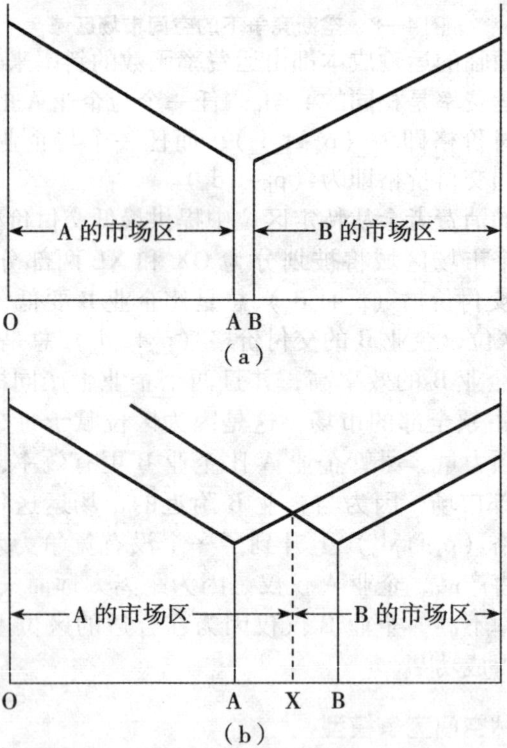

图 4—9 非弹性需求条件下的竞争定位

由图 4—9 可见，在某种条件下，如果只有一个企业（A）时，在任何区位布局都能占有所有市场。第二个企业 B 的区位选择同样是自由的，但他考虑到与A的竞争，在市场中央尽量靠近A的地点布局是最有利的。这样，企业A和B分别向市场的左半侧和右半侧供给（如图4—9（a））。如果B在其他地点布局（如图4—9（b）），正如两条旅途成本曲线（送达价格线）表示的那样，B在市场的右侧比在市场的中央布局送达价格要低。但需求是无限的而且是非弹性的，买方不论在怎样的价格下，都会购买。因此，像这样的区位选择对B来说没有任何利益。而且，离开A的区位选择，意味着A将会通过竞争占有A和B之间的部分市场。总之，尽量接近A，并且在市场中央布局是B支配一半市场的唯一区位选择。

那么，如果有第三个企业C加入，其区位选择应该是怎样的？经济学家张伯伦认为，有第三个竞争者时，A和B将在1/4的地点布局，C在这两者之间的某地布局，并随着企业数量的增加将会出现两个企业一组沿着直线呈分散分布的趋势。就是说，在需求无限且非弹性的条件下，生产区位向市场中央集聚。

如果需求是有弹性的，即价格对销售量有影响时，那么，在送达价格最高的市场末端，降低送达价格非常重要。在这种情况下，两个企业将在直线市场的1/4处布局。原因在于这样可使运费（旅途成本）最小，从而达到消费量最大，各企业都能得到一半市场。这种区位选择的运费（旅途成本）节约（阴影部分）与在中央布局的运费（旅途成本）节约（斜线部分）相比较要大得多，且比其他可能的区位选择也有利。弹性需求情况下的竞争如图4—10所示。

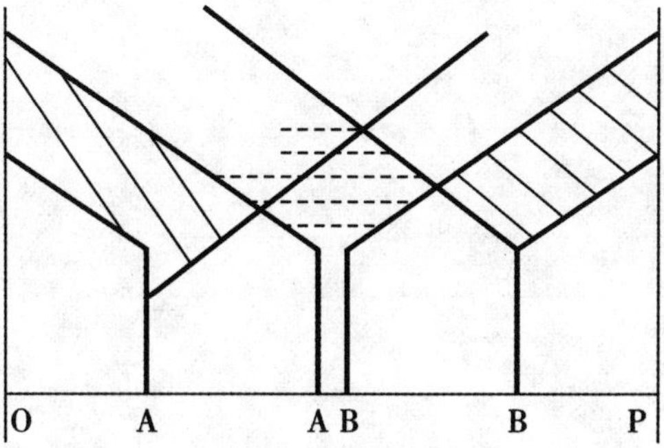

图4—10 弹性需求情况下的竞争

如果生产成本不为零，那么协同定位竞争的长期结果将迫使价格下降到边际生产成本，这也是市场竞争的典型均衡结果。然而，霍特林模型暗含着垄断力量，企业能够把区位作为一种手段产生对于一定比例市场份额的垄断力量。企业的局部垄断力量越大，它们使用诸如价格歧视的竞争手段来增加额外收入的可能性就越大。为形成局部垄断力量控制一定范围的市场，每个企业都有摆脱其竞争对手以保持垄断能力并因此取得正利润的动机。但任何企业都不会选择先行离开，因为这样行动之后，其他企业将在市场中心维持当前价格不变，并且比从市场中心区离开的企业占据更多的市场。

所以，霍特林模型为我们提供了两个重要的分析结论：第一，对于生产相同类型产品的竞争企业来说，市场的空间竞争将促使它们的区位邻近。换言之，产业集群可以由此产生。而且，在上述情况下，市场将被空间集群中的所有企业几乎均等地分割开，以确保没有企业会由于一个劣等的位置而使其比竞争对手情况更糟糕。第二，从福利的角度来看，位于企业集群附近的消费者相对于距离遥远的消费者来说，将更能体会福利的增益。原因就在于，位于企业附近的消费者相对于距离遥远的消费者而言，消费企业所生产的产品的成本将大大降低。这正是关于集聚经济的一个重要观察。

第二篇　经济活动的空间分布及其结构

第五章 城市空间增长与中心—外围结构

在区域经济结构研究中，最为重要的理论模型之一就是“中心—外围”理论。中心—外围模式是由弗里德曼引入到区域经济理论体系内，很好地解释了城市—区域空间结构，已成为发展中国家研究空间经济的主要分析工具。本章首先阐述了“中心—外围”理论的基本内容。其次，分析了导致“中心”和“外围”形成和互动的集聚和分散机制。最后，探讨了新城和新产业空间的出现以及对大都市区空间结构的影响。

第一节 区域模型：中心—外围理论

一、弗里德曼的中心—外围理论

“中心—外围”理论是著名的美国规划学家 J. 弗里德曼（John Friedmann）首先提出，并由其本人加以完善、发展的。“中心—外围”理论是一个完整的理论体系。弗里德曼将一定空间地域分为“核心区”（core regions）和“边缘区”（peripheral regions），弗里德曼提出，发展是通过一个不连续的，但又是逐步累积的创新过程而实现的。而发展通常起源于区域内具有较高相互作用潜力的少量的“变革中心”，创新由这些“中心”向周边潜力较小的区域扩张，周边地区依附于“变革中心”获得发展，这类创新变革中心，被弗里德曼称为“核心区”，而一定空间地域内的其他地区，被称为“边缘区”。

在弗里德曼最早的模型中，已明确地将区域的增长特征与经济发展的阶段联系起来。他认为，区域经济发展一般要经历四个阶段，即前工业化阶段、核心—边缘区阶段Ⅰ（亦即工业化初期阶段）、核心—边缘区阶段Ⅱ（亦即工业化成熟阶段）、空间经济一体化阶段（亦即后工业化阶段)。每个阶段的资源要素流动状态不同，因而呈现出不同的阶段性特征。J. 弗里德曼“中心—外围理论”见表5—1。

表5—1 **J. 弗里德曼“中心—外围理论”**

	前工业化阶段	工业化初期阶段	工业化成熟期阶段	空间经济一体化阶段
资源要素流动状态	较少流动	边缘区资源要素大量流入核心区	核心区要素高度集中，开始回流到边缘区	在特定区域内全方位流动
区域经济典型特征	已存在若干不同等级的经济中心，但彼此间缺乏联系	核心区进入极化过程，少数主导地带迅速膨胀	核心区开始对外扩散过程，边缘区出现规模较小的新的核心	多核心区形成，少数大城市失去原有主导地位，区域发展为城市体系

资料来源 陈鸿宇:《区域经济学新论》，37页，广州，广东经济出版社，1998。

弗里德曼认为，核心区之所以能对边缘区施加影响，除了核心区的原有的创新活动比较活跃，由此成为区域发展的源头之外，核心区还具有使边缘区服从和依附的权力。这种权威机制由以下几个方面构成：一是核心区掌握了区域内主要的物质资源、心理资源和强制性资源。二是核心区通过吸聚各类资源、传递创新信息、构建创新活动及其样板效应等，其权威地位不断得到自我强化。三是在核心区与边缘区的冲突中，“边缘区的精英们”要么因受到强迫保持中立，要么接受现实退出竞争，迁入核心区；再有就是通过核心区的边缘区扩散资源，新形成的“边缘核心区”被同化。四是核心区作为合法的决策权力中心，可把边缘区组织成一套行政区来实施管理。

弗里德曼也认为，区域经济趋于一体化的进程，也就是核心区与边缘区之间的矛盾统一过程。核心区的自我强化导致两个结果：一是过度强化，不论经济上还是社会发展上，都会使核心区付出更大的代价，因而必须把这种“自我强化”控制在一定限度。二是边缘区不断接受核心区的创新信息，参与创新活动，自身也会生成新的核心区或强化原有的较低能源的小核心区，最终形成与原有高层级核心区相连接的“城市群体”。

二、克鲁格曼的中心—外围结构模型

在新经济地理学中，保罗·克鲁格曼（Krugman）发展了传统的中心—外围理论。他的研究使人们意识到：城市的出现实际上意味着地区间经济结构的变化。在他的模型中，他考虑的是一个只有制造业和农业两个部门的经济。农业是完全竞争的，生产单一的同质产品，而制造业部门是垄断竞争的，供给大量的差异化产品，具有收益递增的特征。两个同质的地区可能因为某种偶然的原因而出现分化，在一个地区内工业的集聚日益明显从而变成了城市，而另一个地区则成为农业区。而这种中心—外围结构的背后是生产的规模报酬递增。

假设存在两个地区，每个地区都有两个部门和两种劳动力（农业劳动力和工业劳动力）。为了简化起见，这里产生集聚的原因被简单地概括为对产品需求的多样化。所以，效用函数采用了式 $U = z_0^a \{ \int_0^n [z(w)]^\rho L(w) \}^{(1-a)/\rho}$ 的形式；z_0 代表了在规模报酬不变的情况下，用农业劳动力（劳动力 A）所生产出同质的农业产品（产品 A）。这些产品在一个竞争性的市场出售而且没有运输成本。z（w）则是多样化的工业品（产品 I），它们在一个垄断竞争市场被出售（运输成本为正）；此外，L（W）代表了工业劳动力（劳动力 I）。其中，工业劳动力被认为具有很强的流动性，而假设农业劳动力不具备流动性。最后，所有的劳动力都具有像上式那样的效用函数。

在这个模型中，劳动力 A 的不流动性产生了对集聚的分散力。因为任何一个地区的劳动力 A 都需要同时消费两种产品，而工业品的运输需要一定的费用，所以如果工业部门向另一个地区集聚的话，它们的经营成本会提高。而集聚力的来源是对产品的多样化需求，从而厂商有动力在该地区集聚。随着厂商数量的增多，这个地区将生产更多的产品，进而使得市场上产品的均衡价格与其他地区相比更低。我们知道，产品价格下降的结果将对当地的劳动力（消费者）产生正向的收入效应，这样反过来又会吸引更多的工人向这个地区迁移，进一步引起更多的对工业品的多样化需求和厂商集聚。实际上，克鲁格曼的模型所描述的这个过程，恰恰正是早期发展经济学家缪尔达尔（Myrdal）所提出的“循环因果效应”思想。从图5—1中，可以清楚地看到这一点。

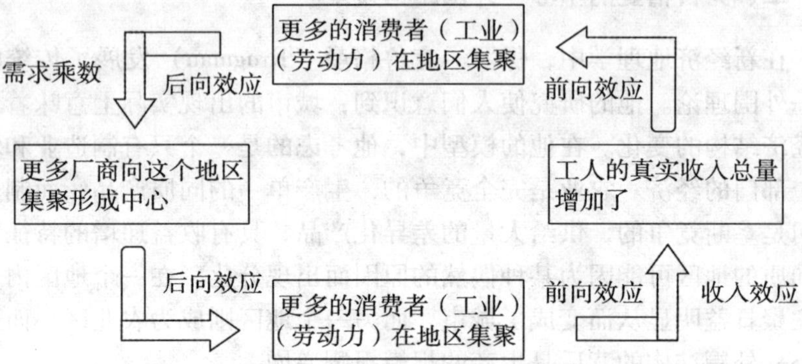

图5—1　厂商和工人在空间集聚中的循环因果效应

在新经济地理学的框架下，发展经济学所描述的“中心”形成中的循环过程得到了重新解释：地方工业品供给的多样化使得工人的实际收入增加了（工业发展的前向效应），同时，在需求方面更多的消费者和多样化的消费需求又进一步吸引厂商向这个地区集聚（工业发展的后向效应）。通过这样的传导机制，单个厂商层面的规模效应将会转变成整个城市水平上的规模报酬递增。

克鲁格曼认为，厂商和工人的循环集聚将导致在区域经济地理结构上出现一个“中心—外围”的结构（core-periphery pattern）——在规模报酬递增的情况下，生产工业品I的部门向某一个地区集中从而出现了中心。但是，要使得这个结论成立，下面的三个条件必须至少有一个能够得到满足：

（1）工业品I的运输成本足够低；

（2）工业品I的差别程度足够高；

（3）工业部门在整个经济中所占的份额足够大。

最后，他强调，由于多重均衡的存在，模型中参数的微小变化都会带来整个空间集聚结构的变动。由此他得出了一个非常重要的经济学结论：历史（初始条件）对于现有的城市布局的影响是非常显著的，而且累积因果效应产生的类似于“滚雪球”式的效应将会导致制造业比较长时期的在一个地区内部集聚①。

第二节 集—散机制与城—区空间结构

一、城市空间增长的内在动力：集聚力与扩散力

（一）集聚力

为什么经济增长必定首先在某些地点发生，然后再扩张到更广阔的空间？因为在这些经济增长点具有其他地方所没有的比较优势，这种由比较优势和集聚经济效益产生的集聚力，是城市增长的动力之一。具体来说，城市产生集聚力的主要原因包括：

1. 交易成本节省

沃克（R. Walker，1988）认为城市的形成可按照集聚理论来解释，集聚理论认为，向城市集聚的原因是寻求降低市场和交通成本，节省交易费用。市场本身是一种节省交易费用的制度安排。从一定意义上说，城市就是市场。城市的出现，提供了一种制度化交易的市场，正是这种制度化，城市成为一种节约交易费用的制度安排。

2. 分工与规模经济

专业分工是现代化工业生产的非常重要的特征。专业分工对于技术创新，生产组织创新，提高劳动生产效率和资金、设备使用效率都是至关紧要的。在中心城市容易在各个行业之间形成专业分工。而在偏远地区往往不得不搞些“小而全”的企业，不容易提高生产和组织效率。投资于一个专业化较强的企业要比建设一个“小而全”的企业要简单得多，容易取得成功，风险比较小些。专业分工本身也可以导致规模效益。如果在一个区域内已经形成了一定的专业分工，就可以进一步吸引其他的企业向这个地区投资。

3. 信息与外在效应

市场信息和技术信息对于现代化工业生产越来越重要了。在中心城

---

① 周伟林等：《城市经济学》，52～54页，上海，复旦大学出版社，2004。

市中，到处都充斥着各种各样的广告，有各种商品展览、促销活动，有各种各样的学术或商业会议。这些都以极为低廉的费用，甚至免费为企业提供了商业信息。如果远离经济增长点，信息不灵通，往往坐失良机。特别是像现代金融、投资、信贷、期货、证券等行业，信息比什么都重要。现代技术可以使人们非常迅速地得到金融、商业信息，但是，在现代金融竞争中，形成信息的过程往往比信息本身还重要。这就迫使世界上的各个大银行非要高度集中、集聚在一起不可。

4. 公共服务和劳动力市场共享

由于企业相对集中，使得国家有可能在这个地区投入较多的资金发展交通、电力、通讯、供水等基础设施。同时，由于在中心城市的人口比较集中，为服务业提供了必要的需求规模，服务成本下降，导致出现了大批金融、咨询、保险、运输、保管、旅馆、饮食服务业和医疗保健等多种多样的行业。与此同时，在增长中心会出现一批小学、中学甚至大学，以及文化、体育、娱乐设施。生活质量的改善使得这个地区对企业和工人更加具有吸引力。另外，在中心城市，容易通过企业兼并、整合、破产来重组生产要素。在经济增长中心也比较容易找到合作的伙伴。

（二）扩散力

中心城市在相当长的时期内对四周地区有着负方面的影响。资金和技术力量的吸纳作用占主导地位。等到城市发展到了一定阶段，事情开始走向反面。

中心城市的高速发展会受到来自于供给和需求两个方面的约束。这就迫使中心城市的发展速度放慢，原来已经积聚的资金和技术力量开始寻求更好的发展机会，于是出现了由增长点向周边地区扩散的效应。

诺贝尔经济学奖得主缪尔达尔（Myrdal）曾经用世界各国的实例描述了经济增长中心扩张的过程。他认为经济增长点扩张，把外围逐渐结合进整个生产体系，是一个普遍的规律。同时他又指出，在财富和经济活动从中心向外扩散的过程中有可能出现新的增长点。这种扩张可能是向中心城市的郊区发展，也有可能是向另外的一个城市或另外一个国家发展。

城市增长产生扩散力的主要原因是：

1. 集聚不经济

城市增长达到一定程度之后，集聚成本提高，集聚经济效益逐渐消失，出现了集聚不经济。表现之一，是城市高速增长往往伴随着日益严重的环境污染。当居民的生活水平、教育水平达到一定程度之后，要求保护环境的呼声就会日益强烈。政府在民众的压力之下会通过各种立法来限制工业污染排放标准。这些要求显然会提高某些企业的运行成本，迫使这些企业不得不向其他地区迁移。表现之二，是城市交通拥挤，给许多企业的发展带来了不利的影响。企业员工上下班的时间加长，无形中削弱了这些企业的竞争能力。表现之三，是土地价格飞涨，迫使许多企业要离开中心。表现之四，是中心城市的生活费用上升，与此相应的工资水平也节节攀升。这使得劳动力成本大幅度上升，使留在经济中心的企业竞争能力下降。

2. 市场范围的扩展

通常，市场扩展有两个基本途径：一是通过技术创新或生产组织创新，降低生产成本，提高产品质量，推出新产品，改善售后服务等，战胜对手，取得更大的市场份额。二是开发新的市场。经济发展促进了市场的发展，而市场的发展必将改变原有的工业布局。经济活动中心的激烈的竞争迫使一些企业离开中心地区，寻找新的市场。显然，在周边地区或后进地区存在着较多的机会开发新的市场。另外，交通、通讯和银行系统的改进和完善，大大降低了贸易成本，有可能打破原有的市场界限，增加了在增长点以外地区的投资机会。

3. 技术革新与信息技术发展

首先，随着技术革新，有些工业所必需的适度生产规模在减小。技术革新使得原来必须要集中在一起才能进行的生产活动具有了分散经营的可能性。其次，当新产品、新技术出现之后，由于新产品往往伴随着更高的利润，已经成熟的增长中心具有较强的技术力量，因此，必然要把相当一部分资金和技术力量投入新产品的开发中。在这种情况下，增长中心会主动地把一部分原来的产品转移出去。特别是，技术进步和信息技术的发展，更增加了现代工业区位选择的灵活性。

（三）集聚力与扩散力的关系

综上所述，城市经济空间的形成就是集聚力和分散力共同作用和均衡的结果。区域空间结构是在集聚（也称为向心力）和扩散（也称为离心力）的相互作用下形成和发展的。集聚与扩散是相互对立和并存的，是一个问题的两个方面，同时也是同一个空间过程的不同阶段。区域空间结构的形成就是两者的力量均衡过程。城市集聚与扩散的经济学基础如图 5—2 所示。

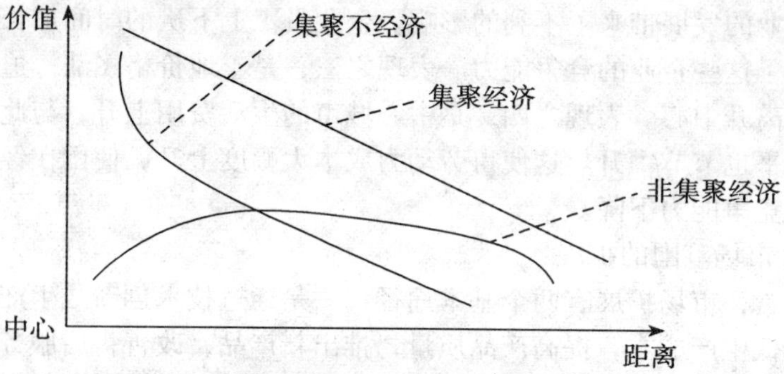

图 5—2　城市集聚与扩散的经济学基础

可见，城市的社会经济活动总是处于下述两种力的影响之中：集聚力和扩散力。集聚力主要来源于聚集经济效益。扩散力也来源于这种扩散的经济效益或称集聚不经济。

一般来说，集聚和扩散之间的关系体现在以下几个方面：

第一，集聚和扩散的力量在不同的阶段表现的不同。在区域空间结构形成初期，集聚机制起着主导作用，各种要素逐渐地向区域集中，城市规模越来越大。当聚集达到一定的程度，外部不经济会逐渐凸显，集聚机制的作用将逐步减缓，扩散机制逐渐占据主导。当区域空间结构逐渐稳定，集聚机制与扩散机制同时作用，两者的力量均衡还会受到其他社会因素的影响。

第二，集聚机制与扩散机制的作用是一个长期的过程。集聚机制和扩散机制在区域空间结构形成的过程中都会一直存在，不会突然停止。即使某一种力量占据主导了，另外一种仍然存在，不会消失。只不过是主导力量的相互转化。

第三，集聚机制和扩散机制之间的矛盾在某种程度上就是规模经济和运输成本之间的矛盾。集聚会产生规模经济，使得企业的生产成本降低，但是会导致远离市场，产生较大的交通成本。韦伯的工业区位论就是把运输成本的高低作为企业选址的重要决定因素。集聚机制和扩散机制的均衡就是寻找总成本的最低点。

第四，应考虑已经存在的客观因素的作用。某些地区在历史的发展过程中已经形成一些有利因素，这些因素又不能轻易转移，而且这些因素本身的存在会使得在发展过程中进一步吸引相似的有力因素，会形成某些良性循环。

第五，在区域空间结构形成的不同阶段，集聚机制和扩散机制表现出不同的形式。在某些情况下，集聚也表现为一种扩散，扩散也表现为一种集聚。中心区的扩散导致各种要素向外围地区转移，这在外围地区又表现为一种集中。所以，两者的区别并没有着明显的界限。正所谓“天下大势，分久必合，合久必分”。

二、城—区经济非均衡增长与空间结构

（一）集—散机制与区域经济的非均衡运行

区域空间结构是在集聚力和扩散力的作用下形成和发展的。集聚与扩散是相互对立和并存的，是制约区域空间结构形成与发展的重要机制。一般说来，集聚和扩散之间的关系体现在以下几个方面：第一，在区域空间结构形成与发展的不同阶段，集聚与扩散机制发生作用的强度不一样。在区域空间结构形成初期，集聚机制起着主导作用，引发区域内部发生空间分异。在区域空间结构发展时期，集聚机制的作用将逐步减缓，扩散机制逐渐发挥作用。当区域空间结构进入成熟期，集聚机制与扩散机制同时作用，其表现形式和程度较为复杂。一般情况是扩散机制的作用强于集聚机制。第二，集聚机制与扩散机制的作用都存在一定的惯性。也就是说，集聚或扩散一旦发生，就将沿着其固有的方向持续下去。在没有人为干预的情况下，只有等到出现集聚不经济或扩散不经济时，集聚或扩散才会受到遏制，并有可能由集聚为主转化为扩散为主或由扩散为主而转为集聚为主，这时，原来的集聚或扩散趋势是不会消失的，仍将与扩散（或集聚）同时存在。但是，集聚或扩散在内容、

规模、层次、速度等方面会不断地发生变化。第三，虽然集聚与扩散机制的作用有一定的惯性，但是，其作用也是有限度的。集聚机制的作用超过一定的限度，就会产生集聚不经济，从而遏制集聚的进一步进行。同样，扩散机制的作用达到一定的限度也会产生扩散不经济，从而抑制扩散的继续进行。这是因为，扩散过度就会割裂经济活动之间所固有的联系，失去发展所必需的外部环境，不能开展合理的分工与协作，于是就导致生产与经营的效益下降，甚至连正常的生产或经营过程都无法为继。

空间作为人类社会经济活动的场所，各社会经济活动都会在空间上反映出来。经济活动在多种区位因素影响下的集中与扩散，会构成并推动着区域经济的非均衡增长，而区域经济的非均衡增长，又会使一定空间范围内原有的各种社会经济客体和现象的位置、相互结合关系、聚集规模及其形态发生相应地变化。

区域经济空间的运动，是人类社会经济活动区位选择的结果；是各种社会经济活动在地域空间分化、组合、聚集的动态过程；是社会经济系统与其环境之间、系统内部各子系统之间经常的相互联系和相互作用在地域空间的表现；也是它们之间的劳动力流、物质流、资金流、能源流、信息流等传输的动态的过程。区域经济空间运动的非均衡性，则是说组成这些区域经济空间的各子系统的功能、作用不是等同的、均匀的，这就导致了地域单元之间、区域经济空间之间互补、重组的协作及聚集规模势差的动态作用。①

（二）“中心—外围”结构的形成过程

从城市与区域关系的角度来看，区域空间结构可以概括为“中心—外围”结构。以某一个经济中心城市为辐射源，其经济所能达到的辐射范围为其周边区域，该中心城市与其辐射到的周边区域形成的关系，称为“中心—外围”结构。

从集聚与扩散机制的角度来研究“中心—外围”结构的形成过程，它由四个阶段构成一个完整的顺序演替：

第一阶段：“中心—外围”结构形成的起步阶段。在这个阶段，中

① 郝寿义、安虎森：《区域经济学》，297页，北京，经济科学出版社，1999。

心城市的各种功能向周边地区辐射而形成一些专业化的生长点（如单一功能工业区等），辐射主要发展在城市附近地区，对中心城区依赖性较大。中心城市与周边的相对割裂问题还没有完全解决，中心内经济的自我循环趋势很强。但随着交通运输条件的改善和制度创新加快，经济活动的壁垒逐渐地被消除，将为已经存在的经济中心加强向周边扩散的扩展创造条件。当然，这种扩展是伴随着经济极化和两极分化现象的，相对落后的周边区域将会出现发展的困境，从而形成一体化向前推进的阻力。为了改善这种状况，通常的做法是通过增加转移支付来降低这种负面影响，但这些周边区域如果不能形成自我增长、自我循环的良性机制，这种援助最终将变成救济性质，反而使这些区域更加依附于增长中心而难以变成消除区域差距的新生力量。从现实情况看，由于阻碍经济活动的壁垒仅在一定程度上消除，因此，“中心—外围”结构的初始阶段将更多地出现次区域的经济增长中心，这些增长中心往往与其周边地带形成亚中心区的局面。

第二阶段：“中心—外围”结构的稳步发展阶段。一旦“中心—外围”结构初步形成，便会不断地向前发展，这个发展是以产业的区域和结构重组为基础，以产业的增长作为“中心—外围”结构发展的动力，使“中心—外围”结构向前发展。这一阶段，人口、工业和商业及城市的各项基础设施都迅速向周边扩散，在沿交通轴线扩散的同时，进入圈层扩散阶段。由于各地区经济的基础条件的差别，中心向周边的发展路径是多种多样的，有的可能是一条直线型的发展，有的将是曲折的道路，还有的在发展过程中变成一个大增长中心的一个次的增长点。这种发展的主要表现是经济增长的速度迅速提高，成为一个区域的增长和发展的动力甚至一个国家的主要经济增长点之一。

第三阶段：“中心—外围”结构的快速扩展阶段。“中心—外围”结构在发展过程中也不断地向腹地扩展，这种扩展是基于中心城市的生产能力的不断增强，其经济的扩散效应必然要经过一定时间后表现出来。扩展的形式有两种：一种是中心的辐射能力不断向更远的周边扩散，把更远的周边区域变成中心的腹地区域，这是单个中心在点上不断扩大的过程。另一种是由于两个或两个以上的增长中心离得很近，在不断扩展的过程中把对方的周边纳入到自己的周边里去，使周边在两个或两个以上辐射源的带动下形成分工深化，这些中心逐渐融合成一个更大的经济增长中心，增长中心由一个点变成一个面，这个面的辐射能力更强，更能抵挡外部对增长中心发展的不利因素，也可以将更大范围的周边纳入到自己的辐射里面，形成更大的“中心—外围”结构。

第四阶段：“中心—外围”结构的不断深化阶段。这一阶段，城市与区域之间经过资源整合，区域一体化的步伐加快。如果区域经济一体化组织的制度变迁能够推动周边的增长，使凡是能够形成经济增长中心的区域都已形成，那么经济一体化过程带来的极化效应和区域增长不平衡问题将在最大程度上得到解决，整个区域将会出现趋同，导致区域内所有城市的经济走向一体化。

总结起来，贯穿上述四个阶段的是制度的变迁过程，或者“中心—外围”结构的形成过程实质上是以制度创新为基础的。如果没有相应的制度演进，则不可能出现增长中心，甚至使一些本来出现的增长中心出现增长困境。特别需要指出的是，“中心—外围”结构的形成过程往往走的是一个迂回的方式，先是形成趋同的条件，如制度方面和收入方面，然后，再进一步深化，达到城—区平衡发展目标。

（三）“中心—外围”结构的区域性与周边深化

“中心—外围”结构在经济上基本上是一个完整的区域。这种完整是指区域能够独立地生存和发展，具有比较完整的经济结构，能够独立地组织与其他区域的经济联系。这就要求区域具有能够组织和协调内部经济活动和区际经济联系的能力。这种组织能力并不单纯地指制定符合于整个区域层次的有关政策能力，还指它必须具备“高级循环”，也就是由银行金融业、贸易和服务业、信息产业、现代化工业、商业批发业等所组成的循环系统。如果缺乏这种高级循环系统，则无法组织城—区之间的经济联系。

一般来讲，在城—区层面上形成的“中心—外围”结构中，中心城市充当着区域经济的组织者和协调者的职能。根据核心—外围理论、极化空间理论或克里斯泰勒的中心地理论，只要存在调节和协调一定范围内经济活动的核心，则在理论上就可以构成某种区域。但关键是这种核心所具有的功能。如果它所具有的是“低级循环”或较低级的功能，则无法组织区域的有效发展。因此，完整的区域需要一个能够组织和协调区内经济活动和区际联系的、以高级循环占主导地位的中心城市的存在，正如胡佛所指出的那样，“每一个标本区域必须包含至少由一个‘中心城市’构成的核心”①。

然而，“中心—外围”结构的形成并不是单向的。传统理论认为，中心与周边差距的缩小是由中心主导的。但实践表明，“中心—外围”结构的形成是一个更复杂的现象。尤其是在周边地区新的增长中心的出现，使得“中心—外围”结构的形成过程可能与传统理论描述的不尽相同。新增长中心的出现使作为整体的周边被打破，使周边的整体发展惰性受到制约，从而区域经济发展加快、经济趋同实现。这种趋同是多中心整合，可以运用合力来推动周边深化，加快区域发展速度。

周边深化是指在“中心—外围”结构的形成过程中，周边经济增长加快，出现弱化和消散现象。周边深化的途径分为两种②，一种是周边消散型深化，一种是周边增长型深化。周边消散型深化是中心辐射能力增强使周边趋于消失的现象，表现在城—区一体化的不断深入发展使“中心—外围”结构的增长极的辐射力量越来越强，其半径越来越大，越来越广范围的周边进入到“中心—外围”结构中，使得增长中心的“高级循环”或较高级的功能得到提升，然后再辐射到距离更远的周边，形成一个更大的“中心—外围”结构。周边增长型深化是周边自身经济迅速增长而使周边消失或弱化，表现在城—区一体化条件下，制度变迁为一些周边区域的经济发展创造了良好的条件，其经济获得了快速的增长，自己发展成为一个新的增长中心，与其相应的周边形成一个新“中心—外围”结构。

这两种深化途径都是对周边起到弱化、稀释和消散的作用，使周边整体的发展水平上升。城市与区域一体化的制度变迁推动了市场范围的拓展，为周边深化提供了较好的外部条件。

---

① 钱运春：《亚中心结构与区域平衡发展》，42页，上海，上海远东出版社，2003。
② 钱运春：《亚中心结构与区域平衡发展》，151页，上海，上海远东出版社，2003。

第三节 新增长中心：新城与新产业空间

一、新增长点转移与新增长中心的出现

（一）新增长中心的含义

在区域一体化的中心—外围关系的研究中，人们可以观察到这样的现象：按照区域增长理论，由于极化效应的存在，区域经济应该出现周边地区产业向中心城市集中的趋势。但是，实践表明，一些发达地区区域一体化过程中并没有出现所有产业的区域集中现象。相反，产业的区域分布更加分散，产业同构性上升。即使有些产业集中也不完全是向中心城市集中。同时，我们也看到，区域经济增长并没有单纯沿着中心—次中心—周边波浪形向外扩散，而是在经济一体化实践的推动下，中心和周边区域都有一些新的次增长中心出现。

根据前面的分析，随着城市的不断增长，中心城市的净集聚利益不断被日益增加的集聚不经济所消耗，从而在周边地区可能形成新的集聚中心。新增长中心的空间分布如图5—3所示。

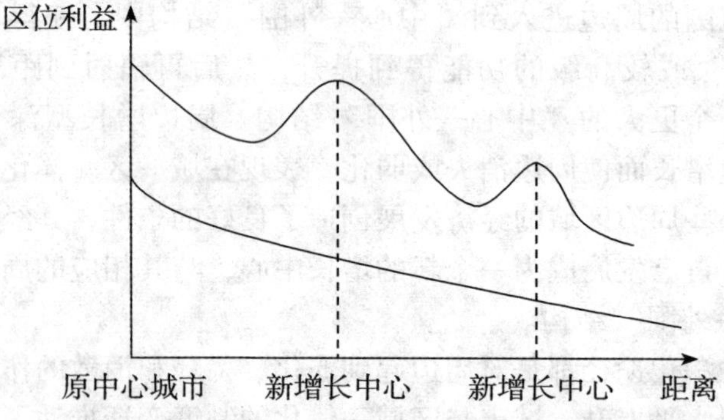

图5—3 新增长中心的空间分布

显然，伴随着区域内新集聚中心的形成和发展，集聚经济利益的空间分布也在发生新的转变。毫无疑问，新集聚中心将成为新的区位利益核心。正因为如此，新集聚中心的出现会吸引相关产业的聚集，从而增加新集聚中心周围的聚集经济利益。由于新的集聚中心自身的活力和优

势，原来的区域空间格局和空间均衡被打破。

这个新集聚中心达到一定规模后，就形成了亚中心区。因此，所谓亚中心区，就是指在一定区域内出现的新的增长中心或集聚中心。这个新的区域增长中心是与原中心城市存在着竞合关系的另一座充满活力的城市。当然，新的区域增长中心既可能是一座新型城市，也可能是原来的城市焕发了青春。不论是哪种情况，在现实生活中，我们都可以找到典型的例子。比如，相对于深圳市来说，东莞市的异军突起就扮演了区域新增长中心的角色。但由于新的增长中心只是对原来中心城市职能的补充或局部替代，它还没有取代原增长中心的地位，因此，我们称它为亚中心区。

（二）新增长中心的后发优势

新经济增长中心区的出现常常被认为是后发优势作用的结果。在经济活动从增长中心向周边扩散，老的增长点向新的增长点转移的过程中，通过贸易、投资和技术转让，作为周边的亚中心区享受到了“后发优势”。这种后发优势包括如下几个方面：

1. 学习效应。中心地区在生产水平上和技术创新上领先，相对地享有贸易上的优势。但是，在学习过程中外围的新增长中心区具有优势。开发一个新技术或一种新的生产组织方法可能要很长的时间，很高的投入，但是，要学会和推广这些却只要较短的时间就可以办到。所以，新增长中心可以在较短的时期内超越一些历史发展阶段，直接采用先进的技术和管理方法，为赶上先进赢得时间。

2. “借鸡生蛋”。在经济活动从中心地带向外围转移的同时，也必然会把市场信息同时转移了过去。新增长中心往往可以直接获得各种市场需求信息，能够直接投入产销对路的生产活动。这使得后进地区在使用有限的资金时可以少走很多的弯路。如果后发的新增长中心区能够创造一个较好的投资环境，也可能吸引大量的外部资金，大大缩短积累资金的时间。同时，外来投资、引进技术必然大大加快对本地工人的技术训练，改善本地的人力资本的素质。特别是本地企业可以直接学习先进的生产组织方式，建成现代化的新企业。改造一个老企业，改变落后的生产方式往往要比建立一个全新的企业要难得多。因此，新增长中心完全有可能利用原增长中心的资金和成功的经验和技术，保持较高的发展速度，在较短的时间内赶上原增长中心，改变现有的经济实力的布局。甚至处于周边的新兴的亚中心区有可能取代老的增长极，成为下一轮竞争中的带头人。

3. “创造性破坏”。通常的累积技术进步和规模收益递增使得最初在某项经济活动中具有优势的中心城市持续扩大其领先优势，并借此将该项经济活动牢牢锁定在本区域内。然而，这种经济和技术的领先优势并不会永远保持下去。当新发明或新技术出现时，由于其最初的生产效率低于较成熟的老技术，故掌握了成熟技术的中心城市缺乏足够的发展新技术的内在动力，因而发展机会被拱手让给后起的、但充满活力的区域。随着新技术的逐渐改进和日臻完善，技术相对落后的地区最终赶上并超越领先者。成功和繁荣是它们自己最大的敌人。熊彼特认为创造性的破坏过程是经济进化和变革的方式，而亚中心区的出现正是创造性破坏过程在空间上的反映。

（三）新增长点向新增长中心的转移

经济中心城市的集聚和扩散使得区域经济在不平衡中向前发展。约翰·弗里德曼（John Friedman）用核心—外围的关系来描述要素市场不平衡发展的过程。在一个区域内经济增长中心只有一个，但是，在周边地区的新增长中心中希望能够成为下一轮增长中心的候选地点却有很多。究竟哪一个地区会中选呢？

1. 选择新增长点的条件。经济活动从中心城市向周边扩散通常是按照不同行业的资金密集和技术密集程度，由低向高，一个一个部门扩散的。经济活动是否能够从中心城市向周边扩散，亚中心区是否能够形成一个新的增长点，取决于两个地区之间的比较优势。第一，亚中心区必须要比原有的经济中心具有更强的比较优势和吸引力。第二，亚中心区要比其他的候选地点更加具有竞争能力。新增长点具有的比较优势越强，经济活动转移的梯度就越大，转移的速度就越快。

2. 新增长中心的效应。新增长中心的形成对于原来的经济中心具有正反两个方面的影响。一方面，新兴增长点提高了自身的生产能力以后，在许多产品上可以满足自己的需要，不再需要从原有的经济中心进口，并且凭借着成本上的优势开始和原来的经济中心展开竞争，从而破坏了原有的经济秩序。另一方面，新兴地区和国家变得更为富足以后，国内需求上升，特别是对高科技产品，高档商品的进口需求增加了。在相当长的一段时间里，这些产品必须来自于原有的经济中心，出现了扩大市场的机会。

新增长中心的形成不仅对原有的经济中心产生冲击，对于新增长中心的四周邻居也会产生重大的影响。一方面，在新增长点出现的高速增长会鼓舞周围地区的信心、斗志，起到积极的示范作用，这些都是正方面的影响。另一方面，一旦出现了新的增长点，同样会产生集聚作用，吸纳了大量的资金和技术，而对周边地区产生了一个负面的影响。在两个方面的影响中究竟哪一个起主要作用？在这个问题上，增长点的规模起着非常重要的作用。这个新的增长点规模越大，对周边的集聚、吸纳作用就越强，维持的时间就越长。

3. 新增长点之间的竞争。新增长点的出现和成长规律取决于市场竞争。一般地，经济增长中心出现扩散效应之日必是另一轮聚集效应开始之时。这个聚集效应是落实在新的增长中心上。对于经济增长中心以外的地区来说，为了在下一轮竞争中取得比较优势就应当睁大眼睛盯住增长中心。要研究哪一个行业的集聚过程已经快要结束了，在什么情况下，经济中心的这个行业将开始扩散。创造一切有利条件，捷足先登，把机会接过来。眼睛不仅要盯住经济中心，更重要的是要盯住邻居。在经济竞争中，真正的竞争对手是资金、技术和其他各项生产要素基本上处在相同层次上的其他地区。

二、新城与城—区空间结构

（一）新城的内涵、类型与特征

“新城”是指出于特定的政策目标进行规划，建立在特定产业空间基础之上，交通便利、设施配套、环境优美，具有居住功能和产业功能的相对独立的城区。理解这个概念必须抓住三个要点：一是它的产业基础。这种产业是广义的，包括生产、服务、教育等。没有一定产业作为前提，只有居住功能，就不成为新城。二是它的相对独立性。它一定是一个“既能生活又能工作的、平衡的和独立自主的新城”，充满机会和选择自由。三是它的城市功能。也就是，新城应为居民提供商业、学校、娱乐、公共交通等完善的公共设施和公共服务。

从新城的形成机制来说，新城主要有两种类型：一是围绕产业集群建立的“建设项目配套型”新城。例如，工业新城、海港新城、大学新城、科技新城等。它们往往都是围绕着大型项目和产业集群，配套建设居住、购物、娱乐、办公等设施，形成一定的城市功能。这类新城可以是通过科学选址，全新建设的一座新城镇，也可以是在已有的城镇的基础上进行调整和改造，延伸产业链条，优化产业结构，增强经济活力，扩大城市规模，进而形成有独特功能的新城。二是原来的小城镇突破了传统发展模式，产业结构得以转变，功能定位得以提升，各种设施高标准配套，使城镇的内涵有了本质性变化，形成的“突变发展型”新城。从空间上看，它们往往与中心城市有一定的空间距离，不易与大城市的蔓延发展连成一片。这些新城或是具有良好的自然环境，或是具有重点战略地位，它们得益于城市发展的历史机遇而发展起来。

可见，传统的卫星城、重点建制镇或大型社区都不能称其为新城，因为他们的功能不完善且发展动力不足，并不足以影响大城市地区空间结构的优化和升级，更关键的是，它不能成为城市人口疏解和农村劳动力转移的迁居地。为了便于厘清传统城镇、工业卫星城与新城之间的关系，新城与卫星城、传统市镇的特征对比见表5—2。

从以上的概念界定和特点分析中，可以看出这三者之间存在着很多不同，但从本质上看，可以将这种不同简要地归纳为在“独立性”上存在的差异。新城作为一个完整的结构与中心城市共同生长于一定的区域范围内，其发展改善并升级了大城市的区域空间结构，而并不因此改变中心城市的空间结构。同时，新城自形成初始就作为一个相对独立的实体而存在。也就是，它可以有自己的经济战略和社会发展规划。因此，在城市总体规划中新城的规划需要单独处理。

（二）新城建设对城—区空间结构的影响

郊区化发展和新城建设，为城市—区域空间结构的重组与优化提供了契机。新城建设最初的目的在于控制大城市增长，但是随着新城的大规模发展对原有城市核心区的作用扩展到了为城市—区域提供增长空间以及为城市由单中心向多中心城市空间结构的转变提供载体。新城从单纯的大城市人口、产业外溢的接纳地变为推动城市—区域经济发展的增长极。

表 5—2　**新城与卫星城、传统市镇的特征对比**

项目	不同点		
	新城	卫星城	传统市镇
目的	疏解城市中心人口、吸引农村转移劳动力就业	疏解中心城市工业和人口压力	城市与乡村的枢纽、农村城镇化的承载地
区位	独立于中心城区，与中心城区有永久性的绿地分隔	处于大城市远郊区	分布零散
功能	人口和就业岗位相对平衡，具有居住、就业和购物等城市功能	居住人口与就业岗位脱节，许多都属于工业卫星城	文化、教育、娱乐、公共服务欠发达
产业	有主导产业，经济发展趋于综合	中心城市的能源、原材料基础，重化工业为主，远郊区开发不足	产业结构较单一
规模	相当于中小城市规模、有相对独立的社会实体	人口规模偏小、缺少脱离中心城市独立发展的能力	规模小、社会结构相对简单
环境	比城市中心区有更优越的生态环境和生活品质	环境比不上中心城市，尤其是文化、教育等环境	社会文化环境较差
交通	通过快速干道或轨道交通与中心城市联系	与中心城市缺乏高速、大运量现代交通线相连	与中心城市交通联系不便捷
设施	具备较完善的市政公共设施和公共服务设施	公共服务设施相对较差	基础设施不配套

新城建设作为城市郊区化和逆城市化在区域空间形态演化与增长进程中的具体形式，表现了在区域极化效应和扩散效应的耦合与递进中，扩散效应已经逐渐占据了主导和支配地位。新城出现是城市离心力逐渐增强的空间过程，以此来对抗中心城区对外围郊区的“磁力”作用。传统的“核心—外围”区域空间格局逐渐被打破，新城已经成为中心城区功能转移的重要承载力量。新城建设如何与城市形态、功

能格局、空间增长形成良好的互促关系和动态均衡是新城未来发展的关键。

新城建设对城市—区域空间结构的影响主要体现在以下几个方面：

1. 新城建设可以优化大城市空间结构

原有的城市单中心的空间结构必然会造成人口密度过高，工业区和居民区相互交错，城市交通堵塞严重，基础设施滞后性发展等问题。新城的出现和建设并不是在原有的城市核心区边缘继续扩散，而是以一种独特的跳跃式空间拓展方式向外发展，这种方式必然改变城市空间的布局形态，并对城市的拓展方式产生质的影响，使大城市空间形态由集中发展的单中心形态走向分散的双中心或多中心形态的动态发展过程。也使得城市对周边区域的辐射能力得到增强，城市和区域之间的互动更加优化。

2. 新城建设可以促进城—区空间产业布局的调整

新城建设对城市—区域空间结构的影响突出地体现在对城市—区域产业结构和居住空间结构的影响上。在全球化和一体化的背景下，工业生产活动的空间选择逐渐形成以市场为导向，原本清晰的城市产业和乡村产业划分逐渐失去原有的意义，政策体制约束逐渐减少，新型城市产业空间的扩展逐渐具有较为平等的竞争关系。新城的发展不再是中心城功能简单的扩散，而是积极参与到城市—区域功能转型过程中，成为城市空间扩展的重要组成部分，逐渐形成新的城市功能体，也使城市—区域的产业布局有了更大的调整空间，保护了区域性的绿化开敞空间。

3. 新城建设可以促进城—区生态环境优化

人口和工业在大城市的过度拥挤已经造成了相当严重的环境问题，新城建设对于优化城市—区域的生态环境也是功不可没。新城可以接纳中心城区的污染企业外迁，避免中心城区工业和居住混杂状况，从而实现中心城区人居环境的改善。由于新城与原有城市核心区保持一定的空间距离，并且中间有永久性隔离带，这样有利于在大都市内形成一个相对分散化的空间结构，因而可以保护城市开发地区之间的区域性生态环境开放空间。新城建设使城市的发展框架更加广域化，有利于构建一个整体的城市生态空间结构，实现区域性生态环境优化。

三、新产业空间与城—区空间结构

（一）城市新产业空间的内涵与类型

根据劳动空间分工理论的理解，新产业空间的产生是由于劳动过程空间分解后的集聚带来的分工经济而在一定区域内形成特色鲜明的产业区（Scott，A. J.，1986，1988；宁越敏、石崧，2011）。它是以城市为依托，以新的生产方式和新的产业组织模式为基本特征，以市场经济为基础的产业集聚空间。现实中，新产业空间是纷繁复杂的，就其主要类型来说，有如下几种①：

1. 科学园区。科学园区是一个由专业人才管理的组织，它们通过促进创新文化、产业竞争以及知识为基础的制度发展，达到增加社区财政的目标。为了满足这一目标，科学园区刺激和运作大学、科研机制以及公司和市场之间的技术和知识流动，通过孵化和培育附加产业链为创新型企业的创造和发展提供便利，并为其提供其他增值服务和高品质空间与设施。

2. 高新技术开发区。高新技术开发区是一种规划建设的科学—工业综合体，其任务是研究、开发和生产高技术产品，促进科研成果商品化。

3. 自由贸易区。自由贸易区是在设区国的政治管辖下，位于进口关港及其邻近地区的、受海关治外法权保护、无贸易限制的关税豁免区。

4. 出口加工区。出口加工区是指在一个国家和地区的港口、机场附近或其他交通便利的地方开辟一定的区域，并提供水电、道路、通讯和厂房等基础设施，用优惠政策吸引外商直接投资，发展在国际上具有竞争力的出口加工工业的特殊区域。

5. 经济技术开发区。经济技术开发区属于出口加工区的一种。它是在中国转型期出现的一种通过采取特殊政策，营造优良环境，来吸引国外资金和技术、发展外向型经济的特定区域，具有企业结构以外商投

---

① 王兴平：《中国城市新产业空间——发展机制与空间组织》，3～4页，北京，科学出版社，2005。

资为主、产业结构以现代工业为主、产品结构以出口为主，致力于发展高新产业的特点。

（6）保税区。保税区是海关的特殊监管区，拥有“境内关外”的一些特征。保税区作为中国贸易自由化的实验区，在功能上与经济特区、经济技术开发区等国内其他开发区域相区别，它发展加工、保税仓储和转口贸易，保税区四周建立了完善的隔离设施，有明确的区域界限。

（7）工业园区。工业园区是指以区域特色经济为基础，适应市场竞争和产业升级以及城市化发展的需要，以优势企业为主导，集中布局，形成的一种现代产业分工协作的专业化产业集聚区。

不同类型的城市新产业空间，既有共性也有个性。其往往具有共同的产业和成长机制，都强烈地依赖于高效的通讯和交通联系，也都服务于城市的总体发展目标和区域宏观规划，但是也具有各自不同的空间组织规律和空间组织模式，对城市用地和空间布局的要求也不尽相同。

（二）城市新产业空间产生的背景和原因

新的产业空间的产生和发展是20世纪中后期至今最引人注目的历史场景。第二次世界大战结束之后，发达的资本主义国家在技术上取得了突飞猛进的增长之后，纷纷开始进行产业结构的调整，以1951年美国斯坦福大学创办的科学园区为起点，新的产业空间开始出现和发展。（顾朝林，1999）同时，出口加工区和自由贸易区也相继出现。20世纪80年代，我国也开始建设经济特区，各地如雨后春笋般地出现了各种“开发区”。进入90年代，随着全球化和信息化的浪潮的出现，全球开始了产业重组和空间重组。到目前为止，新产业空间已经成为非常具有吸引力和竞争力的空间组织模式。

随着经济全球化和城市化的到来，全球的城市都进入新一轮的调整和重组，新产业空间的建设作为新城市空间的重要类型，也相应在各大城市陆续展开。城市新产业空间产生的背景因素有很多，是时代变迁带来的一系列变革的结合。战后新技术革命的出现和发展、信息化的发展和信息社会的来临，以及产业组织方式的变革与后福特制柔性生产系统的出现、跨国公司的全球扩张的影响、新型工业化国家与地区的发展和世界新兴大城市的出现。对于我国来说，则是工业化大规模发展以及城市化时代的来临。城市产业结构的调整需要新的城市产业空间，新产业空间的出现与发展，有力推动了城市空间的更新。

除此之外，城市功能的转型也是新产业空间产生的重要原因。城市新产业空间产生的动力主要来自于城市的空间分化，而产业的空间集聚和产业集聚带来的空间扩展则是新产业空间发展的主要标志和途径。城市产业结构的调整需要新的城市产业空间，而新的产业空间的出现，则又进一步推动了城市区域空间的重组和更新。将上述完整的过程连接起来，可以描述出一个环环相扣的分化效应发生和新产业空间诞生的链条：时代的变迁和社会经济的发展—城市功能的转型—新的产业空间要素的孕育和孵化—新的产业空间节点的扩散和区位优化—新的产业空间要素的集聚与扩张—新的产业空间的形成①。

（三）新城市空间对城—区空间结构的影响

进入21世纪，经济全球化带来的全球产业价值链被中国发达的城市“切割”，以高新技术产业、高端服务业聚集而成的新产业空间的快速生长，成为统领城市和区域空间重组的主导力量，促进了城市的空间资源、产业资源、市场资源的生态化、和谐化。不论是自发选址的，还是在政府的政策引导下产生的新产业空间，其出现都势必会对城市—区域的空间结构产生重大的影响。其主要表现在：

1. 促进城市—区域产业空间重组

新产业空间往往是产业发展极具潜力的地区，是中心城区工业向外扩散的主要接收地，新增产业的主要集聚地。其建设和发展使得经济发展与城市—区域空间扩展形成了前所未有的互动态势，城市—区域空间重组催生了产业形态的变革与创新，产业集群、产业园区等新的产业空间组织形式又带动了城市—区域空间重组，从而为产业发展开辟新的增长空间，推动创新型城市与区域创新体系的构建。

2. 促进城市—区域空间形态的分化

新产业空间的产生不仅加速了城市—区域产业空间的优化，而且直接推动了一体化的城市—区域空间的分化与重构。新产业空间的选址使得城市—区域空间架构得以拉开，城市空间结构向多中心结构模式转

① 王兴平：《中国城市新产业空间——发展机制与空间组织》，33～38页，北京，科学出版社，2005。

化，新产业空间的选址和布局不仅仅是城市空间形态的简单分化，还包括城市职能、城市交通等的分化，培育出多元的空间。在城市产业结构升级过程中，城市—区域空间的分化和重构具有特殊的重要性。

3. 提升城市—区域的空间价值

经济和市场力量作用下的城市空间优化、重组的过程就是追求空间价值最大化的过程，土地的价格、房产的价格、收入和消费水平等都是空间价值的直接体现，而城市新产业空间的出现则有利于城市—区域寻求最大的空间价值。大城市的中心区域已经不再有生产加工业基地，只是企业的管理总部，产业的主体为高端服务业，其空间价值基本上已经达到了顶峰。而作为外围的区域，没有产业的进驻和人口的迁移，其空间价值则难以提升。新产业空间的开发和建设则为城市—区域的空间价值提升提供了机会。像高科技产业园区、加工业基地、物流基地等则分散到了由快速公路连接的郊区，明显顺应了产业价值链引导下的开放式的产业空间布局，提升了城市—区域的空间价值。不同类型、主题的新产业空间通过集聚—扩散—升级—再集聚—再扩散，构成开放型的新产业价值链，直接推动城市—区域空间的优化和价值提升。

4. 改变城市—区域的人口空间分布

新产业空间的产生和发展必然伴随着人口的流动和聚集，改变目前这种中心城市圈层式的人口空间分布，在区域层面实现人口空间多中心分布。人口空间的重新分布与产业多中心发展相匹配，可以实现优化城市空间结构的目标。优化城市新产业结构，加强公共服务设施供给以及发展多样化、可支付的住房，以吸引人口进驻，缓解部分产业型新城人居空间滞后于产业空间的发展等问题。

第四节 突破“中心—外围”模式：城—区的网络化结构

一、“中心—外围”模式的局限性

“中心—外围”模式是一种区域非均衡增长的模式，它一般是建立在这样一种假设之上的，即在城—区空间结构形成与发展的不同阶段，集聚与扩散机制发生作用的强度不一样。而且，集聚机制与扩散机制的作用都存在一定的惯性。也就是说，集聚或扩散一旦发生，就将沿着其固有的方向持续下去。

事实上，这种假设可能过于简单了。因为集聚力和扩散力同时作用，其表现形式和程度要比我们想象的情况复杂得多。城—区经济空间的运动，是人类社会经济活动区位选择的结果；是各种社会经济活动在地域空间分化、组合、聚集的动态过程；是社会经济系统与其环境之间、系统内部各子系统之间经常的相互联系和相互作用在地域空间的表现；也是它们之间的劳动力流、物质流、资金流、能源流、信息流等传输的动态的过程。在这种复杂的空间活动中，只将其经济活动归结为“中心”或“外围”两极之间的相互作用显然是不符合实际的。特别是，随着信息时代的来临，作为一种趋势，世界经济日益呈现出网络化特征，网络构成了我们这个社会的一种新的社会形态。这种现实必将对现有的以城市体系等级化为特点的“中心—外围”模式带来挑战。人们看到，在当代世界上，城—区之间的联系是非常复杂的。城市之间不再是单纯的等级关系，而是通过各种有形的或无形的联系而形成的相互依存、相互关联的网络状结构。而城市体系的网络化结构完全改变了人们对于城—区空间结构的“中心—外围”模式的传统认识。

二、城市体系的网络化结构

城市体系的网络化结构是指城—区空间范围内各城市之间通过各种正式的和非正式的系统关联而形成的网络状结构。城—区关系的网络化是城—区各种经济活动主体构成的一个有序的关联系统及其运行过程，并通过这个过程获得一种特有的网络组织功能效应和收益。因此，从本质上看，城市体系的网络化结构是城—区经济区域中各利益主体的一种动态的、非线性的相互作用关系。

城市体系的网络化结构的形成是城—区之间共生共长的空间过程。网络化结构的形成表现为城—区产业内在联系紧密、商品和要素流通通畅、城镇体系的组织功能完善、区域性基础设施网络形成，由此构成一个空间关联密切、链条多样化与共轭关系紧密的运行整体。

从城—区关系的角度上看，城市体系的网络化结构可以看作是在一定地理范围内各城市之间相互合作的一种组织模式。所以，城市体系的网络化结构主要包括两个方面的内容：其一，网络化结构的主要形式是城—区之间正式的互动网络。它包括城—区间的产业网络、市场网络、技术网络、交通通讯网络、信息网络、交易网络、服务网络等。这些网络往往能够通过有形的客观存在形式表现出来。其二，网络化结构中还包括地方行为主体相互作用过程中产生的非正式（或非契约）关系。这种非正式的网络包括社会关系网络、人际关系网络、公共关系网络等。这种网络关系虽然依靠有形的客观存在，但主要依靠更关键的地缘文化或社会文化背景以及彼此的信任基础。

三、网络结构下城—区结构的新特点

与“中心—外围”结构决定的城—区关系相比，城市体系的网络化结构条件下的城—区结构关系表现出一些不同的特点。

1. 系统性特征

城市体系的网络化结构的形成和发展过程，是城—区整体系统相互作用的结果。由于城市体系网络化结构包含了各种要素和区域内各个城市在内的复杂关系，城—区之间网络的展开必须以其他各类城市作为节点，才能形成区域网络式的密切联系。因此，在网络结构下，如不重视通过网络的系统性作用有效地整合内部资源，就难以保持城—区范围内各城市或整体区域的竞争优势。

2. 开放性特征

城市体系的网络结构是一个开放结构。这种开放结构是指本地网络的现实成长和发展不能离开其他区域的网络结构，它是在外部连接与其他网络结构体互动影响中成长运行的。特别是在经济全球化背景下，城—区关系不能将这种连接范围“锁定”（lock-in）在特定区域内，本地网络的外部连接主要取决于世界范围内的金融、技术与市场的关系。

3. 多样性特征

城市体系网络化过程涉及经济、人口、政治、社会、技术、文化及观念等诸多方面，由此形成一系列组织关系和相互作用关系。这些关系表明城—区联系链条的多样性和架构的丰富性。因此，网络结构下的城市具有较大的多样化与创造性。这种多样化不仅能够保持网络结构的活

力与外部适应力，而且它能够促使整体网络的创新功能增强，提升地区的整体竞争力。

4. 非中心化特征

在“中心—外围”结构中，中心城市居于核心地位，它与腹地城市形成一种等级关系，集聚与扩散往往是沿着这样一种等级层次进行的。但是，在网络结构下，这种中心与腹地之间的控制与依赖关系被一种平等的网络关系所取代，呈现出一种非中心化或分散化的特征。亦即，城—区内各城市之间无论规模大小、功能强弱，都能够通过网络化的形式在平等的基础上实现合作或互补性资源交换或交流，从而形成一种伙伴式的关系。

5. 本地化特征

城市体系网络化结构的主要结点是区域内各城市，而所有这些网络结点在参与活动过程中都与区域内的环境保持密切联系，实现互动。而网络也只有通过本地化过程，即在外部开放连接的同时，更重视根植性，才能不断从本地的环境中汲取“营养”，增强网络整体的活力。

四、直面城—区空间网络结构的挑战

区域空间网络结构的出现对我国传统城—区关系提出了严峻的挑战。从理论上看，作为市场力量的集聚力与扩散力对于资源在空间配置方面的调节被看做是由“看不见的手”的作用来实现的。其实，这是一种简单的粗糙的调节机制，运用这种机制的代价是十分明显的。比如，在城—区联系中常常伴随着高昂的交易成本。网络结构的出现需要我们对集聚—扩散机制在城—区关系中的作用从理论上重新认识。比如，城市网络传递的合用信息可能比市场获得的信息更密集而有效率。

从实践上看，长期以来，在我国城—区发展中，城市之间并没有形成网络状的交易和交流结构，商品和生产要素流的集聚与扩散大都以纵向的等级结构为主，缺乏横向联系。这反映出我国城—区范围内城市间相互作用系统受行政区划和行政管理权的作用影响比较深。随着信息时代的到来，以及我国市场经济体制的建立，面对空间网络结构的挑战，我们的城—区关系必须做出相应的调适。

第六章　产业地域分工与区域产业结构

产业的地域分工和演进是区域经济增长与发展的重要源泉，也是社会分工在地域上的表现和空间形式。各不同的区域在市场经济体制下形成合理的产业分工，充分发挥各区域的比较优势，会提高资源的空间配置效率，有利于区域经济的整体增长。在区域合理的产业分工基础上，形成区域产业结构的良性关联与互动，对于区域产业结构的优化具有重要的意义。本章阐述了区域产业分工和区域产业布局的相关理论，考察了区域产业结构的关联互动关系，探讨了区域产业网络的机制。

第一节　分工、专业化与产业空间布局

一、区域专业化与产业地域分工

区域产业分工实际上是生产力在“趋优分布”规律下，人们为获得各种区域利益而出现的不以人的意志为转移的必然选择过程。各区域经济主体在经济交往中按照比较利益的原则，根据自身优势，发展具有比较优势的产业，于是在区域之间就产生了区域产业分工。区域产业分工是社会劳动分工的空间表现形式，是指相互关联的社会生产体系受一定利益机制的支配而在地理空间上发生的分异，它是社会生产力发展到一定阶段的必然产物。

（一）区域专业化的内涵

所谓区域专业化（regional specialization），就是“各个地区专门生产某种产品，有时是某一类产品甚至是产品的某一部分”。这种区域专业化是生产专业化的空间表现形式，是劳动地域分工不断深化的结果。随着劳动地域分工的不断发展，各地区按照各自的自然禀赋和市场需求进行专业化生产，可以带来明显的经济效益。

当然，区域专业化生产的发展必须同时具备三个条件：第一，专业化的某一类或某一种产品的产量必须超过当地的需求量。只有超过当地需求量的生产规模，才有产品输出到域外，参加区域交换的可能。第二，专业化产品的生产成本与运往消费地区运费之和，必须小于在消费地区生产同类产品的成本。第三，生产地与消费地之间的商品价格，必须有一定梯度存在。如果在运费相对稳定的条件下，单位产品的差价越大，对区域分工的实现和发展越有利。只有这样，区域专业化生产在经济上才能成立。用数学形式表示：

$$C1 + \sum T < C2 \tag{6.1}$$

式中：C1 为专业化地区生产成本；C2 为消费地区生产成本；$\sum T$ 为生产地到消费地的运输费用总和。

（二）区域专业化的分类

1. 区域经济的纵向专业化。区域经济纵向专业化，就是在各种产业或生产组织的产业链条上，相同或相近的某种中间产品转移到同一区域进行生产的过程。这种专业化生产的形成由多种原因引起，而规模报酬递增是形成区域经济纵向专业化的根本。

生产的集中，特别是专业化生产的适度集聚，导致规模收益递增。在区域纵向专业化生产过程中，各种生产链条上的中间产品，它们尽管分属于不同的生产链条，但它们可能是同一类型的中间产品或者相关联的、相互能够替代的产品。因为在追求尽可能高的劳动生产率和收益最大化目标的驱使下，各个不同的生产厂商不约而同地把这样的中间产品放在同一区域进行大规模的集中生产。他们之所以不约而同地集聚在同一区域生产同一类型的中间产品，是因为该区域有生产此类中间产品的比较优势。区域比较优势和生产集中的规模效应，使生产的外部性充分发挥出来，这样可以使同一类型的各种生产链条上的中间产品的生产厂商，共享软硬资源、节约成本、提高效率，收益趋于最大化。

2. 区域经济的横向专业化。区域经济横向专业化，就是各种产品的生产分别在不同区域集聚进行生产的过程。这种专业化生产形成的原因也是多种多样，规模报酬递增同样是其根本原因。

区域经济横向专业化与区域经济纵向专业化的根本区别在于：区域

经济横向专业化中，各区域生产的产品之间没有生产链条上的上下游关系，而是产业和生产组织的区域间专业化平行布局关系。这种区域间专业化生产的平衡布局关系同样是在生产厂商最大化自己利益目标的驱使下，同类产品生产厂商在特定区域集聚而产生规模效应。同类产品生产厂商之所以在特定区域集聚进行专业化生产，原因不外乎：要么该地区拥有资源的绝对优势或者相对优势；要么该地区拥有生产该产品的技术优势；要么该地区具有生产该产品的市场优势。正是因为不同地区有着各自不同的优势，使各种不同的产品生产呈现一定的区域分布特征，从而形成区域经济横向专业化。

3. 区域经济的柔性专业化。随着技术的进步和现代化大规模生产的深入发展，生产规模变得越来越庞大，而且在生产的多样化和灵活性上存在着很大的问题。现代的市场需求是变化不定的，人们对产品的多样化和质量的要求越来越高。于是客观上形成了某些专业化生产线因产品单一而跟不上现实中人们对产品多样性和高质量的要求的矛盾，为了协调这种矛盾，于是一些专业化生产线的设计开始考虑如何应对市场的需求变化，使得一些专业化生产线的设计不仅能够生产专业化产品，而且在市场对产品需求产生变化时，能够及时灵活地变更其专业化产品生产，很快就可以从一种专业化的产品生产转移到另一种专业化产品的生产。有些生产线还能灵活地生产多种专业化替代或互补产品。这种专业化的生产过程就是柔性专业化。当这种柔性专业化生产布局在不同区域时，就形成了区域经济柔性专业化。①

（三）区域专业化与产业地域分工的演进

区域专业化与产业地理集中是相互联系的，它是产业集中在空间上的特殊表现，是产业活动在空间上的分离过程。因此，区域专业化也可以看成是某些产业在特定地区的集中程度。如果这些产业在特定地区的集中程度相当高，我们就说该区域的专业化特征明显。但是，在统计上，区域专业化与产业地理集中是有差别的。区域专业化衡量的是特定地区中产业的分布情况，即以产业作为自变量；而产业地理集中考察的是一个产业在空间上的分布情况，是以区域作为自变量的。

---

① 安虎森：《区域经济学通论》，539～540 页，北京，经济科学出版社，2004。

从发展趋势看，区域产业分工和专业化的演变大体经历了三个阶段：第一个阶段为部门间分工，就是不同地区发展不同的产业，这种专业化我们称之为部门专业化，它是经济发展早期阶段的产业分工形式。第二个阶段为部门内分工，就是不同地区都在发展同一个产业部门，但其产品是不一样的，我们把这种专业化称之为产品专业化。第三个阶段为产业链分工，也就是说，虽然很多地区都在生产同一产品，但是各个地区按照产业链的不同阶段和环节进行专业化分工，国外一些学者把这种专业化称为功能专业化（Duran 和 Puga，2002）。各个阶段区域分工与专业化的特点见表 6—1。

表 6—1 **区域分工和专业化的演变**

阶段	分工类型	专业化形式	专业化特点
第一阶段	部门间分工	部门专业化	不同部门在空间上的分离
第二阶段	部门内分工	产业专业化	同一部门不同产品地空间上的分离
第三阶段	产业链分工	功能专业化	同一产品价值链的不同环节在空间上的分离

一个企业的价值链可以分为不同的环节，即从总部、研发、产品设计、原材料采购、零件生产、装配、成品储运、市场营销到售后服务，每一个环节都可以选择在不同的地区进行投资。在这种情况下，随着经济全球化和区域一体化的加快，在一些地区如大都市圈内将出现按产业链的不同环节进行分工的新型分工格局。

二、产业地域分工的经济原因

产业地域分工是人类经济活动在地域空间长期分化组合的结果。人们从分工中获得的各种利益是驱动产业地域分工发生、发展的直接动力和内在原因。

由劳动分工所带来的经济利益，古典经济学家已经作了不少的论述，盛洪在《分工与交易》一书中，将其归纳为直接的经济性和间接的经济性两种。直接的经济性是采用一定程度的分工和专业化的生产方式后较采用这种方式以前带来的生产效率的提高或生产资源的节约；间接的经济性是指分工和专业化的发展为生产方式的其他创新提供了条件，而对这些生产方式创新的采用会带来生产效率的提高或生产资源的节约。

产业地域分工，作为分工的空间形式，是建立在专业化生产的基础上的。地域分工的经济性大致表现在以下五个方面：（1）地域分工使得各地区根据本区域在自然资源、人力、资本、技术等方面的比较优势，将其生产、经营活动集中在较少的方面，这既能够较快地提高其生产的熟练程度，又能够最大限度地使各种资源得到有效合理的使用，生产更多的劳动产品，提高劳动生产率。（2）地域分工可以共享社会生产条件，减少对基础设施要求的复杂性，从而节约基础设施的费用。(3) 地域分工的发展，可以形成较为高效率的地方劳动力市场，也利于集中培训专业技术人员。（4）地域分工可以共享辅助行业提供的专门服务。由于地区的专业化，为其服务的辅助行业或者拥有了高度专门化性质的机构，或者只是采取了生产或服务专门化的方式，所提供的服务的单位成本是低廉的，而如果在一地区没有较多的同类企业，专门提供这样的服务是不值得的。这种辅助行业包括提供工具、原材料和运输服务的行业。(5) 地域分工有利于专业技术的传播和扩散。

三、区域产业空间布局

区域产业空间布局，就是为了使区域经济效益和社会效益最大化，各种产业循着一定规律和比例的动态空间组合，即各种产业在空间上的分布与组合。产业空间配置的目的，是能够更好地利用各种资源，优化区域产业结构，使之更合理，更有利于区域经济增长。合理的区域产业布局，可以降低企业的生产成本，避免区域之间的恶性竞争和地方保护，有利于促进区域的协调发展。

（一）产业空间布局的制约因素

1. 自然因素

自然因素包括自然条件和自然资源两个方面。自然因素对大多数产业都产生影响，但是在人类社会发展的不同阶段，自然因素对产业布局的影响是不同的，对不同的产业经济活动产生的影响也不同。自然条件、自然资源直接影响区域空间配置的大格局，尤其是农业、采矿业、旅游业等受自然因素的影响较大。但是随着技术水平的不断提高，自然因素对区域产业布局的影响在逐渐降低。

2. 人口和劳动力因素

一方面，人口数量，特别是劳动力资源充足有利于充分开发利用自然资源，发展生产；并且人口数量对产品消费有重大影响，因此特大城市区域都分布着为本市人口消费服务的都市工业和城郊农业。另一方面，劳动力的素质对产业布局的影响是综合性的。人口的质量或素质高低、人口分布及迁移对产业布局有重大影响。比如说，高技术产业一般应布局在科研环境良好，人口素质较高的地区。

3. 社会历史因素

社会历史因素主要包括社会经济基础、管理体制、国家宏观调控法律政策、国内外政治条件等。现有的社会经济基础主要是指历史遗留下来的产业基础、积累的文化和科学技术基础及经济管理基础等，其中以产业基础最为重要。国家制定和完善各种经济法规、制定正确的政策、对国内外政治条件的正确评估等都会对产业布局产生明显的影响。

4. 市场需求和市场竞争因素

产品的市场需求容量是产业布局的重要空间引力。因此，在产业的布局上应重视市场需求，同时在不同的市场区内所形成的不同的市场需求结构会制约着产业布局的部门结构，它是形成主导产业、辅助产业协作配套、生产地域综合体的指南。市场竞争可以促进生产的专业化协作和产业的合理聚集。此外，它还可使产业布局指向更有利于商品流通的合理区位。

5. 基础设施和交通条件因素

任何企业的生产经营都离不开基础设施，基础设施的完备程度是吸引企业选址的关键性因素。企业往往都希望选择基础设施比较充分、运营成本较低的区域。运输条件对区域产业布局的影响早在韦伯的工业区位论中就有详细阐述，企业应选择建立在总运输成本尽可能低的区域。交通运输的便捷程度会影响企业的市场占有率和与其他企业的联系。因此，即使在交通技术不断发展的今天，运输成本的高低也是决定区域产业布局的关键因素。

6. 技术水平因素

技术进步不断地拓展人们利用自然资源的广度和深度，使自然资源的使用程度不断加深。技术进步能提高资源的综合利用能力，使单一产品生产区变为多产品的综合生产区，从而使生产部门的布局不断扩大。技术进步不断地改变着产业结构，特别是随着一种新技术的出现，往往伴随着一系列新的产业部门的诞生。这些产业部门都有不同的产业布局指向性，这就必然对区域产业布局产生影响。随着技术的进步，生产力的提高，三次产业结构也不断发生变化，使得人类生产、生活居住的地域方式也出现了很大变化，从而对区域产业布局产生影响。

（二）产业空间布局的模式

1. 增长极模式

法国经济学家弗朗索瓦·佩鲁于20世纪50年代提出增长极理论，它是指经济增长并非同时出现在所有地方和部门，而是首先集中在某些具有创新能力的行业和主导产业。这些主导部门通常积聚在大城市中心，并且伴有技术创新与扩散，资本的集中与输出，产生规模经济效益，形成外部经济效益的吸引与扩散作用，从而形成所谓的“增长极”。

增长极的产生和发展，会改变区域的原始空间平衡状态，使区域空间出现不平衡。增长极的成长将进一步加剧区域的空间不平衡，导致区域内地区间的经济发展差异。不同规模等级的增长极相互连接，就共同构成了区域经济的增长中心体系和空间结构的主体框架。区域经济空间开发的其他各种模式，都是从增长极当中演化出来的。

2. 点轴模式

从区域经济发展的空间过程看，产业一般先集中于少数地点，随着区域经济的进一步发展，在点与点之间，由于经济联系的加强，必然会建设各种形式的交通通讯线路将这些工业点联系起来，这些线路即构成了轴线。这些轴线一经形成，就对人口和产业产生极大的吸引力，吸引企业向轴线两侧集聚，并产生新的工业点，从而促进区域经济发展。此即称为点轴开发模式，是增长极开发模式的延伸。发展轴同样存在着聚集和扩散效应，而且效应的强度更强，对周边的影响更大。发展轴在不断地丰富之后，力量更强大，最后将成为一条发展带。发展带是发展轴的成长结果及其演化最后形式。

3. 网络化发展模式

在经济技术水平和工业化比较发达的地区，一般都与周边的其他地区通过完善的通讯和交通网络紧密相连，形成区域经济网络。网络的形成，使极化效应产生的聚集规模经济在更大的范围内表现出来，而不是仅仅从一个点上表现出来，对于网络所在的区域来说，意味着增长结果的分散化和增长极点的分散化，而对于更大区域来说，则将整个网络区域视为一个巨大增长极，所以其极化的效应可能更强，对区域经济的影响也可能更大。因此，网络开发模式是点轴开发与布局的延伸和继续，是区域经济比较发达地区的一种产业布局模式。

4. 产业梯度开发模式

产业梯度开发模式是指在一个国家的不同区域中，先举全国之力优先开发那些基础比较好的，开发成本比较低的区域。这些区域是“高梯度”地区。待这些区域发展良好之后，再带动和促进所谓的“低梯度”区域经济的发展。首先让有条件高梯度的地区引进、掌握先进技术，然后逐步向处于二、三级梯度的地区转移，实现经济分布的相对均衡。

（三）产业空间布局效果评价

产业空间布局效果评价包括两种类型：一是预评价，二是后评价。预评价是指在产业空间布局决策阶段，对空间布局方案进行技术经济效益、社会效益和生态环境效益的评价论证，并进行各种效益预测，以提高决策的科学性。后评价是指在产业空间布局方案实施后，再进行经济效益、社会效益和生态环境效益的评价论证，评价内容主要包括集中度分析、均衡度分析、产业专门化分析和区域产业结构变动模式分析等。

1. 集中度分析

（1）集中度指数及其变化

a. 含义：是表明某种经济活动在某区域内集中程度的指标。

b. 公式：$C=\left(1-\frac{H}{T}\right)\times 100$ （6.2）

式中：C 为集中度指数；T 为全国或全区总人口或总面积；H 为占全国或全区经济总量半数的地区人口或面积。集中度指数在 0 ~ 100 之间波动。

c. 作用：一般来说，如果 $C\leqslant 50$ 为相当分散；$50<C\leqslant 70$ 为分布比较平衡；$70<C\leqslant 90$ 为相当集中；$90<C\leqslant 100$ 为高度集中。利用这一指

数来揭示区域产业集中程度，可分别计算区域产业布局前的集中度指数 C0 和区域产业布局后的集中度指数 C1，如果 C1<C0，则说明集中度降低；反之，则说明集中度升高。

（2）地理联系率及其变化

a. 含义：地理联系率是反映两个经济要素在地理分布上的联系情况的指标。如果两个要素在地理上的分布比较一致，地理联系率高，就意味着产业空间集中度低；反之，地理联系率低，就说明两要素的地理分布差异大，意味着产业空间集中度高。

b. 公式：$G = 100 - \frac{1}{2}\sum_{i=1}^{n} | S_i - P_j |$ (6.3)

式中：G 为地理联系率；S_i 为区域第 1 要素（如总产出）占全国或全区比重；P_j 为区域第 2 要素（如人口）占全国或全区的比重。

c. 作用：利用这一指标评价区域产业布局集中程度时，可分别计算区域产业布局前后的地理联系率。如果前者小于后者，则说明集中度降低；反之，则说明集中度升高。

（3）区域集中度及其变化

a. 含义：区域集中度也是反映经济现象在全国或地区集中程度的指标，用全国或地区构成中比重居前 3 位或前 5 位的区域的比重之和来表示。

b. 公式：$J=X_1+X_2+X_3$ (6.4)

式中：J 为集中度；X_1、X_2、X_3 分别为占全国或全区经济总量的比重居于第一、二、三位的地区的比重。

c. 作用：利用这一指标评价区域产业布局集中程度时，可分别计算区域布局前后的区域集中度 J。如果前者小于后者，则说明集中度上升；反之，则说明集中度下降。

（4）分散度及其变化

a. 含义：分散度从相反的角度描述了经济布局的集中度。它是指在全国或全区经济总量中居前 3 位或前 5 位的地区的比重之和减去其余各地区比重平均值的差，与其余各地区比重平均值之比。

b. 公式：$F = \frac{\sum X_j/n}{\sum X_i - \sum X_j/n} = \frac{\sum X_j}{n\sum X_i - \sum X_j}$ (6.5)

式中：F 为分散度；X_i（i=1，2，3）是前 3 位区域的比重；X_j（j=1，2，3，…，n）是其余区域的比重。

c. 作用：F 越趋于 0，表明集中度越大；F 越趋于 1，表明分散度趋大。同样，利用分散度来揭示区域经济布局集中程度时，可分别计算区域布局前、后的分散度，如果前者小于后者，则说明分散度升高，集中度降低；反之，则说明分散度降低，集中度上升。

2. 均衡度分析

（1）静态不平衡差及其变化

a. 含义：区域之间的产出差距越大，则说明该国家或地区的经济空间集中度越高，不平衡度越高，平衡度越低；反之，则相反。不平衡差就是衡量区域经济不平衡的指标。

b. 公式：$C=\left(1-\frac{L}{M}\right)\times 100$ (6.6)

式中：C 为两个区域之间的静态不平衡差；L 为经济实力较弱的地区的经济指标；M 为经济实力较强的地区的相应经济指标。

c. 作用：C 越大，说明均衡度越低；反之则相反。此指标只能用于两个地区间的对比，不能从总体上反应区域内经济分布的均衡度。当然，为了说明均衡度的变化，也必须计算区域布局前后的静态不平衡差，如果 $C0<C1$，说明均衡度降低；反之则反之。

（2）标准差及其变化

a. 含义：衡量区域布局的均衡度也可以用标准差指标，标准差可以较全面反映区域绝对差异。

b. 公式：$\delta=\sqrt{\sum\frac{(Y_i-\bar{Y})^2}{n}}$ (6.7)

式中：δ 为标准差；Y_i（i=1，2，3，…，n）某地区的经济指标；$\bar{Y}$ 为各地区相应经济指标的平均值；n 为地区数。

c. 作用：该指标数值越大说明均衡度越低，反之则均衡度越高。

3. 专门化分析

（1）区位熵（产业地区集中度）

a. 含义：是反映各产业专业化程度的指标，也可以用来分析产业的地区集中程度和区域产业竞争优势，因此也称产业地区集中度。

b. 公式：$LQ_{ij}=\frac{e_{ij}}{e_{it}}\div\frac{E_{nj}}{E_{nt}}$ (6.8)

式中：LQ_{ij}是 i 地区 j 产业的区位熵；e_{ij}是 i 地区 j 部门的就业人数（或产值）；e_{it}是 i 地区就业总数（或总产值）；E_{nj}是全国 j 产业就业人数（或 j 部门产值）；E_{nt}是全国就业总数或总产值。

c. 作用：如果 LQ_{ij}大于 1 且数值越大，说明该地区 j 产业专业化或集中化程度越高；反之，若 LQ_{ij}小于 1 且数值越小，说明该地区 j 产业部门的专业化程度或集中化程度越低。

（2）专门化率

a. 含义：与区位熵一样，也是反映各产业专业化程度的指标。

b. 公式：$S_r=(m/M)\times(n/N)$ (6.9)

式中：S_r 为专门化率；m 为某区域某产业的净产值；M 为全国相应产业的净产值；n 为该区域全部产业的净产值；N 为全国全部产业的净产值。

c. 作用：专门化率越大，说明产业的专门化程度也就越高。专门化率越低，该产业的专门化程度就越低。通过对比区域布局前后产业专门化率的变化，可以看出区域产业结构的变动趋势和产业布局效果。

（3）区域产业结构专门化指数

a. 含义：是反映整个区域产业结构倾斜度的指标。它是区域产业构成比与全国产业构成比之差的绝对值总和的一半。

b. 公式：$Z=\frac{1}{2}\sum_{i=1}^{n}|A_{ij}-A_j|$ (6.10)

式中：Z 为区域产业结构专门化指数；A_{ij}为 i 区域 j 产业的比重；A_j 为全国 j 产业的比重。

c. 作用：此指数在 0～1 之间。当其值为 0 时，表明该区域没有专门化产业，其产业结构与全国完全一致；当其值为 1 时，表明该区域产业与全国不同，即该区域有的产业，全国其他地方没有，且全国其他地方有的产业，该区域又没有。指数值越大，表明区域产业结构越具特色。

（4）区域结构相似系数

a. 含义：区域结构相似系数是联合国工业发展组织采用的，用来衡量不同国家或地区之间产业结构相似或差异程度的指标。

b. 公式：$$S_{12}=\frac{\sum X_{1i}X_{2i}}{\sum X_{1i}^2\sum X_{2i}^2} \quad (6.11)$$

式中：S_{12}是结构相似系数；X_{1i}是区域1中i产业的结构比重；X_{2i}是区域2（一般是全国）中i产业的结构比重。

c. 作用：该系数介于0～1之间，系数值越大，说明两区域间相似程度越高；系数值越小，相似程度越低。通过计算区域开发前后的结构相似系数，也可以评价区域布局前后产业结构专门化程度的变动情况。

第二节 区域产业结构的开放和关联互动

一、产业结构的开放及其关联互动的含义

区域产业结构是指区域内具有不同发展功能的产业部门之间的比例关系。区域产业结构是全国经济空间布局在特定区域组合的结果。在某特定区域内，之所以拥有某种类型的产业结构，是由该特定区域的优势和全国经济空间布局的总体要求决定的。区域产业结构既是区域经济结构的主要内容，又是国家总体产业结构的子系统。要素在不同产业和地区之间的配置和再配置，直接构成了区域产业结构的重要内容。而区域产业结构合理与否，又关系到区域经济运行的效率和质量。区域条件多样性和复杂性决定了区域产业结构的多样性。由于各区域所处地理位置、资源状况及经济发展阶段等不同，所以产业结构的类型和层次总是多样的。任何地区的产业结构层次都会随着生产力的发展，不断地向高层次变化，从区域空间结构上看也是在不断地变化。不同地区或同一地区的不同发展阶段产业结构是不同的。不同的产业结构也可以反映产业结构的阶段性，不同的产业空间结构可以反映产业结构的空间特征。产业部门结构与产业空间结构是内容与形式的关系，前者是后者的内容，后者是前者的空间表现形式，它们在区域上得以统一。

产业结构的开放与关联互动的含义中，开放是针对于封闭而言的，关联互动是针对孤立发展而言的。在全球经济一体化的进程中，各区域的产业结构都是开放的。因此，产业结构的开放与关联互动的含义是

指，区域产业结构的发展必然在世界经济产业结构大系统下运行，一个地区的产业结构与其他地区的产业结构时刻发生互动。

二、区域产业结构的开放性

随着国际化分工和区域经济一体化的日益深化，世界各区域经济发展已经逐渐由封闭走向开放。区域内部、各区域之间与其他区域的经济交往越来越频繁。而且，各区域的产业结构也都必然在世界经济范围内的产业结构转移中找到自身的定位。也就是说，区域产业结构的发展，是自身内部各产业发展的结果，也是与其他区域产业结构相互影响的结果，在全球整体的产业结构调整和递进的背景下运行。

区域产业结构的形成和演变，不仅受到本区域资源要素的变化、生产力发展水平以及创新能力等因素的影响，同时也受到区外环境的影响，并与区外不断进行着物质、技术、信息、人才和资金的交流。其他区域的产业结构发生变动，必然会通过各种要素之间的流动对该区域的产业升级和变动产生影响。而一个区域的产业结构也必然要在全球或者区域性的产业大系统中找到自身的定位，在全球化的生产链条中找到优势。现代区域产业的发展绝不是封闭的，总是在更大区域范围内，在全球性的劳动地域分工中担当不同的角色。区域产业结构的开放性要求我们在分析确定产业结构时，不能就区域论区域，要从大区域、全国乃至世界的全局着眼。总之，区域产业结构开放和关联互动的根本原因在于全球经济一体化发展，内在驱动力在于世界性分工日益深化。随着生产力的不断发展，交通技术的迅猛进步，国家之间、区域之间的联系交往日益密切。各产业的整个生产链条的每个生产环节已经不局限在同一区域内，反而是可以在全球任何一个生产成本最低的地点选址，再通过各种信息网络和交通网络联系起来。这就造成各区域产业结构体的演进既置于本地区的经济发展之中，又在国际分工体系的框架内。各区域的产业结构既影响其他地区的产业结构，又受其他地区产业结构的影响。各区域产业结构体系之间的相互依存、互动作用日益明显和加深，整个产业结构系统已经是一个深度开放的结构系统。某一区域的产业结构发生变化，必然通过其中的联动效应对其他区域的产业结构产生影响，同时自身的产业结构也受到来自于其他区域产业结构变动和升级的影响。

三、区域产业结构的关联互动机制

在经济全球化背景下，国际区域间各产业结构的相互依存和互动关系存在于大量的经济交往关系中，因此研究产业结构如何相互关联，即区域产业结构的关联互动机制就显得尤为必要。每一种机制的影响都是十分复杂的，各种机制相互作用，形成机制体系，在现实中往往交互作用，并回转反馈，很难具体割裂开来。

1. 消费领域互动：区际贸易

决定区域产业结构关联互动的最重要的传导机制就是区际贸易的产生和发展。某一区域的产业结构发生变动，必然会改变其生产产品的供给和需求，从而影响要素和产品价格，而价格作为信号传递的重要媒介，会影响其他地区要素和产品的供给和需求，通过区际之间的贸易来平衡供求矛盾，从而带动其他地区的产业结构做进一步的调整。而其他区域的产业结构调整又会对该区域的产业结构起到反馈的作用，从而形成一个传导网络。即区域之间的贸易弥补了各区域内部生产和消费结构的矛盾，同时也使得各种生产要素和产品在区域之间最大限度地流动。区际贸易的发展成为了加强各区域之间产业结构演进和互动的基本纽带，会进一步加深区域分工和专业化，促进各区域产业结构更加合理化。

2. 金融资本领域互动：区际投资

跨区域投资是区域间产业开放和关联互动的另一个重要机制。随着各国资本市场的开放，跨区域投资已经成为各区域与其他区域产生经济交往的一种重要的经济形式，说明区域之间的交往已经从消费领域转到了资本领域。外来资本的进入会改变当地的生产模式、就业结构、产品结构，进而会对整个产业结构产生影响。相对于投资地来说，区际投资产生的影响更多作用在被投资区域，很多是以跨国公司为载体，直接在被投资地建立实体经济，改变该地的产业结构。而且，还可以通过直接投资，改善被投资地的劳动力素质和技术水平，从而改变该地的经济增长方式。被投资地的产业结构变动之后，也会向投资地产生反馈，对该地原生产部门的产业发展形成冲击。

3. 生产领域互动：区际技术扩散

技术是决定某一区域经济增长和产业结构的关键因素。技术决定了该区域是处于全球生产链条的高端还是低端，进而决定了区域的贸易条件和地位。

对于技术水平比较低的区域来说，直接接受其他发达区域的技术和信息转移，可以节省时间和研发成本，而且可以直接促进本区域的经济增长和产业结构升级，这些影响往往都是积极的。而对于技术输出国来说，输出低水平的技术和产品，又可以集中精力研发高端技术，进而保持技术领先地位。总之，技术的跨区域转移可以成为沟通和连接各国经济和产业结构互动演进的重要途径，两区域都可以通过产业的连接和互动，进而实现经济发展和产业结构升级。

4. 人力资本领域互动：区际劳动力转移

在目前的经济发展阶段，人力资本已经成为最重要的生产要素。区域劳动力转移是区域劳动力供求不均衡引起的并将影响区域劳动力市场均衡水平。而且，区域劳动力转移和其他生产要素相比，会造成多种外部性，对社会的其他方面产生影响。就一国内部而言，劳动力具有很高的转移性；但是对于不同国家而言，劳动力的转移程度要小于其他生产要素。对于劳动力丰富的地区来说，劳动力流出可以减少当地的就业负担；对于劳动力流入地来说，可以降低该地的劳动力成本。就像我国中西部地区的劳动力流向东南沿海区域，可以改变东南沿海区域的劳动力数量，进而改变其劳动力成本以及产业结构。而这些劳动力又流回去之后，由于其身上所附带的经验和技术要素，又会增进该区域的技术水平和劳动力素质，进而改善其产业结构。

以上是产业结构的关联互动过程，有以下共同的特点：关联互动产生的影响是多次的，而不是单次的；产生的作用是双向的，而不是单向的；产生的效果是深层次的，而不是表面的；产生的传导是立体交叉的，而不是单维平行的；产生的影响不全是正面的，也有负面的。而且，这几种机制是共同发生作用，彼此联系在一起的，而不是割裂开来的。区域产业结构体系间的互动机制示意图如图 6—1 所示。

各区域之间产业结构变动会通过一系列的传导作用对其他区域的产业结构产生影响，而其他区域的产业结构在变动之后又会对该区域的产

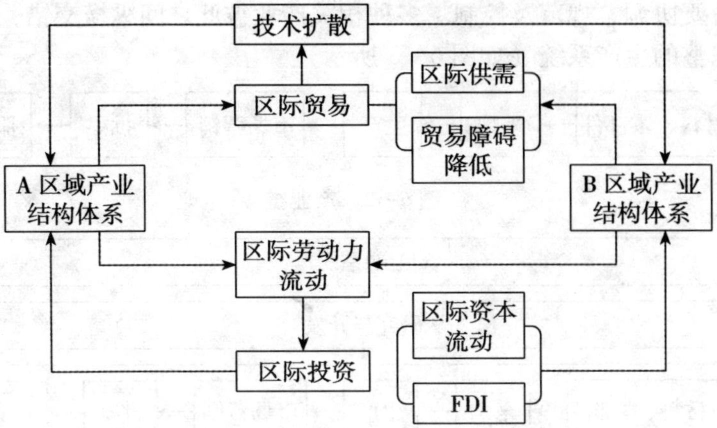

图6—1 区域产业结构体系间的互动机制示意图

业结构产生反馈，经过一系列的变动之后，达到一个新的动态均衡。以上这些可以充分说明，目前区域的产业结构是开放的，并且是关联互动的。但是这些关联互动机制的传导力度和反馈能量在不同的宏观背景和现实因素影响下还存在着不同的效果，有着很大的不确定性，很难具体量化。而且，这些传导和关联机制除了受到产业结构系统内部的限定之外，还受到其他社会经济因素的影响，如对外开放程度、制度框架、贸易政策、环境条件等，使得区域产业结构的相互依存和相互制约的程度存在差异。

第三节 区域产业网络的生成机制

一、产业网络的空间意义

（一）产业链生产系统结构

产业链是指在某种商品或服务的生产过程中，能增加价值的一系列相互作用、彼此联系的基本活动的集合，包括原材料采集、运输、逐次加工、组装、制造品的销售及服务等各种活动（如图6—2所示）。产业链上的每一活动过程之间依靠不同形式的技术投入及交通通讯联系起来，而且镶嵌在能提供必要经营资金的金融系统内。此外，所有活动之间还需要协调、规范及控制。多种相关产业彼此之间纵横交错，组成了一个完整的生产系统（如图 6—3 所示）。

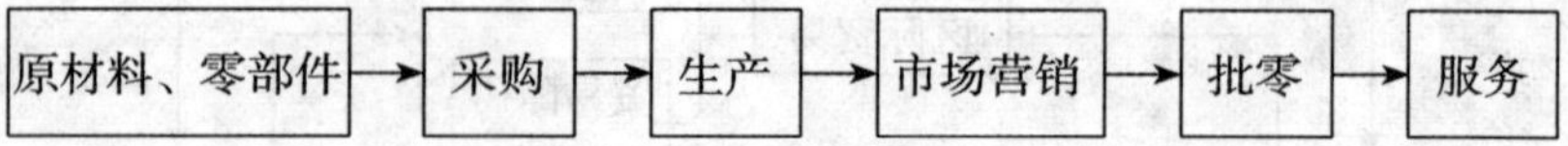

图 6—2 产业链

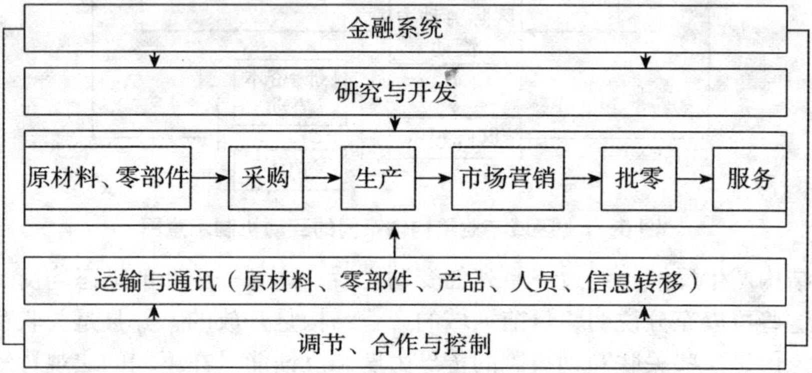

图 6—3 生产系统结构

（二）区域产业网络结构

产业网络是一种新型的产业组织协调方式。在区域产业内部和产业之间的合作与竞争中，企业与组织都被吸纳到一个网络结构中，构成一个有机的整体和完整的产业价值链。纵向的产业网络体现了嵌入到这种链式结构中的制造商、运输商、批发商、零售商等之间进行产品和服务的交换以及产品的增值过程。而在每一个纵向链环之上的企业都会通过竞争和合作的行为来促使产业网络的横向发展。

从构成区域产业网络结构的组成成分上来看，根据哈坎松（Hakansson，1992）的观点，网络应该包括主体、行为和资源三个基本组成要素。（1）主体。区域产业网络的行为主体既包括处于不同生产链环之上的紧密合作的上下游企业，同时还包括处于同一生产链环之上的同行业竞争企业，还包括提供政策支持的政府、提供知识技术和人力资源的教育和培训机构、提供资金的金融机构，以及提供各种信息和技术的行业协会和科技中介等。（2）行为。行为是指行为主体之间进行物质、信息等资源流动的过程，在各种资源交换的过程中伴随着产品价值的增值和价值链的形成。“竞争”和“合作”是区域产业网络行为主体采取的两种基本的行为活动。在完善的市场经济体制之下，企业之间对各种资源都存在着激烈的竞争。同时，企业之间也以各种方式进行合作以实现共同的利益目标。企业正是通过这种竞争与合作来实现彼此之间物质、信息等资源的交换与共享以促进产品价值的增值，最大限度的利用各种资源，从而提升自身的核心竞争力。（3）资源。在行为主体之间进行竞争或合作的同时也伴随了各种资源的流动和交换，产业网络的形成为资源的扩散与共享提供了通道和途径。区域网络之间正是由于资源的相互流动和交换实现优势的互补，从而构成了彼此之间的合作与竞争关系，进而实现价值链的整合。

从构成区域产业网络结构的系统来看，区域产业网络至少应包括以下三个组成部分：区域生产系统、区域商务系统和区域创新系统。区域生产系统主要强调区域的生产结构，从本质上来讲是说明如何将区域之间的生产环节或企业联系在一起的；区域商务系统强调区域制度建设，它更强调组织和制度的作用；区域创新系统强调结构和制度的整合，它将从生产结构到制度和组织层面的因果关系链条连接起来。相对于其他两者，它是一种推动或黏合系统，推动区域生产系统向前发展，并将区域商务系统和区域生产系统黏合在一起。区域生产系统的建设是使区域在生产环节上相互关联，区域商务系统的建设是使产业网络内区域能够在习惯、制度上趋同，而区域创新系统的建设则是提升生产系统和商务系统的质量，并最终使二者融合。总之，上述三个系统相互结合，共同构成了区域产业网络①。

二、柔性生产方式：产业链网络化的微观基础

（一）生产模式由刚性走向柔性的变革

当今世界正处在一个新技术革命的时期。科技飞速发展，生产的技术基础急剧变革。总的趋势是，新的精干灵活生产组织方式正在逐步取

① 李东华、郭金光：《区域产业网络的构建及其演进动力机制分析》，载《浙江工业大学学报》（社会科学版），2009（12）。

代传统的标准化大批量生产组织方式。前者又称“柔性生产方式”，以“温特尔主义”为代表；后者又称“刚性生产方式”，以“福特主义”为代表。上述两种生产方式的主要区别见表6—2。

表6—2 **刚性生产方式与柔性生产方式的比较**

	刚性生产方式	柔性生产方式
生产过程	大批量均一化产品 统一化、标准化 以规模经济为基础 大量仓储 原料导向 垂直和水平一体化	小批量定制产品 灵活自动化 以范围经济为基础 零仓储 市场导向 垂直分离；转包
劳动	工人从事单一工作 以产出率定工资水平 工作高度专业化 无时间在岗训练	工人从事多种工作 个别工资制（奖金制） 消除作业界限 长期在岗训练
空间	以推动性工业为核心 工业空间集聚 以减少运输费用为基础 企业间以物质联系为主	以研究与开发机构为核心 新工业集聚 以减少交易费用为基础 企业间以信息联系为主

由表6—2可见，以刚性生产方式为特征的生产模式追求的是规模经济效应和范围经济效应的垂直型结构。柔性生产方式则强调各个生产商之间的协作与配合，强调聚集效应。在这种新型产业模式中，通过细化的产业分工，每个企业可以专注于某一个部件或产品的一个部分，获得规模经济效应；同时，不同企业之间相互配合，又可以获得范围经济效应。因此，整个产业链条上各组成部分有强烈的灵活性。以柔性专业化为基础的柔性生产方式的核心是强调各企业之间的动态集成和各种合作，其最高形式为虚拟企业。这种生产方式是建立在以柔性专业化基础上的协作生产方式，以产品为龙头组织协作生产，这样就可以实现企业的动态集成。动态集成又要求各企业之间的密切联系，也就是结网。

（二）柔性生产方式与新产业分工

由于柔性生产方式的模块化和系统开放性，导致了新的产业分工的形成。这种产业分工不完全等同于传统的“水平分工”或“垂直分工”模式。“水平分工”是指差异不大的同业或类似行业间的合作，是两家以上性质相似的厂商，基于“互补”、“互惠”的原则，进行一种以具有阶段性功能为导向的合作模式；而“垂直分工”则指上下游之间的合作，经由生产与销售分工，达成经济规模效应，形成上下游合作体系。分工体系形成之后，上下游之间的合作规范也会出现，而当每一个环节的参与者都可以在这个产业体系中获得利润时，一个产业就成熟了。除非新的科技或新的概念出现改变了产业的游戏规则，否则这个产业可能数十年如一日地运作下去。新的产业分工，是产业链分工，也就是产业内部以价值活动为单位的企业间分工。

描述新产业分工最具代表性的是所谓的“微笑曲线”。“微笑曲线”又称“电子产业微笑曲线”，最早由台湾宏碁集团董事长施振荣用来描述生产个人电脑的各个工序的附加价值特征。如果用图表示制造工序流程中的附加价值，就好似微笑的嘴形，因此被称为“微笑曲线”（如图6—4 所示）。

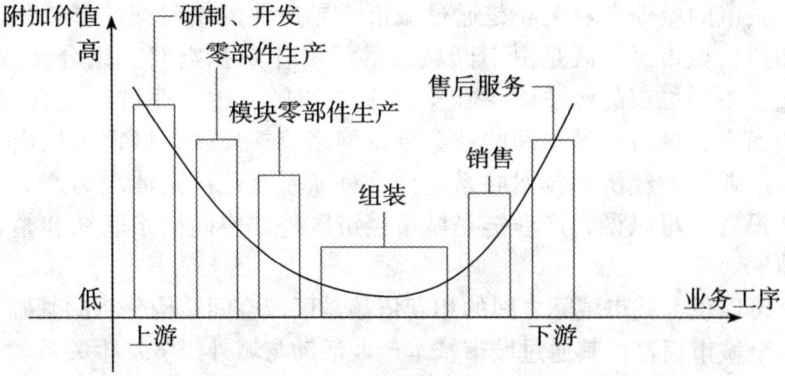

图 6—4 “微笑曲线”示意图

“微笑曲线”表明，从刚性生产方式到柔性生产方式的转变，是分工不断发展的结果。柔性专业化分工过程，是分工不断积累深化的过程。这种过程推动了经济的发展，这种过程也就构成了经济发展的整个过程。

新产业分工是以价值链为基础进行的分工。因此，为了增强核心竞争力，企业争相将以低附加值生产工序为中心的生产转移到欠发达地区。其实，施振荣就是用“微笑曲线”来形象地说明台湾信息技术产业转型的必要性的。他认为，在全球科技向垂直与水平整合，在台湾产业外移的情况背景下，应该向内容服务开发，科技产业也应以服务为导向。这样才能提升台湾的竞争力，符合全球化发展的要求。由于台湾本地市场规模太小，不到全球市场的1%，市场太小会使得科技没有创新应用机会，因此要做到提升知识含量、全球化与建立规模创新，就必须要掌握大陆市场，整合中国内地市场资源是相当重要的。

可见，新产业分工条件下的产业升级是从附加值低的活动（如简单的装配业）向附加值高的活动（如R&D）转移的过程。就是说，新产业分工是以产业的纵向分解或垂直专业化的生产贸易模式为标志的。

三、一种空间关联机制：区域产业网络的衍生

（一）产业关联：区域产业网络结构的基础

城市的域外产业关联是通过城市主导产业的域间交易形成的。我们知道，城市经济区是由不同城市的经济体系在空间上组合而成的。那么，不同城市的经济体系在空间上是如何通过产业进行整合的呢？一般而言，城市区域空间的社会分工网络直接反映为城市区域内不同城市产业间的经济和技术联系。而这种联系在经济上体现为产业间贸易和投资，可以说，产业链是城市经济区外部空间网络联结和整合的载体。

可以说，城市域际之间的相互依赖是区域空间结构分析的基础。对于一个城市而言，其通过城市基本产业活动与域外经济发生关系。这种关系的媒介是以中间产品来表示的，对于该城市基本产业的前向供给关联和后向需求关联的两种产业交易，这两种产业交易的空间结果都是，在该城市与外部城市之间形成了一条域际关联产业的中间产品交易链。可以认为，诸多关联产业交易链的空间重合是城市经济区形成的根本原因和本质特征。根据所包容的产业交易链的多寡，可以判断出该城市经

济区的经济规模和经济密度。

如果仅以主导产业的交易需求关联作为对现实经济中产业中间需求关联形态和城市经济区产业空间关联形态研究的简化来分析产业链的形成，那么，对任一具体城市，其主导产业链的确定包括以下几个步骤：首先，根据城市主导产业的选择基准，确立城市的主导产业。其中，选择主导产业的基准包括收入弹性基准、生产率上升基准和产业关联度基准等。然后根据中间品系数，即主导产业的生产流量与中间产品总量之比，来确定对中间产品的需求序列和需求强度。这主要是根据主导产业活动中的技术使用结构进行的。最后，按照中间产品的关联序列，在经济区内根据资源禀赋结构和技术结构进行空间选择，最终确定该城市的主导产业关联交易链的空间形态①。

产业是在一定的地理空间中投入产出及派生的。城市域际产业空间，可以被描述成相互联系、相互影响的地理空间。在地理空间中，主导产业的集聚与膨胀，必将对其他地区、其他产业形成一种相互辐射关系。对于一个城市来说，不论主导产业如何选择确定，最终总是在地理空间上形成的。在一个特定的区域中，所选择的主导产业可能是区域性的，也可能是全国性的。这二者的作用往往是不同的。某地区主导产业中，区域性主导产业的发展是增加地域集聚力和扩散力的基础，而全国性的主导产业在该地区的集中、强化，更加大了该地区作为发展极在全国的功能作用。但是，随着开发条件、资本条件、人力资源条件的变化，某些区域性主导产业和全国性主导产业的地位是会发生转化或易位的。一部分全国性主导产业的衰落和比例下降，而代之是一部分地区性产业的兴起和比例上升。同时，地区和区际的主导产业往往不是一个单一的产业，它通常是以组群或链条的形式出现的。主导产业群在地域空间的建立，意味着产业链网络框架的确立。

（二）外包：产业链的空间结网过程

外包生产是指某企业通过协约，让其他的独立企业为其承担生产或加工原材料、零部件甚至最终产品的活动。

---

① 陆军：《城市外部空间运动与区域经济》，128～129页，北京，中国城市出版社，2001。

外包生产是一种较高层次上的分工。它是随着专业化分工协作的发展，在“本厂生产”与“市场交易”之间出现一种中间形态。这种分工与亚当·斯密的分工是截然不同的，是一种较高层次上的分工。外包关系实质上是一种契约关系，因此它本身也必然包含节约交易成本的机制。

从分工的角度上看，模块化是外包特别是区域外包产生的主要原因。模块化作为一种有效的生产组织方式。20 世纪 80 年代后期开始，外包活动的地理研究越来越受到重视。V. A. 劳森（Lawson）提出了“外包区域地理（regional geography of subcontracting）”的概念。外包活动的地理研究对于区域政策的制定具有十分重要的意义，这是因为外包活动总是在特定国家和特定地域内进行，国家和地区政府可以通过一系列政策干预、控制以及服务于外包活动，促进经济发展。

区域外包的本质是以外加工方式充分利用公司的最优秀的专业化资源，从而降低成本，提高效率增强竞争力。经济学中有一个木桶原理，木桶的最大量不是由组成木桶最长的一块决定的，而是由最短的一块决定的。要使木桶容量最大，必须将每块木板都加长到与最长的一块一样长。企业竞争力的决定也符合木桶原理。竞争力是由产供销等各个环节中最薄弱的一环决定的。企业要在每个薄弱环节都做到和最好的一环一样不太可能。区域外包就是一种很好的解决办法。它将这个桶打散，将那些短板抽出，到外面寻找相应的长板，然后再将自己与外面提供的木板捆绑在一起，这样，企业的竞争力就和最长木板决定的容量一样了。区域转包是适应人才能力、决定企业命运的综合利用外界相关企业人才优势的好办法，结束了企业多向指挥、自给自足的组织模式，把非核心技术工艺的大部分分包给别人，而核心技术区别于竞争对手，这已成为全球成功企业的通用办法。

现代大企业特别是跨区域性公司通常依据其规模大小、经营范围、创建时间长短、企业实力等情况来制定其区域转包战略。以区域外包为基础的模块化生产网络就突破了地理区位的限制，城市域际产业链网络的形成也就在这种选择之中变成了现实，并形成了跨区域的生产网络组织。

四、区域产业链网络的自增强机制

（一）区域产业链网络的自增强性质

区域产业链网络是在网络经济和信息技术条件下催发的。在信息时代，市场竞争日趋激烈，外部环境的压力迫使企业调整行为，调整自身能力组合，加强与外界合作等，从而导致了市场主体结构的复杂化，产生了纵横交错的产业链网络。

由外部环境影响与内部战略调整互动而催生的产业链网络较好地适应了网络经济形态。借助于网络关系，参与产业链网络的内部各主体充分享受了其他主体的资源优势，获得了单个主体无法获得的各种优势竞争资源。如灵捷的生产方式、高效的仓储、运输、广阔的市场容量、优质的品牌等，大大提高了合作产品的市场竞争力，实现了“共赢”的效果。

城市域际产业链网络作为信息时代的调适结果，也是具有自增强或自催化一类的动态系统，即具有正反馈的系统。尤其是以知识为生产基础的产业明显属于报酬递增的产业，而报酬递增则是自增强机制的重要基石。自增强机制的来源表现在以下几点：（1）低成本运行。产业链网络在结网的初期，组织费用及由搜寻、谈判费用等形成的交易成本比较高，但产业链网络一旦建立将促使网络成员不断提高使用效率，以降低单位运作成本。（2）学习效应。当产业链网络的经济效益提高时，该效应将使其网络成员更致力于改进产业链网络的运作效率。（3）合作效应。良好的合作记录有助于增进城市之间的信任，更加节约产业链网络内部的协调等费用。最新的市场信息、市场机会更容易在网络中的企业间交流，从而更易于在第一时间对市场变化做出反应，从而增强产业链网络的竞争力。（4）资源依赖。作为独立的产业链网络成员，在生产运作上各自具有核心优势，正是这种各种资源的聚合构成产业链网络的市场竞争优势。在内部合作过程中逐渐形成较强的依赖关系，或者由于沉没成本高昂，或者由于累积的资源专用性合作，产业链网络的自增强机制得以深化。

（二）产业链网络自增强系统的特征

1. 多态均衡

由于正、负反馈的耦合，经济系统产生多种自然状态或多种平均状态。为什么自增强（或报酬递增）会引起多态均衡？这是因为，在网络经济条件下，由于收益递增的知识生产组合而成的产业链网络具有明显的收益递增特征。由于知识的异质性、复杂性、信息环境的易变性，产业链网络参与成员的差异性及运作方式的多样性，多种形态的产业链网络形式即多态均衡的出现便不难理解。正如我们看到的产业链网络有多种形式，如虚拟企业供应链协调、战略联盟、外包制、产业集群等。在这些不同的产业链网络形式中，有些是相对稳定的，有些是短期的，还有些具有长期稳定性。

2. 锁定

自增强意味着某个特定结果或均衡具有某种经济的积累优势。可以认为，一个特定均衡在多大程度上被锁定，是由系统影响它自身从一个均衡转变到另一个均衡的最小转换成本来决定的。例如，某一城市的产业主体，选择参与了某一形式的产业链网络，在与网络内其他成员的合作过程中逐渐增强了信任，协调也逐渐顺畅，产业链网络的经济效益开始慢慢地增加。但如果这一产业主体突然发现参与其他形式的产业链网络，对自己的利益更大或发展更有利。那么，即使存在这种较好的可能状态，他也未必想或能实现战略调整，因为其必须考虑到现有产业链网络中积累的各种关系成本或沉没成本。另外在调整中的重建成本或其他组织对自己的看法也许会阻碍调整的实现。

3. 路径依赖

报酬递增和自增强机制使得某一组织一旦走上了某一条路径，它的既定方向会在以后的发展中得到自我强化。所以，一个经济主体过去做出的选择决定了它现在可能的选择。沿着既定的路径，这种组织系统的变迁可能进入良性循环的轨道，迅速优化，也可能顺着原来的错误路径下滑，甚至被“锁定”在无效率的状态之中而导致停滞。一旦某种产业主体能很好地利用产业链网络平台，充分有效地利用各种信息，调节自身的核心竞争优势，便能在竞争中立足。当然，产业链网络演进过程中，战略行为、预期、政策、空间机制、知识等因素也会影响其结果。

（三）产业链网络自增强机制的运行

城区域际产业链网络的运行是靠机制完成的，自增强机制就是借助自组织力量和市场力量，实现产业链结网的内在方式。自增强机制的状况直接影响着城市域际产业链网络运行的成效。城市域际产业链网络自增强机制运行需要具备一些必要条件。

首先是企业生产流程的模块化。所谓模块化就是将产业链中的每个工序分别按一定的“块”进行调整和分割。模块化现象包含三个层次的内涵：(1) 产品体系中或者产品设计的模块化；(2) 生产的模块化；(3) 组织形式的模块化或者说企业内部系统的模块化（大量面向外部厂商的外包子系统)。随着模块化的发展，企业生产某一产品时，无需再把所有的工序集中在一个地方。相反，把每个工序加以分割，组成企业间的生产网络，效率更高。各个企业无需像以往那样从事产品“一体化的内部生产”，而是通过向各自优势领域集中资源的形式，不断深化行业重组。企业间的关系也不再仅仅是局限于交易双方保持一定距离的贸易关系或者以出资方式联系起来的系列关系，而是包含技术合作等中间形态在内的多样化关系。企业从专业化的角度出发将一些原来属于企业内部的职能部门转移出去成为独立经营单位，或者是取消原来由企业内部所提供的资源或服务，转向使用由企业外部更加专业化的企业单位所提供的资源或服务。

其次是共享链城市协作网的形成。这是从共享链的角度考虑产业链结网的问题。如果地区内各城市在某些资源利用领域处于一个共享平台上，就形成了一个共享链。共享链上各城市之间不再单纯是一种简单的市场交易关系，重要的是，它是一种类似企业之间协议的稳定关系。由于共享链上有众多的城市参与进来，实际上形成了一个共享城市网络，因此，对于这种由契约关系维系起来的共享主体之间的联系，我们称之为“共享链城市协作网”。站在共享链整体的角度，一个城市与共享链上其他城市之间是一种竞争合作关系。它们之间利益上的相互依赖性表现得十分明显。共享链的成功依赖于产业链上所有城市的成功，而且更依赖于各城市间的合作与协调。可见，城市共享链实际上是通过整合区域内各城市资源的协同关系，获得产业链整体的资源配置优化和产业链整体的快速反应，从而获得产业链整体收益最大化。

最后是区域系统的开放性。模块化形成了新的产业分工，而新的产业分工一定是建立在区域开放系统上的。只有开放系统的产业分工才可能形成新的产业基地。在开放的区域系统中，标准是由几个大企业主导大家协商和竞争出来的，标准制定的过程可以看见各种妥协的影子，也有不同强度的竞争。而封闭系统的厂商，什么都要自己搞，这样的进步速度慢，也难以形成规模。因此，城市之间的产业链网络及其自增强机制也就更是奢谈了。

第七章　城市体系的网络结构

20 世纪 80 年代以来，受互联网技术蓬勃发展的影响，世界经济网络化特征日益显著，网络成为了我们社会新的社会形态，成为支配和改变我们社会的源泉。随着信息技术进步和全球化程度的不断加深，网络社会同样改变了传统的城市发展模式，原有的区域性城市体系的等级化发展模式将会被新的概念所替代。现代的城市体系是一种网络系统，在这个系统中，城市的发展与相互依赖构成一种网络，城市体系是基于网络关联的新型组织形式，即网络城市体系。本章首先分析了网络经济和网络城市的产生，接着讨论了城市体系的分布结构和网络经济的结构，最后分析了城市外向性网络的发展与结构特点。

第一节　网络经济与区域经济网络结构

一、网络经济的由来与意义

（一）网络经济是一种新的经济形态

网络经济是以信息与网络产业为主导产业、以信息平台为主导资源的经济形态，以计算机信息网络技术为基础、以各种计算机网络为平台进行的各种经济活动，以及在此基础上形成的各种经济关系的总和①。它是一种较传统经济更为高级的经济形态。在这种经济形态下，经济发展的方式和速度较传统经济发生较大变化，使得社会整体的经济效益较以往更快地提高，以达到促使经济总量增长和经济结构优化的目的。网络经济的核心产业是信息产业，核心技术是通信信息网络技术，因此，网络经济的本质特征是网络，构建完善的网络平台是发展网络经济的重

① 胡春：《网络经济学》，86 页，北京，清华大学出版社、北京交通大学出版社，2010。

要条件。

网络经济是20世纪80年代后蓬勃发展起来的新经济形态，主要是通过互联网络进行的经济活动，如网络交易、网络银行、网络企业经营等。依赖网络平台，多个经营交易主体建立起紧密关联，共享信息资源，实现便捷、高效、持久的共赢。网络经济的产生是经济网络化的必然结果。网络经济的出现极大地加快了科技和经济的市场化进程，同时也极大地加快了经济全球化的进程。只有在网络经济的环境下，全球化才在真正意义上成为现实。

（二）网络经济出现的背景

人类社会经济的发展，归根结底是由生产力的发展推动的。在决定生产力发展水平的诸因素中，科学技术是最具影响力的决定性因素。科学与技术二者相互影响、相互渗透，共同推动社会发展。

迄今为止，人类社会经历了三次重大的技术革命，即农业革命、工业革命和信息革命。农业革命使人类社会从游牧社会过渡到农业社会，工业革命又使人类社会实现了从农业社会向工业社会的成功跨越。现在正在进行的信息革命是人类社会有史以来最伟大的一次技术革命。信息革命又可称为“网络革命”，因为其主要是通过建立纵横交错的交互式网络进行信息的交流和共享，把计算机互联网普遍化来实现的。计算机的发明为互联网构建提供了终端设备基础，数字化革命为信息的批量传输创造了前提，光纤技术的发明大大提升了信息传输容量和传播速度，这些都为网络的形成奠定了坚实的基础。随着科技的进步和互联网技术的不断成熟，信息传播的速度更快，范围更大，人们之间的沟通突破了距离限制，资源的跨区域流动更加便捷。网络深刻影响和改变着人类社会的生产、交易、管理等组织方式。通过互联网进行的各项活动更是司空见惯，网络已经成为现代社会不可或缺的重要元素。

（三）网络经济对城市体系结构的影响

现代社会是一个信息网络时代，网络经济将使城市体系结构发生明显的变化。传统的中心地模式将被日益显著的城镇网络化结构所取代。网络经济影响并改变着城市体系的交通、企业、市场、信息等网络系统，使得城市间的人流、物流、信息流、资金流等无论是在规模上、速度上，还是组织形式上都发生了根本性的变化。在这种情况下，重要的信息可以迅速传播开来，地理上的临近与否以及一个地区范围内城市规模的大小变得不太重要，更多关注点落于城市之间构建的相互依存网络中。其中，基础设施网络，尤其是交通运输网络是城市网络体系形成的先决条件。企业是社会经济活动的微观主体。从某种意义上讲，城市体系的网络结构是企业网络在空间上的反应。企业网络化的发展状况决定着城市网络化的水平。城市本身就是一个市场，所以城市网络实际上就是市场网络，市场功能随着网络经济的发展不断完善，市场的网络结构将日趋复杂。城市是信息的网络节点，信息及信息网络已渗透到了城市生产、生活、交通等各个领域。所以，现代城市网络更多的是以信息网络为连接的。经济全球化及“信息高速公路”的建设将使城市体系的网络化结构变得更加复杂，使网络连接的空间尺度越来越大，城市体系将由区域性的网络结构向世界城市网络结构演化。

二、网络经济的构成要素与特征

（一）构建网络的基本要素

从网络的经济性质来看，网络具有三要素，即被连接的节点、相互连接的连线和网线上的流动物。

1. 网络的节点。节点是网络体系中的基本单元，是构建网络的基础，每一个节点都是整体中的一个信息“交流站”和“中转点”。具体而言，互联网网络体系中的节点就是遍布在全球各地的各个终端设备点，共享的信息资源通过这些终端发布、接收和中转。可以说，节点是网络体系中最活跃也是最关键的因素。

2. 网络的连线。网络强调的是多个主体之间的紧密关联，连线是不可或缺的重要连接纽带。作为信息传播的通道，这些纽带相互交错构成了网络的基本架构。当今发达的互联网技术使得信息的传输通道遍及世界各地，这种“信息高速公路”的形成使世界各地的关联更加紧密，深刻影响着人们的生产生活方式。

3. 网络的“流”。如果说节点和连线是“硬件”的话，那么“流”就属于网络的“软件”部分，即互联网所承载和传输的内容，也就是

"信息流"，它指的是信息从发出方到接收方的空间传输过程。这种传输过程赋予网络存在的真实意义，即为人们的生产生活提供更多的便捷和更优质的服务。

一般而言，网络是节点和线路的结合体，节点是网络的"心脏"，线路则是构成节点之间、节点与域面、域面与域面之间功能联系的通道。点、线、面空间结构要素之间客观上存在着几何学和运动学上相互必然的转换关系，即连点成线、交线成网和扩网成面。"流"属于网络的非物质构成要素，在经济空间活动中沟通节点与节点、节点与域面之间的联系，"流"的发点与收点、流向、流径和流量等组合在一起决定着网络的功能和效率。三者结合在一起构架出完整的网络结构，缺一不可。

（二）网络经济的特征

1. 网络经济是以信息与知识为主导的经济

网络经济以信息与知识等非物质资源为主要资源，物质资源退居次要地位。在网络经济社会的产品中，信息与知识的应用对财富的生产和经济的增长起着决定性的作用。网络经济最基本的特征就是信息化。网络经济的形成、本质和构成无一不与信息有着密切联系。网络经济存在的前提是信息资源的利用，其物质基础是信息技术的发展和应用。网络经济是通过生产知识密集型的信息产品和信息服务来引导经济增长、社会产出和劳动就业的新型经济结构。

2. 网络经济是全球化的、开放的、充分竞争的经济

网络经济颠覆了传统的生产、生活模式，延长了人类活动的触角，将世界变成一个庞大的村落——"地球村"，突破了地区和国界的限制，从这个意义上说，网络经济是全球一体化的经济。生产要素可以实现全球化配置，生产和销售也不再局限于有限的空间内。互联网可以为地球上每个角落的人提供交流平台，降低沟通成本，提高办事效率。网络经济打破空间限制，大大加快了全球经济一体化的进程，各国的经济依存度增强了。网络经济打破空间的限制还意味着世界各国的经济体制都将走向开放，一个封闭的经济体制在网络时代是注定无法生存的。所以，从这个意义上说，网络经济是一种完全开放的经济。然而，网络经济在打破空间限制的同

时，也引来了全球化的竞争，在信息社会里，机遇与挑战并存。由于网络经济的开放性和网络的可进入性，信息快速传播，资源可以共享，个人或企业难以通过网络资源的垄断获得利益，从而使网络经济的竞争更为充分。

3. 网络经济是可持续发展的经济

18世纪产业革命以来，工业文明在创造出巨大社会财富的同时，也逐步走向增长极限。人口和环境等问题日益严重，人类对于非可再生的自然资源的过度开发和利用使工业化社会的传统经济发展陷入了不可持续的窘境。而新兴的网络经济赖以发展的主要资源是信息资源，信息资源是可再生的，共享的同时不影响使用效果。通过互联网做生意，消耗的资源和能源都微乎其微，而效率却大大提高。据专家估计，互联网将使全球的劳动生产率提高30%。网络经济有效降低了传统工业对资源、能源的过度消耗，改善了经济增长与环境保护之间的关系。如无纸办公节省了森林资源的耗费；网上购物减少了开车去商场的油耗；电子通信降低了邮政递送的运输花费等等。正是由于网络经济节约资源和提高效率的实质性特点，突破了传统经济不可持续发展的增长极限，使得人类社会进入网络经济可持续发展的新阶段。

4. 网络经济是创新型经济

网络经济是高科技和因特网的产物，而它本身又高于高科技和因特网，其中一个重要的因素就是网络经济激发出的日新月异的不断创新精神。网络经济的创新是一个综合的、整体的概念，包括科技创新、制度创新、管理创新和概念创新等，其中科技创新是网络创新的物质前提和基础。创新是网络产业中企业的生命线，无创新就无法生存。同时，企业之间为了追求创新带来的垄断优势，必须在创新速度上展开激烈的竞争。在信息技术推动下，创新使各种新产品不断出现，各种新工艺、新技术不断产生，实现创新型经济的增长。

综上所述，网络经济是一种全新的生产力，是科技发展技术进步的产物。如今，网络经济发展的速度、深度和广度都超出了人们的想象，对人类的生产生活产生持续且深远的影响。

三、区域经济网络及其结构

（一）区域经济网络的构成要素

所谓区域经济网络是指连接区域内各生产、流通、服务等部门的关系与方式[①]。其实质就是经济关系的总和，是经济活动中各种经济行为及行为者之间相互联系、相互依赖和相互影响的关系总和[②]。

区域经济网络的构成要素主要有：

（1）经济客体。指在区域经济运行过程中，所有投入其中、参与运动的物质，包括实物产品、技术、信息、资金、劳务等。

（2）经济主体。即从事经济活动的组织和个人，是客体运动的组织者和发动者，掌握和控制客体的流向和流量。

（3）运动载体。指经济客体完成其运动必不可少的运载手段和工具。各种经济客体的运动形式和特点不同，需要与之相适应的运载手段。运动载体技术的先进程度是区域经济网络发达程度的重要标志，其随着社会生产力尤其是科学技术的不断发展而发展。

（4）节点。即作为增长极的中心城市，担负着网络支撑点的职责，是区域经济网络中最重要的要素。

（5）运动路线。区域中各种“流”的运动必须有一定的运动线路和运动轨迹，才能使客体顺利到达目的地。运动线路纵横交织，形成区域经济网络的骨架。

（6）网络。由各种现状的基础设施束所构成的网状系统，由商品、资金、技术、信息、劳动力等生产要素的流动网及交通、通信网组成。经济客体的空间运动相互衔接、纵横交织，形成不可分离、彼此依赖、相互促进的网状系统。孤立的、单向的、偶然的运动，不可能构成经济网络。

可见，区域经济网络由“点”、“线”、“面”搭建空间架构，经济主、客体及载体活动于其中，赋予经济网络实质性的意义，体现其作用和价值。

---

① 张秀生、卫鹏鹏：《区域经济理论》，56页，武汉，武汉大学出版社，2005。
② 郑伯红：《现代城市网络化模式研究》，67页，长沙，湖南人民出版社，2005。

（二）区域经济网络的结构演化

区域经济网络结构在城市体系演变阶段里，是随着不同时期的交通支持体系、技术支撑体系等的演化而变化的。在单中心城市阶段，交通手段很不发达，人类空间活动范围较小，经济活动主要集中在中心城市内部和沿交通沿线一带，此时的经济网络围绕大城市“节点”而密集分布，每个城市在各自辐射范围内进行相对独立的经济活动，区域经济网络处于分散的点状结构，是一种萌芽阶段；在城市体系形成阶段，交通运输业迅速发展，人类经济活动沿着交通路线进行线状扩张，这些区域中的“线”将分散的中心城市相连接，增加了大城市之间的“流”运动，大城市间的经济往来构筑了区域经济网络的基本骨架，但此时的网络特征是稀疏、粗线条、密度较小的，主要体现在网络布局在区域内规模较大、层次较高的中心城市之间，广大的中小城市与核心城市及彼此之间的经济联系程度较弱。此时区域经济网络结构处于演进阶段；到了网络城市阶段，进入了“信息高速公路”时代，信息与通讯技术迅速渗透到人类社会活动的每一个角落，城市之间的沟通更加便捷，经济联系也更加紧密，生产组织在整个区域范围内分工细化，小城市也可以凭借自身的资源或技术优势通过生产上的协作融入到区域经济网络中，此时的区域经济网络覆盖范围增大，涵盖了高级别的大城市及相当数量的中小城市，同时网络密度增强，不仅大城市之间的经济联系更加紧密，中小城市与邻近的大城市及中小城市间也出现了沟通的路径，区域经济网络的结构演化进入成熟阶段。区域经济网络结构的演变如图 7—1 所示。

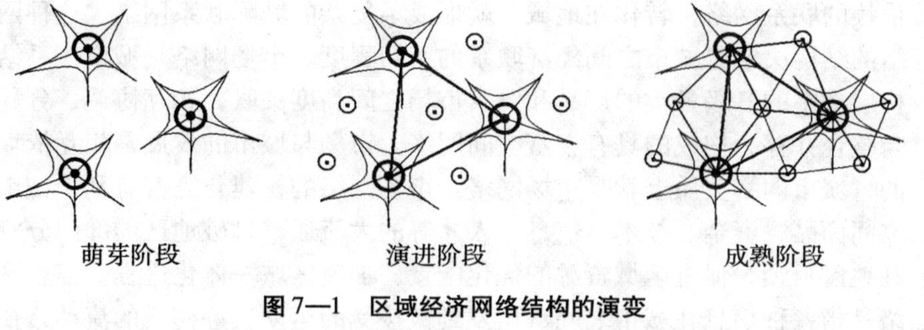

图 7—1 区域经济网络结构的演变

（三）区域经济网络的构筑

区域经济网络的构筑必须具备以下三个条件：一是区域内要相对有一个既有经济实力又有较强集聚辐射能力的大城市或一组城市。这是区域的增长极和辐射源。二是增长极要有一个广阔的经济腹地，是增长极辐射所能达到的范围和赖以存在的基础。三是区域内各城市之间要有紧密的经济联系。这种联系包括人流、物流、信息流、资金流等各种要素的关联程度，也包括交通运输网络和通讯网络等基础设施的互通共享程度等。

可见，区域经济网络的构筑首先取决于经济增长中心城市的培育。佩鲁的增长极理论和赫希曼的核心—边缘理论认为，经济发展以不同强度在空间呈点状分布，这些点是具有空间集聚效应的生长点，核心与边缘间有前向联系和后向联系，从而既发展核心，又带动边缘。其次要打造区域内纵横交织、四通八达的网状结构，包括交通通讯网络、企业网络、市场网络以及信息网络等，这是城市间经济联系的基础。

交通通讯网络由公路、铁路、航道、通讯干线、运输管道体系等区域性基础设施网络所组成，反映了城市之间的可达性和联系的便捷程度。交通通讯网络为城市之间的各种“流”的运动提供必要的载体和通道，是完成城市体系内各种经济要素的优化组合、提高经济运行效率和产出较高综合效益的有力保障。企业网络是在一定地域范围内，企业与企业之间、企业与部门之间，通过要素市场和产品市场建立起广泛的生产联系、服务联系、信息和技术联系，在分工协作基础上形成的相互依赖的联系网络，转化在地域上就形成了复杂的城际联系网络，这种网络的结构决定着城市之间经济联系的密切程度。市场网络是城市体系结构层次中的各级各类的产品和要素市场之间高度关联，相互协调，分异与整合并存，构成的具有丰富空间网络。市场与城市的发展是相互依存的，城市网络实质上就是市场网络。市场网络的构建与完善有利于城市之间商品、资金、技术、信息、人才等的大流通，打破地区的部门分割和地区封锁，促进区域资源的优化配置，加速区域一体化进程。信息网络是指各种信息在城市之间从出发到被接受的运动轨迹构成的流动路径的总和，体现的是信息传递过程中所形成的各种关联。信息网络的迅猛发展促进了大批以信息技术为支撑、信息服务为基础的新行业和新活动的涌现。信息网络技术的发展大大降低了信息交换和获取成本、提升劳动效率、促进管理水平的改善。

第二节　网络城市与网络城市的形成

“网络”的概念，早已在社会学、运筹学、地理学、经济学、神经心理学、现代传播学等学科中被广泛应用。依据网络经济学，网络是一种旨在获得和分享资源的制度安排，是在相互理解和信任的环境中处于同样等级层次的不同合作伙伴之间的一种长期关系。20 世纪 90 年代以来，这种网络关系被借鉴到区域经济学对城市空间结构发展的分析中，用来分析城市体系的演化。

一、网络城市的内涵与表征

（一）网络城市的含义

网络城市作为全球经济正在培育的一种创新型的多核心城市，指的是两个或更多的原先彼此独立、但存在潜在功能互补的城市借助快速高效的交通走廊和通讯设施连接起来，彼此尽力合作而形成的富有创造力的城市集合体。

网络城市不同于中心地体系模式，它不突出核心城市的地位和作用以及城市的等级体系观念，而是强调城市之间的关联性，通过各种网络体系使每个城市紧密相关，各自形成区域的中心，在区域经济体系中发挥各自的作用；其空间关系遵循节点组织的原则，其组织力量不再取决于城市规模的大小；在职能方面，城市网络的职能关系更趋于弹性和互补性，在需求主导下以异质商品和服务供给为主要特征；此结构较单中心城市更具多样性和创造性，拥有更多的区位自由度。网络城市体系对节点城市具有更大的包容性和连接性，即使不是高等级的核心城市，同样也可以凭借研发或生产功能占据网络体系中的重要位置，这就是网络城市体系的优势所在，该体系中的许多城市都面临着新的发展机会。中心地城市与网络城市异同点见表 7—1。

表7—1 **中心地城市与网络城市异同点**

中心地模式	网络城市模式
中心性	节点性
规模相关性	规模中立性
主从服务倾向	弹性与互补倾向
均质商品和服务	异质商品和服务
垂直可达性	水平可达性
单向流动	双向流动
交通价格	信息价格
空间竞争	对价格竞争的歧视

资料来源　顾朝林：《新时期城镇体系规划理论与方法》，载《城市规划汇刊》，1997（2）。

（二）网络城市的特征

1. 多中心，网络化

传统的城市群是以特大城市、大城市作为带动整个区域经济发展的引擎，作为区域的增长极发挥着内引外联的关键性作用。其发展水平直接代表着城市群的发展程度，直接关系到地区的发展潜力。而网络城市是多个职能中心或中心城市之间彼此依存，联系紧密，没有主导者，每个城市都是具备独立的产业体系和专业化经济结构的网络节点，彼此之间相互影响、相互依赖，形成功能互补、交互增长的地域分工体系。区域的发展依赖于多中心的一体化发展，而并非某一个单一的职能中心。其空间组织不同于中心地的等级模式，而是更加扁平化、更具灵活性的网络型组织。传统的等级体系注重规制和秩序，而新型的网络体系则注重活力和竞争。城市之间的联系可以表现为多种形式，如产业链关联、相互之间的贸易联系，共用或分享劳动力市场等等，这些空间联系不局限于垂直联系，即由大城市向小城市的“自上而下”的单一方向，而是一种多向的，网络化的，相互交叉的复杂联系，这也使其区别于传统的中心地城市等级系统。

2. 以完善的交通和通讯设施为基础

网络城市是一定区域内节点之间及轴线之间经纬交织发展形成的点、线、面的统一体。其中轴线就是指在节点间起连接作用的线状通道，如航空、铁路、公路，通讯等，有了这些完备的基础设施和先进的通讯技术，区域内各城市之间密切的人流、物流、资金流、信息流和技术流等城市流的空间快速高效流动才能得以实现。交通运输网络的通达性和便捷性是城市间物质流动得以实现的支持和载体，也是节约成本，维系及拓展城市之间联络的必要条件；现代化的科技通讯网络的高速性和稳定性是城市间信息流动得以持续的基础和保证，而且在知识信息高速发展的当今社会，信息流的作用和重要性得到了更多的体现。

3. 具有完善职能分工的网络整合体系

网络城市不仅具有多中心的空间结构，更重要的是多个中心在功能上是一体化的，即中心城市之间具有紧密的功能联系，以获取整合效应。网络联系形成的过程就是通过整合机制形成城市网络的过程。在这一过程中中心城市形成明确的职能分工，构筑成系统的网络城市体系。由于分工和专业化的发展，企业的生产方式更为柔性化，依托完备的基础设施，城市企业间的内在联系愈加便捷和密切，要素流转更通畅，组织功能更完善，企业之间合理分工，相互协作与依存。在这个相互协调、沟通与合作的过程中，每个中心城市发挥自身优势逐步寻求到自身的职能定位，在整个城市体系中各司其职，实现整体的最优发展。

4. 依托产业链，以企业为主体，强调城市之间的网络“流”

多核心的城市区域其形成机制与“流的空间”有着密切的关联。城市积累是通过城市的各种流获得的。以 Taylor 教授为核心的工作组通过分析跨地域的企业分支机构来表征城市间的网络“流”，认为世界城市是彼此连接网络体系中的“全球服务中心”。世界城市网络的构建内容是通过办公点之间的各种信息、观念、知识和教育等这些物质流彼此连接。布局在城市中的企业经营活动创造了城市之间的关联和流通要素在城市之间的流动，依托企业之间建立在生产上的关联，如水平分工、母子公司、合作伙伴等，网络城市之间得以形成长期、稳定的“流”。企业是网络“流”形成的主体，“流”的大小、方向、强弱取决于企业之间彼此关联的紧密程度，同时也取决于企业的组织规模和在城市经济中所处的地位。对于区域而言，这些“流”是维系经济发展的命脉，是区域经济持续快速发展的保证，反映出区域发展的生命力。

二、网络城市的空间组织与结构优势

（一）网络城市的空间组织特征

网络城市是一个多中心、网络化的空间结构，其空间组织具有以下基本特征：

1. 多中心空间集聚。这是指区域要素或职能活动在空间上集聚分布，但与传统的单中心城市区域不同的是，区域内存在多个职能中心或中心城镇。中心城镇之间通过非城市化地域如农田或绿化带等在空间上彼此区隔，但在职能上相互联系，形成一个完整的空间体系。没有某一个或某几个中心在规模上或职能上居于主导，其空间组织也是更加扁平化、更具灵活性的网络型组织。

2. 网络化的空间联系。这是指区域多个职能中心或中心城镇之间存在相对紧密的空间联系。空间联系可以表现为多种形式，如共用或分享劳动力市场、商品市场等，或相互之间的贸易联系等。城镇各自承担着不同的职能，彼此之间的联系是多向的、网络化的，不局限于垂直的自上而下的联系。

3. 职能中心的专业化与分工。这是指区域的职能中心或中心城镇具有独立的产业体系和专业化的经济结构，彼此之间的分工与联系建立在各自的特色和优势基础上。各个中心相对独立又相互联系，形成协调的地域分工体系。

（二）网络城市的结构优势

网络城市的空间组织享有更多的多样性和创造力，被认为是一种高效率和竞争力的空间组织形式，其空间组织的结构优势表现为：

1. 网络城市的空间结构使其在享有聚集经济效益的同时，避免单中心集聚所导致的聚集不经济带来的效率损失。理论上，城市聚集经济效益随着城市规模的增长而扩大，但城市规模增加到一定程度会产生聚集不经济，导致大城市问题出现，如交通拥堵、环境恶化、地价高涨等。网络城市的多中心化发展可以有效避免单一中心城市规模的过度膨胀，通过协同效应疏散过于集中的城市职能，实现城市规模的持续增长和竞争力的不断提升。

2. 网络城市通过多中心整合，可以弥补单一中心城市发展的规模劣势，通过协同效应获取更大规模城市所享有的规模经济和竞争优势。网络城市的竞争力来自于多中心整合的网络效应，即城镇群体所带来的更大的聚集经济或外部规模经济效益，多个中心之间的相互整合有利于形成或发掘彼此间的互补性，通过专业化分工发挥不同区位的比较优势和竞争优势。

3. 网络城市的空间组织有利于城市区域整体的均衡发展。降低区域差异，实现区域整体的均衡发展是空间规划的重要目标。网络城市的空间组织强调多中心一体化的发展模式，根据区域各方的特色和优势，形成多个区域增长中心，打破区域发展的“中心—外围”二元结构。网络城市的空间结构有利于发挥区域各方的比较优势，提供平等互利的发展机会，降低区域差异，形成均衡的区域发展格局。

4. 网络城市通过多中心分散化的空间组织，既避免单一中心的城市蔓延，保护区域既有的生态格局，又有助于构建和谐的人地关系和促进区域的可持续发展。网络城市多中心的空间结构可以有效避免人口和经济活动在单一中心的过度集聚及由此造成的城市蔓延，有助于形成良好的人地关系，改善城市的人居环境，并促进区域整体的可持续发展。

综上所述，网络城市是一种具有经济效益和竞争力的、均衡的城市区域空间组织形式。其优势来源于多中心的空间结构和多中心一体化发展的网络整合效应，二者使城市体系获得聚集经济优势的同时避免了单中心过度聚集的负面效果，实现了城市规模的持续增长和区域的可持续发展。

三、网络城市的形成机制

（一）网络城市形成的条件分析

当区域经济发展到高级阶段时，点轴系统中不同等级的点与点之间、轴线与轴线之间的技术经济联系加强，各点开始与周围的多个点发生联系，其影响范围不断扩大，在较大的区域内形成商品、资金、技术、信息、劳动力等生产要素的流动网络以及交通、通信网，区域产业布局形成了相互联系的网络拓扑结构。网络的形成沟通了区域之间、城市之间的经济社会联系，促使点轴系统的经济能量向周围更大空间范围全面渐进式扩散，从而在区域空间上逐渐形成了以线状基础设施为脉络的网络式空间结构。这一演进过程的实现必须具备一定的基本条件：

1. 高度发达的工业化及社会分工

网络城市是城市群的一种新的空间组织形式，即由纵向的中心地模式向对等结网的网络城市的转化。这种转化是以工业化的高度发展为前提的。首先，工业化的高度发展使制造柔性化、虚拟化以及管理网络化，并使经济网络系统不断扩展。其次，城市之所以会由高度集聚转向集聚扩散，由集聚中心转化成网络中心，主要原因在于工业化的发展使得城市成为第三产业的聚集中心，而第三产业在集聚上是一种普遍和广泛联系的柔性和网络性状的集聚，不同于第二产业的硬性和板块集聚。同时，工业的高科技化，产品的轻型化，制造的柔性化和虚拟化以及管理的网络化等，会使布局相对分散化和网络化。最后，由于空间网络需要经济要素在更大空间系统内部更充分地自由流动，因此各经济部门间分工要求达到相当高的专业化程度，只有在工业化发展的高级阶段才能够形成社会分工的深化，从这个意义上讲，网络式空间结构是区域经济发展到较高阶段的重要表征。

2. 多层次立体的网络结构

网络城市空间是各种“流”的运动空间，它是围绕人流、物流、资金流、技术流和信息流等要素流动而建立起来的空间，以实体的快速交通流线和以虚拟的信息技术为基础的网络流线为支撑，二者相互影响与融合形成了混合空间——流动空间。流动空间至少是由两个层次组成：首先是传统的地理学意义上的客观存在的物质空间，即实体空间。其次是对应于实体空间的一个计算机和数字组成的虚拟空间。流动空间是网络化的空间结构，各种实体的和虚拟的网络组织构筑了流动空间的网络构架，不仅包括一般的线状基础设施网络，而且包括无形的信息网络、人才交流网络、科技创新网络等诸多网络。这些立体结构的网络提高了点与点之间的可达性，加强了城市之间的联系，在区域经济发展中发挥着要素传递和资源配置的双重作用。网络化空间结构的形成必然会对区域内经济要素进行全面整合，从以点轴模式为主向以谋求区域协调发展为主的网络化模式转变。

（二）网络城市形成的动力分析

1. 空间自组织

自组织理论认为：在某种有限的区域里，一个系统是能够自发形成完整而连续的复杂结构的，自组织机制就像“一只看不见的手”，可以促进大范围的、有规则的经济空间格局的形成。经济空间的组织过程，遵循由低级到高级的渐进过程，当区域经济发展到一定程度时，中心地模式的城市等级体系会自动向着更高级别演化。这其中的机制就是城市在区域范围内相互联系增强，致使同类城市的竞争与兼并活动加剧，不同类型的城市之间则建立起了基于市场的互补关系，城市体系也由单一的中心结构体系演变为多中心的城市结构体系。

2. 企业驱动

企业是城市微观经济主体，由于空间区位和市场的临近，企业在不同功能定位的城市中寻求市场和生产要素，实现交易成本的降低，促使企业产生规模经济，并推动了区域内产业之间的联动和企业集聚，产生了范围经济和聚集经济。作为城市网络形成的微观基础，企业网络在依赖于空间聚集经济的同时也动态影响着城市增长模式、产业结构的稳定性等有关城市网络化的多个方面。英国学者 Peter Taylor 是全球城市网络研究的先行者，他认为世界城市之间链接的网络主要是世界高端服务企业之间的联系推动的，知识密集型服务和与知识型产业相配套的服务业的迅速发展，在巩固或重新确立某些城市地位的同时也改变着城市网络体系中各城市之间的关系。

3. 政府驱动

政府作为城市发展的引领者，在城市体系形成的硬机制的形成上起到至关重要的作用。所谓城市体系形成的硬机制，是指交通、通信等硬件基础设施对城市网络结构的构造性影响。硬件基础设施的通达性是城市之间沟通的基础，以交通基础设施为代表的城市载体网络是城市网络构筑的前提。由于硬件设施具有公共产品的属性，其网络的形成是政府驱动的。如在我国的长三角地区，有多种跨越区域的行政组织，这些组织在行政上和公共产品的配置上，推动了区域内基础设施网络的形成。另外，政府的政策影响着城市的发展方向及城市间交流的畅通程度，只有城市之间要素流动制度壁垒得到实质性的松动时，城市体系内的自组织职能才能逐渐释放并发挥相应作用。

（三）网络城市形成的模式分析

网络城市由相互之间密切联系的多个城市中心整合而成，其形成的模式大致可以概括成三种，即离心扩散、吸纳包容和相互融合。

离心扩散模式是指单中心城市区域伴随城市增长，出现集聚不经济后，扩散效应开始发挥作用，为了分散城市中心区的人口和工业聚集带来的资源紧张状况，生产、服务活动以及人口不断向郊区等城市外围迁移，从而在原有城市中心之外形成一些新的独立的城市次中心，这些次中心与原来的城市中心紧密关联，发展成多中心空间网络结构。

吸纳包容模式是指在城市等级体系中级别较高、规模较大的城市在发展过程中，不断向外扩展其影响区域，影响力渗透到空间距离较近的城市体系中级别相对较低的城市，这些城市与大城市不断融合，在空间结构和产业链条上都发生相应的改变。最终高级别中心城市将周边相对独立的这些城市吸收并融合为一体化的城市区域。

相互融合模式是指城市等级体系中多个规模相似、级别相同的相对独立的城市中心并行发展，受交通运输条件改善及信息技术提高带来的沟通便捷性的影响，相互之间空间联系日益密切，在生产、科技、信息、管理等方面的交流合作越来越多，为了能够共享区域内的各种资源，增强城市的整体竞争力、获得共赢的发展目标，彼此融合形成一体化的城市区域。

第三节　城市外向性网络的发展与结构特点

一、城市体系的外向性趋势

外向性是城市经济活动的一种特征表现，指的是城市与本国之外的城市或地区的经济联系。在全球化备受瞩目的今天，跨国企业的活动不断增加，世界各地区的经济联系日益紧密，由于贸易上的往来、生产上的协作及文化上的交流等多方面因素使城市活动的外向度越来越大，城市网络不再局限于某一区域内，而是逐渐形成了伴随着全球化和对外开放的跨国网络。

城市体系的演进受其系统内外环境影响，从一个国家的城市体系来看，对其发展产生影响的因素可以分为国内环境和国外环境，国外环境作为城市体系发展的外部环境直接影响着城市体系外向性发展的程度。一个国家的对外开放政策为本国融入世界经济体系创造条件，跨国公司的组建形成了城市对外关系的基础，这些是城市体系外向性演进的主要影响因素。

（一）对外开放是城市体系外向性发展的前提

在全球经济一体化的时代，对外开放是推动一个国家经济发展的有效手段，也是城市体系外向性发展的基本前提。对外开放的政治和经济环境在空间上以开放地区形式反映，促成不同国家城市之间相互联系相互融合。随着对外开放而设立的开放地区区域内的产业发展，促成了与其直接相关的域外加工业和服务业，与其间接相关的域外产业、贸易、就业、土地利用、技术、经营管理、文化、价值观等多个方面的变化和发展。这些都使得城市与域外形成多方面的联系，推动城市外向性发展的进程。

（二）跨国企业是城市体系外向性联系的主要推动力

企业一般依托于城市、坐落于城市区域内，企业组织的扩张促进城市之间联系的发展，企业组织的跨国化发展促成城市跨国联系即国际性联系的发展，跨国企业及其子企业所在城市间的联系，促进城市网络的形成。

随着全球化和对外开放的扩大，跨国企业积极展开全球投资经营，促进了资本、信息、人力、设备、技术、经营文化等各种要素的流动；通过分支机构网点的布局，实施全球性的区位战略，形成了各自的空间集聚体系；每家跨国公司都有自身相应的内部空间组织网络，这些网络将不同的城市和地区联系起来，组成广度和密度不同的城市联系网络。跨国公司正是利用这种方式，将世界城市相互连锁成全球服务中心网络，它们是当代世界城市网络的主要产生者。通过跨国公司所协调的网络流而形成的跨地域的组织内和组织间的关系网络，不仅把各个组织以及组织的各个部分连接在一起，也把高度分散的各个地方联系在了一起。因此说，跨国公司的生产经营活动使不同国家的城市间产生了程度不同的相互关联，成为城市体系外向性发展的助推剂。

二、城市的外向性联系与网络发展

（一）外向性城市网络区位创新——开放地区拓展

随着国际劳动分工的扩大和国际贸易关系的发展，众多国家和地区已在自己的主权领土范围内设立了开放地域，实施更大力度的开放政策和税收减免等优惠措施，提供良好的投资环境，以求引进外国资本和技术，促进对外贸易，扩大外汇收入，解决就业问题，进而带动区域经济乃至国家整体经济的发展。

我国自 1978 年改革开放后，实行了梯度开放政策，在连续 30 多年里，从沿海到内陆、从延边到内地、从大城市到中小城镇逐级实行了全方位的开放，具体步骤是采取经济特区—沿海开放城市—沿海经济开放区—沿江、沿边开放城市—广大内陆地区的开放地区拓展策略。由于开放地区的拓展可以带动外商的投资经营活动，而外商投资经营活动又可以促进国内外城市间的联系，所以开放地区的拓展客观上起到了推动城市网络外向性发展的作用。我国多层次、全方位的区域开放不仅扩大了开放地区的范围，同时也丰富了开放地区的类型，为外商投资提供了良好的多种区位环境。目前在我国投资的外商企业数以万计，仅 2011 年一年全国新设立的外商投资企业就达 27 712 家。①

同时，开放地区在空间的差异拓展使其分布呈现差异性，进而影响外商投资区位选择。因此，开放地区的拓展不仅为外商投资创建环境，促进外商投资经营，而且在一定程度上使外商投资呈现区域性。而外商投资经营活动伴随着跨国区域乃至城市间的联系及其网络，因此，开放地区拓展实际上推动而且有差异地推动跨国区域乃至城市网络的发展。

（二）外向性城市网络营力发展——企业跨国经营

在改革开放过程中，中国政府一方面设立、扩大各类开放地区，为外商企业进入中国进行投资经营活动创造多种类型的区位选择；另一方面为吸引外商前来投资、扩大国际经济合作和技术交流，中国政府逐步制定和实施了一系列外商企业的优惠政策，为外商投资中国创造有利环

① 中华人民共和国商务部网站 http：//www. mofcom. gov. cn。

境。中国政府自 1979 年相继颁布了《中华人民共和国中外合资经营企业法》、《中华人民共和国外资企业法》和《中华人民共和国中外合作经营企业法》等法规，以促进外国企业和其他经济组织或个人在中国境内举办合作、合资、独资等各种企业，并保护其合法权益；1986 年 10 月，为了更好地吸引外商投资，中国政府专门制定和颁布了《国务院关于鼓励外商投资的规定》，为外商提供优惠鼓励政策；2001 年 12 月 1 日中国加入世界贸易组织，履行承诺相继开放了银行、保险、商业、外贸、旅游、电信、运输、会计、审计、法律等服务贸易领域，逐步实行对外商的国民待遇，进一步加大了吸引外商的力度，同时也加快了中国融入世界经济体系的步伐。

在这些有力措施的推动下，外商对华投资从 1985 年开始呈现稳步增长，到 90 年代以后则快速增长，进入 21 世纪以后，跨国公司源源不断地涌入中国。目前，世界 500 强跨国公司已有 480 多家来华投资或设立机构，实际使用外资额由 1985 年的 47.6 亿美元增加到 2011 年的 1 160.11亿美元，增长了近 25 倍。此外，外商投资的领域也不断扩大，涵盖三大产业的众多行业。外商投资的进入不仅对中国经济产生了巨大的影响，同时通过企业与企业、企业与地方的多种错综复杂的联系构建了企业活动的跨国网络。

（三）外向性城市网络编织促成——网络联系型

跨国公司植入地方，管理并利用空间，塑造出相互关联的诸多关系，主要包括：公司内部关系、公司间关系、公司—地方关系和地方—地方关系。这些关系共同编织着外向性的城市网络。

公司内部关系包括组织关系、生产关系和所有权关系。在管理上，公司总部、区域总部、研发机构、生产单位等都是跨国公司组织结构的组成部分，相互之间存在着多层次性和多等级性的密切联系。在生产上，各个组成部分都是跨国公司产品生产过程中的一个环节，从原材料采购、加工、组装、运输到成品销售，以及研发等其他服务活动的所有环节必须联为一体才能完成整个生产过程。跨国投资企业可由一家或多家跨国公司投资建立（或与当地企业合资建立），形成完全拥有、控股、参股等多种所有权关系。公司间关系既包括跨国公司与跨国公司之间的关系，跨国公司与地方企业之间的关系，也包括地方企业与地方企业之间的关系。公司内部关系形成内在化的企业内部关系网络，公司间关系形成外在化的企业外部关系网络。跨国公司主导的全球生产关系网络正是通过这种各个组成部分与地方之间的关系“构建”或“生产”了地方与地方之间的关系网络。由于城市是当今全球化经济网络的核心，由跨国公司主导的全球生产关系网络“构建”或“生产”出来的地方与地方之间的关系网络就主要表现为全球城市网络。跨国公司主导的全球生产关系网络通过跨地域的资金流、物质流、信息流、人员流等各种网络流，不仅把公司内部和公司之间的各个部分连接到了一起并加以协调，而且也把全球分散的各个地方联系在了一起并加以协调。所有这些跨国经营活动的网络发展，创生了中国与海外的联系、中国城市与海外城市的联系，编织促成了中国城市外向性的联系网络。

三、外向性条件下的城市网络系统的结构特点

1. 城市网络层级与跨国企业区位分布相一致。受外向性因素影响，跨国企业的总部、分支机构等的分布直接影响着城市网络系统中城市的功能和所处的层级。因为跨国企业总部有向大城市特别是特大城市聚集的趋势，所以大城市所承担的职能更多，对外联系更紧密，是城市体系中网络的核心节点，大城市之间由此形成的网络关联相对紧密，处于网络系统的较高层级。中小城市对跨国企业的入驻吸引力不强，外向程度较低，与大城市之间由于跨国企业形成的横向或纵向联系微弱，处于网络系统的低层级。

2. 城市体系空间组织的网络结构受跨国公司行为影响。跨国公司总部多集中于城市体系内经济发达的大城市，使大城市对外联系程度较高，关联网络比较密集，这必然会促进大城市的进一步发展，也更加增强了对跨国企业的吸引力；跨国企业的投资趋向于发达的城市或区域，中小城市综合条件较弱，不受跨国企业的青睐。这种跨国公司选址的趋利性不断扩大着大城市和中小城市之间的经济差距，导致“强者越强，弱者越弱”，也使得城市网络系统的层级化越来越明显。

3. 城市网络系统结构的稳定性具有不确定性。城市体系外向性网络的构建主要依赖于本国企业与外国企业的多方面关联，这种关联的持久性必然受到两国政治、经济、文化、科技等多方面综合因素的影响。

并且在全球化的今天，一国往往是同多个国家同时保持着经贸往来，城市体系的外向性是面向全世界的，因而形势必然更加复杂。外向性的城市网络系统受全球大环境的影响，其结构的稳定性相比本土内向性的城市网络更加具有不确定性和易变性。

第八章 大都市圈经济空间地域结构

在全球化和信息化浪潮影响下的今天，世界各区域的社会经济发展和其他的区域发生着越来越密切的联系。城市功能不断地往外扩展，与其他城市和区域形成了空间相互作用。城市与其相邻区域是共生的，城市对其周围地区会产生影响；同时周围地区也会反作用于城市。而在空间互动的过程中，一些具备良好的区位条件、突出的经济实力、强大的创新辐射能力的核心已经在和其他周边城市的竞争与合作中形成了一种新的动态均衡的空间作用模式——大都市圈。本章首先介绍了空间相互作用原理及其基本理论，然后对城市的经济空间联系进行了分析，最后介绍了大都市圈的形成、演化及其空间结构。

第一节 空间相互作用原理

一、空间相互作用的内涵与条件

（一）空间相互作用的含义

地球上的任何一个城市和区域都不可能孤立的存在。由于全球生产要素禀赋并不均匀分布，为了保障生产、生活的正常运行，城市之间、城市和区域之间总是不断地进行着物质、能量、人员和信息技术的交换，我们把这些交换称为空间相互作用（spatial interaction）。正是这种相互作用和对外联系，才把空间上彼此分离的城市和区域结合为具有一定结构和功能的有机整体。空间相互作用就是指处于不同区位的经济空间彼此产生的相互影响，而这种相互作用是通过不同区域之间的生产要素、产品、技术、劳动力、技术和信息等发面的交流和转移来实现的。

空间相互作用的概念和理论是由美国地理学家厄尔曼

（E. L. Ullman）在1954年最早提出的，之后很多学者进行了进一步的探讨和完善。尽管这些学者解释城市区域之间如何相互作用以及作用力大小的理论之间不甚相同，但是大多都借鉴和扩展了物理学的一些基本原理。例如，赖利（W. J. Reilly）1931年提出了“零售引力规律”来判断和度量城市之间的相互作用力，就是借鉴和参考牛顿力学的万有引力理论；之后的康弗斯（P. D. Conberse）发展了赖利的理论，于1949年提出“断裂点”（breaking point）概念，来测算两个城市之间的吸引力边界。1972年，海格特（P. Haggett）借用物理学中热传递的三种方式，把空间相互作用的形式分为对流、传导和辐射三种类型。对流是以物质和人的移动为特征，如产品、原材料在生产地和消费地之间的运输，邮件和包裹的输送以及人口的移动等。这种流动主要是由于彼此之间对物质的相互供求关系来实现的，通过物质的交流，来展开贸易。传导指各种各样的交易过程，其特点是不通过具体的物质流动来实现，而只是通过簿记程序来完成，表现为货币流。辐射指信息的流动和创新（新思维、新技术）的扩散等。

（二）空间相互作用的条件

美国学者厄尔曼认为空间相互作用产生的条件有三个：互补性、可运输性和中介机会。

1. 区域之间供求关系的互补性

两个区域要想发生相互作用和交往，必然是对彼此的资源有相互需求，即相关区域之间必须存在对某种商品、技术、资金、信息或劳动力等方面的供求关系。如果两个区域拥有和缺乏的资源比较相似，形成不了供求关系，那么就没有交易和往来的必要，也就没有形成区域空间相互作用的经济基础。只有区域之间具有了互补性，才有建立经济联系的通道和必然性。空间相互作用的大小与互补性大小成正比。

2. 要素空间转移的低成本性

这是指区域之间进行商品、资金、人口、技术、信息等传输的可能性。区域之间要发生相互作用，必然伴随着各种资源的交流和转移。如果转移的成本较高，大于区域之间的成本差异，那么转移就不会发生，区域空间相互作用的几率要小。而这种转移成本的高低是由区域之间距离和运输时间、要素流动性的高低以及区域之间交通条件的便利程度来决定的。距离越长，产生相互作用的阻力越大。不同的货物，对距离的敏感性也不同，这和它们的可转移性有关。

一般地，受以下因素的影响：一是，空间距离和运输时间。区域之间的空间距离和运输时间越长，进行经济联系就越不方便，为此的投入也会增加，因而，转移性就差；反之，转移性就好。二是，被传输客体的可运输性。可运输性与被传输客体的经济运距有着密切的关系。由于受经济支付能力、时间、心理等方面的限制，各种商品、人口、技术等的经济运距是不相同的，亦即它们的可运输性存在较大的差异。被传输客体的可运输性越大，则转移性也越大。三是，区域之间是否存在政治、行政、文化和社会等方面的障碍。如果区域之间存在经济保护壁垒、文化隔阂、政治和社会方面的矛盾或冲突，那么，转移性就差。反之，区域之间各方面的关系良好，那么转移性就好。四是，区域之间的交通联系。交通联系方便、通畅，则转移性好；否则，转移性差。总之，区域之间的空间相互作用与转移性是呈正向关联的。不过，货物的转移性会随着时间而变化，这主要受运输工具改革、生产发展和资源减少等因素的影响。

3. 中介机会与干扰因素

两地间的互补性，导致了货物、人口和信息的移动和流通。但是也可能存在以下情况：当货物在 A 和 B 两地间运输时，两地间介入了另一个能够提供或消费货物的 C 地，从而产生所谓的中介机会（intervening opportunities），引起货物运输原定起始点的替换。这时，即使 A 和 B 两地间存在互补性，相互作用也难以产生。

这里的干扰因素主要指两个区域之间发生相互作用的可能性受到了来自其他区域的干扰。因为，区域之间的互补性是多向的，亦即一个区域可以在某个方面与多个区域同时存在互补性，它究竟与哪个区域实现这种互补性，取决于它们之间互补性的强度，强度越大则发生相互作用的可能性及程度也就越大。这里的其他干扰因素主要指来自其他区域的干扰，以及政治经济体制等方面障碍的限定。来自其他区域的干扰，比如，位于两个区域之间的某个地点突然发现了某种自然资源，就会改变原来两区域关于该种资源的供求稳定状态。政治经济体制等方面障碍，比如，两个区域之间彼此靠近，也有商品供求关系，但是却有体制上的障碍等，像香港和深圳，虽然彼此靠近，但是商品也不能完全自由流动。从中也可看出，由于干扰机会的存在，有互补性的两个区域之间也不一定就能发生相互作用。

需要指出的是，厄尔曼提出空间相互作用的三个条件是在1956年，因而对物质流，即货物的区际流动讨论较多，对货币流和信息流的讨论较少，由产业组织的演变和全球性分工日益深化等状态对空间相互作用产生的影响也未提及。例如，货币流受距离的影响就较小，在通讯手段高度发达、全球金融网络业已形成的今天，国际金融业务可以24小时运转。还比如，跨国公司的发展已经导致全球工厂的出现，这使得跨国公司的内部贸易更加重要，在跨国公司内部，货物的可运输性已经不是重要的限制空间相互作用的因素，而且跨国以外的中介也很难有机会参与跨国公司内部的分工。而且，随着网络技术的日益发达，信息流更可以高速度、低成本在区际之间流动。随着经济与社会的发展，生产力水平的提高和全球产业链的升级，货币流和信息流在空间相互作用中的地位将日益重要，因此目前对空间相互作用产生的条件也不限于以上三点。

二、空间相互作用的引力模型

（一）引力模型的基本形式

引力模型，是我们认识区域经济相互作用机理的重要工具。引力模型借鉴了牛顿的万有引力定律，用于预测劳动力、信息和商品等要素在城市间、地区间的流动。

为使模型一般化，我们让每一个城市或地区的规模即人口用p代表，城市或地区间的距离用d代表，每一对城市或地区用下标i和j表示，任何两个城市或地区间的相互作用被定义为T_{ij}。这样，任何一对城市的相互作用，将被表示为人口的乘积同距离的平方的比例，即：

$$T_{ij} = P_i P_j / d_{ij}^2 \quad (8.1)$$

根据牛顿定律，模型必须具有以下两种基本元素：①规模的影响，例如，具有较多人口的城市，倾向于比人口较少的城市产生和吸引更多的行为；②距离的影响，例如，地点、人或者经济行为分开的距离越远，他们间的相互作用就越小。图8—1显示出了引力模型中内在的基本关系。

假如有四个人口规模不等的城市 x、y、z 和 q，它们之间的距离如图 8—1 所示。比较城市 x 和城市 y 以及城市 x 和城市 z 之间预期的流量，我们直观的预期将是，x 和 y 之间的流量将较大，y，z 同 x 的距离相同（均为 800 公里），可是 y 的人口为 200 万，而 z 的人口仅有 100 万。如果相互作用是任意两个城市间双向人口的函数，那么，x 和 y 间的引力大于 x 和 z 间的引力（200 万×200 万大于 200 万×100 万），这就是规模相乘对于相互作用的影响。

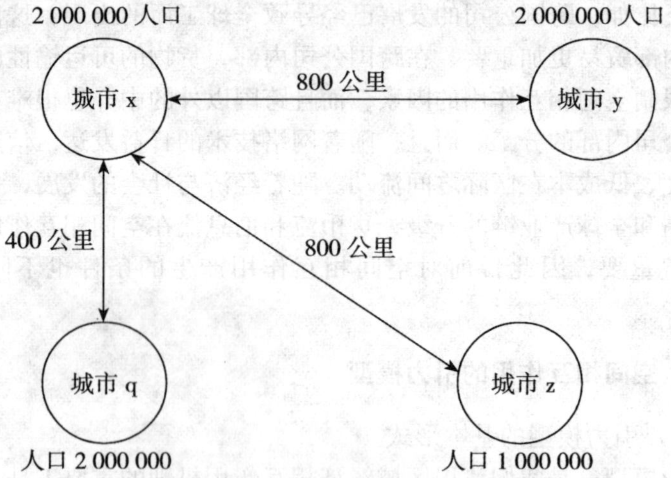

图 8—1　城市引力模型基本原理示意图

距离的影响可以通过比较 x 和 y 以及 x 和 q 间预期的流量加以说明。y 和 q 的规模是一定的，因此，规模为一个常数。然而，在没有进一步信息的情况下，我们将预期 x 和 q 间的流量将大于 x 和 y 间的流量，因为任何两点间的流量，将随距离的增加而减少。如果这一下降同距离成比例，并且规模为一常数，我们将预期 x 和 y 间的相互作用，将是 x 和 q 间的 1/2。

（二）对基本模型的修正

上述模型存在一些解释力方面的问题，为使上述公式更加适合于现实的研究，需要对其做三个基本的修正。

首先，对距离的因素进行指数化调整，用以表示距离的影响是否成比例。例如，每公里的旅行成本，将随距离增长而下降，如空中旅游。很明显，距离的有效影响与航线的里程不成正比，并且，距离的负面影响将有所减少，这样，模型才能正确反映其效果。另一方面，距离的影响随里程的增加被低估，因为两个距离很远的城市居民相互认识的机会，将因语言、文化和信息的影响而减少。距离的影响将大于在模型中用直线距离所显示的影响。这一“距离的衰减”（distance decay）或者“距离的摩擦”（friction of distance）效果，将随被检验的流（flow）的不同而变化，如航空运输不同于私人的汽车运输。即使距离对相互作用总是产生负面的影响，在某种情况下，它产生的负面影响要比其他情况大一些。距离变量的指数化，即 d_{ij}^{β}，允许我们可以表示这一变化。为获得正确的指数，大量的文献对其引力模型进行了深入研究。受物理学启示，指数 β 取 2，即 d_{ij}^{2}是一个比较适合的幂函数。然而，经验研究显示，β 值可以在 0.5～3.0 的幅度内变化，其原因在于不同货物的可运输性不同，从而影响了距离指数的值。

其次，同样的理由可以用来对人口或质量变量即 P_i 和 P_j 进行指数化处理。城市质量一般用人口规模，有时也用其他指标。我们运用指数 λ 和 α，将 P_i 和 P_j 修改成 P_i^{λ} 和 P_j^{α}。指数为负表示当人口增加时相互作用减少，但这种情况在现实世界中较少出现。指数为正意味着，当人口增加时相互作用增加，这些指数越大，人口规模对相互作用的影响越大。

最后，对公式的修正，是添加一个规模参数或是一个常数，即 k。假设我们要对城市间的每天和每月的人口流量建模，人口变量 P_i 和 P_j，以及距离变量 d_{ij}保持不变，但流量的规模将不一样，因为月流量将大于天的流量。常数 k 将用来调整在规模上的这一差异。

$$T_{ij}=k\,\frac{P_i^{\lambda}P_j^{\alpha}}{d_{ij}^{\beta}} \qquad (8.2)$$

在实践上，该模型更多的是作为解释的基础，而不是作为预测的基础，但解释经常是预测的前提，然而，这一简单的模型，经常被证明缺少一定的可靠性（部分原因是因为需要解释的问题的复杂性）。近年来，这一模型在不断进行扩展和提炼，其应用范围不断扩大。[①]

（三）基于引力模型的应用分析

引力模型的对数转化可产生一个利用线性回归的可解的线性方程，因此，空间相互作用的引力线性回归模型是应用最广泛的空间相互作用分析技术。根据在时间或预算下个人效用最大化原理，引力模型具有与人文行为有关的理论基础，成为人文空间运动基础意义上的引力模型。一般形式的模型为：

$$\lg I_{ij} = \lg\alpha + \sum_{i,j=1}^{r} b_k \lg V_{kj} + b_{r+1}\lg P_i + b_{r+2}\lg P_j - \lambda \lg D_{ij} + \varepsilon \tag{8.3}$$

式中：I_{ij}为从 i 到 j 的相互作用量；V_{kj}为 j 地点在第 k 个变量上的得分，或者在第 k 个变量上 i 和 j 得分的差异或比例；P_i、P_j 分别为 i 和 j 的人口或其他质量的度量；D_{ij}为从 i 到 j 的距离；α、λ、b_k 为权重因素。

利用这个一般形式的模型，我们可以解释许多相关的区域问题，比如，可以将它运用到区域贸易领域，用于评估区际贸易影响因素、区域联系效果，分析区域贸易模式以及估计区际交易边界等。近年来，许多学者采用这一方法对国际贸易和国际投资流量问题进行实证研究，如对东盟地区国家之间的外商直接投资（FDI）流量进行分析等。

第二节　城市之间的空间经济联系

一、城市经济空间发展中的主要联系

当今，随着世界性城市化进程的加快，城市地域空间极其影响范围不断变化。在很多经济发达的区域，大城市不断向周围空间扩散，发展为庞大的城市群。20 世纪 70 年代，隆弟莱里（D. A. Rondinelli）首次提出了“整合区域发展战略”。其核心思想是在经济不发达地区建立三级城市聚落——乡村服务中心、小集镇和区域中心，通过在区域内建立生产和交换的“整合”系统，以加强区域内不同层次的城市聚落之间的空间经济联系，从而形成合理的空间经济结构形式，于是产生了城市

① 魏后凯：《现代区域经济学》，501～502 页，北京，经济管理出版社，2006。

群经济空间理论。

如今，在工业化和城市化快速发展过程中，城市空间不断扩展，城市影响地域扩大，这些都导致城市间互动联系密切，城市区域主体日益多元化，城市区域空间系统逐渐复杂化。很多具有多种功能的城市群成为全球竞争的主体。城市群——这种新的城市空间组织，以城市之间紧密的经济联系为纽带，跨越行政界限，正在成为我国城市化进程的主体。

城市经济空间的本质特征是产业通过功能联系和空间联系形成的具有密切联系的经济空间。区位条件、交通发展、科技信息革命是城市群经济空间形成的主要原因；核心城市是其发展的主要动力；城市组团和产业集群是其主要的空间表现。城市群经济空间作为较高发展水平的经济区域，其固有的内在联系是区域社会、经济、历史、文化等多要素综合作用的产物。

城市经济空间联系的本质特征是区域内城市间和产业间存在的经济联系网络。城市群经济空间中的城市是以节点或非节点的方式进行相互作用的聚集体，产业间的经济联系表现为不同类型的功能联系和空间联系。城市经济空间发展中的主要联系见表8—1。

二、城市空间经济联系的作用方式：城市流

城市群空间经济的联系主要表现在各城市之间各种生产要素的流动上，可以表现为——城市流。城市流是指城市间劳动力流、货物流、信息流、资金流、技术流等空间流在城市体系所发生的频繁的、双向或多向的与人相关的物质流动现象。因此，利用城市流指标可以较全面、系统地反映城市间的相互关系。

城市间的聚集与辐射作用是城市流得以进行的推动力。城市聚集与城市辐射是城市流相互联系、相互制约的两个方面，城市流在城市辐射—城市聚集—城市再辐射—城市再聚集的无穷循环中进行完善，表现为人流、物流、信息流、资金流、技术流等在都市圈各地区的空间流动。社会经济要素由次级城市向高级城市或由非城市地区向城市地区的流动的过程也就是物流、人流、资金流向高级城市聚集的过程。通过这种聚集，不同行业、不同部门的各类企业在某一城市密集配置，大大地

表 8—1 城市经济空间发展中的主要联系

联系类型	联系要素
自然联系	道路网络 河流和水运交通网络 铁路网络 生态的相互依赖
经济联系	市场类型 原料和中间产品流 资本流 生产的前向、后向和侧向联系 消费和购物类型 收入流 部门和区域间的商品流
人口运动联系	暂时和永久的迁移 工作旅行
社会相互作用联系	技术相互依赖 出访 亲戚关系 习俗、礼节和宗教活动 社会团体的相互作用
服务传输联系	能源流和网络 信用和财政网络 教育、训练和推广联系 健康服务救护系统 职业的、商业的和技术的服务类型 运输服务系统
政治、行政和组织联系	组织结构的相互关系 政府预算流 组织的相互依赖 权威—批准—监督 司法部门间交流 非正式的政策决策链

降低了生产成本，取得了规模经济效益。反过来，城市规模经济效益的存在又吸引着城市外的各种利益主体向该城市聚集，从而又进一步提高了城市化及工业化水平。但是，城市的发展不是无限的，当城市聚集超过了一定的程度，就会出现城市的规模不经济现象，促使某些社会经济要素向外流动。此时的流动主要以技术流、信息流等非物质流为主，这些社会经济要素由高级城市向低级城市或由城市地区向农村地区流动。同时，新技术、新产业的兴起，改变了城市经济活动的空间区位，也为经济要素向更广阔的空间流动提供了技术保障。

为了更清楚地理解城市流的作用方式，这里，我们对各种城市流做进一步的分析：

1. 劳动力流

劳动力流动是反映中心城市与周围地区之间、城市与城市之间、城乡之间政治、经济、社会、文化联系的标志之一。城市之间的劳动力流动有两种基本形式：一种是伴随居住地的变动，即人口迁移；另一种是居住地不变而工作地点变动，即跨区域就业，在两区域模型中，区域1（L_1）劳动力要素的增加取决于区域1内追加的劳动力（L_{11}）流动可能性和区域之间劳动力流动的差额，也就是从区域2向区域1（L_{21}）和从区域1向区域2（L_{12}）的流动所形成的余额。我们可以用如下公式表示：

$$L_1 = L_{11} + L_{21} - L_{12} \tag{8.4}$$

在一个区域内，劳动力流的变化可区分为质量的变化和数量的变化两种情况。影响劳动力流的原因十分复杂，主要是地区之间收益差别和城市舒适性收益水平，包括收入、工资水平、生活成本、就业结构、城市化水平、居住状况、文化设施、宜居环境、社会地位等。在某些情况下，城市舒适性收益对劳动力流更重要。

2. 货物流

货物流，也称物流，它是商品的物质实体在地理空间上运动的现象，是地区间经济协作和地域分工的物质表现形式。因此，货物流通常是确定城市之间空间经济联系的重要指标之一。

城市之间物流的主要特点，是城市主体的一元化，所有的城市都有统一的政府行政组织，城市行政组织可以统筹和管理物流，因此，城市物流有非常强的可控性。现实情况下，城市之间物流是高密集型物流。国际物流、区域物流的始发点和最终目的地基本都是城市，因此在广泛区域运作的物流，最后都归结到城市之中，这是造成城市物流高密度的重要原因。另外，城市本身的产业高密度及人口高密度也带来了高密度的物流需求。

3. 信息流

信息流的广义定义是指人们采用各种方式来实现信息交流，从面对面的直接交谈直到采用各种现代化的传递媒介，包括信息的收集、传递、处理、储存、检索、分析等渠道和过程。与物流比较，物流转移的则是实物化的物质，表明的是城市之间的物质联系；而信息流是一种非实物化的传递方式，它则表明了城市之间无形的经济联系。换言之，信息流可以说是城市之间经济空间联系的神经，它是城市空间经济联系存在和运动的重要内在机制，在空间联系过程中具有十分重要的作用。其实，物流和信息流两者之间的关系极为紧密，它们互为存在之前提和基础。

信息流在城市经济联系中的功能主要表现在：（1）联结功能。城市之间交易的实现，流通过程的顺利进行，要依靠信息流把一个个孤立的环节，联结成为连续不断的有序活动。（2）调控功能。信息流的调控功能产生于联结功能。信息在联结要素的时候，所反映的客观内容就是经济活动当事人行为的状态和结果。信息同时影响相互联系的当事人的行为，信息的变化将会使当事人行为发生变化，这就是信息流的调控功能。经济学的常识告诉我们，价格机制、竞争机制、金融政策、财政政策等是市场经济的调节机制。这些调节机制本身就是信息，是通过信息的传递调节经济活动。（3）决策功能。城市之间的经济联系是处于不断变化过程中的，而且这种变化着的动态环境，存在着大量的不确定性。信息的重要功能，是使城市之间经济活动的当事人了解动态变化的状况，以减少不可避免的不确定性，从而为他的行为作出恰当的选择，并控制行为的后果。

4. 资金流

在城市空间经济联系中，资金要素的流动占有重要位置，也是衡量城市之间经济联系程度的重要指标之一。在一个开放的区域中，必须考虑到城市之间的资金流动及其空间流动规律。与劳动力的流动相似，影响资金要素流动的原因，也应该从投资主体的行为中，从区域的投资环境条件中，以及从现存的流动障碍中去寻找。在经济理论中通常简单地假设，投资者追求的是利润最大化，并且区域之间的利润率差别是资金流动的决定性因素。因此，资金总是从利润率低的区域流向利润率高的区域。然而，研究表明，资金的区域间流动，受到一系列因素的限制。现实中，在区域之间机会差别相对较小的情况下，企业偏向于在原有的地方投资，至少在这里还能带来盈利的条件下是如此。通讯联络系统的不完善也会阻碍区域之间资金的流动。此外，区域之间资金的流动也往往是同企业创建（新建企业，新建分厂）和企业迁移联系在一起的。研究中人们更深刻地认识到，资金流动的作用不仅取决于资金流的量，而且取决于资金的使用。在考察城市之间空间经济联系时，除了资金流的数量之外，还要注意到资金流的质的状况。

5. 技术流

城市之间空间经济联系过程中，技术流对这种经济联系的影响主要表现在三个方面：（1）对技术水平较低地区的技术转移；（2）对技术水平较高地区的技术引进；（3）对技术水平相似地区的技术协作。因此，广义的技术流包括转移、引进和协作三个方面。

由于技术要素的流动涉及发明在空间上的分布和创新在时间和空间上的扩散过程，同时，不同区域适应创新的能力和扩散过程的速度存在差别，技术流在城市空间经济联系中表现为更为复杂的情形。比如，就创新的空间扩散来说，就存在不同的扩散类型：波浪式、辐射式、等级式等等，而这些类型又与距离相关。

各国区域经济发展的实践证明，在生产要素存量有限（劳动力、资金、土地）的区域中，经济发展的可能性取决于创造和运用新技术知识的能力。因此，技术流在所有的城市流中是一个更重要的观察城市空间经济联系的指标。

三、城市空间经济联系强度的测量

区域发展过程是城市间经济联系不断加强的过程。在区域开放的条件下，要素在城市之间流动，使得城市会逐步建立起同区域极为密切的资金、技术、人才（包括劳动力）以及市场方面的广泛联系。这种联系是一个城市区域经济合作的基础。那么，如何对于区域内城市域际之间经济联系的“量”和“度”进行测量？

（一）经济联系作用量分析法

我们采用节点分析、线路分析、联系作用量分析等方法来确定中心城市同区域之间的经济联系①。节点分析主要是通过研究区域内各节点的经济规模或实力，对节点进行等级划分，从而为区域经济联系研究奠定基础；线路分析主要是通过分析研究区域内现有交通网络的特征，包括道路的等级、类型、长度等，对节点（城镇）间的相对可达性进行分析；在节点分析和线路分析的基础上，利用联系作用量模型和隶属度分析城市与区域之间的空间经济联系及其作用范围。

1. 中心城市的等级划分

利用节点分析对区域内的中心城市进行等级划分。选取城市市区非农业人口数和国内生产总产值来代表城市的经济实力和经济发展水平的指标；同时考虑到城市在区域经济联系中接受和消化外来技术、资金、市场信息等方面能力的不同，将各城市具有中级以上专业技术职称的人数也作为反映城市经济规模的一个指标。在确定了上述城市规模指标体系的基础上，依据各城市非农业人口（P_i）、GDP（V_i）和专业技术人员数（S_i）分别计算各中心城市的非农业人口指数（K_{P_i}）、经济职能指数（K_{V_i}）和科技职能指数（K_{S_i}）。计算公式如下：

$$K_{P_i} = \frac{P_i}{\frac{1}{n}\sum_{i=1}^{n} P_i} \qquad (8.5)$$

（K_{V_i}和 K_{S_i}的计算公式以此类推）

在分别计算的人口、经济和科技职能指数的基础上，进一步计算各城市的中心职能强度。

$$K_{T_i} = K_{P_i} + K_{V_i} + K_{S_i} \qquad (8.6)$$

$$K_{E_i} = (K_{P_i} + K_{V_i} + K_{S_i})\ /3 \qquad (8.7)$$

根据计算结果，对区域内中心城市进行等级划分。一般地，按照

---

① 李国平、王立明、杨开忠：《深圳与珠江三角洲区域经济联系的测度与分析》，载《经济地理》，2001（21），33～34页。

K_{T_i}和K_{E_i}的大小，将区域内中心城市分成不同等级。比如，$K_{T_i}>5$，$K_{E_i}>1.5$划为一级中心城市；$5>K_{T_i}>1.2$，$1.5>K_{E_i}>0.4$划分二级中心城市，以此类推。区域内中心城市等级确定之后，就可以对中心城市间可达性进行分析了。

2. 中心城市间可达性

可达性是度量两地间交往、联系方便程度的相对指标。可达性值越高，说明两地间交往越方便，反之则联系不便。可达性分析的具体方法是依据区域交通网络现状和线路等级规模，计算出区内某点到区域内其他点的交通联系时间，并通过交通联系所需时间的相对比较量来反映空间联系的紧密程度。可达性系数的具体计算如下：

$$A_i=\frac{D_i}{V_i} \tag{8.8}$$

$$\overline{A}=\frac{1}{n}\sum_{i=1}^{n}A_i \tag{8.9}$$

$$a_i=\frac{\overline{A}}{A_i} \tag{8.10}$$

式中：A_i为i城市的可达性值；D_i为i城市与某中心城市间的最短路径交通距离；V_i为i城市与某中心城市间的交通道路平均行车速度；$\overline{A}$为i城市与n个中心城市间A_i的平均值；a_i为可达性系数。

利用上述公式，就可以计算区域内下一级城市对上一级城市的可达性系数。根据可达性系数的大小，可得出各城市与较高级别中心城市的可达性排序。

3. 中心城市间经济联系量

经济联系量，或称作空间交互作用量，是用来衡量城市域际间经济联系强度大小的指标，既能反映经济中心城市对周围地区的辐射能力，也能够反映周围地区对经济中心辐射能力的接受程度。区域经济联系量有绝对经济联系量和相对经济联系量之分。绝对经济联系量是指某经济中心对某低级经济中心辐射能力或潜在的联系强度大小；相对经济联系量是在绝对经济联系量的基础上，结合低级经济中心本身的接收能力，并比较其在区域内所有同级经济中心中条件的相对优劣来确定的。绝对联系量可用来分析经济中心辐射潜能及其强弱的空间变化，相对联系量能较全面地反映除距离之外的其他因素对经济联系所造成的影响。由于数据收集的困难，绝对联系量的计算方法被更多的使用。其计算公式如下：

$$R_{ija}=\frac{\sqrt{P_i}V_i\times\sqrt{P_j}V_j}{D_{ij}} \tag{8.11}$$

式中：R_{ija}为绝对联系量；P_i，P_j 为城市 i，j 的人口数；V_i，V_j为城市 i，j 的国内生产总值；D_{ij}为 i，j 两城市间的交通距离。

计算出区域内城市间的经济联系量之后，就可通过下面的公式计算各城市相对于其周围高级中心城市的经济联系的隶属度：

$$F_j=\frac{R_{ija}}{\sum_{j=1}^{n}R_{ij}} \tag{8.12}$$

隶属度反映了在区域内城市域际经济联系中各城市的地位和影响与被影响的关系。

（二）城市流强度指标分析法

城市流强度是指在城市间的联系中，城市外向功能（聚集与辐射）所产生的聚射能量及城市之间与城乡之间相互影响的数量关系。

城市流强度公式为：

$$F=NE \tag{8.13}$$

式中：F 为城市流强度；N 为城市功能效益，即各城市间单位外向功能量所产生的实际影响；E 为城市外向功能量。

城市功能（即城市职能）是城市流产生与发展的内在机制，是城市中进行的所有生产、服务活动的总称，是由城市的各种结构（地域结构、产业结构、产品结构、技术结构等）所决定的机能，这种机能在城市与其外界的联系中，就表现为城市流，通过城市聚集与城市辐射对都市圈的发展产生影响。由于城市流是城市在与外界联系中所产生的，因此，与外界的活动即构成了城市的外向功能。

城市流强度是说明城市与外界（城市或农村）联系的数量指标。对于城市间联系极为密切的都市圈，城市间城市流影响因素、城市流规模结构、城市流规模体系分析，将有助于认清城市之间的定量联系。

在城市流强度的具体计算过程中，考虑到指标选取的容易性以及代表性，选择城市从业人员数为城市功能量指标。城市是否具有外向功能量 E，主要取决于某些部门从业人员的区位熵，i 城市 j 部门从业人员

区位熵 L_{qij} 为：

$$L_{qij}=\frac{\frac{G_{ij}}{G_i}}{\frac{G_j}{G}}\quad(i=1,\ 2,\ \cdots,\ n;\ j=1,\ 2,\ \cdots,\ m)\tag{8.14}$$

式中：G_{ij} 为 i 城市 j 部门的从业人员数；G_i 为 i 城市所有部门从业人员数；G_j 为全国所有城市 j 部门的从业人员数；G 为全国城市从业人员总数。

若 $L_{qij}<1$，则 i 城市 j 部门不存在外向功能，即 $E_{ij}=0$；若 $L_{qij}>1$，则 i 城市 j 部门存在着外向功能，因为城市的总从业人员中分配给 j 部门的比例超过了全国的分配比例，即 j 部门在 i 城市中相对于全国是专业化部门，可以为城市外界区域提供服务。因此，i 城市 j 部门的外向功能为：

$$E_{ij}=G_{ij}-G_i\left(\frac{G_j}{G}\right)\tag{8.15}$$

i 城市 m 个部门总的外向功能量为：

$$E_i=\sum_{j=1}^{m}E_{ij}\tag{8.16}$$

i 城市的功能效率用人均从业人员的 GDP 表示，即：

$$N_i=\frac{GDP_i}{G_i}\tag{8.17}$$

i 城市城市流强度 F_i 为：

$$F_i=N_iE_i=\left(\frac{GDP_i}{G_i}\right)E_i=GDP_i\left(\frac{E_i}{G_i}\right)=GDP_iK_i\tag{8.18}$$

式中：K_i 为 i 城市外向功能量占总功能量的比例，反映了城市总功能量的外向程度，称之为城市流倾向度。

第三节 大都市圈及其地域结构

经济的全球化和信息的爆炸引发了生产力发展方式的深刻变革，全球市场的整合和生产流程的重构带来了要素在全球范围内的流动，以区域或者大都市圈为单位参与世界竞争逐渐成为了主流的选择。大都市圈作为一种重要的空间组织形式，是非常高效的参与竞争和空间整合的组织方式，因此成为世界各区域的战略首选。尤其很多“世界城市”更是以其周围的大都市圈为支撑，逐渐增强了对世界经济的控制能力。目前，全球经济已经进入到了一个新的以大都市圈为核心的群体竞争时代。

一、大都市圈的概念和特征

（一）大都市圈的概念

大都市圈的概念最早源于1910年的美国，当时提出时是基于城市人口统计的需要。随后英国、加拿大等国家都提出了一些类似的概念，并制订了相应的划分标准。直至1950年，法国地理学家戈特曼（Jean Gottmann）在对美国东北部沿海城市化地域进行研究后，提出大城市带（都市连绵带）理论。在全球划分出六大城市带：波士华、东京—神户、鲁尔区、伦敦—曼彻斯特、阿姆斯特丹—布鲁塞尔—科隆、长江三角洲，并预言这种城市地带将成为人类居住空间新的组织形式。加拿大地理学家麦吉（T. G. McGee）在对东南亚地区城市化进行研究后，提出了“Desakota”这种城市空间结构形式。后来大城市带理论被日本学者引入，并正式提出了大都市圈的概念：大都市圈主要是指以一日为周期，可以接受中心城市某一方面功能服务的地域范围，意指由中心城市及与之有密切联系的区域所构成的城市经济区。此外，还有美国规划师莱特和斯泰因提出的“区域城市（regional city）”模式，以及林奇的“扩展大都市（dispersed metropolis）”等。[①]

目前，国内的学者对大都市圈的确切定义仍然存在较大的分歧。1995年，杨建荣通过分析中国城市化面临的经济、地区差异和就业压力，结合当时城市发展的现状，提出在全国范围内组建八大都市圈的构想。邹军、陈小卉（2001）认为，[②] 大都市圈是城市群的一种空间表现形式，是以空间联系作为主要考虑特征的功能地域概念。杨涛和杨绍峰

---

① 高汝熹、吴晓隽：《上海大都市圈结构与功能体系研究》，15页，上海，上海三联书店出版社，2007。

② 邹军、陈小卉：《城镇体系空间规划再认识——以江苏为例》，载《城市规划》，2001(1)。

（2002）认为，[①] 大都市圈是由强大的中心城市及其周边临近城镇和地域共同构成的高强度密切联系的一体化区域。大都市圈会成为经济生活的主要组织形式，将成为一个国家生产发展的动力所在，在国家经济生活中也扮演重要的角色。随着现代城市经济、社会的不断发展，大都市圈理论被用于泛指任意时空尺度的城市影响地域，也包括劳动力流入圈、商业批发圈和物流圈、电信交流圈等。从更一般的意义上来讲，大都市圈是指城市发挥其机能时与周边地区所形成的种种密切联系所波及的空间范围，以一个或多个中心城市为核心，以发达的交通联系为依托，吸引和辐射周边区域，是一个超越城市行政地域、景观地域的功能地域概念。大都市圈作为一种新的城市空间形态和城市群体空间现象，是城市地域空间形态演化的高级形式，是区域产业空间重组的产物，是中心城市对社会经济要素聚集到一定阶段的必然结果。

（二）大都市圈的特征

1. 大都市圈是一个具有密切职能联系的经济实体和社会实体。大都市圈形成的根本动力在于中心城市和周边地区两种异质空间在相邻条件下的相互作用，这种作用以“流”的形式表现为各种要素和经济活动在空间上的聚集和扩散。因此，大都市圈是一种经济活动的地域组织形式。高度经济一体化的都市圈不仅聚集着各种生产要素和经济活动，也聚集了大量的人口和社会活动。因此大都市圈不仅是一个经济圈，也是一个社会圈。

2. 大都市圈往往是一个国家经济的核心区域。大都市圈一般都具有较强的经济实力，至少具有两个或以上人口超过百万的特大城市作为发展极，其 GDP 所占比重往往较高，其产业结构往往也处于产业链的高端，成为区域发展的“火车头”。大都市圈的核心竞争力主要取决于经济全球化过程中，核心城市本身与其他城市区域的相互联系，以及全球范围内的物流、人流、资金流、信息流等要素在核心城市的聚集程度。

3. 大都市圈运行的基础就是拥有健全的基础设施网络。大都市圈的核心城市要与外围区域进行联系必须具有相对发达并高度一体化的基础设施网络，尤其是交通网络。大都市圈是利用完善便捷的交通、通信

---

① 杨涛、杨绍峰：《强化南京的交通中心地位，促进南京都市圈生长发育》，载《现代城市研究》，2002（1）。

网络加强人口的流动和地区间的交流与合作。因此，大都市圈内各地区间的社会活动也呈现出一体化的趋势。大都市圈内，人们的生产、生活和文娱休闲活动也不再局限于某一城市或地区，更多的是在整个大都市圈域内完成。而正是密切的经济和社会联系，使得大都市圈成为一个有机联系的完整的社会实体。

4. 大都市圈在空间上呈现出比较明显的圈层结构，这种圈层结构以核心城市的中心区为核心，形成大致的同心圆结构。周边城市既是中心城市经济能量释放或扩散的接受地，也是支撑中心城市发展的要素资源的供给地和市场区。周边城市的体系规模应该合理，大中小城市配比适当。但是这种圈层结构并不是一个封闭的系统，而是对内对外双向开放的结构，各种要素在圈层内部和外部自由流动。

5. 大都市圈内的各个城市往往形成良好的竞合关系。各城市的发展具有相对独立性，但圈内各城市之间要有密切的分工合作，共同组成一个有机的整体，表现为人流、物流、资金流以及信息流的交互作用，并且这种交互作用较其他区域更大，更紧密。一个大都市圈只有全方位地与周边地区进行跨边界的经济合作，才能提高其竞争力。构建大都市圈的意义也在于鼓励各种生产要素在更大的地域范围内流动集聚，引导各种空间组织形态在更广阔的空间尺度上整合与重组。

6. 大都市圈的本质在于淡化行政区划，从区域整体角度谋求发展。几乎所有的大都市圈都跨越了行政区域，跨省、跨州、甚至跨越国界，从区域角度强化城市之间的经济联系，形成不同行政区域内多个城市共同发展的空间现象。

二、大都市圈的地域结构

（一）大都市圈空间地域结构的含义

地域结构是指组成城市空间的各要素区域之间的配合和组织。按照佩鲁的定义，经济空间地域结构是指经济关系的结构，是各种经济要素之间的相互作用所形成的经济关系结构体系。陆大道认为，空间地域结构是指社会经济客体在空间中的相互作用和相互关系，以及反映这种关系的客体的空间集聚规模和集聚形态。借鉴国内外学者的观点，本书认为，大都市圈空间地域结构是指经济活动作用于大都市圈地域空间范围内所形成的区位关系和分布形式，是都市圈社会经济发展在地域空间上的投影，以及各种生产要素在大都市圈空间地域范围内的各种分布和流动所形成的动态均衡结构。

分析大都市圈地域结构就是在认识各城市的多层面的结构（经济结构、社会结构、规模结构、职能结构）和相互作用（人流、物流、资金流、信息流）的基础上，分析形成这种结构与相互作用的主导机制或组织原理。大都市圈地域结构是各城市的经济结构、社会结构、规模结构、职能结构等组合结构在地域空间上的投影。大都市圈地域结构示意图如图 8—2 所示。

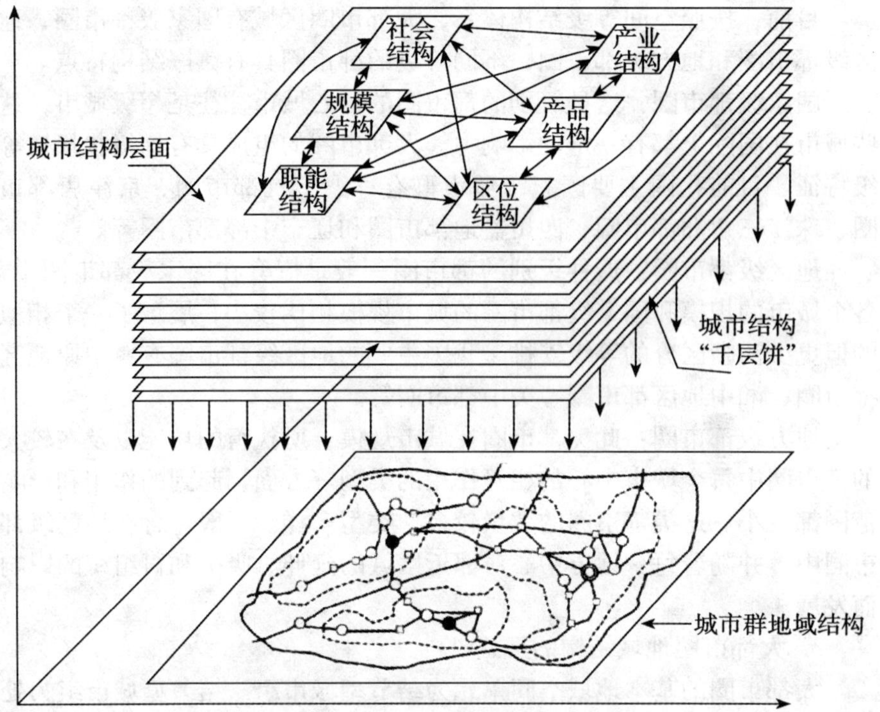

图 8—2 大都市圈地域结构示意图

（二）大都市圈地域结构：圈层构成、等级与形式

1. 大都市圈地域结构的圈层构成

大都市圈的基本的空间地域结构是一种圈层式的结构。圈层大小与

城市规模、城市的通达性、城市对外辐射强度成正比。大都市圈的基本空间结构从内到外可以分为三层：

内圈层，为中心城区、城市核心区，是大都市圈的核心建成区。

中间圈层，为城市边缘区，是中心城区向乡村的过渡地带，是城市用地轮廓向外扩展的前缘，为城乡结合部。

外圈层，是城市影响区，土地以农业用地为主，如城市的水源保护区、动力供应基地、休闲游览区、城市工业区、新居住区等，一般在远郊都有卫星镇或者农村集镇或中小城市。

2. 大都市圈地域结构的等级

目前，按照空间等级结构体系，大都市圈区域有国家级都市圈、地区级都市圈和地方级都市圈，不同等级的都市圈具有镶嵌结构特点。

国家级都市圈：这种级别的都市圈的核心城市往往是超级城市，这些城市在国际上都有一定的影响力。大都市圈的组成具有梯级状规模等级特征。目前我国主要国家级城市群有：沪宁杭都市圈、京津唐都市圈、珠江三角洲都市圈、四川盆地都市圈和辽宁中部都市圈等。

地区级都市圈：这种级别的都市圈一般是嵌套在国家级都市圈中，各个城市的规模和国家级都市圈的城市规模相比较小，展示了一个相似的但更少清晰区分的等级安排。我国主要的地区级都市圈有：中原地区都市圈、湘中地区都市圈、关中都市圈等。

地方级都市圈：此类都市圈在城市规模、所执行的功能以及在较大的都市圈中每个城市中心的相互作用的类型等方面，起到的作用和影响范围都更小。这类都市圈的数量较多、类型多样。一般包含在地区级都市圈中，并随着每一地方中心对邻近区域的延伸、吸引和再组织的影响而发展。

3. 大都市圈地域结构的形式

大都市圈的基本地域空间单元为结节型城市组。结节型城市组为处于相邻地域范围内的、具有紧密联系的各个城市，大部分具有相似的自然及历史发展基础、经济发展水平和发展态势，彼此既有竞争又密切合作的城市集合体。

由于各个大都市圈特定的自然条件、历史基础以及经济社会发展水平，不同类型、不同级别的城市组在空间的排列组合因综合运输网走向不同而差异明显，我国大都市圈地域结构又具有多样化的特点。沪宁杭都市圈由沪苏锡常、杭嘉湖和宁镇扬三个城市组组成，其空间布局呈“>”型；京津唐都市圈由首都、天津和冀东三个城市组组成，其空间布局呈“△”型；珠江三角洲都市圈由港深、澳珠和广州三个城市组组成，其空间布局呈“∧”型；四川盆地都市圈形成了东部以重庆为中心的沿长江城市组与西部以成都为中心的沿宝成、成昆交通走廊的城市组以及连接重庆与成都间的中部城市组，其空间布局呈“H”型；辽宁中（南）部都市圈形成了以沈阳为中心的放射状城市组与沿沈大交通走廊发展的带状城市组，其空间布局呈“Φ”型。

（三）大都市圈地域结构的形成机理

大都市圈地域结构的形成是中心城市与外围区域相互作用的产物，从根本上讲，聚集和辐射两种力量是大都市圈地域结构形成并不断发展和演进的根本动力。

在大城市形成的初期，由于规模经济和聚集经济的存在，周边地区的诸多要素都向核心城市集中，逐渐形成了规模庞大的核心城市，这时候表现为强大的聚集力量。当这种聚集力量突破了某种界限之后，很多核心城市的发展逐渐出现了聚集不经济，这时候就出现了向外扩散的过程。区域和城市的空间演化过程就表现为大范围的聚集和小范围的扩散，形成不同的空间扩展形态。伴随着产业结构和用地结构的调整，中心城市的空间利用形式和地域功能也逐渐升级，聚集了区域范围内产业链的高端，而把产业链的中下游环节过渡到其外围区域，周围区域的制造业等发展迅速，在地域上也逐渐扩展，与核心城市的边缘逐渐接近。于是在一定的地域范围内形成了以大城市为核心，周围区域围绕，通过便捷的交通线路相连，结构上相互依赖，但各城市又不失独立性的空间整体，在空间上表现为圈层结构。

大都市圈地域结构形成的主要动力来自于：

1. 经济空间的自组织机制

在城市地域空间的发展和成长过程中，自组织机制始终发挥着重要的作用。城市空间首先在优势区位进行发展，集聚的结果使城市空间进一步向外扩散，寻求和拓展新的优势区位，开始新一轮的集聚。这种自组织的作用机制形成了城市空间的拓展、扩大或新生，也在特定的历史时期形成了都市圈的地域空间结构体系。大都市圈地域空间的形成和演化过程中也同样存在着自组织现象，大都市圈的自组织机制实质是对系统静态平衡的否定，并在新的层次下形成相对稳定有序的地域结构。为了适应各种环境变化的需要，大都市圈的地域结构始终处于调整、转化、重构之中，表现出强大的自我调整和自我平衡的生命力。

2. 城市化深层次发展

大都市圈是城市化发展的产物，大都市圈的空间结构是中心城市内部结构演化的延续。城市化必然导致人口的增长和城市地域空间的扩展，引起城市空间的蔓延，使城市的空间发展超过城市的界限而形成大都市圈。当城市化发展到郊区化的阶段，人口和产业大规模的向外扩散，直接促进了大都市圈的空间成长，使大都市圈空间在更大的地域范围内蔓延并连接成片，导致了大都市圈地域结构的形成。

3. 产业的梯度转移和扩散

城市区域的形成，在很大程度上都是劳动分工在地域上的映照，大都市圈的地域结构的形成也不例外。当核心城市的土地成本和商务成本越来越高，城市原有的地域结构无法满足城市产业对城市地域的转换要求，在市场规律的作用下，生产活动自然就会在更有成本优势的地域扩展，处于不同生产链条上的企业就会在更大的地域范围内重新选址和整合。大都市圈地域结构的形成就是为了在更大的区域范围内整合资源和优势，引起都市圈地域空间结构的更新，形成更加合理的地域分工体系。正是产业结构的梯度转移和扩散所产生的聚集效应和辐射效应推动都市圈地域结构的成长和完善。产业结构升级对大都市圈发展演化的促进机制如图 8—3 所示。

4. 创新能力的扩散

创新技术是大都市圈空间发展的动力，促进了核心城市的蔓延和大都市圈空间地域结构的形成与演化。大都市圈圈层地域结构由内向外，也表现为创新能力和技术的转移过程。新产业和新技术往往出现在具有创新性的中心城市，驱使常规产业或技术向外围区域逐渐转移，如此不断的反复，导致了产业空间布局和地域空间结构的不断变化和更替，形成一种动态平衡。较强的创新能力、结构转换能力、国际竞争能力，中心城市与腹地之间紧密的内在经济联系，具有“极化—扩散”效应，

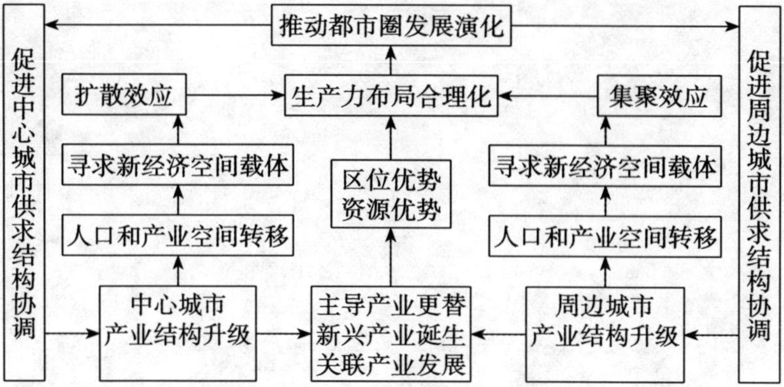

图 8—3　产业结构升级对都市圈发展演化的促进机制

导致大都市圈的圈层地域结构的日益稳定。

5. 全球经济网络化系统的构建

全球经济网络化系统的构建使得单个的城市不能再有效地参与到竞争中，必须以大都市圈的群体竞争为主要形式。那么，都市圈本身的地域空间结构是否合理就决定了其竞争效能的高低。大都市圈的地域空间结构安排合理，有机组合与疏散，才能更高地发挥都市圈内部资源的利用效率，增强都市圈的整体竞争力。大都市圈的地域结构必然会在全球经济的竞争中逐渐地趋于合理。同时，大都市圈的地域结构关系正在由全球化网络系统取代传统的等级关系，促进大都市圈地域空间由单中心向多中心转变。

第三篇　区域经济增长、地域分异与空间均衡

第九章　区域经济的自主增长机制

区域经济的自主增长机制是指区域作为一个独立完整的经济系统，其内部影响经济增长的各个要素按照市场的某种规则，各尽其责而又协调自动地有序演进。本章第一节讨论了地方经济的自主增长能力，从第二节开始，将讨论的重心转向区域经济自主增长机制方面，分别介绍了新古典增长模型、基础—区域乘数和出口、聚集与循环累积的增长过程。

第一节　地方经济的自主增长能力

一、自主增长能力的内涵与标志

在外部经济环境不发生大的改变、宏观调控政策保持基本稳定的情况下，经济生活中各行为主体自主决策，增加投资与消费，由此产生的经济增长称为经济自主增长。一个经济体中，各行为主体适应外部经济环境，依靠自主活动带来经济自主增长的能力，称为该经济体的经济自主增长能力。这个定义有三层含义：一是地方经济的自主增长能力集中体现在微观主体不受行政干预条件下的自主决策上。二是经济自主增长能力是在一个开放、竞争的市场中，区域经济主体顺应市场经济趋势、依据自身的成长动力而持续增长的能力。三是经济自主增长是经济机体在市场力量推动下的增长，是科学发展观的内在要求。

从这个概念出发，地方经济的自主增长能力的标志主要表现在如下方面：

1. 地方企业的活力。企业活力是企业作为自主经营、自负盈亏的商品生产者和经营者，遵循着客观经济规律的要求，在生产经营过程中，通过企业自身素质与外部环境的交互作用，使企业经营者和员工的积极性、主动性及创造性得到充分发挥，在市场竞争中呈现出良性循环的自我发展状态。

2. 企业家精神及其创新能力。“企业家精神”是企业家组织建立和经营管理企业的综合才能，它是一种重要而特殊的无形生产要素。企业家精神中最主要的是创新精神。创新精神的实质是“做不同的事，而不是将已经做过的事做得更好一些”。所以，具有创新精神的企业家是地方经济自主增长的动力源。

3. 拥有的核心技术和名牌产品。核心技术是企业较长时期积累的一组先进复杂的、具有较大用户价值的技术和能力的集合体，它具有核心价值性和难以模仿的特点；而名牌产品往往是建立在核心技术基础之上的。因此，拥有自己的核心技术优势和名牌产品，不简单地依赖或受控于别人，地方经济发展才能体现出独特的市场价值。

4. 民营经济的比重。民营经济是指除了国有和国有控股企业以外的多种所有制经济的统称，包括国有民营经济、集体所有制经济、个体经济、私营经济、外商经济和港澳台经济、混合所有民营经济和民营科技企业等类型。民营经济是具有中国特色的一种经济概念和经济形式。民营经济自主决策能力最强，民营经济在地方经济中所占比重大小，直接决定了地方经济的自主增长能力。

5. 产业转型升级能力。产业转型升级，从低附加值转向高附加值升级，从高能耗高污染转向低能耗低污染升级，从粗放型转向集约型升级。产业转型升级的关键是技术进步，在引进先进技术的基础上消化吸收，并加以研究、改进和创新，建立属于自己的技术体系。

二、自主增长能力缺失的原因

在现实地方经济发展中，很多地方不具自主增长能力，为什么这些地方会不具自主增长能力？这主要和这个城市所选择的主导产业与这个地方的要素禀赋结构所决定的比较优势是否一致有关。一个简单市场中企业自主能力的确定如图 9—1 所示。

假定有一个只拥有两种生产要素，资本和劳动，并只生产一种产品的经济。图 9—1 是一条等产量曲线，曲线上的每一点代表不同的生产技术，A 点的技术比 B 点的技术资本密集，但两种技术所能生产的产品

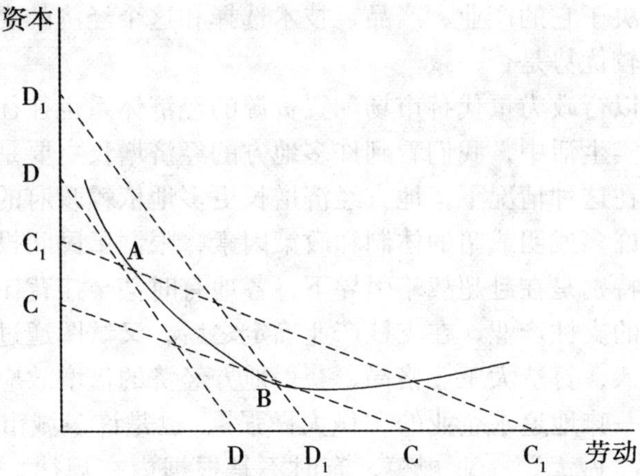

图 9—1　一个简单市场中企业自生能力的确定

量相等。在一个竞争的市场中，到底以哪一种技术来生产较好，则取决于哪一种技术的生产成本较低，如果这个经济中等成本线是 C 线，那么，在竞争性的市场中，只有选择 B 点来生产的企业才能够获得可以接受的利润水平，如果选择了其他技术来生产企业将会有亏损。在一个经济中，到底等成本线是像 C 或像 D，则决定于这个经济的要素禀赋结构。如果劳动力相对丰富、资本相对稀缺，在劳动力上有比较优势，则等成本线会像 C 而不像 D。相反，如果资本相对丰富、劳动力相对短缺，在资本上有比较优势，则等成本线将会像 D 而不是 C。所以，在这样一个简单的市场中，一个企业是否能够获得可以接受的利润水平，亦即是否具有自生能力，取决于它所采用的技术特性和这个经济的要素禀赋结构所决定的比较优势是否一致。如果和这个经济的比较优势不一致，则这样的企业不具自主能力，只有在政府的补贴和扶持下才能存在①。

首先，我们可以把上述一个产品的经济的讨论扩展为一个产业中有许多产品的经济，以及一个经济中有许多产业的情况。所得到的结论，同样是在一个开放、竞争的市场经济中，一个城市或地方经济是否具有

① 林毅夫：《自生能力、经济转型与新古典经济学的反思》，载《论经济学方法》，北京大学出版社，2005，155 页。

自生能力取决于它的产业、产品、技术选择和这个经济的要素禀赋结构所决定的比较优势是否一致。

其次，以行政力量代替市场配置资源的经济体系也往往难有自主增长能力。现实生活中，我们看到许多地方的经济增长主要是依靠地方政府推动的。在这种情况下，地方经济增长更多地依赖政府的大规模固定资产投资；许多或明或暗的体制和政策因素，限制了民间投资主体的投融资活动。特别是在赶超战略引导下，各地有时甚至违背比较优势原则来确立所谓的支柱产业，在支柱产业确定之后，又试图通过一系列的资源和政策投入，打造大工业格局，获得地方经济的倍增效应。与支柱产业相适应，一味地追求企业的“做大做强”，也是许多城市的一贯发展方针。为了“做大”企业规模，有时不是根据内在规律，而往往是长官意志，即地方政府对许多企业“行政捏合”，甚至半强制性外部“植入”。更重要的是，精心“打造”的“大企业”往往是刚性的企业集团，这种大型企业集团是大工业时代的产物，它与那种所谓的“柔性专精”的网络经济比起来，生产成本和效率都没有任何竞争优势。诸如此类，表明地方经济增长的自主增长机制尚未有效地发挥作用。

此外，过分地依赖外力推动地方经济增长也是导致地方缺乏自主增长能力的重要原因。比如，一些地方 GDP 的高速增长，很大程度上是吸引外资的结果，自身企业缺乏内在活力、自主知识产权的核心技术和名牌产品。在招商引资过程中，又总是希望引进大项目，有时甚至不考虑大项目是否能与当地的产业结构相融合；还有时为迎合和利用国家有关产业政策，盲目引入大项目，结果造成产业布局分散，没有特色。

三、自主增长能力的培育和规范

地方经济的自主增长能力的培育与规范应该包括经济主体的自主投资能力、自主消费边际倾向、自主出口能力和创新能力等。

第一，微观主体的自主投资能力。地方经济增长不可能长期依靠政策支持，所以形成一种以市场为基础的、以企业自主性投资活动为主的经济增长格局，对于区域经济未来发展非常关键。因此，它要求加大经济领域改革力度，开放更多的投资领域，打破行政性垄断，让民间资本参与到更多的经济活动中来，推动社会化和市场化投资的有效增长。

第二，自主消费的边际倾向。在提高居民收入的前提下，自主消费要成为市场消费的主体。从中国的情况看，近些年来，随着居民消费结构升级，通信、汽车、住宅等消费正快步走进寻常百姓家。这些不断升级的自主消费倾向，强劲地拉动着相关领域的生产和投资，成为经济自主增长的重要原动力。

第三，自主出口能力。地方企业自主出口能力的培育，意味着要利用国外资源和开拓国际市场，以生产出口产品带动本地的经济增长。增强自主出口能力有利于开发和创新市场，形成规模经济，发挥国际分工优势，参与到全球产业链分工之中，获得开放经济的市场和溢出效益。

第四，自主创新能力。增强地方经济自主增长能力的关键是地方自主创新能力的培育。为了提高自主创新能力，必须确立企业在自主创新中的作用，加快建设产学研相结合的技术创新体系，努力实现新技术的产业化，要发挥政府的战略导向、综合协调和服务功能，创造更好的创新环境。强有力的创新激励体系是增强自主创新能力的根本性制度保障，要深化科技体制改革，加快建立以保护知识产权为核心的激励体制框架，建立和完善创业风险投资，增强税收制度对创新的激励作用，努力吸引高层次创新领军人才，为提高自主创新能力提供强大的动力来源。

第二节　新古典增长模型及其扩展

一、新古典增长模型

新古典经济增长模型起源于美国经济学家索洛1956年的一篇论文，在这篇论文里，索洛成功地将新古典经济理论与凯恩斯经济理论结合在一起。新古典增长理论的基本假定包括：（1）资本与有效劳动（AL）是规模报酬不变的，即劳动和资本以相同倍数增长，产出也以同样倍数增加。（2）除劳动和资本与知识投入以外，其他投入相对并不重要。

（1）一般增长等式

新古典经济增长模型的核心是总生产函数。在一个不存在技术进步的经济体系中，产出完全由资本和劳动的投入所决定。这种关系可以表达为如下一般形式：

$$Y=F(K,L) \tag{9.1}$$

这里的Y为实际产出，K为资本存量，L为劳动力。根据柯布—道格拉斯生产函数，假设生产规模报酬不变，可以得到产出与资本、劳动投入一般关系：

$$Y=AK^{\alpha}L^{1-\alpha} \tag{9.2}$$

此处的A和α是待估参数。等式两边同除以L可得人均产出：

$$y=Ak^{\alpha} \tag{9.3}$$

这里的y指人均产出，k为人均资本。生产函数（9.3）表明，只有工人的人均资本量增加，他们的人均产出才会增加。换句话说，只有资本增长快于劳动力供给的增长，工人的人均产出才会增长。当提供给每个工人更多的资本设备时，工人人均产出将会增加（这一过程亦被称之为资本深化），但由于边际报酬递减，增加的速度也将递减。而且，当劳动的边际产品下降到足够低的水平时，净投资将减少到零，总投资将刚够维持现有的资本存量。这时，人均资本将达到其长期均衡水平，即与这个均衡的人均资本相对应的是工人人均产出的均衡水平。一旦达到这种均衡状态，生产者就失去了进一步提高资本／劳动比率的动机。由于资本／劳动比率和产出／劳动的比率在均衡的情况下均会保持不变，所以整个经济处于长期均衡状态。

对新古典增长模型的进一步分析还表明均衡状态时的资本／劳动比率部分地决定于生产函数，部分地决定于另一种函数，即所提到的基本增长等式。这后一种函数表明，当工人人均总投资超过置换磨损的资本设备和提供劳动力的增长所需要的额外资本存量这二者所需的水平时，资本／劳动比率将继续增长。

在新古典模型这一最简单形式中，长期来看人均收入不会增长，因为长期均衡被定义为产出、资本和劳动以相同的速度增长的状态。然而，从中期来看，工人的人均产出具有一定的增长空间，将等式（9.2）转换为增长等式即可以看出。对等式（9.2）进行一定的数学处理（两边取对数，并对时间求微分），可以得到如下函数：

$$\frac{\Delta Y}{Y}=\alpha\frac{\Delta K}{K}+(1-\alpha)\frac{\Delta L}{L} \tag{9.4}$$

这里的 $\Delta Y/Y$ 为产出的增长，$\Delta K/K$ 为资本存量的增长，$\Delta L/L$ 为劳动力的增长。常数 α 和 $1-\alpha$ 分别为资本和劳动投入对总产出的贡献。

将等式（9.4）进行转换，可以得到工人人均产出增长等式：

$$\frac{\Delta Y}{Y}-\frac{\Delta L}{L}=\alpha\left(\frac{\Delta K}{K}-\frac{\Delta L}{L}\right) \tag{9.5}$$

从等式可以看出，如果长期均衡状态中资本和劳动以相同的速度增长，则人均增长将会处于停滞状态。

（2）包含技术变革的增长等式

考虑技术进步对产出增长的影响使得新古典模型更具现实性。考虑技术进步的最简单方法是将技术进步作为生产函数中的一个独立要素。假设任何可能发生的技术进步都可以使资本和劳动同等获益，如下面的函数：

$$Y=F(A,K,L) \tag{9.6}$$

这里 A 表示技术水平或劳动有效性。由于技术进步独立于资本和劳动的投入，因此其未被物化于该模型中。如果我们假设技术进步随时间平稳增长（以不变的速度），则可以在等式（9.2）中额外添加一项来反应技术进步产生的影响，从而对柯布—道格拉斯生产函数进行扩展：

$$Y=Ae^{gt}K^{\alpha}L^{1-\alpha} \tag{9.7}$$

这里的 g 为每个时期 t 中不变的技术进步率。这种表现技术进步对产出增长影响的方法是过于简化的，因为它忽略了通过投资于最新设备而将技术进步纳入新增资本的可能性。劳动力也将获得新的技术和新的技能，从而使得工人的效率随时间的增长而提高，在这种情况下，因其素质的提高，劳动和资本一样需要进行调整。

尽管用模型表示技术进步对产出增长和工人人均产出增长的影响方式还存在一些问题，但毫无疑问，技术进步在经济增长过程中起着极为重要的作用。技术进步对工人人均产出的影响主要表现为：由技术进步引起的工人人均产出函数的上移导致了每个资本 / 劳动比率水平上工人人均产出增加。如果假设规模报酬不变，通过对式（9.7）进行转化可以得出如下增长等式：

$$\frac{\Delta Y}{Y}=g+\alpha\frac{\Delta K}{K}+(1-\alpha)\frac{\Delta L}{L} \tag{9.8}$$

式中：g为年技术进步率。从等式很容易看出，技术进步、资本存量增长、劳动力增长不同是造成区域增长差异的主要原因。如果假设技术进步率2%，当资本和劳动的增长均为零时，产出也将增长2%。这个扩展后的新古典模型的优点在于，它表现了长期内工人人均产出稳定增长的可能性。将等式（9.8）两边同时减去ΔL/L，即可以看出这一点。

$$\frac{\Delta Y}{Y}-\frac{\Delta L}{L}=g+\alpha\left(\frac{\Delta K}{K}-\frac{\Delta L}{L}\right) \tag{9.9}$$

这样一来，即使资本存量和劳动力以同样的比率增长，只要技术进步率大于零，工人人均产出仍将增长。长期均衡中，产出的增长和资本存量的增长被假设为相等ΔY/Y=ΔK/K。用产出增长替换（9.9）式中的资本存量增长，可以得到工人人均产出的长期均衡增长率：

$$\frac{\Delta Y}{Y}-\frac{\Delta L}{L}=\frac{g}{1-\alpha} \tag{9.10}$$

因此，如果g=2%、α=0.6，长期均衡中，工人人均产出将以5%的速度增长。

二、新古典增长模型的扩展

新古典增长模型中一个假定是生产要素在不同区域是完全流动的，区域增长差异主要是由于资本和劳动的比率即人均资本差异所形成的，由于生产要素劳动和资本分别向各自报酬高的地区流动，也就是说资本倾向于向劳动力工资低的区域流动而劳动力向工资高的区域流动，最终这种差异将会消失。但是我们知道现实中区域劳动生产率的差异是长期存在的，这是新古典经济学未能够解释的问题。并且新古典经济学虽然强调技术在经济增长中的决定作用，但是，这是在新技术可以平等的被每一区域获得亦即技术在区域间是完全流动的前提下才能够实现，如果技术、资本劳动力不能够完全流动，它就不能够用技术解释区域间劳动生产率的差异，所预测的生产率长期收敛也不复存在。

新古典经济模型最大的贡献就在于其强调技术进步在增长过程中的作用。迄今为止对于技术进步如何进入生产体系以及影响生产体系吸收技术进步的主要因素是什么还存在着许多分歧。进口替代和投资引进新技术、新产品是常见的一种引进新技术进入生产体系的方式，即通过引进最新的技术设备和新产品，然后将其技术吸收并转化为自己的技术和产品。这个过程起着决定一个区域技术水平的作用。但是，投资与进口替代并不是生产体系技术进步的唯一途径。随着新古典模型的进一步发展，它意识到人力资本在决定一个经济体系生产能力方面的关键性和重要性逐渐增强。人力资本在经济增长方面的重要性首先表现为一个区域人力资本的存量决定了这个区域吸收和利用新技术能力和创新能力，人力资本量的增加和生产能力提高存在正向相关性，因为任何技术的吸收和利用都离不开适当技能的劳动力。此外，一个区域的技术创新能力和人力资本密切相关，技术进步和技术创新依赖于人力资本水平。

一个区域创造和吸收新技术的制度环境，是区域生产率水平的基础。如果区域的环境有利于不同个体相互学习促进知识和信息的传播、有利于个体知识水平以及技能的提高，而且形成集体相互学习的良好氛围，那么在这样的环境中一些新的思维和想法就很容易产生并且转化为新技术、新产品，以此促进这一区域劳动生产率的提高。在这一过程中，制度环境对知识和技术进步起到了传导作用，加快了区域创新能力，成为技术创新和劳动生产率提高的催化剂。因此，区域制度环境的好坏也部分决定了区域技术进步的差异。

知识的集聚可以产生外部经济效益已经取得大家的共识，但是对于知识如何提高外部经济效益的直接证据，我们很难获取。一般采用间接方法加以检验证明。例如，通过对劳动力受教育年限与劳动力的收入回归分析可以发现，劳动者受教育年限越长，其收入水平越高，二者之间存在着正向相关性，这就间接证明了知识和外部经济效益的关系。例如，美国学者 Rauch 的估算结果表明，城市居民的整体教育年数每增加一年，劳动生产率将提高约 3%。

技术进步和人力资本在经济增长过程中作用的方式不同。一个区域可以通过进口替代和购买资本品获得具体化到这些资本品上的技术，从这种意义上讲，附着在资本品上的技术属于外生性的，区域技术水平就取决于现有资本投资年限。但是未具体化的技术进步亦即人力资本对区域增长所起作用方式与具体化技术进步的方式不同，它属于内生性的技术进步，它对形成区域增长差异起着很大的作用。未具体化的技术进步往往产生于拥有更多人力资本和知识的富足区域，这些区域比另一些区域拥有更丰富的知识和更强的创造性。拥有丰富的知识和相对较多的人力资本的区域在从事创造性活动如研发、科研和高水平的服务活动方面专业化更强，这样的区域更容易产生新的思想，使区域的技术知识得到增加，而这些技术知识将转化为新产品和新的生产方法。与之相比，那些人力资源禀赋较差的区域一般更多地依赖已经具体化于全球都可以获得的资本设备中的技术进步，专门从事常规性活动。

新古典经济学的新发展认为区域自我创新能力的大小、人力资本存量大小和制度环境对创新激励程度大小是解释区域增长差异长期存在的主要原因，相对于那些禀赋较差、更多地依赖于从其他区域购入资本设备而获得技术革新的区域而言，那些知识富足、其制度环境有利于新思想的创造和传播的区域拥有持续的优势，而禀赋较差的区域由于没有能力创造自己的技术，因此只能够外生性地依靠已具体化的技术。

第三节 基础—区域乘数

经济基础理论模型主要从需求的角度研究和预测一定的新经济活动对区域内的产业结构产生的直接和间接影响，这些影响可以通过区域乘数进一步被放大。基础—区域乘数是分析区域经济增长与结构变化的最简单、最常见的方法。

一、基础—区域乘数的基本内容

基础—区域乘数理论的基本内容主要包括：任何区域的经济活动都可根据产品销售市场的范围分为基础（或非地方）部门与非基础（地方）部门两大类。基础部门的产品或劳务主要是面向区外市场的，因此也称为输出部门；非基础部门是面向区内市场的生产与服务活动，因此也称服务部门。来自区域外的生产和服务需求的变化会对当地经济产生进一步影响，这种影响可以产生一种引致效应亦称之为乘数效应。

基础部门影响并决定区域总体发展，促进区域经济发展的途径是发展基础部门，因而，基础部门被认为是区域经济的基础。而非基础部门只是总体发展的条件与结果，由于其生产的是区域内消费的产品与劳务，其发展水平取决于区域人口规模与消费水平。基础部门的扩张所造成的非基础部门生产的增长，是对基础部门在职能上的支持。基础部门与服务部门间存在着一种稳定的关系。一个区域的总经济水平是基础与非基础部门发展水平之和。

1. 封闭条件下的区域乘数

宏观经济模型很多，凯恩斯封闭经济模型是最简单的，它把区域视为一个封闭系统，区域的支出只包括消费和投资两项：

$$Y=C+I \tag{9.11}$$

式中：Y 是区域的总支出；C 是消费支出；I 是区域总投资。区域的消费支出决定于区域的总收入：

$$C=a+cY \tag{9.12}$$

式中：c 是区域边际消费倾向，未消费部分转变为储蓄 S：

$$S=Y-C=(1-c)Y-a \tag{9.13}$$

式中：1-c 为储蓄倾向，将式（9.12）代入式（9.13）可以得到：

$$Y=\frac{a+I}{1-c} \tag{9.14}$$

式（9.14）表示，投资每增加 1%，收入将增加 1/（1-c)%，这就是最初的凯恩斯乘数效应，乘数为 1/（1-c）。这个乘数包括投资的直接和间接影响。但是，将区域看做一个封闭系统显然与实际不符，因为区域间的经济联系是非常普遍和密切的。

2. 开放条件下的区域乘数

下面我们在封闭模型基础之上增加政府支出和区域的进出口，这样我们可以得到开放条件下的区域经济支出模型：

$$Y=C+I+G+X-M \tag{9.15}$$

式中：G 为政府支出，X 为区域总出口，M 是区域总进口。

区域的总收入函数为：

$$Y=C+S+tY\text{（这里 t 代表政府税率）} \tag{9.16}$$

假设投资、进出口、政府支出为外生变量，进口决定于收入，则进口函数为：

$$M=m_0+dY\text{（这里 d 代表进口倾向）} \tag{9.17}$$

由于区域消费、储蓄和进口函数可视为可支配收入的函数：

$$C=a+c(1-t)Y \tag{9.18}$$

$$S=(1-t)Y-C=-a+(1-c)(1-t)Y \tag{9.19}$$

$$M=m_0+d(1-t)Y \tag{9.20}$$

根据区域总支出等于区域总收入原则，可以有：

$$C+I+G+X-M=C+S+tY \tag{9.21}$$

将储蓄、进口函数代入式（9.21）可以得到：

$$Y=k\ (a+I+G+X-m_0) \tag{9.22}$$

式中：k 为区域乘数，并由下式给出：

$$k=\frac{1}{1-\ (c-d)\ (1-t)} \tag{9.23}$$

二、区域乘数的影响因素

从凯恩斯的区域乘数公式可以看出，对乘数影响最大、最关键的因素是地方产品边际消费倾向（c-d）。由式（9.23）可以看出，如果假设边际消费倾向（c-d）为 0.1，当税率为 10% 时，区域乘数为 1.1；当税率提高到 20% 时，区域乘数为 1.09；当税率为 30% 时，区域乘数为 1.08，说明随着税率的变化，区域乘数变动幅度较小。反之，如果假设税率为 10%，当边际消费倾向（c-d）为 0.1 时，区域乘数为 1.1；当（c-d）为 0.2 时，区域乘数为 1.22；当（c-d）为 0.3 时，区域乘数为 1.37。很显然区域乘数对地方产品边际消费倾向（c-d）非常敏感，会随着边际消费倾向的增加而迅速增大。

影响区域乘数的主要因素：第一，区域规模可以通过影响地方消费倾向进而影响区域乘数。当区域规模较小时，由于进口漏出较大，因此边际进口倾向 d 较大，这样使得（c-d）变小，也就是说区域进口边际消费倾向（外贸依存度）与区域 GDP 存在显著负相关关系。第二，区域乘数受地方产业结构影响较大。高度专业化的区域因为其专业化生产将高度依赖进口。由于产业内的贸易，即使是非常大的高度多样化产业结构组合的区域，也会高度依赖与外部的贸易。第三，区域乘数大小受该区域所处区位的影响。例如，所处周边区域商业更为发达并且交通便利就会吸引本区域居民前去消费进而减少本区域消费，影响区域乘数。

三、区域乘数的应用

区域乘数的大小因区域不同和区域的地点特征不同而不同，因此区域乘数估计也具有区域特殊性。同一个区域因不同的项目可能也具有不同的乘数结果。实际中，区域乘数的估计经常是针对区域投资项目。下面是区域乘数的一个应用实例——高等教育对区域经济的乘数效应。

大学会对其所在区域产生相当大的经济效应。新建的大学会雇用大量地方工人，征收大面积土地，在建设过程中大量投资引致投资乘数效应对当地经济产生影响。此外，大学还可以通过它们的产出，例如知识、技术和环境，产生更广泛的影响效果。例如，大学雇用的人员以及招收的外地学生在当地消费，会产生进一步的乘数效应。当然这种对地区收入和就业的正向效应，在一定程度上也会通过替代一些当地的服务活动而产生某些负面效应。最重要的是大学不仅提供多学科的高素质人力资源，而且也会雇用多学科的高端人才，专业人才的高度集中，对地方经济可能产生许多有利的影响：一是通过对大学生的培养提高了当地高素质劳动力的供给；二是大学的存在能够吸引企业在该地区扩展活动，以充分利用高素质的大学毕业生；三是大学高素质的教职工和专家能够为地方发展提供专家建议，也可以为地方的企业和商业活动提供专业咨询。

四、区域乘数分析的局限

尽管区域乘数是应用广泛的区域经济分析工具，但是这种测度经济方法也存在着许多局限性。第一，区域乘数分析忽略了区域生产能力的限制。如果区域经济的生产能力有限，区域支出对区域经济的影响将十分有限。面对产品需求增长，生产商有可能提高价格而不是扩大生产，或者以代加工方式让区域外公司承包生产。第二，许多区域乘数没有考虑区域之间的反馈效应。根据模型，一个区域的收入增加将会导致其进口增加，而这个区域进口可能是另一个区域的出口，这些出口可能导致其他区域收入增加，从而增加其进口。第三，区域乘数分析对时间重视不够，区域支出变化对区域经济的乘数效应通常需要一定的时间，有时候甚至需要几年的时间才能够实现完整的乘数效应。第四，区域乘数分析仅仅对支出注入效应提供了集中的描述。实际中，这些注入不但对整个区域经济的产出和就业产生效应，而且也对特殊的产业产生效应。第五，区域内公司支出增加的经济影响很大程度上取决于公司是从本地购买投入还是从区域外部购买。公司的这种决策受许多因素的影响，如区域生产投入的供给能力、潜在供应商的区位、公司规模等。一般而言外资企业与国内企业相比较进口倾向较高。第六，货币的作用在区域经济模型中经常被忽略，许多模型假设货币是中性的，因此，区域经济的分析完全根据实际变量来进行。我们假设货币的变化对一些重要的中心变量，如产出和就业，并不产生实际的影响。

第四节 出口、聚集和循环累积的增长过程

一、基于区域产出需求的出口基地方法

新古典增长模型在解释区域经济增长方面存在着一个严重不足就是它忽略了需求因素对经济增长的潜在贡献，为了弥补这一不足，经济学家试图通过考虑一个区域与其他区域间贸易来对新古典增长模型进行修正，以使区域经济增长差异至少可以部分地通过区域出口增长的差异得到解释。出口基地理论（export base theory）最初由美国经济学家诺思（North，1955）提出，后经蒂布特（Tiebout）、罗曼斯（Romans）以及博尔顿（Bolton）等人的发展而逐步完善。其理论基础是静态比较分析中的外贸乘数概念。其基本思想是：一个区域的经济增长取决于其输出产生的增长，区域外生需求的扩大是内生增长的主要原动力。根据这个理论，如果每个地区都集中力量发挥自己的优势，自由贸易会逐步平衡地区间的要素（资本和劳动力）、价格（利润和工资），从而导致地区差距不断缩小。

出口基地区域增长模型认为一个区域可以依托其自然禀赋方面的优势，借助外部需求率先发展起来。改革开放以来，中国沿海城市的发展就是这一理论应用很好的典范。一方面，中国沿海城市利用海洋运输成本方面的优势和劳动力低成本优势吸引大量外来资本投资建厂；另一方面，由于运输成本和劳动力成本强化了输出产品的价格优势刺激了国外市场的需求，海外市场需求的不断增加促进了沿海城市的经济增长。出口基地模型（export-base model）强调一个区域的自然资源和地理优势对其经济发展的初始刺激作用，原材料禀赋较好的区域将专门进行原材

料的生产和出口，因为这是它们相对富足的要素，这将导致要素转移，因为资本将流向这些区域以开发自然资源，一旦形成专业化，区域产出的外部需求将对其增长产生主要影响。而外部需求对区域出口增长的影响取决于若干因素，包括区域出口品的价格，其他区域的收入水平，以及外部市场中替代品的价格，而且产品质量和售后服务等因素也会影响需求。一个区域的出口部门在世界市场中的竞争力也会通过影响产品的价格和质量而影响出口的增长。此外，从供给角度来看，劳动力成本、税收成本、原材料成本、中间投入成本和科技技术水平状况等对生产成本具有较大影响的所有因素都会影响一个区域在世界市场的竞争地位。如果上面所列的需求和供给因素对一个区域的出口增长有利，将导致要素供给需求的扩张，要素价格相对于其他区域将被抬高，这接下来又将诱使要素从其他区域向该区域转移，从而导致区域之间的增长差异。这种增长差异会持续多久则取决于一系列因素，其中较重要的两个可能是要素短缺导致生产成本上升和竞争区域的出现。从供给方面来看，该区域可能因此而面临生产成本的上升压力，从而导致竞争力削弱；从需求方面来说，该区域可能发生其客户转向其他区域的供应商。这并不意味着该区域必然会衰落，但如果出现来自其他区域的激烈竞争，那么该区域要么必须增强自己的竞争力，例如降低成本或提高生产率，要么必须转向新的生产行业以开发新的市场。

在区域的发展过程中，有些区域在激烈的生产竞争中衰落下去，有的区域不仅生存下去而且日益壮大。在竞争中发展下去的更深层次原因主要在于，增长的过程是趋向于循环累积的。一方面，出口需求的刺激因素不仅对区域收入产生乘数效应，甚至可能对投资也具有引致效应。另一方面，与其他区域相比较的资本回报率和高工资优势将吸引其他区域的劳动力和资本流入。资本和劳动力的流入将增加对当地生产和消费的物品的需求，如原材料、交通、个人以及政府的消费和服务需求。在增长过程中，为出口部门提供生产服务的辅助行业也将出现，这将促进聚集经济和地方化经济的产生，它们与出口行业内部的规模经济一起，通过降低生产和销售成本进一步对出口部门产生刺激扩大出口。随着时间的发展，辅助行业也不断发展成熟，这些部门对原出口部门的依赖性可能会降低，转而开始从事出口。

当然，一个区域最初的出口活动不一定会无限期地持续增长下去，某些原因可能会使原来的低成本地区变成高成本地区，使其丧失掉出口产品的价格优势。此外需求的模式可能发生改变，使来自外部的需求消失，例如出口基地产品的主要外部市场发生经济衰退，那么与前面所概述的循环累积增长相反的过程可能会很快出现。当然，如果要素可以在不同行业间自由流动而且价格具有充分弹性，那么根据比较优势法则，这个区域可以通过将生产要素重新配置到竞争能力更强的出口商品中而幸存下来。

出口基地理论相对于新古典方法来说，它的优势在于既强调了需求因素的作用，又没有忽视区域经济的供给面；它的主要不足之处在于仅关注了资源禀赋比较优势的那些区域的发展，对于可能会对经济增长产生主要影响的条件，它基本上没有给出多少解释，而且它完全忽略了内部因素如地方非出口部门的生产活动以及政府制度环境、发展规划对一个区域的作用。此外，该理论最大的不足在于，除了偶尔提及需求的收入弹性外，它没有对区域出口需求的决定因素进行系统的解释，而没有这一点，就无法对区域增长差异进行预测。就其最简单的形式来说，该模型没有新古典模型严密。

二、区域出口与累积因果效应

从上一节我们了解了一个区域的出口基地在决定其增长中的潜在重要性。本节我们在出口基地理论的基础上更加详尽地重点讨论一个具体模型，这个模型强调了增长过程的累积性。该模型最初由卡尔多（Kaldor，1970）提出，随后狄克森和萨尔沃（Dixon 和 Thirlwall，1975）对其进行了进一步发展。

卡尔多认为一个区域人均产出的增长，决定于该区域可以在多大程度上对规模经济加以利用，以及从更大规模的专业化中获得多大程度的好处。区域专业化生产活动的类型不同，这些好处也会不同，一些部门对生产率提高的敏感性强于另一些部门。例如，制造业相对于矿业和农业等以土地为基础的生产活动来说，从增长中获得的好处要多。这就意味着专门从事制造活动的区域从生产率的提高中获得的好处很可能要比那些严重依赖以土地为基础的活动的区域多得多。由于不同的部门从专业化中获得的好处存在差异，进行加工活动的区域很可能会比专门从事以土地为基础的活动的区域增长更快。而且，这个过程是累积性的，因为那些率先发展起来的区域将会获得竞争优势，而这反过来又将强化区域分工，因为具有竞争优势的区域将扩张其出口部门。

狄克森和萨尔沃（Dixon 和 Thirlwall，1975）对卡尔多的理论进行了更加详细的说明，为卡尔多对区域增长差异的解释建立了更为严密的表述，尤其是对累积因果过程如何对区域增长产生影响，给予了解释。区域增长对出口部门的竞争力产生反馈效应，这种反馈效应接下来又会影响区域产出的增长，而产出的增长会进一步对出口部门的生产率和竞争力产生有利影响。这就是累积因果效应的作用过程。Dixon-Thirlwall 模型的焦点是劳动生产率的增长。根据卡尔多的观点，生产率的增长取决于两个因素：技术更新速度和资本/劳动比率的增长。如果技术进步加快或者资本/劳动比率增加（通过投资于新的工厂和设备），生产率也将提高，而前两者的增加部分地依赖于产出的增长，产出增长本身又决定于出口部门的增长（使用区域增长的简单出口基地模型）。由于出口部门的增长取决于其竞争力与替代品生产区域的对比情况，这就意味着区域出口品与其他区域生产的替代品之间的相对价格将影响区域出口部门的增长。循环因果过程正是在这一点上完成的，因为区域出口品的价格又部分地决定于生产率的提高。因此，生产率的增长决定竞争力，而竞争力的增强将导致区域出口的增加，出口的增加使产出进一步增长，产出增长本身又会进一步引起生产率的提高，而生产率的提高又会进一步导致竞争力的增强。正是这一无限循环的过程导致了区域的累积性增长。①

Dixon-Thirlwall（1975）模型包含四个函数关系，第一个是产出的增长 y 和生产率的增长 q 之间的关系：

$$q=\alpha+\lambda y_{t-1} \tag{9.24}$$

这里的 α 为生产率的自主增长，λ 为凡登系数，是一个常数。这一关系通常被称为凡登定律（Verdoorn Law，1949）。该式表示，生产率

① ［英］哈维·阿姆斯特朗：《区域经济学与区域政策》，刘乃全、贾彦利、张学良等译，79～80 页，上海，上海人民出版社，2007。

的增长部分取决于滞后一期的产出增长 y_{t-1}，部分决定于其他未指明的因素 α。产出增长得越快，劳动生产率的增长就越快。

接下来是模型的第二部分，它表明生产成本的任何增加将直接反映到区域通胀率上，而生产率的增长将降低通货膨胀率。

$$p=w-q \tag{9.25}$$

这里的 p 为区域内价格的上涨，w 为区域内成本的上涨。这样一来，如果生产率的增长与成本的增加相等，区域价格则不会上升。成本的上涨取决于模型以外的原因，支持这一假设的理由是，成本的上涨很可能取决于全国性因素，而非区域性因素。

模型的第三个组成部分表明，出口的增长 x 决定于区域内价格的上涨 p、区域主要竞争对手的通胀率 p_f，以及世界收入的增长 z。这里的“世界”可以理解为区域的主要出口市场：

$$x=b_0p+b_1p_f+b_2z \tag{9.26}$$

这里的 b_0 和 b_1 为需求的价格弹性，b_2为世界对该区域出口品需求的收入弹性。世界收入增长得越快、区域通胀率相对于其主要竞争对手越低，区域的出口增长就会越快。

最后，模型用一个简单的出口基地关系来连接产出增长 y 和出口增长 x：

$$y=\gamma x \tag{9.27}$$

这里的 γ 为区域产出增长对其出口增长的反应度。这个模型的一个值得注意的特点是，凡登关系使它包含了一个反馈机制，将这些等式放在一起便很容易看出这一点。

$$q=\alpha+\lambda y_{t-1}$$

$$p=w-q$$

$$x=b_0p+b_1p_f+b_2z$$

$$y=\gamma x$$

仔细观察这些等式之间的关联，如果 λ（凡登系数）大于零，产出的任何增长将通过增强区域的竞争力而导致产出的进一步增长，这接下来又会增加出口销售，从而进一步提高区域产出。这个体系将不断累积、自我永续。

我们可以通过考虑世界收入的增加 z 所产生的影响来看这个模型是

如何起作用的。当世界收入增加时，出口将会增长，这将导致区域产出增长的增加；产出增长的增加将导致劳动生产率增长的增加；这接下来又会通过降低本地的价格通胀而提高区域出口竞争力。成本的上涨被假设为恒定不变的，正是在这一点上，第二轮循环又开始了。区域竞争地位的提高导致出口的进一步增长，整个过程便这样继续下去，只是每一轮所引起的额外的出口增加将变得越来越小（类似于乘数效应的过程）。

正如可能会预料到的，该模型也存在一些不足。第一，它没有解释一个区域将专门从事哪种类型的出口。出口需求等式简单表示了给定的出口品将如何对世界收入等因素的变化作出反应，但却没有首先说明区域的出口专业化是怎样形成的。区域出口专业化的形成也许可以用要素禀赋甚至偶然因素来解释，不管原因是什么，该模型都没有对其加以说明。第二，该模型假设出口部门是区域产出增长的唯一源泉。事实上，可以想象区域内部贸易的扩张也有可能引起区域产出的增长。没有理由可以说明为什么专业化程度的加深所引起的生产率的提高应被限制在出口品的生产上。服务部门也有可能从生产率的增长中获益，其规模和形式有可能完全独立于出口部门的情况而发生变化。第三，凡登定律隐藏了一个极为复杂的过程。对于区域产出的扩张如何引起生产率增长的提高，凡登定律的理解不够充分且过于简化。凡登（Verdoorn，1949）自己认为产出的快速增长为劳动力更大程度的分工和专业化创造了机会；其他因素，如产出的快速增长激发技术进步的这种趋势，也被确认为专业化分工的促成因素。因此，凡登定律包含了产出增长引发生产率提高的多种过程。第四，用来支持凡登关系的实证证据存在争议。一些研究者认为凡登定律的统计检验在理论上站不住脚，从实证结果中无法推断出任何结论（Boulier，1984）。事实上，对于用哪种规范检验产出增长和生产率增长之间的关系比较合适，目前还存在着很大的争议（McMombie and De Ridder，1984）。因此，必须谨慎对待凡登定律的统计估计，并且必须发展其他规范来检验这样的关系在实际中是否存在。通过使用美国的数据，McMombie 和 De Ridder 为凡登定律找到了有力的统计支持。后来，Fingleton 和 MeMombie（1998）通过详细调查欧盟 178 个区域生产率的增长，对凡登系数进行了估计。该计量经济调查表明凡登系数的值介于0.5到0.6之间，这说明产出的增长对生产率的增长有很大的影响，而且这个结果与以前的研究中得到的估计值非常接近。例如，0.5的系数表明，区域产出的增长每增加1%，劳动生产率的增长将增加5%。这个结果表明了相当程度的规模报酬递增的存在。对欧盟的这项研究还发现了技术从高生产率区域向低生产率区域扩散的证据，尽管这种作用比较微弱。①

Harris和Lau（1998）对英国区域的研究为凡登定律的存在提供了进一步的支持。他们指出凡登系数决定于资本和劳动力的综合回报，认为只有回报递增时，凡登定律才会有效。换句话说，规模报酬递增是凡登系数为正的必要条件。英国各区域资本和劳动力回报的实证估计表明了报酬递增的存在。

三、区域增长的约束因素

按照Thirlwall（1980）的观点，区域的增长率受其对外收支状况的约束。一个区域也会遇到对外收支问题，这一点看起来可能有点奇怪，因为区域间贸易和资本流动的统计数据未得到收集，而且由于一个国家内的所有区域都使用同样的货币，因此区域也不会面临货币危机。然而区域确实存在对外收支问题，尽管这些问题可能是隐性的。

假设某区域的初始出口等于进口，后来由于其他区域生产出更好、更便宜的替代品，该区域的出口突然失去了竞争力。随之而来的就业和收入的下降导致进口减少以抵消出口的下降。但进口的下降很可能会小于出口的下降，因为失业救济的流入会使进口维持在一定水平。因此，政府对失业者的转移支付部分地弥补了该区域的贸易逆差。

但同一个国家的其他区域未必愿意无止境地持续为某个区域的贸易赤字提供资金。如果一个区域想要在长期中实现贸易平衡，这就意味着它的出口必须可以弥补进口。换句话说，在长期中，出口必须等于进口：

$$P_X X = P_m M \tag{9.28}$$

① ［英］哈维·阿姆斯特朗：《区域经济学与区域政策》，刘乃全、贾彦利、张学良等译，80～86页，上海，上海人民出版社，2007。

将该式转变为变化率，得到：

$$p_x x = p_m m \tag{9.29}$$

这表明在长期中，出口额的变化率必须等于进口额的变化率。假设，长期中出口价格和进口价格以同样的速度变化（即长期中购买力平价不变)，那么 $p_x = p_m$ 这意味着在长期均衡中出口的增长等于进口的增长即 $x = m$。

如果假设在长期中，区域出口的增长 x 仅由世界收入增长 z 决定；区域进口增长 m 仅由区域收入的增长 y 决定，那么我们可以得到以下关系：

$$x = \alpha z \tag{9.30}$$

$$m = \beta y \tag{9.31}$$

这里的 α 为区域出口需求收入弹性，β 为区域进口需求的收入弹性。由于在长期中假设进口增长等于出口增长，这意味着：

$$\beta y = \alpha z \tag{9.32}$$

这表明区域产出的增长取决于世界收入的增长以及区域进出口这两种需求收入弹性。该模型的政策含义很明显。要想促进长期增长，区域必须将其出口行业转换为具有高需求收入弹性 α 的行业，或者降低进口品的需求收入弹性 β。然而这样的政策实施起来非常困难，尤其是对于那些出口品需求收入弹性低的行业高度集中的区域。因此，从根本上看，这个问题在长期中是结构问题。经济萧条的区域需要鼓励适当行业的增长。

Thirlwall 增长模型的缺陷之一就在于它将注意力完全集中于需求因素对区域增长的影响。一个区域的出口品在世界市场上的表现还取决于其产品的竞争力。如果一个区域的生产成本上涨得太快，或者它的生产率增长缓慢，该区域在世界市场中的竞争地位就会削弱，其出口需求就会降低，因此供给面不容忽视。

四、循环累积增长的另外一些解释

卡尔多对区域增长差异的解释最有用、最引人注目的特点就是累积因果过程。凡登关系被用来将累积增长过程纳入一个实质上为出口主导型的区域增长模型。尽管卡尔多的区域增长差异解释明显引入了累积因果机制，凡登关系却掩盖了一组值得详细研究的复杂经济过程。

凡登关系抓住了规模经济在产生累积增长中的作用，在这个范围内它与 Perroux（1950）、Myrdal（1957）、Hirschman（1958）等增长极理论家们的观点有所重叠。如果某个行业存在显著的内部规模经济，则快速增长的企业相对于竞争对手将获得竞争优势，其增长将变为累积性的。然而在区域增长的增长极解释中，内部规模经济仅起很小的作用。有关累积性区域增长的一个更有说服力的解释将外部规模经济效应纳入了区域增长差异的解释中，这种解释得到了发展经济学家的推崇，后来又得到了贸易理论家的重视。

相关活动空间上的邻近导致了外部规模经济的出现。已确定的外部规模经济的两个来源均依赖于经济活动的地理集聚。地方化经济产生于同一行业中多家工厂的地理集中，包括运输经济或者说关联经济，这些经济效应的出现是由相互具有投入—产出关联的工厂在地理位置上的邻近引起的。关联经济值得特别提及，因为它部分地揭示了为什么交通网络的节点都在那些对于一定类型的产业来说装配和分销成本可以最小化的地方。正如 Marshall（1920）所明确指出的，地方化经济的出现是因为处于同一行业中的企业发现聚集于同一地理区域是有利的。导致聚集的因素有若干个：首先，比起同一行业中的企业十分分散的情况，聚集使得单个工厂可以实现更大程度的专业化。专业化可以有多种组织形式，专业化程度的加深会导致生产效率的提高。例如，在一个综合行业中心，单独的企业可能会作为专门性的工厂而设立，或者一组企业会共同建立联合设施，转包成为典型的生产特征。此外，企业的聚集促进了行业中的研究和创新。位置上的邻近加强了信息、思想和知识的交流。企业之间高级技术工人的流动以及中间投入的流动也会引起技术溢出。然而对于这些技术溢出实际上是如何发生的，人们还知之甚少。但在那些拥有很多小型高科技企业，且受过高等教育的员工可以携带其专业知识在企业之间自由流动的地方，这些技术溢出更可能发生。最后，同一行业中企业的聚集可以减小工人和雇主的风险。如果同一行业中的企业在地理上比较集中，拥有行业专门技术的工人在企业之间的潜在流动性就更大，因为更换工作未必意味着要离开一个区域。而且，如果工人们对自己在同一行业中的未来工作前景更有信心，他们将更愿意获取行业专门技术，这将降低雇主们必须支付的风险溢价，从而降低生产成本。企业也将更容易获得具有相关技术的工人。

聚集经济产生于大量经济活动的地理关联，这些经济活动未必来自同一行业。聚集经济出现的原因是许多资源设施集中起来共同服务于不同的行业，包括：

（1）城市交通和运输基础设施。

（2）良好组织的劳动力市场和各种类型技术工人的大量集中。

（3）社会支出和政府服务的供给。

（4）法律和商业服务，如律师、会计、顾问、货运代理和金融机构。

（5）受人口的大量集中所吸引的面向市场的活动，如服务业。

（6）吸引高技术管理者和专业工人的文化娱乐活动。

（7）大量投资以寻求新产品和新工序的组织机构的聚集。

创新活动倾向于地理集中，在一个涉及 59 个主要城市的研究中，Audretsch（1998）指出各城市中企业所注册专利的数量与三个变量呈明显的正相关关系，即研究中心的数量、人均专利数量以及拥有学位的人口所占的比例。这个结果表明，创新活动与人口的教育水平密切相关。位于创新活动前沿的企业很可能会吸引拥有最高技术的员工，这些员工反过来又为支持进一步的创新投资提供了必要的投入。累积增长过程因此得到强化。现有的增长中心的吸引力可能会导致回流效应，这种效应会对经济体系中的欠发达地区造成损害。增长中心作为投资地点的高效性使它们对流动资金具有很大的吸引力。此外，增长中心趋向于抽干欠发达地区最有效率和最具胆识的劳动力。

富有的区域倾向于与其他富有区域而非贫困区域进行贸易，这一点也会强化累积因果过程。发展中国家频繁地表现出著名的二元经济现象，即经济体系的一部分是高度资本密集型的；而另一部分是高度劳动力密集型的。增长中心通常由技术先进、快速增长的资本密集型产业所主导。起先，快速增长的区域可能会绕开欠发达区域，而着重与其他国家快速增长的区域进行贸易。然而，随着时间的推移，欠发达区域将逐渐被卷入市场经济，从而给富有区域带来很多经济利益。贫困区域的贸易开放不可能是完全无代价的，因为一旦开始出现区域间贸易，那些以前得益于封闭的环境而生存下来的效率较低的企业就会被增长中心效率更高的企业压垮。因此，要想逆转累积因果过程可能并不容易。

同时也应该意识到的是，极化的过程可能会逆转。过度的增长会导致外部不经济，如城市的拥挤、污染以及要素价格的高涨，尤其是土地价格和工资的抬高。因此，企业可能会开始寻找低成本区域。经济落后区域也可能从发源于增长中心的涓滴效应（trickle-down effect）中受益。在一个国家的发展过程中，区域间的交通联结很可能会改善，结果会导致有胆识的企业开始在不发达区域寻找新的投资机会。最后，政府也不会袖手旁观，它可能会通过区域经济发展支出上的倾斜有意识地刺激欠发达区域的增长。①

五、贸易成本、产业集群和区域增长

一些新贸易理论学家在大量吸收了经济增长的累积因果机制理论基础之上，从贸易成本和经济活动的聚集效应之间相互作用关系方面解释了不同区域之间增长的差异。这种新贸易理论分析法从得到广泛认同的观点："比较优势理论无法解释区域间贸易模式"出发，认为一个区域并不总是依赖其要素禀赋优势在一个很小的区域内进行商品的专业化生产，然后再利用这些商品与其他区域进行完全不同的商品交易。在现实中，许多区域会进口和出口相类似的商品和服务。而且最强的贸易联系存在于产业结构极相似的区域之间，而不是存在于产业结构差别很大的经济体之间。这种产业内贸易导致了新贸易理论的发展，该理论强调了内部规模经济、市场准入和聚集经济在决定区域间贸易流中的相互作用。由于区域出口在增长过程中起着非常重要的作用，这些新的贸易理论可能有助于解释为什么区域会以不同的速度增长。规模经济的存在促使企业选择单一地点，贸易壁垒和运输成本促使企业选址于主要市场附近以及聚集经济促使企业集群于特定地点是新贸易理论分析法解释区域增长最重要的基础命题。

新贸易理论认为：产业结构相似的两个区域，最初可能由于贸易壁

---

① [英] 哈维·阿姆斯特朗：《区域经济学与区域政策》，李寿德、蒋录全译，88～90页，上海，上海人民出版社，2007。

垒的存在，比如交通条件或政府贸易保护政策等因素严重制约了这两个区域之间的贸易，二者分别生产各自的产品。但是由于某种因素使得区域之间贸易壁垒消失（如交通条件改善降低了运输成本或者降低关税），其中一个区域根据自己的优势选择某一行业进行专业化生产，并且大幅度扩大生产规模增加产出并将产品出口到另一区域。由于生产规模的扩大引起生产成本的大幅下降，从而使自己在这一行业通过规模经济获得竞争优势；或者这一区域在贸易壁垒存在时就在某一生产领域比另一区域具有优势，那么当贸易壁垒降低或消失后，它将更有优势扩张其优势产业并出口，因为它存在规模经济收益。此外，在高度纵向一体化的产业中，这些具有内部规模经济优势的产业还可以通过外部经济而得到加强（Venables，1998）。相互之间存在着买卖关系的关联企业集群将进一步导致生产成本的下降。位置上的相互接近不仅可以降低运输成本而且因为产业集群会产生大范围的聚集经济。

降低贸易壁垒能够影响企业的选择决策对区域经济产生影响。至于为什么有些区域因此而促进了经济增长，有些区域陷入衰退则取决于其他一系列因素，如：区域进口替代创新能力、产业多样化、生产厂家获取原材料的运输成本、产品销往最终市场的运输成本、劳动力成本、土地成本以及经济活动集中所引起的聚集经济等。

第十章　地方化增长与区域经济增长差异

区域经济差异是区域经济学所探讨的一个核心主题，也是各国政府制定区域经济政策的前提和出发点。从动态的角度考察，区域经济差异主要表现为各地区经济增长速度的差异，即一些地区经济增长较快，而另一些地区则增长缓慢，或者处于不断衰退之中。从静态的角度考察，区域经济差异则主要表现为各地区经济发展水平、产业结构、居民收入、就业和工资的差异，它是历史时期区域经济发展累积的结果。本章从区域增长差异的事实出发，在介绍了地区差异及其衡量方法的基础上，讨论了市场潜能、经济聚集与地区差异之间的关系，同时，重点分析了空间收入差异问题。

第一节　区域增长差异：一些事实

由于经济增长可按不同的方式定义，因此讨论区域经济增长差异时应注意区分几种不同的衡量指标。最常用的衡量经济增长的指标有：(1) 总产出，常以地区生产总值（gross regional product，GRP）表示；(2) 工人人均产出，或称劳动生产率；(3) 人均产出，常以人均 GRP 表示。研究前两种经济增长的决定因素较多，如 Hulten 和 Schwab (1984) 利用美国制造业部门的产出增长数据，对索洛模型进行实证分析，认为美国各区域之间的增长差异主要是由劳动力增长差异和资本积累差异引起的。Nonneman 和 Vanhoudt（1996）用扩展的索洛模型分析了 OECD 国家劳均产出增长的决定因素，结论支持了物质资本和人力资本增长差异是影响 OECD 国家经济增长差异的因素。Ding 和 Knight (2008) 利用 146 个国家 1980—2000 年的面板数据对扩展的索洛模型进行实证分析，认为物质资本投资、就业结构的变化、条件收敛和人口增长是中国同其他国家之间劳均产出增长差异的来源。李莉等（2008）

对中国各城市生产总值的增长进行空间和因素分解，从而强调资本要素的重要作用。然而，对于第三种指标即人均产出增长决定因素的实证研究较少，这与国家间大量的实证研究形成了鲜明的对比，阿姆斯特朗和泰勒（2007）认为，随着可以获得的区域数据的增多，在区域经济的这一重要领域必然会出现更多的研究工作。中国部分省份的区域增长差异（2010 年）见表 10—1。

表 10—1 **中国部分省份的区域增长差异（2010 年）**

省（直辖市、自治区）	指数的年均增长率（上年=1）		
	产出	人均产出	工人人均产出
北京	1.103	1.078	1.106
天津	1.174	1.167	1.194
上海	1.103	0.963	1.146
安徽	1.146	1.273	1.178
重庆	1.171	1.204	1.156
陕西	1.146	1.251	1.218
青海	1.153	1.240	1.213
宁夏	1.135	1.233	1.258
新疆	1.106	1.255	1.236

注：上表根据 2010 年中国统计年鉴、2011 年中国统计年鉴数据计算编制而成。

使用哪一个指标最合适呢？这取决于指标的使用目的。产出增长被用作衡量生产能力增长的指标，而生产能力的增长部分地取决于一个区域从其他区域吸引资本和劳动力的程度。工人人均产出的增长常用来衡量一个区域竞争力的变化，而人均产出的增长则被用来衡量经济福利的变化，因此并不存在“最好”的经济增长指标，在各自的领域，这三个指标都很有用处。人均产出增长常用来描述经济福利的变化，而且，我国是一个发展中的大国，地区间经济福利差距的变化对宏观经济政策的影响较大；此外，我国各地区的人口和面积差异较大，忽略区域人口规模的差异必然会影响地区经济发展水平差距测算结果的精确程度。因此，我国测算地区差距时常采用人均 GRP 指标。那么，研究我国人均 GRP 增长决定因素的意义就更加重要。

第二节 地区差异及其衡量

一、地区差异及区域经济差异

地区差异是指经济、社会以及影响经济和社会发展的各方面要素差距组成的“集合体”，即地区间社会经济综合实力水平的差异。在经济学研究中，衡量地区差异的指标，主要集中在人均 GDP、GNP、人均收入、人均消费等，少数研究中也涉及其他一些社会指标，如平均受教育年龄、人均卫生支出，有的甚至构造了系统的指标体系。我们此处关注的核心是各地经济发展水平的差异及其形成原因，所采用的指标大多是反映地区产出或收入差异的指标，如人均 GDP、人均收入、人均消费等。正是由于这种地区差异的存在，才形成了各地区不同的区域特点。这种区域特点是各地区参与市场竞争与合作，开展区际产业分工的前提和基础。可以认为，没有地区差异，也就无所谓区域特色和区域优势。

林毅夫等认为，中国各地区在计划经济时代采用的对新阶段经济发展仍有影响的重工业优先发展战略，违背了中国各地的比较优势，在这样的战略指导下建立的许多企业是没有“自生能力”的，在自由的市场经济环境中无法生存，因而政府采用了各种扭曲的经济制度，来扶持这些没有自生能力的企业，使整个经济体制的效率非常低下，而且会使各种寻租、腐败行为盛行，进而使得这些地区的人均资本积累、技术进步和生产效率受到制约，其经济增长绩效就很差。同时，这样的企业大都分布在中西部地区，在市场化改革后，这些地区的企业因为没有自生能力，使这些地方的经济发展受到很大的阻碍；而东部地区非国有经济的迅速发展使得这些地区的产业结构更快的转化到更符合资源禀赋结构的状态，从而形成了中国东西部地区之间的显著差异。

目前，在经济学文献中，一些学者往往对差异、差距、不平等和不平衡等概念不加区别，随意使用，由此造成概念上的混乱和研究结论的含混不清。严格地说，这几个概念是既有联系又有区别的。差异这个概念是用来对经济现象或事物的比较，它所反映的是经济现象或事物在质、量方面的不同；不平等是用来表述经济利益主体之间在经济权益方面的不同或不等量；而不平衡则是反映某个经济系统中具有相互联系的若干组成部分之间没有达到应有的功能上、结构上的协调。虽然差异、不平等、不平衡都反映了相关经济事物或现象之间相对于某一标准而存在的差别，但不平等和不平衡则是依据某个标准或理论认识去衡量这一状态，它们包含了研究者的价值判断；而差异这个概念则是对经济现象或事物的客观判别，本身不含有价值判断。从概念的内涵上看，差异这个概念可以反映出经济现象或事物不平等、不平衡的状况，不平等、不平衡包含在差异之中。此外，差距这个概念也不完全等同于差异，它是差异的数量表现，一般多用于总量规模和发展水平的比较。

作为地区差异的重要组成部分，区域经济差异是各国经济和社会发展中客观存在的一个必然现象。无论是发达国家还是发展中国家，无论是大国还是小国，都同样存在着一定程度的区域经济差异。一般来说，发展中国家的区域经济差异往往大于发达国家，大国则往往大于小国。区域经济差异的内容十分广泛，它体现在国民经济的各个方面。然而，由于经济发展的目的最终是为了不断提高居民的生活和福利水平，因此，人们对区域经济差异的探讨一般把着眼点放在发展水平、居民收入、就业和工资差异上，而把资源禀赋、经济增长、产业结构和组织体制等方面的差异作为一个外部影响因素加以考虑。

二、地区差异的类型

区域差异可以按照不同的方法来进行分类。按照研究对象的性质和内涵，可以把区域差异分为自然差异、人文差异、经济差异和组织体制差异；按照区域差异的形成机制和发展趋势，可以把区域差异分为自然差、位势差和趋势差，或者自然差异、发展水平的现状差异和发展趋势的差异；按照所采用的衡量方法，则可把区域差异分为绝对差异、相对差异和综合差异三种。这里，我们采用第三种分类方法：

1. 绝对差异

它是指某地区某经济指标偏离参照值的绝对额。由于绝对差异反映了地区间经济发展的实际差距，是一种等级水平的差异，因而它受到广大民众、各级政府和欠发达地区的极大关注。衡量绝对差异的最简单方法，就是直接比较一个地区与另一地区某经济指标的实际差额。当所考察的地区数目较多时，一般采用极值方法来计算极值差幅或极均值差幅，或者计算其标准差。由于各地区特别是极值区域可能存在一些特殊的情况，如人均收入最高的地区属人口和面积均较小的大城市，因此，单纯采用极值方法有时并非能较好地反映地区差异的实际情况。在这种情况下，一般可以采用极分位数差幅方法，选择占总人口 10% 或 15% 的较高和较低收入地区的平均值作为极分位数，并采用前述的方法计算极分位数差幅，以此来衡量地区间的绝对差异。

2. 相对差异

它是指某地区某经济指标偏离参照值的相对额（多为倍数或百分比）。由于相对差异反映了地区间经济发展速度的差异，具有动态的性质，而且消除了不同计量单位和物价水平的影响，便于进行不同地区和年份的比较，因而受到学术界的普遍重视。衡量相对差异的最简单方法，就是直接比较一个地区与另一地区某经济指标的相对差率。如 2002 年浙江省人均国内生产总值是贵州省的 5.3 倍，贵州省比浙江省低 81%。当所考察的地区数目较多时，一般也使用极值方法计算极值差率或极均值差率来进行衡量。同时，为了消除极值区域特殊情况的影响，也可以使用极分位数差率方法，计算占总人口 10% 或 15% 的高收入与低收入地区间的相对差异。

3. 综合差异

无论是绝对差异还是相对差异，一般都是针对两个地区之间的差异而言的。为了能综合反映各地区间某经济指标值差异的总体趋势，一般多以绝对差异和相对差异为基础，利用数理统计方法，并根据不同的需要而设计一些综合差异指标。目前大多使用相对平均离差和变异系数作为综合差异指标。然而，利用相对平均离差和变异系数来衡量地区综合差异有一个明显的缺陷，即它忽视了分析样本中各地区的重要性是不是一样的，为此，有必要根据各地区的重要性大小进入加权处理。如果利用各地区人口占总人口的比重作为权重，则可以得到加权平均离差和加权变异系数两个新的综合差异指标。除此以外，其他经常采用的综合性指标还有基尼系数和锡尔系数等。

三、地区差异衡量指标与方法

地区差异的测量是一件十分复杂的事情。它受着所采用的指标体系、衡量方法、地域单元以及价格和时点的选择等诸多因素的综合影响。

1. 经济指标

人均国内生产总值是衡量地区经济发展水平的重要综合指标。然而，由于中国各地区国内生产总值的统计是从1978年开始的，在这之前各地区只有国民收入的系统资料，因此，在研究中一般更多地选择人均国内生产总值和人均国民收入作为主要指标。当然，人均国内生产总值和人均国民收入指标也具有其局限性。一方面，国内生产总值衡量的是一个地区所有常住单位在一定时期内创造的增加值之和，而国民收入计算的是各物质生产部门新创造的净产值，二者反映的都是初次分配收入，没有考虑到政府收入再分配的影响。另一方面，对一个地区的居民家庭来说，他们往往更关心的是自己所得到的实际收入或可支配收入，而不是人均占有的国内生产总值或国民收入的多少。因此，使用人均国内生产总值或人均国民收入衡量的地区差异大小及其变动趋势，并不能较好地反映居民家庭对地区差异的实际心态与承受能力。为弥补这一缺陷，一般需要选择多方面的指标，如人均国内生产总值、人均国民收入、城镇居民人均收入、农村居民人均纯收入等进行综合分析。此外，在计算人均国内生产总值时，应该采用地区常住人口而不是户籍人口指标，尤其在一些外来打工人员较多的沿海城镇地区，二者的差别通常很大。

2. 衡量方法

地区差异的大小及其变动趋势也往往受所采用的衡量方法的影响。研究结果表明，由于受各地区经济发展原有水平的影响，可能会出现这样的情况，即地区间人均收入的相对差异在缩小，而同时绝对差异却在扩大。即使采用离差系数和变异系数这两个常用的综合指标，也并非能比较客观地反映地区间收入的差异。因为离差系数和变异系数衡量的是地区平均收入水平与国家平均收入水平的差异，也即平均对平均的差异，它既没有考虑到全国范围内的收入差异，也没有考虑到地区内的收入差异。从理论上看，如果各地区的平均收入水平趋同，那么离差系数和变异系数将趋于下降，而实际地区收入差异的变动也可能恰恰相反。这样，就很有必要采用离差系数、变异系数、锡尔系数和基尼系数等多种方法进行综合分析。

3. 地域单元

地区差异的大小及其变动趋势与地理面积和所采用的地域单元密切相关。一般来说，大国国内地区差异往往要大于小国；所采用的地域单元越大，地区差异也就越小。目前，学术界在研究中国地区差异的过程中，大多选择三大地带或省区作为地域单元。三大地带由于地域范围太大，划分过于粗糙，以致无法进行政策分析。同时，当研究省际差异时，由于把省区看成为一个均质的地域单元，省内地区差异和城乡差异往往受到忽视。事实上，对地方政府来说，省内地区差异和城乡差异具有同样重要的意义。

4. 时点选择

地区收入差异是各地区经济增长不平衡的结果。因此，地区收入差异的变动必然会受着经济增长波动的影响。一般来说，当国民经济进入调整阶段，各地区特别是沿海地区经济增长速度放慢，地区差异趋于缩小；相反，当国民经济进入高速增长阶段，沿海地区由于地理位置优越，经济技术力量雄厚，加上经营管理水平较高，其经济增长速度往往较快，由此导致地区差异趋于扩大。这样，在比较两个年份的地区差异大小时，选择不同的起始时点，其结论往往具有较大的差异。为了消除经济波动的这种影响，在资料允许的范围内，最好进行逐年的时间序列分析。

5. 价格因素

由于各地区物价水平和生活成本的差异，地区间名义的人均收入（未消除物价水平和生活成本差异的影响）差异往往与其实际的人均收入差异具有一定差别。根据美国的经验，由于高收入地区的物价水平和生活成本要高于低收入地区，地区间实际收入差异一般要小于其名义收入差异。

四、单变量地区差异的衡量

目前，国内外关于地区差异定量描述和衡量的方法很多。大体说来，这些方法可分为两类：一类是衡量单个经济指标（变量）的地区差异；另一类是比较两个经济指标（变量）的地域分布。单变量地区差异的衡量，又可分为两种不同情况，即分析单个变量的极值差异和离散趋势。下面简要说明其中的一些重要指标。

1. 衡量单个变量的极值差异

最常用的方法主要有：

（1）极值差幅（I_v）。这是指某经济指标最大值（x_{max}）与最小值（x_{min}）之差额，它反映了地区间绝对差异变动的最大幅度。其计算公式为：

$$I_v = x_{max} - x_{min} \tag{10.1}$$

（2）极值差率（I_r）。这是指某经济指标最大值与最小值的比率，它反映了地区间相对差异变动的最大幅度。其计算公式为：

$$I_r = \frac{x_{max}}{x_{min}} \tag{10.2}$$

（3）极均值差率（I_{rm}）。这是指某经济指标最大值与平均值或者平均值与最小值的比率。它反映了各地区某经济指标偏离均值的最大相对幅度。其计算公式为：

$$I_{rm} = \frac{x_{max}}{\bar{x}}\text{或者}\frac{\bar{x}}{x_{min}} \tag{10.3}$$

（4）相对差距系数（I_{vr}）。它是衡量地区间相对差距的重要指标。其计算公式为：

$$I_{vr} = \left(1 - \frac{x_{min}}{x_{max}}\right) \times 100\% = \frac{x_{max} - x_{min}}{x_{max}} \times 100\% \tag{10.4}$$

I_{vr}值在 0 ~1 之间变动。如果 I_{vr} 值越接近于 0，表示地区差距越小；如 I_{vr} 值越接近于 1，表示地区差距越大。

此外，如果最高或最低收入地区存在一些特殊情况和不可比因素，可以考虑在剔除最高和最低收入地区之后，重新计算极值差异；也可以选择占总人口 10% 或 15% 的高收入和低收入地区，计算极分位数差幅或差率。

2. 分析样本观察值的离散趋势

最常用的方法主要有：

（1）相对平均离差（D_r）。其计算公式为：

$$D_r = \frac{D_m}{|\bar{x}|} = \frac{1}{n}\sum_{i=1}^{n}\left|\frac{x_i - \bar{x}}{\bar{x}}\right| \tag{10.5}$$

式中：x_i 为第 i 个地区某经济指标值（如人均收入），$\bar{x}$ 为所有地区该经济指标的平均值，n 为地区个数，D_m 为平均离差系数，它反映了各地区某经济指标值偏离平均值的平均绝对幅度。

（2）加权平均离差（D_w）。其计算公式为：

$$D_w = \sum_{i=1}^{n}\left|\frac{x_i - \bar{x}}{\bar{x}}\right| \times \frac{P_i}{P} \tag{10.6}$$

式中：p_i 为各地区人口数，P 为各地区人口数之和，即全国总人口数。

（3）变异系数（CV）。其计算公式为：

$$CV = \frac{\sigma}{\bar{x}} = \frac{1}{\bar{x}}\sqrt{\sum_{i=1}^{n}\frac{(x_i - \bar{x})^2}{n}} \tag{10.7}$$

式中：σ 为标准差，它是衡量地区间绝对差异的重要指标。变异系数即为标准差与均值之比。

D_r、D_w、CV 值均大于或等于 0。当系数值等于 0 时，表示最大的平等。系数值越大，表明地区间差异也越大。

五、双变量地区差异的比较

衡量地区差异的第二类重要方法，就是比较两个经济指标（变量）的地区分布。这种方法通常又可分为两种类型，即单一效果系数（one effect coefficients）和可分解系数（decomposable coefficients）。

1. 单一效果系数

这是比较两个经济指标地区差异的最简单、直接的方法。具体包括：

（1）两变量平均离差（D_t）。其计算公式为：

$$D_t = \sum_{i=1}^{n}\left|\frac{x_i - y_i}{n}\right| \tag{10.8}$$

式中：x_i 和 y_i 分别为第 i 个地区的两经济指标值，n 为所分析的地区数。

（2）两变量标准差（S_{td}）。其计算公式为：

$$S_{td} = \sqrt{\sum_{i=1}^{n} \frac{(x_i - y_i)}{n}} \tag{10.9}$$

式中：D_t 和 S_{td} 值均大于或等于 0。当系数值等于 0 时，表示完全平等。系数值越大，表明两经济指标的地区差异也越大。

（3）地理联系率（F）。亦称弗罗伦斯系数（coefficient of Florence）。其计算公式为：

$$F = 1 - \frac{1}{2}\sum_{i=1}^{n} |x_i^* - y_i^*| \tag{10.10}$$

式中：x_i^* 和 y_i^* 分别为各地区两经济指标占各地区总和的比重。F 值大于或等于 0，小于或等于 1。F 值若等于 1，表示最大的平等；若等于 0，表示最大的不平等。

2. 可分解系数

通常采用的方法主要有：

（1）锡尔 U 系数（U）。该方法由锡尔（Theil，1958）在 20 世纪 50 年代提出，其计算公式为：

$$U = \frac{\sqrt{\frac{\sum (x_i - y_i)^2}{n}}}{\sqrt{\frac{\sum x_i^2}{n}} + \sqrt{\frac{\sum y_i^2}{n}}} \tag{10.11}$$

U 值在 0 ~ 1 之间变动。若 U 值为 0，表示完全平等；若 U 值为 1，则表示最大的不平等。

（2）锡尔 T 系数（T）。该方法由锡尔（Theil，1967）在 20 世纪 60 年代提出，其计算公式为：

$$T = \sum_{i=1}^{n} \frac{y_i}{y} \log \frac{y_i/x_i}{y/x} \tag{10.12}$$

$$y = \sum_{i=1}^{n} y_i \tag{10.13}$$

$$x = \sum_{i=1}^{n} x_i \tag{10.14}$$

该系数 T 值在 0 ~ logN 之间变化。若 T 值为 0，表示最大的平等；若为 logN，则表示最大的不平等。

第三节 市场潜能、经济集聚与地区差距

收入差距问题一直是经济增长理论和发展经济学研究的一个焦点，同样也是各国政策制定者普遍关注的一个重大现实问题。自 20 世纪 70 年代末中国实行经济改革以来的 30 年间，中国一直保持着较高的经济增长率。但是，这一快速的整体经济增长并没有实现地区间均衡的经济发展，中国空间二元性的发展格局依然存在，并且还呈现出愈演愈烈的趋势。考虑到地区差距的持续扩大必然会对我国整体的经济增长和社会的和谐稳定带来较为严重的负面影响，许多学者基于传统的新古典经济增长理论的分析框架，从要素禀赋、经济结构、政策因素和技术水平差距等方面对我国地区差距的产生机制给予了解释，并取得了丰富的研究成果。但是，由于新古典增长理论的微观基础是建立在完全竞争和规模报酬不变的假定之上，从而必然推导出在不考虑自然资源的空间差异的条件下，经济活动将沿空间均匀分布的结论。这一先天缺陷使得许多研究并没有找到经济活动集聚和地区收入差距的真正影响机制，从而促使我们尝试寻找一种新的分析框架，来思考中国地区差距持续扩大的原因。

20 世纪 90 年代初，以克鲁格曼为代表的经济学者以新贸易理论的规模报酬递增和不完全竞争假设为基础，同时吸纳了传统区域科学的运输成本理论，开创了新经济地理学派。这一学派试图把传统经济学所忽视的地理因素纳入到一般均衡的分析框架中，研究人口和经济活动的空间分布规律，解释现实中存在的不同规模和形式生产的空间集聚机制，并通过对这种机制的分析探讨区域经济增长的动因及其过程。因此，新经济地理学为我们分析经济集聚机制以及地区收入和经济增长差异提供了一个全新的分析框架。我们认为，地理因素（尤其是新经济地理因素）是导致中国地区收入差距的一个重要的深层次原因。改革开放以来，伴随着由对外开放所引致的出口导向型战略的实施，东部沿海地区凭借自身优越的地理位置吸引制造业向这一地区集

聚，在规模报酬递增和因果累积循环机制的作用下，最终形成了以东部沿海为中心，西部内陆为外围的制造业中心—外围分布格局。而中国现阶段正处于工业化起飞和城市化加速发展的特殊时期，工业的规模经济程度远远高于农业，因此非农产业（尤其是制造业）的地理集中会显著地影响地区的收入差距。所以，本节从市场潜能、经济集聚与地区差距之间密切的互动关系出发，为我国地区差距的产生机制提供一个新的视角与解释。

一、市场潜能

（一）市场潜能及其度量

市场潜能（market potential），也称市场潜力，它代表了以到各个市场的距离和各个市场的竞争程度为权重的购买力的总和。所以，市场潜能反映了由运输成本、产品差异和规模报酬递增相互作用所产生的一种货币外部性，它是一种导致经济活动集聚的力量。

自 Harris（1954）首次采用“市场潜能函数”这一指标衡量美国各个地区接近本国市场的程度以来，市场潜能逐渐成为新经济地理学领域内衡量一个地区接近外部市场的最为常用的指标。按照 Harris（1954）的方法，一个地区的市场潜能可以用其邻近地区的市场购买力的加权平均和来衡量，权数与距离成反比关系。因此，如果 Y_j 是地区 j 的收入（市场购买力），d_{ij} 是地区 i 和地区 j 之间的距离，那么地区 i 的市场潜能可以由如下的指数决定：

$$MP_i = \sum_j Y_j/d_{ij} \tag{10.15}$$

通过对市场潜能的理解，在规模收益递增和存在运输成本的情况下，企业总是选择在市场潜能较大的地区进行生产，因为在这些地区企业可以最大限度地节省产品销售到消费者或产业下游企业和从产业上游企业购买中间投入品时的运输成本。当许多企业都采取相同的决策时，企业的区位选择就带来了一种基于价格（货币）的“空间外部性”，从而导致市场潜能较大的地区有着更高的经济集聚水平和工资水平。

（二）市场潜能分析

市场潜能分析一直是经济地理学讨论的主题之一，借鉴国外学者的做法，我们分别用总量 GDP 和人均 GDP 作为市场购买力的衡量指标计算出中国各个地级区域的市场潜能，并给出了其空间分布图。同样，我们用颜色较深的部分代表市场潜能较大的地区。从中可以清楚地看到，无论是用总量 GDP，还是人均 GDP 计算出的市场潜能指标都显示出中国存在着一个明显的中心—外围模式，其中长江三角洲、珠江三角洲作为中国经济最为发达的地区拥有着最高的市场潜能，以它们为中心，随着距离的增加，各个地区的市场潜能在逐渐降低。这与欧洲市场潜能的分布极其相似，在欧洲以其地理中心布鲁塞尔为中心，市场潜能向四周呈现出依次递减的趋势。稍有不同的是，中国的市场中心位于东部沿海和南部沿海一隅，而欧洲的市场中心则与其地理中心基本一致，这与我国目前外向型经济有很大关联。以总量 GDP 核算的市场潜能如图 10—1 所示。以人均 GDP 核算市场潜能如图 10—2 所示。

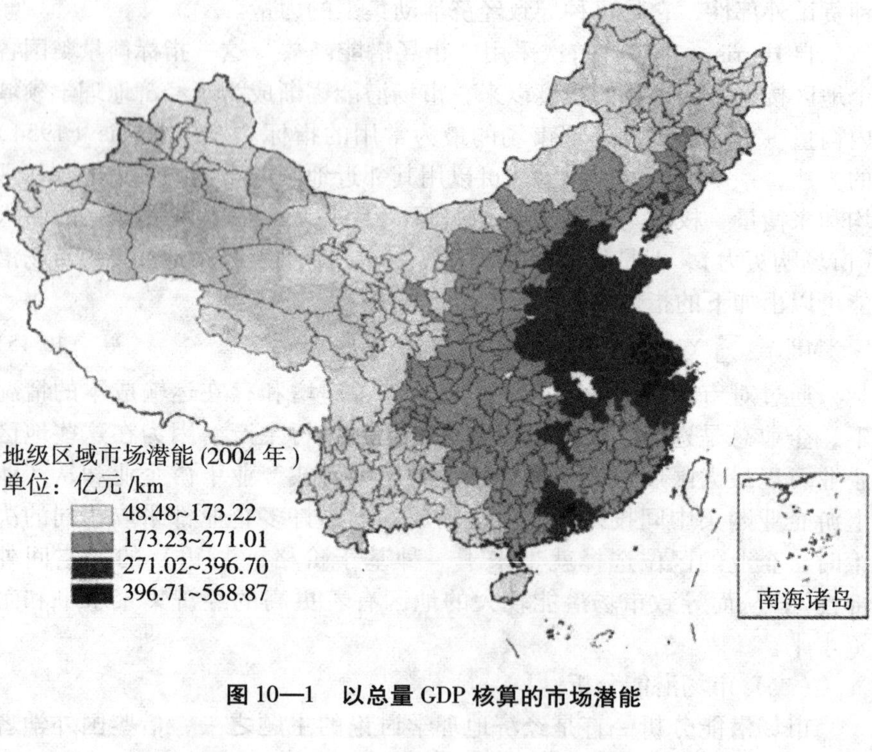

图 10—1 以总量 GDP 核算的市场潜能

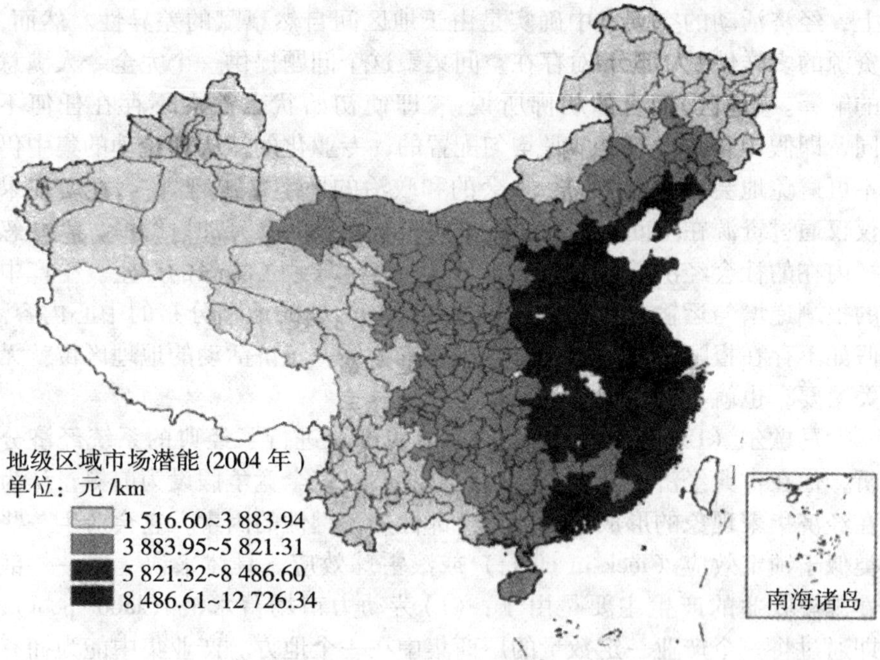

图 10—2　以人均 GDP 核算市场潜能

说明：图中空白表示缺失数据的地区。

资料来源　根据 2004 年《中国区域经济统计年鉴》数据整理而得。

二、经济集聚、地方化增长与地域分异

（一）集聚及其机制

经济活动和产业的空间集聚现象一直是经济地理学家和经济学家共同关注的一个焦点。所谓“集”是指大量相关事物在地域空间范围内的集中现象，而“聚”则具有更进一层的含义，它不仅是一个空间概念，而是指在“集”的基础上强调区域内各种要素的有机聚合，行为主体间产生物质的、信息的和社会的各种流，进而汇聚成一个复杂的、多层次的网络系统。

人们往往以为，那些自然资源丰富的地区吸引了大量的产业集中。当然，由于自然资源在地理分布上的不平等而导致的异质空间的假设，也许会有助于解释经济活动在空间上的不均匀分配。因而，在某种程度

上，经济活动的空间集中确实是由于地区间自然禀赋的差异性。然而，资源的多样性并不能够对存在空间集聚这个问题提供一个完全令人满意的解释。事实上，正如胡佛所说："即使初始状态根本不存在任何不同，即假设全球自然资源是均匀配置的，专业化的情形和活动的集中仍不可避免地会按照经济的、社会的和政治的原理而出现。"因此，如果仅仅通过资源在空间上的差异性来对经济的空间集聚加以解释，就会忽视内在的社会经济的力量，而正是这一力量导致了集聚的产生。生产中的报酬递增与运输成本的权衡是理解经济活动的地理分布的中心内容。假如不存在报酬递增，也没有运输成本，那么经济活动的地理区位就无关紧要，也就不会出现空间集聚。

马歇尔（1890）最早对经济集聚的机制进行了经典的系统经济分析，他在古典经济学框架下，以收益不变、完全竞争假设为前提，认为在经济集聚现象的形成过程中，外部性是关键性的因素，它会产生一些类似于锁定效应（lock-in effect）或滚雪球效应。具体来说，这一外部性规模收益的产生主要是由于：(1)劳动力市场蓄水池（labor pool），即通过将一个产业一定数量的厂商集中在一个地方。产业集中能为拥有高度专业化技术的工人创造一个可共享的完善劳动市场，这个共享市场不仅有利于工人也有利于厂商。(2)中间投入品共享（input sharing），厂商集中在一起完全可以联合起来提供一个足够大的市场使各种各样的专业化供应商得以生存，所以一个产业中心可以提供该产业专用的多种多样、低成本的中间投入品。(3)知识溢出效应（knowledge spillover effect），因为信息在当地流动比远距离流动更容易。

马歇尔认为，集聚经济根源于生产过程，企业、机构和基础设施在某一区域内的联系能够带来规模经济和范围经济，带动一般劳动力市场的发展和专业化技能的集中，并促进区域供应者和消费者之间增加相互作用、共享基础设施以及其他区域外部性。简而言之，企业之所以总是集中于某一局部空间上，是因为能够从空间集聚中享受到因集聚规模而产生的外部经济效益。马歇尔指出集聚来自于中间投入品的多样性、巨大的地方劳动力市场以及作为知识外溢的信息，实际上强调的是金融外部性与技术外部性对经济活动空间集聚的共同影响。外部规模经济所带来的收益通常归结为六个方面：提供协同创新的环境，辅助性工业带来的好处，提供有专门技能的劳动市场，平衡劳动需求结构，促进区域经济的健康发展，便利顾客。正是因为企业在空间上的集聚能够获得两种外部性所带来的诸多好处从而实现报酬递增，外部性才可以被理解为集聚力的源泉。

（二）经济集聚与市场潜能的关系

1. 集聚扩大市场广度

集聚一旦形成，将会产生自我强化的需求关联和成本关联的累积循环作用，从而扩大集聚内部企业的产品市场。一个企业从其他地区迁往本地将使本地劳动力需求增加，当劳动力可以在地区间流动时，将吸引劳动力（劳动力本身也是消费者）流入并使本地企业的需求增加，本地需求增加将使本地企业利润增加，这又进一步吸引更多企业进入，进一步产生需求关联；与此同时，企业利润增加也会使劳动力收入增加，生活成本下降，产生成本关联，从而进一步刺激劳动力购买，扩大企业市场需求。通过中间投入品，集聚内的企业自然形成了产业市场，并因累积循环效应而不断扩大；劳动力的不断集聚则形成了一个巨大的劳动力蓄水池，满足了企业对各种技术工人的需求，大大降低了单个企业寻求劳动力的成本；集聚内的公共基础设施使各类企业可以共同分享，减少了企业发展的资源瓶颈约束。集聚能为企业提供更大的市场，不仅消费者市场更大，产业市场也更大；不仅本地市场更大，世界市场的需求也被开拓。而且，企业的集聚能够实现劳动力、公共基础设施等资源的共享，将企业市场范围扩大的约束条件尽可能的最小化。

2. 集聚增加市场深度

首先，集聚可以降低运输成本。如果没有运输成本，就不会产生集聚，而集聚一旦产生，却可以降低运输成本，从而解除运输成本对市场范围扩大的约束。专业化的好处可以通过将某一制造业集中于某一特定的地区而实现，这部分是因为，这样的集中可以导致交通和运输费用的节约。运输成本对集聚至关重要，而集聚对运输成本的影响也是显而易见的。其次，集聚可以降低交易费用。交易费用经济学认为，仅仅凭借价格机制和企业机制这两种形式并不能完全实现交易费用最低的资源最优配置结果，而通过协商和默契以及习惯等非正式契约的协调，则可以在一定范围内实现交易费用的节约。中间性组织就是以组织形式保证这种协商和默契以及习惯的协调得以实现的制度安排。集聚作为一种中间性组织，由于地理空间上的接近，极大地方便了企业间的交流与合作，谈判与协商，正式契约与非正式契约相结合，降低了合作成本与交易成本。再次，集聚可以获得外部性。产业空间集聚的外部性主要体现在创新的外部性、市场的外部性、外部规模经济与范围经济上。知识的黏性决定了知识的传播囿于空间范围的限制，地理上的接近将有助于知识在企业间的扩散，从而释放更多的创造力，激发更多的创新；企业的集聚同时意味着专业技术人才的集聚，他们之间的非正式交流往往成为知识扩散的重要渠道，而共享的劳动力市场使人才在集聚企业间方便的流动，便于企业间的模仿与学习。因此，正如熊彼特认为的那样，产业集聚有助于创新，创新有赖于产业集聚，创新并不是企业的孤立行为，它需要企业间的相互合作和竞争，需要企业集聚才得以实现。集聚内的企业还可以共享市场营销网络，产业集聚所形成的品牌效应，使一部分企业可以“免费搭车”；基于长期合作形成的良好“产业氛围”和信任关系，使企业始终处于一个相对稳定的外部环境之中，企业发展的资金约束和其他资源约束也随之被弱化。而集聚的范围经济则为企业节省大量成本，相关企业的“联合需求”，将形成规模需求和专业化生产或服务。

3. 市场潜能影响经济集聚

新经济地理学研究揭示，在规模收益递增和存在运输成本的情况下，市场交互作用将会吸引企业向拥有较大的“市场潜能”，也就是拥有较好的接近消费者（需求或前向联系）和生产者（成本或后向联系）机会的地区集聚，因为在这些地区企业可以最大限度地节省产品销售到消费者或产业下游企业和从产业上游企业购买中间投入品时的运输成本。当许多企业都采取相同的决策时，企业的区位选择就带来了一种基于价格（货币）的“空间外部性”，从而导致市场潜能较大的地区有着更高的工业集聚水平。

（三）经济集聚和地方化经济增长

空间集聚与经济增长内在关系的研究是新经济地理理论和经济增长理论的前沿问题之一。这里主要说明集聚与增长的内生互动机理。

产业的区域集聚与经济增长可能互为内生关系，即集聚可能引起区域经济增长，区域经济增长也有可能进一步吸引生产要素在该区域集聚。现有的理论研究通常以产业集聚与经济增长的公共核心要素为纽带，探求两者的互动传导机制。

1. 基于劳动力成本的产业集聚与经济增长机制

Englmann 和 Walz（1995）首次将新经济地理学与内生经济增长理论融合，并在 Krugman（1991）创立的“中心—外围”模型基础上，假定了区域内有农业、制造业与 R&D 三个部门，且农业部门是规模报酬不变，制造业部门是规模报酬递增，而 R&D 部门则为规模报酬非递减的。劳动力虽仍作为生产产品的投入要素，但却分为熟练劳动力与非熟练劳动力，其中，熟练劳动力可以跨区域流动。R&D 部门以熟练劳动作为唯一投入要素，为制造业部门提供“技术”这类中间产品，但该产品是不可贸易的。如果一地区的 R&D 部门在生产技术这种中间产品上有熟练劳动力的成本优势，则制造业部门会向该地区迁移，并进而由成本与需求关联吸引更多的 R&D 部门与熟练劳动力集聚，由此带来了技术的进步和经济增长速度的加快；而在另一地区，因 R&D 部门与制造业部门连同熟练劳动力一起外迁，而使该地区失去了经济增长的动力并一直陷入“贫困”，导致区际经济增长差异逐步拉大。

如果考虑一个区域比其他区域有更大的经济容量，并且处于相对较大经济区生产的最终产品比较小经济区更具有劳动力成本优势，则熟练劳动力会向大经济区迁移，资本在该地区内生积累的速度加快，从而使这一地区总产出增加。

2. 基于物质资本的产业集聚与经济增长机制

物质资本的跨区域流动与重新配置是解释产业集聚与经济增长关系的重要机制。Baldwin（1999）在尝试从“需求关联”角度对贸易一体化下欧洲国家之间存在的收入差距进行理论解释时，假定了两个地区中劳动力和资本所有者不能跨区域流动，并且引入资本所有者投资预期，如果其中一个区域政府实行了贸易保护政策，则会使该区域企业相对于别的区域企业而言获取相对较高的利润，虽然利润的增加会导致该地区企业投资规模扩大而引发对资源的竞争使其生产成本上升，但总的投资回报仍是增长的，由此引致该地区总投资增加，产品市场潜力增大，企业预期投资回报增加而进一步提高投资水平，从而产生“需求关联”的正向循环累积效应，促进了该地区的经济增长。与之对应的是，另一地区企业的利润减少，导致资本所有者对预期的投资回报下降，总投资水平缩减，大量工人或是由生产率高的现代部门向传统部门转移，或是失业，导致该地区经济增长速度下降，区际收入差距增大。在资本完全流动的环境下，资本的初始配置决定了产业将向资本充裕地区集聚，资本充裕地区人均生产总值将高于资本相对缺乏的地区。而随着贸易成本的下降并低于一定的临界值时，不管地区初始资本的存量差异，在资本不能完全流动和资本完全流动两种环境下，都将导致产业在区际间非对称分布，即大多数产业将集中在资本相对充裕的地区，该地区表现出较高的增长率；而另有少数企业虽仍在资本相对缺乏的地区生产，但该地区经济增长速度却相对缓慢。

3. 基于知识溢出的产业集聚与经济增长机制

知识溢出是 R&D 部门与制造业选择区位的重要因素，而其确由经济增长所致，R&D 部门的产品创新又是经济增长的主要动力，因此，增长与集聚存在内生互动关系。Baldwin 和 Forslid（2000）通过将 Krugman（1991）的“中心—外围”模型与 Romer（1990）的产品创新增长模型融合分析得到在经济一体化下，产品贸易成本降低，使制造业向“中心”地区集聚，而引起 R&D 部门也向“中心”地区转移，这会扩大区际间的收入差距；但伴随着产品的贸易成本降低，知识溢出的成本也在下降，这却有利于产业分散，“外围”地区贫困有可能减轻，并同时提高“中心”与“外围”的经济增长率。

假设 R&D 生产新种类最终产品需要以制造业部门生产的制成品为投入，制造业的集聚通过外部性减少 R&D 部门的创新成本，并进一步吸引 R&D 部门在该区域集聚，从而促进经济增长；同时，R&D 部门创新的产品种类也将提高制造业的集聚水平；如果 R&D 部门向“中心”地区集聚所带来的创新正效应大于 R&D 部门迁移出“外围”地区给该地区带来的福利损失，则产业集聚能使“中心”与“外围”地区的福利状态得到“帕累托改进”。

考虑技术无成本扩散和技术扩散受地区吸收能力制约这两种情况。在前一种情况下，R&D 部门与制造业生产部门都将集聚在同一地区，而后一种情况则是 R&D 部门全部集中在同一地区，而制造业部门的生产布局则受贸易成本因素影响，如果产品的贸易成本很高，则制造业会存在于两个地区，并且随着贸易成本的降低，市场一体化水平的提高，会促使制造业部门与 R&D 部门集聚在同一地区从事生产活动。但不管是哪种空间布局，中心地区由于集聚强化而表现出强劲的外部性增长势头，中心地区的熟练劳动力与非熟练劳动力的收入水平都将提高，且在该地区熟练劳动力的收入水平会高于非熟练劳动力；中心地区的非熟练劳动力的收入水平虽会高于外围地区非熟练工人，但外围地区非熟练劳动力在产业集聚的均衡状态下的收入水平会高于产业分散时的收入水平。

（四）区域经济增长的地域分异

区域经济地域分异，也就是空间分异，是空间经济学的一个概念。空间经济学基本模型的数理分析表明，即使两个区域初始条件完全相同且不存在外力作用，经济系统的内生力量终将使区域演化分异，产业集聚不可避免，甚至形成极端的核心—边缘结构。产业集聚区（核心区）在满足本地需求的同时向非集聚区域（边缘区）输出商品。核心区的市场需求远大于边缘区，并成为它进一步吸纳人口和产业转移、促进资本积累和知识创造的重要力量来源之一。除了大规模生产的经济性以外，由于运输和贸易成本的节省，核心区相对于边缘区还拥有成本低廉的优势，成本低廉涵盖各种生产投入品和生活消费品，对产业和人口形成巨大吸引力。核心区需求大和成本低的优势既自我加强又相互加强，倾向于使核心区的集聚力形成自我强化的循环累积因果机制，不断增强自身的优势。核心区的巨大优势往往由最初微弱的优势在演化中不断累积而成，最初的优势则可能来自先天优越的自然地理条件、偶然的历史事件或随机的微小扰动，由于循环累积因果机制的存在，累积过程无需借助外力就能持续进行下去。

三、市场潜能、经济集聚对地区差距的作用和影响

（一）目前中国的地区收入差距现实

当代中国一个非常引人关注的问题就是收入差距问题，而中国的收

入差距中非常重要的构成就是地区间的收入差距和城乡间的收入差距。1978—2004 年中国 31 个省、市、自治区之间收入的基尼系数走势如图 10—3所示。

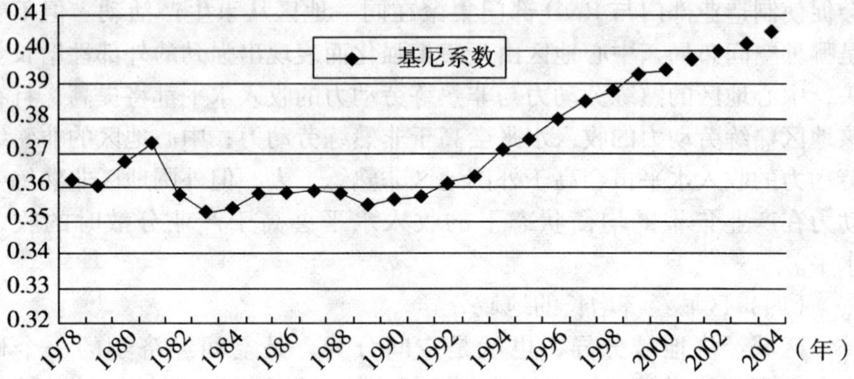

图 10—3 1978—2004 年中国 31 个省、直辖市、自治区之间收入的基尼系数走势

资料来源 范剑勇：《产业结构失衡、空间集聚与中国地区差距变化》，载《上海经济研究》，2008（2）。

自 1978 年实行改革开放以来，中国各个省区之间的收入差距在逐渐扩大，期间除了 1982—1984 年间和 1990 年的地区差距存在小幅度的缩小趋势外，区域间实际收入的基尼系数逐步上升。特别是进入 20 世纪 90 年代后地区间收入差距上升的速度明显加快，基尼系数稳步向上攀升，从 1995 年开始屡创历史新高，2004 年基尼系数已经达到 0.406，比 1978 年高出 0.052。因此，从总体上看，改革开放以来地区差距指数——基尼系数一直处于高位，并且在 1990 年以来呈单边的、快速上扬趋势（范剑勇，2008）。近些年来，虽然国家实施了西部大开发、振兴东北老工业基地和中部崛起等一系列战略，但地区间收入差距并没有呈现出下降趋势。

（二）市场潜能、经济集聚对地区差距的作用和影响

区域市场潜能、人口密度等经济地理因素对其非农劳动生产率都存在正的影响。而且地级区域市场潜能对其非农劳动生产率的影响更大。一般而言，一个地级区域的市场潜能提高一倍会使得该区域非农劳动生产率提高 9% 左右。经济活动的空间集聚所带来的技术外溢也可以有效地提高当地的劳动生产率。一个地级区域的人口密度提高一倍也会使得

该区域非农劳动生产率提高3%左右。

（三）相应的政策选择形式

1. 鼓励资本、技术和人口的空间集聚。一方面，顺应产业跨区域集聚的趋势，打造特大型都市圈，这将有利于区域总体经济的增长；另一方面，通过加强城市化建设和变革现有的限制劳动力流动的户籍制度和土地产权制度等手段，促进中西部地区内部自身的资本、技术和人口集聚水平的提高，以及通过加快落后地区的经济增长速度来进一步缩小地区差距。

2. 从现有的研究来看，交通基础设施的发展被证实是有利于本地经济活动和产业的集聚，从而进一步对当地的经济增长产生促进作用，所以地方政府应该增加对于交通基础设施的投资。力争在落后地区培育出新的经济增长极和中心市场，从而提高落后地区本身的市场潜能，最终实现区域经济协调发展。

3. 进一步降低地区间的贸易壁垒，巩固与加强地区之间的贸易联系，鼓励区域间的经济合作，增强国内一体化进程，减少地方保护。迅速实现国内市场较高的一体化水平，一方面有利于各地区发挥经济发展的规模优势，从而有利于总体的经济增长；另一方面还可以加快产业转移，有效地促进地区间的梯度转移，进而带动欠发达地区的发展。

4. 实施有益于区际技术溢出的政策。新经济地理学的动态模型揭示，区际间的技术外溢将有利于总体的经济增长，缩小地区之间以及劳动者和资本所有者之间的名义收入差异，降低经济活动的空间集中程度。因此，政府应该积极实施改善通讯基础设施的政策，鼓励企业的跨区域兼并与合作，从而降低技术和知识的交易成本，加速技术的传播和区际溢出。

第四节 空间收入差异及其效应

多年来，区域收入差异一直是区域经济学研究的核心问题之一。在20世纪六七十年代，各国学者主要是利用各种统计的方法，分析不同国家内部区域差异的大小及其变动趋势，以探求其演变的一般规律。然而，最近一二十年来，学术界开始运用一些新的研究方法，对区域差异的构成与来源进行分解，以揭示引起区域差异变动的一些主要因素。

近年来，我国区域间收入差距呈现扩大的趋势。统计数据表明，2005年西部居民可支配收入占东部地区的比例，在城镇由2004年的69.7%下降到2005年的66.7%，在农村则由2004年的48%下降到44.2%。东西部内部收入差距也略有加大，其中东部收入差距最大，东部地区的城镇居民可支配收入的基尼系数为0.343，分别比中部、西部和东北地区高出20.1、9.6、9.2个百分点。省际间居民收入差距依然存在，2006年最高收入的上海市与最低收入的新疆年收入相差为10 655元，而上一年这一差距为9 465元，收入之比为2.3∶1，黑龙江城镇居民人均可支配收入只有上海的一半。

区域间收入差距的不断扩大带来一系列不良后果。低收入地区的物价虽然比较低，但其质量也相应偏低，居民在当地支付相对便宜的费用，只能享受低水平的医疗、教育、基础设施和社会保障。而随着区域间的人口流动日趋频繁，低收入地区居民会到发达地区看病就诊，其子女也会到发达地区享受高等教育，这时他们需要用低得多的收入来支付与发达地区居民相等的费用，压力倍增。此外，区域间收入差距也不利于留住人才，大量优秀人才往往想方设法离开这些地区。缺少高质量的人力资本，经济难以快速发展，其结果就是“富者越富，穷者越穷”。

一、洛伦兹曲线和基尼系数

基尼系数是衡量地区差异的常用指标之一，它是在洛伦兹曲线的基础上发展起来的。洛伦兹曲线是洛伦兹（Lorenz，1905）最早提出来的，当时主要用于衡量收入和财富分配的不平等程度，现在已广泛用于衡量收入分配、地区差异、产业集中等诸多领域。洛伦兹曲线的绘制方法是：横轴P表示由小到大排列的累计人口数占总人口数的百分比，纵轴Q表示累积收入占总收入的百分比。这样，洛伦兹曲线将可以反映不同地区或不同人群收入分配的不平等状况。图中的对角线OA为绝对平均线，OBA为绝对不平均线。洛伦兹曲线L是一条介于绝对平均线和绝对不平均线之间的曲线。当曲线向右下角凸出的程度越大，表明收入分配的不平等程度就越高，地区收入差异也就越大。洛伦兹曲线图如图 10—4 所示。

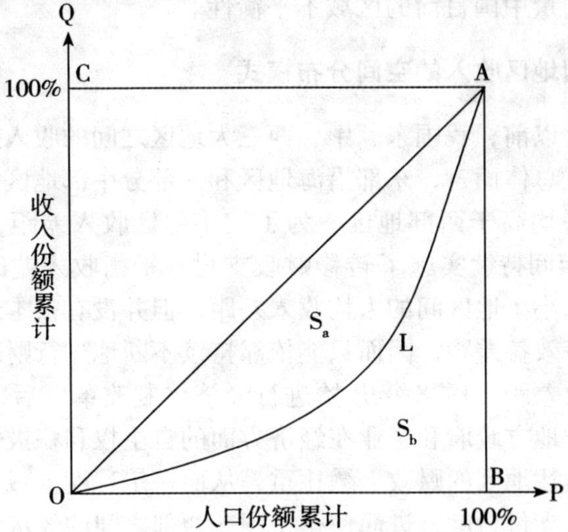

图 10—4　洛伦兹曲线图

基尼系数是以洛伦兹曲线为基础，由基尼系数的定义推导出来的。它是洛伦兹曲线与对角线之间的面积与对角线以下的三角形面积之比。即：

$$G=\frac{S_{\text{曲线L与OA围成的面积}}}{S_{\Delta OAB}}=\frac{S_a}{S_a+S_b} \tag{10.16}$$

式中：S_a、S_b 分别表示洛伦兹曲线 L 与绝对平均线 OA、洛伦兹曲线 L 与绝对不平均线 OBA 所围成的面积。当洛伦兹曲线与绝对平均线重合，即 $S_a=0$，这时 $G=0$，表明收入分配是绝对平均的；当洛伦兹曲线与绝对不平均线重合，即 $S_b=0$，这时 $G=1$，表明收入分配是绝对不平均的，所有的收入都集中在一个人手中。显然 $0\leqslant G\leqslant 1$。

基尼系数的最大缺陷就是它不能清楚地反映国民收入在一定地域内的各个群体或收入组中的分布状况。因为，对应于同一个基尼系数，可以有许多不同形状的洛伦兹曲线，只要这些洛伦兹曲线与绝对平均线所围成的面积相等。同时，基尼系数对高收入地区的影响给予了较大的权重，而给低收入地区的权重较小。相比较而言，变异系数则对高收入地区和低收入地区对不平等的影响均给予较大的权重。因此，考虑到高收入地区和低收入地区对中国区域经济总体不平衡的主要影响，变异系数将更适合于衡量中国目前的区域不平衡性。

二、中国地区收入的空间分布模式

改革开放以前，我国东、中、西三大地区之间的收入水平存在着明显的差距。就总体而言，东部沿海地区和一部分中部地区的人均收入和经济发展水平均高于西部地区。为了缩小地区收入差距，中央政府在1950—1970年间持续实施了转移财政支付、平衡收入差距的政策。这些政策的确缩小了地区间的人均收入差距，但并没有根本地改变东西部地区间的经济效益差距，因而只能依靠持续不断地进行财政转移支付来减少地区收入差距。1978年开始进行经济体制改革以后，为了提高经济效益，扩大地方政府和企业在经济方面的自主权和积极性，中央政府减少了经济发达地区的财政上缴比重，从而一定程度上减少了东西部之间的财政转移支付力度，进而使得中国东西部之间的经济活动的分布格局发生了进一步的离散趋势。进入20世纪90年代以后，中国经济区域发展格局的离散倾向更加严重，沿海地区的经济活动的集聚程度进一步提高，东中西之间的收入差距也持续扩大。改革开放以来，随着对外开放程度的加强和经济的快速增长，中国的收入空间分布不平等的状况不但没有改变，反而表现出扩大的趋势。到了2005年，东部沿海、北部沿海和南部沿海地区的GDP占全国的份额都有所提高，特别是南部沿海地区更是一枝独秀，GDP占全国的份额提高了近7个百分点。而由于是零和博弈，长江中游、东北地区、黄河中游、西南和西北等内陆地区的GDP份额都有不同程度的下降，其中东北地区的GDP份额下降的程度最为明显，从建国初期的14.15%，下降到2005年的8.72%，下降了近6个百分点。这表明改革开放以来中国地区间经济活动的空间分布不平衡状况表现出愈演愈烈的趋势，经济活动持续地向沿海地区集聚。中国八大地区总量GDP（当年价格）份额、土地面积份额及其相对变化见表10—2。中国八大地区人均GDP（可比价格）及其相对变化见表10—3。

表 10—2 **中国八大地区总量 GDP**

（当年价格）份额、土地面积份额及其相对变化（%）

区域 \ 年份	总量 GDP 比重								土地面积比重
	1952	1960	1970	1980	1990	1995	2000	2005	2005
东部沿海	18.48	21.42	17.89	18.84	16.92	19.60	19.65	20.75	2.19
北部沿海	17.63	16.11	17.38	17.50	17.74	17.88	18.20	19.87	3.88
南部沿海	7.12	6.73	7.40	8.27	12.03	14.50	14.80	14.84	3.50
长江中游	15.86	14.75	15.69	14.93	14.63	13.78	13.34	11.39	7.33
东北地区	14.15	13.15	15.32	13.94	12.14	10.44	9.99	8.72	8.24
黄河中游	13.00	11.27	12.14	11.64	11.50	10.43	10.09	11.27	17.82
西南地区	10.93	10.24	10.51	11.14	11.46	10.37	10.99	10.27	26.82
西北地区	2.81	1.99	3.66	3.74	3.59	3.01	2.95	2.89	30.22

资料来源 根据相应年份的《中国统计年鉴》整理得到。

表 10—3 **中国八大地区人均 GDP（可比价格）及其相对变化**

区域 \ 年份	人均 GDP（元/人）							人均 GDP 增长率（%）	人均 GDP 增长率（%）
	1978	1980	1985	1990	1995	2000	2005	1978—2005	与全国之差
东部沿海	604.45	709.93	1 197.01	1 651.98	3 571.49	5 909.03	10 857.96	10.32	1.09
北部沿海	434.38	492.76	764.20	1 034.72	2 034.04	3 339.89	5 956.77	9.35	0.12
南部沿海	333.88	403.54	691.99	1 149.28	2 788.51	4 313.11	7 701.66	11.21	1.98
长江中游	282.91	325.50	532.91	677.68	1 253.57	2 047.27	3 424.18	8.91	−0.32
东北地区	560.34	625.25	909.85	1 221.21	1 883.39	2 843.36	4 806.95	7.68	−1.55
黄河中游	276.75	322.00	530.72	701.26	1 167.78	1 797.13	3 231.91	8.78	−0.45
西南地区	236.06	271.31	419.35	544.72	926.72	1 388.75	2 313.70	8.15	−1.08
西北地区	346.12	379.05	567.99	789.50	1 201.59	1 727.81	2 729.84	7.38	−1.85
全国	362.27	416.84	665.01	905.49	1 724.99	2 741.02	4 807.92	9.23	0

资料来源 根据相应年份的《中国统计年鉴》整理得到。

从表10—3中可以看出，改革开放的初期，东部沿海、北部沿海和东北地区是我国经济发展程度最高的三个地区，其中东北地区的人均GDP远高于北部沿海和南部沿海地区，而南部沿海地区的人均GDP仅比黄河中游、长江中游和西南地区略高，而且还稍低于西北地区。这表明在改革开放的初期，中国东西部地区间的收入差距虽然存在，但还不是十分突出。经过近28年的经济发展，沿海地区与内陆地区之间的收入差距进一步拉大。南部沿海取代了东北地区成为中国收入最高的三大地区之一；东北地区、长江中游和黄河中游的收入水平处于中间水平，而西北和西南地区则成为收入水平最低的地区。这主要是由各个地区间经济增长率的长期差异所形成的：1978—2005年间沿海地区的经济增长率均高于中西部内陆地区，其中南部沿海的经济增长率更是明显地高于其他地区，达到了11.21%，超过全国平均增长率1.98个百分点；内陆地区的增长率都明显低于全国平均水平，其中东北地区的经济增长表现得较为滞后，其经济增长率仅比西北地区稍高，而显著地低于长江中游、黄河中游和西南地区，这也使得该地区的人均GDP由改革开放初期的领先水平沦为较为落后的水平。

三、地区差异变动的影响因素

改革开放以来，中国地区差异特别是东西差异和城乡地区差异的扩大是历史、自然以及经济和社会等多方面原因引起的。归纳起来，大体包括以下几个方面因素：

（一）区位和基础设施

尽管随着科学技术的进步和交通运输的迅速发展，大大降低了自然条件对经济发展的制约，但总体上讲，地理区位条件至今仍是影响地区经济发展的重要因素之一。从世界范围来看，由于受地理区位的影响，目前人类经济活动仍主要集中在沿海地区和那些交通方便的大城市地区。中国的对外开放也是从沿海地区逐步向中西部地区推进的，这种开放政策进一步强化了沿海地区的原有区位优势，使沿海地区凭借其区位优势和较好的基础率先走上了持续快速发展的轨道。同时，大量的研究表明，良好的基础设施是实现区域经济快速发展的重要前提和基础。从长期发展看，基础设施改善有利于促进区域发展，但短期内也可能会对区域发展产生负的影响。基础设施建设是决定区域制造业发展差异的重要因素之一。区域基础设施与制造业的发展是互为因果、相互促进的，二者之间的关系并非是一种简单的因果关系，而是一种双向的互动关系。即是说，区域基础设施的改善将会促进其制造业的发展，而制造业的发展又将进一步诱发对基础设施投资的需求。

（二）市场化与要素流动

发达市场经济国家的经验表明，市场的力量将会扩大而不是缩小地区之间的差距，尤其是在经济发展的初中期阶段。在这种市场力量作用下，加上过去国家对优势地区给以重点支持的倾斜政策，导致国内外资金、劳动力、人才等生产要素不断向具有优势的沿海地区和大中城市集中，由此加剧了地区经济的不平衡增长，进一步强化了地区差距扩大的趋势。

从理论上讲，劳动力的流动将有助于缩小甚至拉平地区差距。据泰勒和威廉姆森（Taylor & Williamson，1994）对1870—1910年间有大量移民流入或流出的17个国家的研究，大规模移民对这17个国家实际工资、人均GDP和每个人GDP收敛的贡献分别达到168%、50%和73%，由此验证了人口流动对经济收敛的决定性作用。从美国等国家的经验看，在工业化的初中期阶段，地区间劳动力流动障碍的消除对缩小地区差距并没有起到非常大的作用。在中国，由于劳动力流动受到较大的限制，劳动力流动还没有对地区差距缩小发挥重要作用。在1985－1990年间，中国的地区差距处于下降阶段，劳动力流动对这段时间地区差距缩小的贡献大约为12%。这说明劳动力流动并不是这段时间地区差距缩小的主要因素。可以认为，消除劳动力流动的壁垒，将会有利于缩小地区差距，但对其作用也不能给予过高的估计。

（三）产业结构的变迁

从地区间人均收入差距看，各地区工业化的不平衡推进对差距扩大起着重要的作用。据研究，地区间人均GDP的总体差异主要来源于第二产业。构成地区差距扩大的主要结构性因素是结构效应与集中效应时而相同、时而相反的相互作用，地区差距的扩大实际上是由非农产业在空间上的重新聚集和第二产业产值份额居高不下所致。

（四）技术和制度创新

创新是推动经济发展和社会进步的根本动力。沿海地区无论是技术创新还是制度创新均走在全国的前列，因而能够更多地享受创新带来的好处。事实上，这种技术和制度创新的不平衡特点在地区差距扩大中起到了十分重要的作用。经济增长差异的研究表明，物质资本增长因素只能解释各地区经济增长差异的19%，其余80%则要归于包含在全要素生产率（TFP）之中的无形因素。这种无形因素分为结构因素和知识因素两大类。所谓结构因素是指在促进要素流动、提高资源配置效率所产生的作用，所谓知识因素则是对经济增长起长期性决定性作用的知识与技术因素。制度变迁对经济具有关键性的影响，制度变迁提高了全要素生产率在增长中的份额，实际上成为了经济增长的引擎；而不同地区制度的差异是造成地区资本积累和增长差异的决定性原因，不同的制度效率和制度变迁轨迹使得各地区在增长速度和增长质量方面形成很大差距。

（五）地区经济发展战略

中国的对外开放是率先从沿海地区开始的，沿海地区因区位条件、基础设施和经济技术基础较好，已经吸引了进入中国的绝大部分外商直接投资。外商直接投资的大规模进入，将通过增加资本形成、扩大出口和创造就业等途径，推动沿海地区经济的快速发展。反过来，沿海地区经济的快速增长，又将提高地区居民的收入水平，扩大市场的容量，并有利于改善外部条件，产生集聚经济效益，从而进一步扩大外商直接投资。这样，就在外商直接投资和地区经济增长之间形成一种区域循环累积因果效应。这种由出口和外资共同作用所形成的循环累积因果效应，不同于传统的那种单纯由出口导向型增长所产生的循环累积因果效应。实证研究表明，从资本形成的角度看，外商投资对东部发达地区GDP增长具有十分重要的影响，而对西部落后地区的影响缺乏显著性。外商直接投资是导致改革开放以来东部和西部地区间经济增长差异和收入不平等的最重要的因素。在中国三大经济地带中，只有东部地区的出口对地区经济增长有着显著的影响。因此，采取外向型经济发展战略将能够带来更高的经济增长率。引入外商直接投资作为外向型经济发展战略的重要组成部分，对于经济增长的贡献尤为值得关注。

（六）中央政策的影响

中央政策对地区差异的变迁具有双向的影响。一方面，中央对西部地区和老少边穷地区在资金、科技、人才等诸多方面给予扶持，有力地促进了这些地区的发展，有利于缩小地区差距；另一方面，在20世纪八九十年代，为了追求效率和增长目标，中央在投资、财政、税收、金融等方面对沿海一些地区实行倾斜政策，从而又加大了地区差距扩大的趋势。总体上看，在改革开放以后的较长时期内，中央政策更多地具有扩大地区差距的效果，这种情况直到20世纪90年代中后期才有一定改变。1999年，中国实施了西部大开发战略，表明中国的区域政策已由过去的更多地注重效率和增长目标逐步转移到注重公平目标。然而，由于这种战略转变的时间不长，中央区域政策对缩小地区差距的作用还不太明显。目前，西部地区的平均税负仍然较重，中央财政的转移支付由于税收返还比重较大，而过渡期转移支付所占比重较小且采取“撒胡椒面”的办法，反而起到了扩大地区差距的作用，这与财政转移支付的根本目标背道而驰。要改变这种现象还需要一定的过程。需要指出的是，改革开放以来，中国固定资产投资渠道出现了多元化的趋势，中央宏观调控能力已明显下降，由此导致中央政府在调控地区发展、缩小地区差距方面显得心有余而力不足。实证研究表明，中央宏观调控能力的增强有助于减小地区之间的发展差距，而且中央在这方面的努力还是比较有成效的。

第十一章 区域经济增长中的要素流动

区域经济的发展离不开劳动力、资本、技术等生产要素，而这些要素的供给既可在区域内部实现，也可通过要素的流动获得。生产要素的流动对区域经济的发展、收入水平的变化及扩大或缩小区域间的差距将产生重大影响。因此，随着经济的全球化和区域一体化，生产要素流动对区域经济发展的影响便成为区域经济理论及实践所面临的一个重大课题。本章分三节分别讨论劳动力、产业资本和创新在空间上的流动、转移和扩散等问题。

第一节 区域劳动力市场与区际移民

一、劳动力市场的区域性

所谓区域劳动力市场（regional labor market），简单地说，就是特定地域范围内的劳动力市场。从某种意义上讲，区域间劳动力市场比我们通常所说的地方劳动力市场（local labor market）的含义更为广泛。地方劳动力市场是一个环绕中心城市的地理区域，这里有集中的劳动力需求，工人们可以变换工作而不必变迁住址。由此可见，地方劳动力市场的地域范围一般较小，它只是我们所讲的广义的区域劳动力市场的一部分。然而，如果从狭义的角度来理解，我们可以把区域劳动力市场等同于地方劳动力市场。

新古典主义对于城市或区域经济以及国民经济的观点大致是一样的。在给定的本地资本存量下，劳动力价格的下降将会导致劳动力需求的增加，这反映在沿着劳动需求曲线的向下移动，劳动供给的同步减少将会使劳动力市场达到均衡。然而我们注意到当地的劳动力市场可能会呈现出不同的特点。集群经济的观点表明劳动力市场的信息流动与地理的规模不无关系，因此当地劳动力成为在不确定情况下确保企业有稳定的劳动力供给的必要形式。同时，在部门间需求多样化的情况下，本地产业集中成为确保潜在熟练工人需求的一种必要形式。

区域劳动力市场的概念是建立在如下假设的基础上的，即大多数地区的居民习惯于就地寻找工作，各地雇主所需大部分劳动力也就地招募。实际上，无论是发达国家还是发展中国家，这种就地寻找工作和就地招募的倾向都是十分明显的。这是因为，就地寻找工作和就地招募工人，将可以减少上下班的交通费用和通勤时间，维持现有的关系网络，并节省搬迁和安家费用。如果到外地寻找工作或者在外地招募工人，则需要进行搬迁和安置，有时候雇主还需要建立职工宿舍，或者给予住宿和安家补贴。在许多国家，地方政府为了扩大就业，也往往鼓励雇主就地招募当地人员。当然，对于不同类型和性质的劳动力，其市场的地域范围可能具有较大的差异。对于高级经营管理人员和各种专业人才来说，其市场可能延伸到全国甚至国外；而其他劳动力，特别是体力劳动者，则大多数只是限于本地。中国的农民工大规模地到沿海地区寻找工作是因为当地缺乏工作机会。

区域劳动力市场具有不同的类型和层次。按照城乡经济特点，通常可把区域劳动力市场分为城市劳动力市场和农村劳动力市场。随着城市化水平的不断提高，目前学术界大都把研究重点放在城市劳动力市场上，而对农村劳动力市场研究很少。许多有关区域劳动力市场的理论和方法大都是建立在城市劳动力市场分析的基础上。按照市场所覆盖的地域范围大小，也可把区域劳动力市场分为大经济区、省域、市域和县域四个不同层次。这种划分方法的好处是考虑了行政区划因素，便于收集资料和数据。但是，在多数情况下，劳动力市场的地域范围并非与行政区划是一致的。

二、区际移民：劳动力的空间迁移

（一）区际劳动力迁移原因的解释

城市区际之间的劳动力流动有两种基本形式：一种是伴随居住地的变动，即人口迁移；另一种是居住地不变而工作地点变动，即跨区域就业。影响劳动力决定迁移或跨区域就业的原因有很多，但主要是经济原因。我们知道，工作地和居住地空间上的变动是一种社会经济行为现象。空间流动决策的前提是，个体或群体对所在区域的经济、社会状况不满和对所选择区域的认识，他们期待着在这些区域更好地满足个人的需求。对区域收益差别的认识能力，取决于行为主体掌握信息的状况。一般的规律是，对所在区域的劳动和生活条件的不满程度越大，并且对区域之间收益差别了解越多，空间流动的可能性也就越大。在经验研究和理论研究中，确定区域之间的收益差别的主要指标有：收入、工资水平、生活成本、就业结构、提供的工作岗位、城市化水平、居住状况、文化设施、社会地位等。在经济理论研究中，更多地把工资水平或提供的工作岗位视为劳动力空间流动决定因素。理论模型的出发点是，劳动力从工资水平低的区域向工资水平高的区域流动，或者从劳动力过剩的区域向劳动力稀缺的区域流动。区域之间的差别越大，流动性程度也就越高。在这些模型中，很少考虑经济以外的因素，如流动的空间障碍等。

对于劳动力迁移的经济学研究，大多是基于托达罗（M. P. Todaro）、克鲁格曼（Paul Krugman）等的模型。其中，又以托达罗的绝对收入差距假说最有影响。[①] 按照这种假说，劳动力迁移是对城乡之间存在的预期收入差距作出的反应。托达罗模型虽然最初应用于城市与农村之间的劳动力迁移，但是可以拓展到城市域际之间的劳动力流动。

对于劳动力流动的原因的解释，还有一些相关的研究值得一提。其中，一个最通用、最简单的劳动力迁移模型是莱文斯坦（E. G. Rawenstein）在对19世纪中期英国迁移运动的经验研究基础上得出的。他认为，劳动力在两个区域之间的迁移强度同距离成反比，同区域的人口数量成正比。洛里（I. S. Lowry）试图把更多地解释迁移原因的经济模型与上述以距离为指向的模型结合起来。他的基本思路是，原则上人们是从失业率高的区域向失业率低的区域迁移，以及从工资水平低的区域向工资水平高的区域迁移。即使按照新古典的假设，劳动力的

① 刘乃全：《劳动力流动对区域经济发展的影响分析》，232～238页，上海，上海财经大学出版社，2005。

流动导致区域之间的工资和就业差别消失，最终实现长期均衡，但依然存在人口迁移，其规模取决于劳动力市场的大小和区域之间的距离。根据斯托弗（S. A. Stouffer）研究，从来源区域向目标区域的迁移，取决于目标区域存在的机会数量大小，来源区域与目标区域之间进入机会的数量大小，以及在目标区域的移民区内相互竞争的移民（或打工）数量多少。西伯特（H. Siebert）进一步讨论了迁移原因的动态部分。在迁移决策中，不仅涉及一定时期的静态决策问题，而且也涉及不确定条件下的动态决策问题。迁移者追求的不是有限时期内的迁移收益最大化，而是他一生的迁移收益最大化。因此，对所在区域和目标区域未来的收入预期，在迁移决策中起着关键作用。对区域之间收入差别会进一步扩大的预期，促使他们采取迁移决策。相反，对区域之间收入差别会缩小的预期，则减小了对他们的迁移刺激。

对于人力资本的流动，不能用一般的劳动力流动模型来加以解释。他们属于拥有一定技能的高素质的劳动力，是承载着一定的人力资本投资的劳动力，而且是一种具有专用性的人力资本。也就是说，高素质劳动力的技术水平与操作技能不仅受其基本文化底蕴的影响，更主要的是，它是接受职业技术教育与在职培训的结果。高素质劳动力的固有特点，决定了它的迁移存在着巨大的转换成本，其中包括机会成本。转换成本具有“锁定效应”，它在一定程度上降低了高素质劳动力迁移的意向。

假定不存在人为的城市间迁移障碍，并暂时不考虑迁移中的信息不完全和不确定性等情况，我们可以把人力资本的城市间转移看成是一种投资活动，人力资本迁移的成本与收益如图 11—1 所示。

在图 11—1 中，横轴代表时间，纵轴是取得的收益，成本则是负的收益。MM′表示在转移时希望得到的收益，即预期收益。LL′是不转移时的收益，C 部分是转移费用，e 部分是转移的机会成本或失去的收入。如果转移后初期的收益低于未转移时的水平，可用 f 部分表示，而且也应该把这部分看做是费用。G 部分表示未来收益。

考虑到转移费用，不难发现，只有转入地区的预期收益超过原区位的初始收益至少能弥补转移费用时，才具有经济可行性。现实中，机会成本也需要考虑在转移成本之中。因此，更为充分的条件应该是：预期

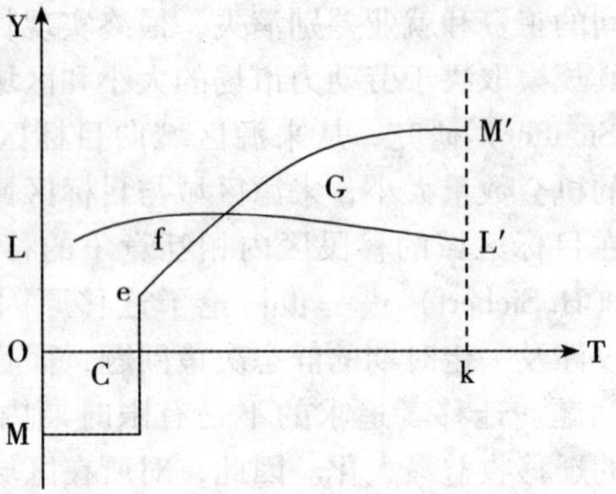

图 11—1 人力资本迁移的成本与收益

收益>转移费用+机会成本。转移费用加上机会成本，我们称之为转换成本。这里，转移费用包括滞留费用、迁徙费用和职业再培训费用。其中，滞留费用（sunk cost）是指获取与原来相同或相近的职业所支出的、尚未得到补偿且转移后也不再会得到补偿的那部分费用。其他各项费用的涵义一目了然，无须解释。机会成本是指高素质劳动力转移到新的城市区位以后，不得不放弃的原城市区位上的一些好处。预期收益除了预期的资金或工资收入以外，还包括其他方面的利益，如生活环境、文化、就业机会、晋升的希望等。因此，只有满足上述条件，人力资本城市间迁移才有可能发生。

总之，人力资本迁移不仅注重工资水平，而且也重视发展环境，同时，也要考虑机会成本。也就是说，人力资本迁移追求的是工资收入、发展环境效应和机会成本的综合均衡。

（二）蒂布特模型与移民的城市偏好

1956 年，查尔斯·蒂布特发表了《一个关于地方支出的纯理论》一文，提出了著名的“蒂布特模型”，这篇文章已经成为城市公共财政理论的经典①。

长期以来，在公共产品的供应上存在着一个基本问题，那就是，居民如何显示他们对公共产品的真实偏好。关于这个问题，马斯格雷夫

① Charles M. Tiebout, “A Pure Theory of Local Expenditures”, Journal of Politcal Economy 64 (October 1956), pp. 416-424.

（Musgrave，1939）和萨缪尔森（Samuelson，1954）一致认为，在公共产品的支出水平上不存在“市场解”。但是，蒂布特却认为，人们可以将地方公共服务的供应看成类似于私人产品的竞争市场，社区间的竞争将使得各种不同的公共产品束被提供出来，居民们将通过迁移（有脚投票）显示出他们对这些公共产品的偏好。这就是所谓的“蒂布特模型”。

蒂布特模型描述了一个这样的过程：人口可以流动，存在足够多的潜在或现实社区，这些社区提供不同的公共产品束，居民能够通过无成本的迁移选择提供最好的公共产品和税收组合的社区，并且通过这一过程显示出他们对公共产品的偏好。社区要么提供居民们需要的产品，要么居民们将迁到其他提供更符合他们偏好的公共产品或者能够有效率地提供这些公共产品的社区。社区间的竞争能够导致资源的有效配置，达到帕累托最优。可见，对于地方公共产品而言，决定有效率水平的机制是居民通过向提供他们偏好的公共服务/税收组合的社区迁移来进行“用脚投票”。

当然，蒂布特模型是通过严格的前提假设得出的，例如不存在迁移成本或完全信息的假设。有鉴于此，一些研究表明，该模型并没有很好地接近现实。但是，蒂布特“用脚投票”的观点是成立的，并具有十分重要的现实意义。

这里，我们将在城市之间迁移的移民和企业资本一概称之为“资本持有人”。假如在异质的城市之间，每个城市为了吸引资本持有人都能单方面地为他们创造出一个与其他城市不同的福利水平，例如，一个城市确定一套财政方案，即税率和政府服务的水平，如果该方案对资本持有人的吸引力相对较弱，他们将通过迁往其他城市来做出反应。这种迁移的结果，显示了资本持有人的明确的城市偏好。

资本持有人通过空间选择反映出城市偏好的显示过程是如何发生的呢？为了探讨资本持有人的城市偏好倾向，我们必须考察资本持有人的效用函数。一般说来，资本持有人具有能够依据自己的偏好系统和效用函数将资源配置于特定区域的能力，同时，他们作为“经济人”也都有把某些资源转换成个人报偿的欲望。在效用最大化假设之下，对于资本持有人来说，总是按照自己的偏好系统来权衡利弊得失，选择能达到其最大化效用的城市来居住或投资。

为了让分析简化，假设存在着效用水平不同的两个城市A、B，两个城市提供的公共产品水平不同，一般地，效用高的A城市有着更高的公共产品供应能力，B城市次之。A城市进入门槛较高，B城市低一些。在蒂布特均衡中，资本持有人会因对公共服务的需求不同，选择满足他们偏好的城市。图11—2显示了资本持有人在公共产品供给能力不同的A、B两个城市的选择过程。

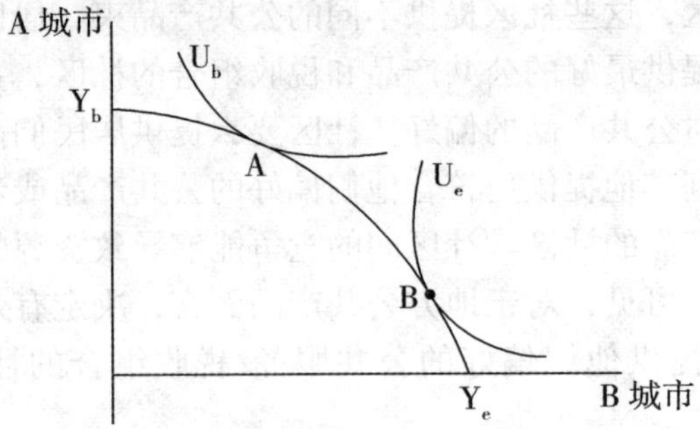

图11—2 不同偏好下的空间选择

图中纵轴表示A城市公共产品供给能力，横轴表示B城市的公共产品供给能力，曲线Y_bY_e表示这两城市公共产品供给的社会生产可能性边界，U_b表示A城市偏好型资本持有人的效用曲线，U_e表示偏好于B城市的资本持有人的效用曲线，Y_bY_e上的A、B两点则分别表示这两个资本持有人的效用最大化的服务/税收组合。换言之，如果资本持有人的这一空间选择过程是蒂布特式分类所导致的，那么，相应的均衡是有效率的。

这样，资本持有人的效用函数或利益函数可写为：

$$U=U(Y_e,\ Y_b,\ t) \quad (11.1)$$

式中：U代表效用函数，Y_e和Y_b分别为A、B的公共产品供给能力，t为资本持有人的城市偏好。

无疑地，资本持有人的城市偏好与其效用函数密切地联系在一起。假设居住在B城市中的资本持有人迁移到A城市中，他的迁移决策在进行蒂布特式调整的同时，也显示了他的城市偏好。在这种情况下，可将在A城市之间迁移的资本持有人的效用函数写成：

$$U_1=U_1(Y_e),\ \frac{dU_1}{dY_e}<0 \tag{11.2}$$

这个公式共同表明，资本持有人的迁移下的公共选择达到了帕累托改进的目标。但是，对于B城市来说却是不利的。它的居民效用函数是：

$$U_2=U_2(Y_b),\ \frac{dU_2}{dY_b}>0 \tag{11.3}$$

Y_b 大于零的资源配置偏离了帕累托最优标准。这是因为资本持有人在城市之间迁移时，通常会在收益和成本方面都产生财政上的外部性。迁移会给那些留在原来共享团体中的人带来外部不经济，给迁入的那个城市里的人带来外部经济。

为了吸引资本持有人，每个城市唯一能够做的就是不断改善它的公共服务供给能力，因此，地方公共选择的蒂布特模型意味着城市竞争可以使地方政府变成是最有效率的治理层次。通过在地方层次上提供公共服务，如公共教育、治安和消防，而且通过税收来为这些服务筹集资金，能够实现资源的有效配置。

（三）区际劳动力迁移的效应

劳动力迁移在空间上的不平衡性和结构上的选择性决定了大规模迁移将对迁入、迁出地产生多方面的影响。首先，劳动力移动直接改变了迁入地和迁出地的人口总量，并通过转移、生育间接影响两地的人口数量对比。其次，劳动力移动所可能引起的生育行为变化将改变两地的人口再生产模式，由此，人口的分布状况以及发展模式都将发生变化。另外，劳动力移动将改变两地的人口结构。人口移动导致的人口空间结构变化有两种情况：集聚性的迁移将会强化人口分布的不均衡状况，而扩散性迁移则使人口分布趋于平均。人口和劳动力的区域流动还可对地区差距产生影响。

劳动力移动对生态环境也将产生直接的影响。在生态脆弱地区，劳动力的入迁可能会加剧生态环境的恶化，特别是在农业移民中对环境资源的不合理利用已经产生了严重的后果。但也有少量因劳动力入迁后对生态环境加以科学治理而使其得到改善的情况。目前，在一些生态环境恶化的地区，移民已经成为脱贫和保护环境的重要途径。

劳动力移动的社会效应是一个倍受关注的课题。劳动力移动在实现均衡的过程中不断地打破旧有的平衡，从而引发了多层面的摩擦。这一社会整合过程从长远看有利于增强社会的活力，从短期看则有可能带来社会问题，如文化冲突、犯罪等。移民行为调整是劳动力移动社会效应微观方面的重要内容。从一种文化背景和特定社区流入另一种行为方式和文化氛围中的移民，价值观念和行为方式的差异迫使移民在冲突中进行着调整，同时他们的行为方式和价值观念也可能影响迁入地的土著居民。移民通过多种文化的相互交流融合，形成富有生机的移民文化，而在另一些情况下，则可能导致社会冲突。一般来看，处于少数地位或带有落后的文化背景的移民更有可能采取调整自身行为方式和价值观念的途径主动或被动地适应迁入区的生活方式而被同化。在移民占多数的情况下可能会将自己的文化强加给迁入区居民。在迁入地，本地居民对具有相对先进文化背景的移民可能采取较为友好或是倾慕的态度，而对由落后文化区迁入的移民多采取歧视甚至敌视的态度。

第二节　区域产业的整体性成长与转移

一、开放条件下的区域产业整体性成长

（一）区域产业整体性成长的含义

区域产业成长总是在开放的系统中存在。在开放条件下，区域产业的成长作为一个历史发展过程就是从低级形态向高级形态、从独立演进到关联成长的转变过程，其内容或根本标志包括三个方面：

（1）结构规模由小变大。即产业部门数量增加，产业关联深化。

（2）结构水平由低变高。即技术水平提高，产业关联以劳动密集型为主体逐步地转为以技术密集型为主体。

（3）结构联系由松变紧。即产业之间的聚合程度，关联耦合更加紧密。

这三方面的变动实际上是区域产业内部构造的变动，它意味着区域产业结构整体性的成长。区域产业结构体关联性、整体性成长，是指区域内一个城市的产业结构成长会对另一城市产业结构成长产生影响和波及效果；反之，一个城市要实现产业结构的顺利成长也要依赖于区域内其他城市产业结构的成长。这里的关键在于地域分工。现实中的特定区

域内各城市产业结构体都是一个一个的开放系统，在参与区域分工中，形成相互关联、互相依存的关系，从而形成整体性成长。

（二）区域产业整体性成长的本质

从区域开放系统的角度上说，区域产业整体性成长的实质，就是区域整体内部各产业结构体之间生产技术、经济联系等各种内在联系不断紧密的过程[①]。正是由于这些内在联系的存在和日益密切，各城市产业结构体才相互关联形成区域产业结构的整体性成长。

可见，区域产业的整体性成长，是区域内各产业结构体在产业循环（再生产过程）中超越城市之间的界线而形成的技术、经济联系不断紧密化，以及资源配置、重组关系不断变动的过程或结果。区域产业在整体性的成长中，内部各产业结构体并非互不相关，它们之间存在着客观的内在联系。这种内在联系包括生产技术联系和经济联系等各方面。

各产业结构体之间的生产技术联系，是指区域内各城市产业结构体的相对独立演进离不开相互间的关联。这是因为一个城市产业成长是和其内部的一部分面向国内的进口替代产业的发展并不断转化为面向输出产业，以及不断培育新的进口替代产业（有时也往往通过创新出现新兴产业）这一动态过程分不开的。因此，现实中域内各产业结构体作为一个个开放系统，离不开这种生产技术联系，否则单个产业结构体就不能正常运行。

各产业结构体之间的经济联系，是指各城市产业结构体之间在一定经济交换关系中的利益关系。各产业结构体间的经济联系，主要是通过它们的产品交换关系和资本投资关系以及产业转移关系体现出来的。这种利益关系由于各产业结构体发展水平或成长差异而并不平衡，既有利益流失，也有获利，并在动态中不断发生着新的变化，从而出现矛盾和摩擦关系。为了协调和平衡结构整体性运行中必然出现的内在矛盾和摩擦，争取双赢结果，在某些区域中已出现一体化程度不同的组织形式和制度框架。这些不同程度的一体化，可以看成是一个由低到高的序列，隐含着一个城市的局部利益逐步向区域整体利益转换的序列。因为，随

① 汪斌：《国际区域产业结构分析导论——一个一般理论及其对中国的应用分析》，136～137页，上海，上海三联书店、上海人民出版社，2001。

着一体化程度的不断提高，作为区域内成员的“城市经济有机体”将逐步融入“区域经济有机体”，形成统一的生产和流通。因此，现代经济运行主体渐进转换与利益转化是同方向的。当然，经济出现区域化趋势，并不是说经济运行主体完全转换成区域经济集团，区域整体利益完全替代城市利益。事实上也并非如此。这一转换是一个漫长、复杂的过程，但其趋势从长远来看可能是不可逆转的。目前，区域经济的现实运行主体在局部仍是二元的，即城市经济体和区域经济体并存，这本身就是一个矛盾统一体。

区域产业结构内部各产业结构体之间不仅存在着上述质的方面的联系，而且也存在着量的方面的联系。由于地域分工，单个城市产业结构体必须通过与其他城市产业结构体的经济交往才能完成自身的产业循环（即自身再生产过程的物质替换和价值补偿）。各城市产业结构体实现各自产业循环是有特定的量的要求的，即要保持一定的数量比例关系，从而各产业结构体的产业循环才能顺利实现，整个区域产业结构成长才能顺利进行。

各产业结构体之间这种客观上存在的数量比例关系，实质上是各种资源和生产要素在各产业结构体之间的重组与分配关系，一般通过域内贸易和投资以及产业转移来实现。这表明，由于任何资源在某种意义上都是稀缺的，区域内各城市产业结构体不但从供需关系上相互影响，而且从资源的占有上也互相影响，因而各城市产业结构体之间不仅会在一定条件下相互促进，而且也会在一定条件下互相排斥，出现摩擦。

此外，由区域产业整体性成长的实质，即内部各产业结构体之间在生产技术和经济联系等方面不断地紧密化，决定其在量上的联系还表现为域内相互联系密切化的产业结构体在数量上的逐步增加。因为区域产业结构的整体性成长，其内部包含的城市产业结构体的数量是在动态变动的，在边界上具有不确定性。在现实经济生活中，表现为原为域外的某个城市产业结构体也被卷入域内整体性的成长中，这一数量变化的原因与经济区域化的背景密切相关，使现实中有更多城市产业结构体通过地域分工，加入到某区域产业结构的整体性成长中。

（三）区域产业整体性成长的动力

域内各产业体关联成整体，其内在联系紧密化的根本原因在于社会生产力的巨大发展和社会分工的深化，其物质基础和直接原因与动力是生产要素和结构成长的偏差和互补。①

从根本上来看，社会生产力的发展具有一种内在的扩张力，这种扩张力促使社会分工不断深化。分工的不断深化发展，一方面在一城市范围内不断发展，形成多层次的分工体系。另一方面，这种分工越出城市界线深化发展，在相邻或相近地域空间乃至更大范围形成多层次立体的地域分工体系。这种地域分工也具有多层次性，既有各城市产业间的分工，也有深入到各城市部门内部的区域分工，进一步还细化深入到各城市企业内部的区域分工。社会生产力的巨大发展和现代科技的进步，总是不断地推动分工的深化，由低层次分工向高层次分工发展，不仅导致高层次分工的不断深化，而且使原有的分工领域进一步分化、扩展。区域内各城市产业结构体内在联系紧密化的根本原因，就在于区域生产力的发展和区域分工深化。由于当代区域分工已深入到各产业结构体中的部门内和企业内层次，从而使各城市产业结构体形成互为依存的整体性成长，单个城市产业结构体已不能离开整体而顺利实现产业循环。

如果说生产力的巨大发展和社会分工深化是根本原因的话，那么生产要素和产业结构的偏差与互补是各产业结构体间内在联系紧密化的直接原因和物质基础。一方面，各城市拥有的生产要素、自然资源禀赋是不同的，并且任何一个城市都不可能拥有全部生产要素或在任何要素上都占有比较优势，这就造成城市域际间要素差异，差异越大互补性就越强。各城市为了发挥自身比较优势，获得比较利益，通常采取两种方式：产品的跨区界交换和生产要素的跨区界流动。由于文化传统、价值观念、人文地理上的便利，这种流动首先向周边地域或相近城市扩散，以加强城区间经济交往。另一方面，各城市产业结构体的差异性在域内形成了产业结构的互补性，即任何一个城市的产业结构在其循环演进中总是优劣并存、长短互见、彼此都有所求。这成为一种内在动力，推动着区域内各城市产业结构在相互依存、互相关联中相互补充，以提高资源配置的效率，获取最大的经济利益。上述两个方面，在现代科学技术

① 汪斌：《国际区域产业结构分析导论——一个一般理论及其对中国的应用分析》，142～143页，上海，上海三联书店出版社、上海人民出版社，2001。

高速发展条件下，由于交通、通讯手段的现代化，大大缩短了区域内的空间距离，从而更便利了要素流动和产业结构的互补演进。因此，直接促进了区域产业结构的整体性成长。

此外，区域产业整体性关联成长，取决于产业系统的内能与外力的综合运用。一方面，产业成长必须具有一定的内能，这一内能来自于产业系统赖以存在的资源要素的势能差。另一方面，产业的成长，又受许多外力的作用。这些外力主要包括政策指导力、市场吸引力、科技推动力、观念摩擦力等。一般来说，适宜的政策环境有利于产业的整体性成长，关卡壁垒限制的政策环境不利于产业成长；政策鼓励的产业易于成长，政策限制的产业极难成长。市场引力是通过市场有效需求的存在，刺激生产经营者的积极性来实现的。市场有效需求大，产业适销，其产业容易成长，反之，产业成长也就不存在了。科技进步是推动产业整体成长的强大力量。科技对产业成长的约束，往往是硬约束，因此科学技术的进步往往成为产业成长的“阈限”，即超过某一科技进步的阈限（通常所说的科技的突破性进展），产业便有可能迅速成长。经济观念对产业整体成长的作用也是巨大的。陈腐的观念，严重阻碍着产业的整体成长，这种作用，称为观念摩擦力。可见，上述各种力可正可负。区域产业整体成长取决于由以上诸种内能与外力所形成的合力。

二、区际间的产业转移

（一）区际产业转移的概念

区际产业转移是指在一国范围内，由于政府（中央或地方政府）经济政策的调控导向，以及科技进步、资源供给、产品需求等条件发生变化，由此引起某些产业从某一区域转移到其他区域的空间迁移过程。

关于区际产业转移概念的科学理解，应把握以下基本内涵：

1. 区际产业转移的发生地域仅限于一国之内。区际产业转移和国际产业转移存在明显的不同。区际产业转移完全发生在一国范围内，没有突破国界线的地域限制；而国际产业转移则突破了国界线的地域限制。在一国之内，各区域在社会制度、经济体制、经济运行规则等方面是基本一致，一般不存在国家之间常有的种种人为障碍（如关税限制、移民限制、技术转移限制、资本流动限制等），因此，国际产业转移和区际产业转移二者所面对的投资环境和因应策略迥然不同。在产业转移所引发的资本、劳动力、技术等生产要素流动特点方面，二者也存在明显的区别。

2. 区际产业转移具有综合性。区际产业转移是区际经济传递的重要形式，区际产业转移是区际要素流动的载体，是资本、技术、劳动力、信息等生产要素的集体流动，具有单个生产要素流动所不具备的特征和功能。

3. 区际产业转移表现为产业的空间移动。区际产业转移不同于区际直接投资、区际贸易、区际技术转让等具体的经济活动，它在客观上表现为产业的空间迁移现象。

4. 区际产业转移的实质是企业的空间扩张过程。从微观层次而言，产业的空间迁移过程即为企业的空间扩张过程，亦即企业的再区位（relocation）和区位调整（location adjustment）的过程，产业转移是大量企业迁徙的量变和质变过程。

5. 城际产业转移、城乡产业转移为区际产业转移的特例。“区域”概念具有典型的二重性，它既是一个实体概念，又是一个抽象的空间概念。发生在城市之间的城际产业转移、城市与乡村之间的城乡产业转移，均为区际产业转移的特例。

（二）产业转移的经济动因

产业转移是指某些产业从较发达的中心城市转移到下一级城市（镇）的一种经济过程，它是当代以及今后不同发展水平的城市域际之间经济关系的重要传导机制。产业转移的经济动因可以从企业扩张、产品生命周期和价值构成差异和产业竞争几个方面加以解释。

1. 企业迁移与盈利空间界限

从微观角度上说，产业转移是企业投资活动的区位选择过程。企业迁移的决定可以采用史密斯（Smith，1971）的盈利空间界限理论来进行解释。企业迁移盈利空间界限如图 11—3 所示，假定空间收入曲线是一条直线，用 SRC 表示；空间成本曲线用 SCC 表示，这样空间收入曲线和空间成本曲线相交的点即 M_1 和 M_2 为企业盈利的空间界限。在 M_1 和 M_2 之间的任何区位都是盈利的，其中 P 是企业的最大盈利点，即最优区位。假定企业最初选择在最优区位点 P，但由于外部环境和企业发展条件的变化，企业的空间成本曲线由 SCC 变为 SCC*，盈利空间界限由 M_1 和 M_2 分别变化为 M_1^* 和 M_2^*，最大盈利点由 P 变化为 P*。在新的条件下，过去的最优区 P 将超出盈利空间界限，而成为企业的亏损点。因此，企业要想实现盈利目标，并把利润率提高到目标盈利水平之上，就必须把企业迁移到新的最大盈利点 P*。我们可以认为，企业把某些活动迁移到更为有利的区位，这是其提高盈利水平和竞争力的重要途径之一。

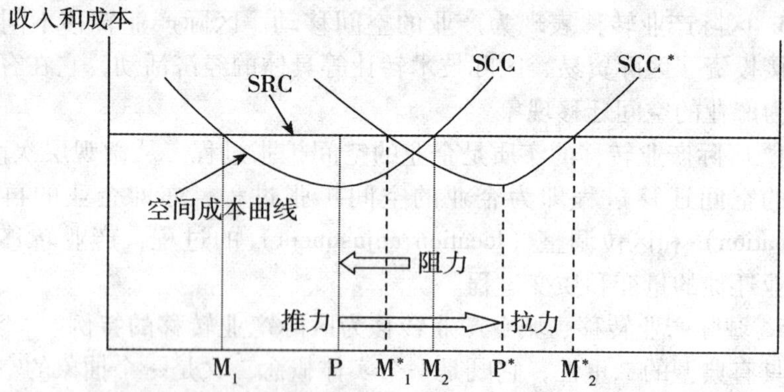

图 11—3　企业迁移盈利空间界限

一般说来，当企业现有区位处于盈利空间界限之外，企业将会考虑采取迁移的办法来提高当前的盈利水平。在这种情况下，企业迁移决策主要由那些推力因素，即促使企业离开现有区位的因素所驱使。在多数情况下，企业现有区位仍处在盈利空间界限之内，只是决策者发现其他区位可以获得更高的利润水平。于是，企业迁移决策主要由那些拉力因素，即吸引企业到其他区位的力量所驱使。除了推力和拉力因素外，企业迁移决策还取决于一些存在于现有区位的阻力因素。这些因素涉及企业迁移所造成的固定和可变成本的损失，维持现有劳动力就业关系，来自地方政府的压力，以及管理者旅行成本的增加等。显然，当来自现有区位的推力与来自目标区位的拉力足够大时，企业才会克服各种阻力做出迁移的决定。

2. 产业转移与产品生命周期

中心城市之所以向外转移产业，是由于企业为了顺应产品周期的变化，以规避某些产品生产上的比较劣势。一般地，产品从其进入市场开始，生命周期大致分为特征各异的三个阶段：新产品阶段、成熟阶段和标准化阶段。新产品阶段是产品开发与投产的最初阶段。新产品的价值功能刚刚为人们所认识，对新产品的需求还仅仅局限于区内，生产该产品的技术尚未定型，需要通过区内市场了解消费者对产品的要求，从而改进产品。所以，在这个阶段，生产过程中投入最多的技术知识和熟练劳动力，产品的技术密集度较高。

成熟阶段是产品及其生产技术逐渐成熟的阶段。产品的价值功能已经为发展水平相当的地区的消费者所认识，区外对产品的需求逐渐强劲，产品的出口大量增加。与此同时，外地厂商开始模仿或引进先进技术从事生产，需要投入较多资本与非熟练劳动力，产品开始由知识密集型向资本密集型和劳动密集型转化。

标准化阶段，是产品及其生产技术的定型化阶段。生产技术体现为专门的生产设备、流水线和大批量的标准化生产，研究与开发费用占生产成本的比重降低，资本与非技术型熟练劳动成为产品成本的主要部分。由于生产厂家众多，成本、价格、质量成为市场竞争的主要手段，生产地点逐渐向低成本地区转移。

产品及其生产技术的发展周期，决定了生产地点的变动。如果把区域内的所有城市分为三组：中心城市、次中心城市与城镇，就可以看出企业经济活动的转换与产品生命周期的关系。产品生命周期与城市产业转移如图 11—4 所示。

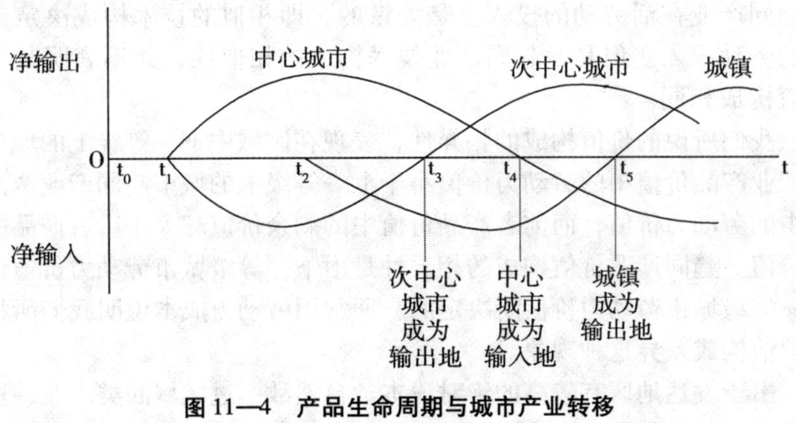

图 11—4 产品生命周期与城市产业转移

该图横轴表示时间 t，纵轴表示产业投资量，原点 O 的上方表示净输出，原点 O 的下方表示净输入。假设中心城市是新产品的发明者，即从 t_0—t_1 为新产品阶段，中心城市从事该产品的设计创新与投产，并在城市内部市场销售。从 t_1 开始产品逐渐成熟，中心城市将经济活动的一部分转移到某些消费偏好相似的次中心城市，这些城市的市场潜在强劲需求刺激本地的厂商模仿或引进生产技术进行生产，并在本地市场上与中心城市的厂商进行竞争，然后也开始向外出口产品，到 t_3 次中心城市已成为净输出地。同时，随着产品由成熟走向标准化，产品研究与开发的优势被成本与价格的优势所取代，中心城市的相对优势消失，至 t_4 成为该种产品的净输入地。在 t_5，该产品及其生产技术已进入标准化阶段，非熟练劳动力成本高低成为产品价格竞争的重要手段，于是该产品生产地点逐渐全部移到工资率低的城市，并使之成为净输出地。总之，将区域内不同城市的相对比较优势的变化与产品生命周期结合起来，旨在说明区域产业结构的形成和调整是由产品生命周期规律支配的。

3. 价值构成差异与产业转移

产业转移是开放条件下正常趋同产业的发育成长过程。正常趋同产业是区域内在一定时期内存在的技术构成相似的同类商品生产部门。如都有纺织业、制革业、成衣业等。他们使用相似的机器设备和生产线，运用相似的技术工艺，需要相似比例的生产资源和劳动力等。区域内两个城市趋同产业在技术构成上的相似性，决定了两个城市趋同产业在活劳动的投入上是等量的，即相似的技术构成决定了等量的劳动投入。但是，趋同产业技术构成的相似性，并不表明其产品价值构成相同。

我们所说的价值构成的相异性，表现在区域中下一等级上的城市趋同产业产品价值中的劳动力价值小于上一等级上的城市趋同产业产品价值中的劳动力价值，而前者产品价值中的剩余价值却大于后者产品的剩余价值。趋同产业价值构成的相异性是由下一等级城市劳动力价值低于上一等级城市劳动力价值所决定的。通常用劳动力成本说明我们所指出的价值构成差异这种现象。

由于发达地区有较高的绝对成本，自然敌不过区域同类产业，这就迫使发达地区趋同产业作出调整。调整方向不外乎两种：一是在趋同产业内部更新技术设备，进一步提高劳动生产率，实现产业深化。二是将趋同产业转移给别的地区。自己则将资本、劳动力及其他资源投入新兴产业。中心城市之所以将产业转移作为产业调整战略，是因为产业转移不仅能够摆脱趋同产业绝对成本较高的不利地位，而且能实现趋同产业的再次价值增值。从这个意义说，产业转移也可看做是面对不断变化的外界环境所实施的一种产业发展战略。

（三）产业转移的基本模式

1. 链状型转移模式

链状型产业转移主要针对的是制造业迁移的情况。制造业的业务环节大致可分两个部分：生产制造系统和生产服务系统。前者是指一个企业的内部生产场所，亦即直接制造产品的生产工序和装配车间，以及整个企业的生产系统，其中包括一部分不能与生产分离的紧密型生产服务，如料库、安全保卫、机器维修和保养等。后者是指为企业生产服务的所有环节，既包括销售部门，也包括运输、咨询、信息、金融等部门。

在产业空间转移的过程中，生产制造系统和生产服务系统实现了分离。一方面，企业中负责财务融资、市场策划、产品设计、统筹管理、品质检验和通讯运输等生产服务部门留在上一等级城市中。另一方面，企业中部分生活活动及生产管理人员与下一等级城市的管理人员及当地的各种生产资源重新组合，形成新的生产制造部门。

以这种方式实现的产业转移，有几个基本特点：（1）上一等级城市的制造企业将下一等级城市的低成本优势和上一等级城市的大都市双重优势相结合，从而形成了两个独立的“利润中心”。（2）企业价值链中技术水平最高的和附加值最高的生产服务部门总是留在高一个层次的城市上。这部分生产服务性部门有的就逐渐演变为独立的服务型企业，提供社会化生产服务。（3）转移到下一等级城市的生产制造部门，经过多年发展之后，可能会逐渐变成独具特色的新的制造企业，并形成新的生产服务网络。这就改变了下一等级城市的经济结构，使该地区有可能成为新兴的工业地带。（4）在制造业从上一等级城市向下一等级城市转移的同时，也有被转移地区的制造业不断改进质量，增加产品的技术含量后向上一级制造业提升的问题。也就是，每一个被转移地区的制造业都有两个反向的发展趋势，一个是将其成熟的产品再向下一级城市转移，同时，其本身技术水平的提升，也使其制造业水平向上一级，向它转移制造业技术的输出地靠拢，这是一个向上发展的趋势。（5）在以上两个反向运动趋势中，市场机制起了支配作用。资源向最高利润和最大回报率地区流动的铁律，导致生产资源和服务资源在城市之间不断实现重新分配，并使城市之间的产业结构之间形成一个紧密的链条，在相互影响中共同升级和发展。

2. 网状型转移模式

网状型产业转移针对的是实力相当的城市之间的情况。区域内两个经济发展水平相当的城市为了优势互补，实行强强联合，建立起一种城市之间的发散型多重生产服务网络。

如果说链状产业转移模式适合于制造业梯度层次较为明显的产业结构之间的转移的话，那么，这种呈网络状的产业转移，大多是在生产服务领域中进行的，而且多数选择在两个城市本身具有优势的服务产业上，呈现强强联合的态势。它有如下特点：（1）各城市之间处在生产服务的同一环节中合作，共同提供上、中、下游的生产服务。换言之，各城市之间的生产服务业在整体上是互相转移的。（2）每个城市之间的合作关系是输入与输出的一对组合，是双赢结局，而不是简单的单向吸引或吐出。多重城市生产服务网络的功能不是简单的城市服务功能的相加，而是存在着放大效应。（3）在市场经济追逐最高利润的驱动下，城市之间的各种生产服务资源实现不断的重组与联合，在各种优势互补中得到了发展，而且不断地扩大和转换。

3. 飞地型转移模式

在这里，飞地主要指一个城市在另一个城市辖区范围内辟地建立的属于自己的产业园区。尽管飞地型产业园区在空间上与飞出地城市隔开，但是，它仍属于飞出地城市管辖，或与设置飞地的城市保持着功能上的联系。飞地，本质上只不过是设在另一个城市区域内的另一个特别行政区或产业区。飞地型产业转移是一种整体性产业位移，它是通过在飞入地城市设立产业园区的形式得以实现的。飞地型产业转移不是主观臆想的结果，它是由资本等生产要素向优势区位移动的规律决定的。它是资源和要素的整体移动，是一种空间位移，因此，它必然伴随着制度上的重大创新。在传统的体制下，这种整体移动是不可想象的，但是，当市场机制成为资源空间配置的基础时，这种飞地式的要素转移就有可能成为现实。

（四）产业空间转移的效应

1. 产业转移的正效应

产业转移具有优化区域资源配置的功能，它可以带来产业结构调整，因此成为推动区域经济发展的动力。具体来说，产业转移的积极作用表现在如下几个方面：

（1）产业转移促进了要素空间流动。要素空间流动不仅包括劳动力的流动，也包括投资和所有权要素的转移。对于移出地来说，产业转移为产业结构调整提供了绝好的契机；对于移入地来说，通过引进相对先进的技术、直接投资和管理经验，促进了当地经济的发展。

（2）产业转移推动了区域产业结构成长。产业转移提高了移入和移出地双方的技术水平和装备水平，有利于提高区域产业竞争力。如果通过产业转移，城市建立了新的产业，那意味着产业结构将发生变化，甚至可能出现产业升级的趋势。

（3）产业转移可以引起就业结构变化。通过产业转移建立起来的新产业，自然会吸收一定的劳动力就业。如果所转移的产业比移入的产业水平和产业等级更高，通常也会促进就业结构的变化。通常这类新产业除了高级管理人员和技术人员之外，一般管理人员、技术人员、熟练工人都由当地的劳动力担任，所以这类产业会促进移入地的就业人口增加和就业结构的变化。

（4）产业转移带动了地方经济增长。产业转移不仅促进了地方生产效率的提高和收入增加，而且也促进了地方输出和贸易的增长，同时，由于集聚效应也会吸引更多的外来资金注入。所有这些因素都会增加地方国民生产总值，从而推动经济增长。

2. 产业转移的负效应

（1）产业转移可能会扩大产业级差。一般情况下，产业移出地不会将最先进的技术或产业项目转移到下一等级城市，而且技术创新和扩散中存在着“时滞性”，这表明上一等级城市与下一等级城市在技术水平及由此产生的经济发展水平上存在永久性差距。换言之，由于技术转移固有的级差的存在，城市之间在产业结构等级方面的差距也往往会被固定化。产业级差的存在，使得下一等级城市的依附性更明显了。

（2）产业转移引起收益分配的非均衡倾向。产业转移加快了区域经济增长的可能性，并不意味着区域内城市之间在产业转移中能够获得与它们的价值投入相应的价值盈余。作为产业转移的移出地城市具有明显的优势，因而在转移过程中可获得更多的收益。比如，在投资中由垄断因素引起的垄断利润，由制度结构差异所引起的制度收益，加之欠发达的产业移入地城市急于引进外资，争相出台优惠政策以减免税让利，最终都增加了投资者的资本回报率，而使产业移入地自己获取的直接利益甚小。

（3）污染性产业的转移与扩散。通过产业转移，大批污染产业迁移到欠发达的下一等级城市，大批产品却源源不断地输入发达的中心城市。尽管产业移出地的某些企业也可以通过采用新技术、新设备来治理污染，但成本投入比较大，如果投入的边际成本大于边际利润，企业绝对不可能这样做，更不会为了转移产业而开发有利于净化移入地环境的新技术。遗憾的是，某些欠发达的城市并未认识到这种危害性，甚至把污染产业引入作为“政绩”来看待，作为推动地方经济增长的“润滑剂”和“兴奋剂”，作为地方财政收入的重要来源。

第三节　创新的空间扩散

一、信息和技术的流动性

信息和技术进步是决定区域经济增长的重要因素。技术知识是区域内生产方法、产品和组织形式方面既定的存量，是在商品和劳务生产中所积累的知识、技巧和熟练程度，技术进步是技术知识存量的变动。新技术知识可以体现在以更低的成本生产已有的产品、生产新的产品或提供新的服务，以及实行新的组织形式。技术进步或技能创新意味着一定的投入量可以生产出更多的产品，通过技能改进，提高了现有的劳动量和资本量的生产率，就像是在技术不变的情况下，增加了劳动的供给和资本的供给一样。随着生产技术的变革以及新技术发明应用于实际生产过程中的时间间隔的缩短，在企业之间竞争加剧的条件下，企业越来越感觉到及时获得市场信息和技术新资料的迫切性，技术和信息的扩散也越来越快。

从区域经济学的角度看，信息和新技术知识的形成、运用和推广，是一个时空过程。假设存在两个区域，区域 1 和区域 2 的技术进步是由各自区域内的发明或发明在区域之间的流动，以及在两个区域内新技术知识的运用（创新）和推广（扩散）所决定的。发明在区域之间的流动取决于现有的联络交流系统，也就是说取决于来源区域发明者的输出意愿和目标区域潜在接受者的接受意愿，以及信息渠道的提供能力。原则上可以假定，国家研究机构比私人研究机构更愿意转让技术发明。私人企业首先考虑的是把发明保持在手里，在自己的企业中运用，从而在竞争对手面前保持竞争优势。专利法创造了法律框架，规定了技术进步限制在发明企业范围内的保留时间。可以看出，首先是在短期内对私人企业来说，很少有输出意愿，其结果是发明在区域内和区域之间很大程度上不可流动。从长期看，发明企业进行技术转让是有利可图的。空间扩散更多的是同在已有和新建的分厂中使用新的生产方法，或者向其他企业转让生产许可证相联系的。从接受一方的角度看，潜在接受者接受新技术知识的能力和意愿，区域之间也存在差别。概括起来说，可以确认的是，发明并不是具有无限的可流动性，而是表现为存在障碍的有限流动模式。正是由于存在流动障碍，发明在初始的空间分布不均衡，并不能通过区域之间的交流过程被消除。

在一个区域内现存的关于发明的知识，只是说明潜在的技术进步。只有被企业实际运用的那部分发明，才能说明区域内实际发生的技术进步。对区域发展来说，关键是率先运用了发明（创新）并将其在区域内普遍推广（扩散）。一个区域能否率先运用发明取决于所具有的知识存量、资本装备和资本结构、竞争强度和行业特有的景气状况、企业规模结构、部门结构和动力结构等。创新在区域内的普遍推广，也就是说被其他企业模仿和需求者接受，除了所提到的影响创新的因素之外，最关键的是信息和联络交流过程的组织因素。由于影响创新和创新扩散的因素是多方面的，所以必须看到，不仅是发明的形成，而且技术革新的率先实现和普遍推广，在各区域的分布都是存在差别的。

二、创新与区域创新系统

创新包括在市场上引入更新的产品和服务、发展新的生产销售和服务方式以及采用新的管理组织方式等。创新可以有三种：产品创新、过程创新以及组织创新。“产品创新”指开发新的产品或改进已有的产品以满足市场需求并盈利。“过程创新”是采用新的或改进的生产销售方式或采纳新的服务方式。产品创新与过程创新并不是相互独立的，过程创新可以创造新的产品，而产品创新可能诱导过程创新。“组织创新”指采用新的组织和管理方式更有效地利用人力资源，从而促进其他各类创新（Davelaar，1991）。

创新是一个多方参与的相互作用的复杂过程，通过各种反馈与相互作用，新的知识被创造并被传播。公司的创新过程由一系列的相互联系、相互反馈的活动组成。这个过程始于一个新的市场机会或一项基于科学技术的新发明，接着是新产品或过程的分析性设计、试验与测试、设计改进、生产、产品的销售或过程的推广等。每两个环节之间都存在信息的反馈。在产品销售或过程推广中收集消费者的反馈信息，这些信息构成下一轮创新的重要投入。公司的创新过程是嵌入在公司特定知识存量、一般知识技术存量以及研究开发活动中的。这个模型将两类相互作用结合在一起：其一是产品或过程创新中公司内部各部门的相互作用；其二是公司与外部，如其他公司、消费者、研究与开发机构、信息与资本的供应者、甚至竞争者等的相互作用。因此，创新是公司内外各部门之间相互作用的结果。创新过程的相互作用模型如图 11—5 所示。

创新活动需要在一定的空间实现与完成。长期以来，创新被认为是增强区域竞争力的关键因素，区域经济的发展经常伴随着新的经济活动、市场扩张以及新技术的采纳。创新能力强、技术水平高的区域通常是增长较快的经济实体（Feldman，1994；Frenkel 和 Shefer，1997）。近

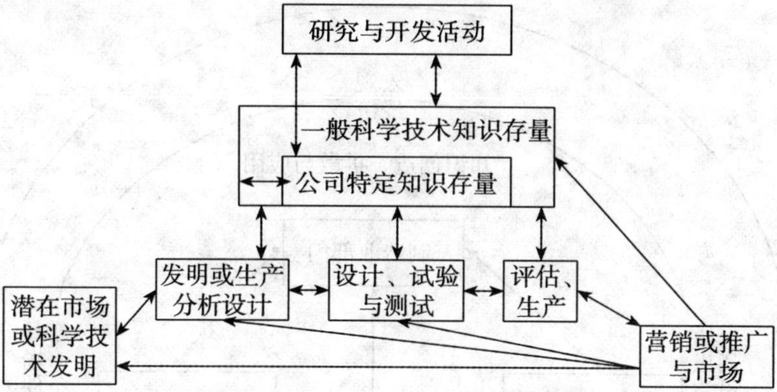

图 11—5 创新过程的相互作用模型

资料来源 Malechi（1997）。

年来，区域创新系统已成为区域科学研究的重点课题（Cooke 等，1997；Morgan，1997；Braczyk 等，1998；Hudson，1999）。综合一些研究成果，图 11—6 提出一个区域创新系统的框架。这个创新系统由四个群体组成：制造业部门、科研部门、生产服务部门以及制度部门。制造业部门，包括所有制造业公司及其研发部门；科研部门由培训与研究两部分组成，培训和教育机构培养科学家、工程师、技术人员以及其他熟练工人，大学和科研机构创造和传播新知识；生产服务部门指对开发或引进新产品或生产过程提供金融、技术、营销、培训等服务的组织；创新过程需要公司内部各部门和外部各部门之间的协调与合作，市场机制与非市场制度可以实现部门间的协调合作，非市场制度包括一系列正式或非正式的制度安排，如产业协会、法律、管理条例、传统文化等。区域创新绩效取决于制造业公司、科研部门、生产服务部门以及制度部门的相互协调与合作；它们的创新行为受到区域整体宏观经济状况、产品市场、生产要素市场以及交通通讯设施的制约。人口与经济活动在空间上的集中以及由此产生的区位化经济和城市化经济大大促进了各创新部门的相互作用，创新通常高度集中在大中型城市或经济发达的核心区。许多研究证实创新的相关部门在空间接近并形成集聚经济是促进创新的关键要素（Feldman，1994；Feldmand 和 Florida，1994；Audretsch，1998；Shefer 和 Frenkel，1998）。

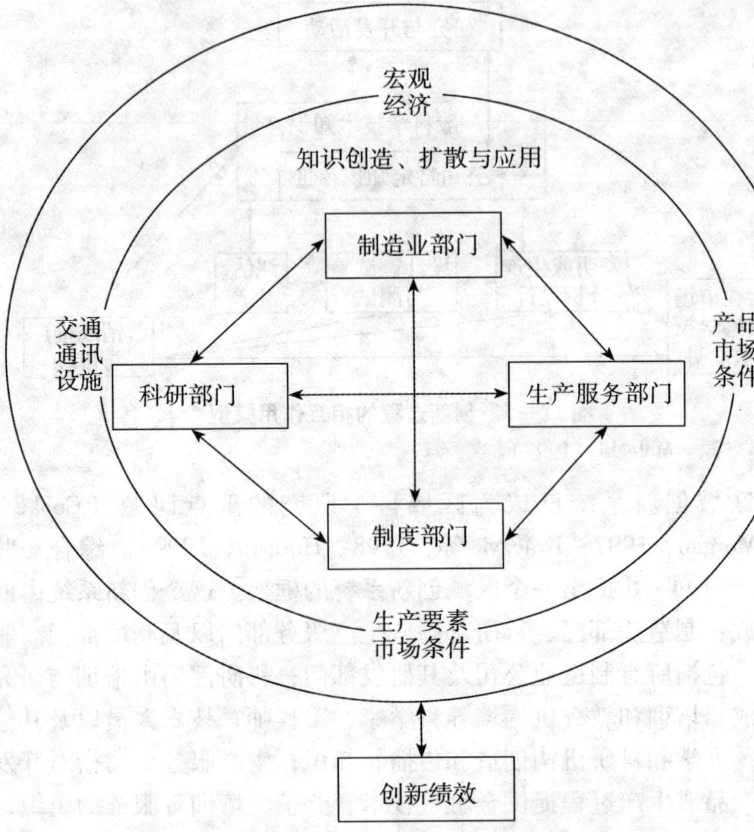

图 11—6　区域创新系统分析框架

资料来源　Fischer（2001）.

三、创新的空间扩散机理

创新在空间上高度集中，只有通过空间扩散才可能实现其最大价值。创新可以从核心区向边缘区扩散，也可以在核心区之间扩散（Shefer 和 Frenkel，1998）。自 20 世纪 60 年代以来，创新空间扩散一直是区域科学与地理科学的重要研究领域。瑞典地理学家哈格斯特朗（Hagerstrand，1967）对创新的空间扩散作了开创性的研究，强调通讯网络和城市体系对创新扩散的重要作用。后来的研究区分创新的供给与需求因素对其空间扩散的影响，如布朗（Brown，1981）认为创新是通过扩散机构传播的，这些扩散机构的区位决定创新的空间扩散过程，市场与基础设施构成影响创新扩散的关键因素；肖（Shaw，1985）发现个体因素、社会经济因素、制度性与结构性条件等影响农业创新的扩散；奥姆罗德（Ormrod，1990）强调地方因素如人均收入、人口密度等也影响创新的空间扩散。

（一）蔓延式扩散与等级扩散

根据创新随时间与空间的扩散特性，创新扩散可以概括为两种方式：蔓延扩散（contagious diffusion）和等级扩散（hierarchical diffusion）（Richardson，1979）。在不发达地区，创新的扩散主要依赖人们的直接接触，距离和时间构成影响创新扩散的主要因素，这种创新接近于蔓延式扩散；创新也可能从核心区向边缘区作蔓延式扩散。创新的蔓延式空间扩散可以采用距离衰减函数来模拟：

$$P(r) = Ae^{-Br} \tag{11.4}$$

式中：P（r）表示创新在距离创新源 r 处的被接受比率，A 为常数，B 为距离的系数，这表明距离阻碍创新在空间上的扩散。创新随时间的扩散通常成 S 型分布，即创新在开始时仅被少数人接受，随着其成本降低和人们对创新的认识增加，创新被越来越多的人接受，最后创新普及，创新扩散速度降低。

在交通通讯和经济发达的地区，创新经常是沿着发达的城市体系扩散。创新首先在大型城市之间传播，然后从大型城市向中等城市扩散，最后扩散到小城市，如时装和电脑的空间扩散，这种扩散属于等级扩散。佩德森（Pederson，1970）提出了一个模拟创新等级扩散的数学模型。他认为创新的等级扩散取决于一个城市接受创新的意愿、创新的技术经济可行性以及该城市内的企业家精神等。他假设到某一等级城市的信息流是所有该等级以上的城市信息流的累积。当城市 i 的人口规模达到创新盈利的门槛，则一个人口规模为 P_i 的城市在时间 t_i 接受某个创新的概率为：

$$S_i = 1 - e^{-P_i W} \tag{11.5}$$

式中：W 表示当有创新流入该城市时，城市人口中的潜在创新者数。

许多其他因素可以导致等级扩散，如果区域的通讯网络与城市体系高度一致，则创新的扩散可能沿着城市体系进行。资本积累相关的技术创新也是符合城市体系分布的。另外，通过营销商推广的消费品创新通常属于等级扩散。大中城市的人口和经济活动的集中以及完善的技术基础设施，研究与开发的投资等众多优势也是等级扩散的重要原因（Richardson，1979）。

（二）基于创新供给的扩散模型

创新扩散模型基本上可以区分为两类：基于创新供给的扩散模型和基于创新需求的扩散模型（Brown，1981）。布朗（Brown，1981）将创新的空间扩散过程看成是创新主体或其他部门在各个区位设立相关机构传播创新的过程，并认为创新扩散过程可分为两个阶段：（1）创新主体选择区位设立扩散机构；（2）将创新引入相应区位。创新的空间扩散实际上是扩散机构的区位决策的结果，这些扩散机构的区位决策依据是预期利润水平。在不受资本约束的情况下，创新的空间扩散过程就是在不同区位布置扩散机构的决策过程。选择扩散机构区位战略标准可以是利润最大化、成本最低化或销售最大化。创新主体可以通过改变上述一些变量如创新的价格、广告费用、扩散机构规模与数量等来达到不同区位选择目标。选择了扩散机构的区位，能否成功地将创新引入该区位，则取决于两类因素：（1）潜在创新接受者对该创新的需要和获得该创新的能力，这些因素包括对创新需求的信息、创新的效用以及购买力水平；（2）可以充分发挥创新价值的基础设施，如能源设施是各种电器必需的（Brown，1981；Shaw，1985；Ormrod，1990）。

总之，创新的空间扩散受到诸多因素的制约，如资本、市场潜力、交通通讯成本以及创新扩散的战略等。受上述因素约束的创新扩散过程可以是蔓延式扩散或者等级扩散。创新的扩散方式取决于创新主体的扩散战略：成本最低化、利润最大化或销售最大化。虽然考虑了一些创新需求对创新扩散的影响，如区位的收入水平、市场潜力、基础设施等，但布朗模型主要强调了创新供给相关因素对创新扩散的影响。这个模型最适用于解释某些追求利润的创新的扩散，如新产品的扩散。

（三）基于创新需求的扩散模型

在假设创新供给条件下，创新能否成功地向其他区域扩散，很大程度上取决于扩散目的地的因素，如电话、计算机、互联网等的创新源通常在发达地区，这些创新向边缘地区或发展中地区的扩散同样受诸多因素的制约。参考前人的研究，这里我们提出一个基于需求的创新扩散分析框架（如图 11—7 所示）。创新能否成功地在某个区域扩散，首先取决于诸多经济因素，如购买力水平与收入分布、经济结构、城市化水平、产业集中程度与竞争程度、与创新源的距离、交通通讯设施水平等。收入水平高意味着居民有购买新产品的能力，也表明巨大的潜在市场；制造业与服务业为主的经济结构为创新提供了更多的盈利机会；高度城市化与产业集中促进区域内信息溢出和企业间的相互学习与模仿；激烈的产业竞争迫使企业创新和采纳先进技术以增进竞争优势；交通通讯设施的完善促进各类信息的流通，利于人们对创新的了解。其次，创新在区域之间的扩散受限于技术因素，如技术基础设施、技术人员、科研人员和相关服务，它们主要提供技术咨询、培训和其他服务。许多跨国公司在发展中国家的研发主要集中于技术性支持等功能，帮助其在发展中国家推广其产品或服务。再次，创新的性质及其使用价值、区域对创新的态度、应用创新的能力、居民的受教育水平以及文化因素等也是应该考虑的因素。在创新扩散过程中，当地政府的功能是不可忽视的。政府可以通过各类优惠政策刺激创新扩散的投资和完善基础设施；也可以通过设立一些技术服务机构，从而促进创新的扩散；政府也可能通过立法、行政管理条例等阻碍创新在区域内的扩散。有利的区域外部因素，如区域在全国地域分工中的地位、国家创新绩效、区域融入全球化经济的程度、区域竞争程度以及区际联系强度等可以显著促进创新在区域内的扩散。最后，创新能否在区域内成功扩散，还取决于决策者如何权衡创新可能带来的政治、经济、文化社会效应。

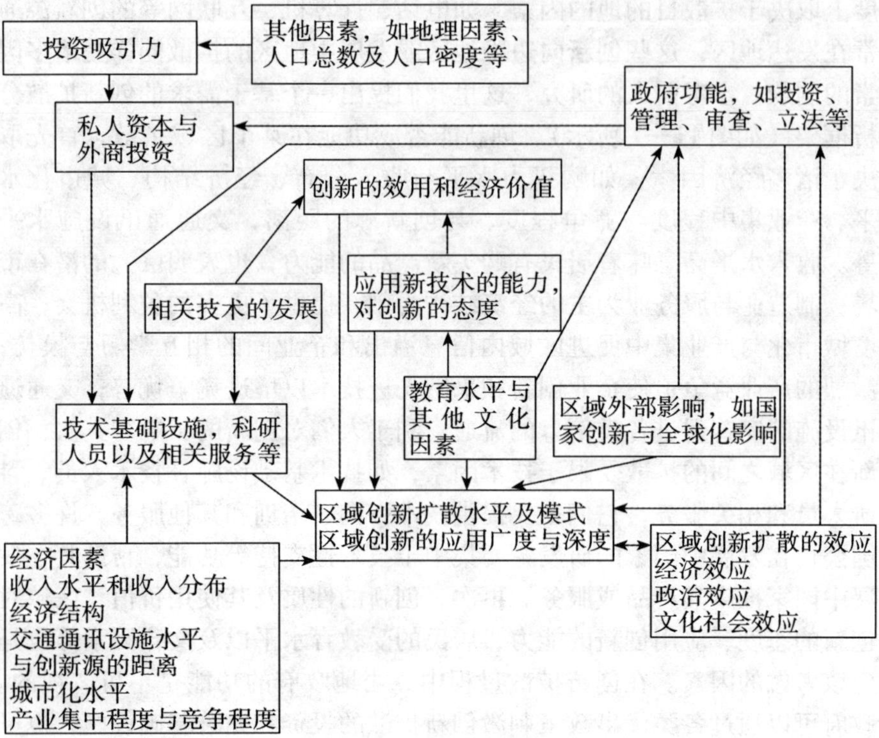

图 11—7　区域创新空间扩散：创新需求影响因素

第十二章　区域经济增长的空间均衡

均衡是经济学最基本的范畴，体现了经济主体和经济变量间最合意的状态。在地区经济增长层面同样存在着空间均衡问题。事实上，整个区域经济增长可以看做是从非均衡不断走向均衡再到非均衡的发展过程。本章从倒 U 形理论说起，讨论了区域经济增长过程中的地区产业趋同、后发优势和跨越式发展等有关空间均衡方面的几个重要问题。

第一节　倒 U 形理论

自缪尔达尔、赫尔曼等学者倡导的区域经济不平衡增长理论问世后，西方学术界不仅围绕这一理论展开了持久的大论战，而且还引发了许多学者对西方市场经济国家区域经济差距演变轨迹的实证研究。其中，最著名、影响最深远的实证研究结论是美国经济学家威廉姆森（J. G. Williamson，1965）提出的倒 U 形理论（Reversed U-Shaped Theory）。

早在 20 世纪 50 年代末，美国经济学家伊斯特林（R. A. Easterlin，1958）曾对美国区域之间的经济增长过程作过深入的实证分析，结果表明，自 1880 年以来美国区域经济增长表现为一个均衡化的过程。威廉姆森（1965）受伊斯特林实证研究成果的启发，根据世界 24 个国家的横截面数据和 10 个国家的时间序列数据，对国家不同发展阶段区域经济不平衡增长的变化趋势进行系统的实证分析，揭示了一国经济发展中区际经济差异变动的长期一般趋势，提出了“国家发展水平与区域不平衡之间存在着有机联系”这一重要结论，即：在国家经济发展的初期阶段，区域间经济增长差异逐渐扩大，即倾向于不均衡增长（即发散）；之后随着经济增长，区域间不平衡程度将趋于稳定；当国民经济发展进入成熟阶段后，区域间经济增长差异则渐趋缩小，即倾向于均衡增长（即收敛）。

由于区域间经济增长差异的演变轨迹呈倒"U"形分布，如图12—1所示。因此，上述结论称之为倒U形理论或倒U形假说。

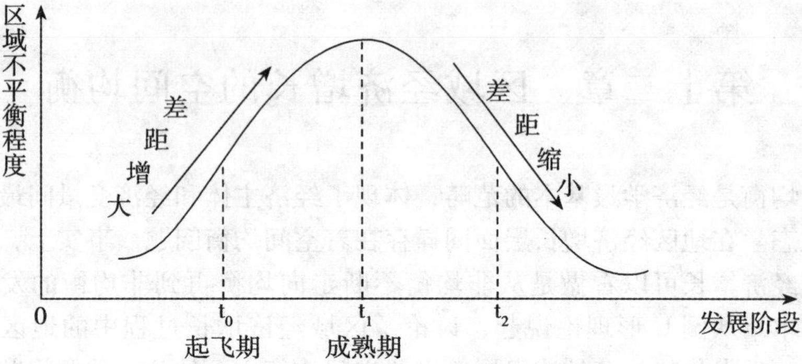

图12—1 威廉姆森倒U形曲线图

威廉姆森对上述演变轨迹的原因进行了阐释。在国民经济发展的早期阶段（$t_0 \sim t_1$ 点），少数区域由于拥有优势资源或优势区位等有利因素得到优先发展，而其他区域尚不具备起飞的条件，受下列因素影响导致区域间经济增长差异呈扩大之势。

（1）区际劳动力迁移存在巨大障碍。由于迁移成本昂贵，落后区域的劳动力难以支付昂贵的迁移费用。劳动力迁入区和迁出区之间也存在着结构性障碍。发达区域需要的是具有专门技术、管理才能及教育程度颇高的劳动力，而落后区域希望迁出的是那些在本地无发展机会、缺乏一技之长的劳动力。

（2）由于发达区域的先发优势所产生的巨大聚集力，对资本、技术、劳动力等生产要素的吸引力大，再加之落后区域资本市场发育不健全、投资风险高、缺乏具有创新意识和能力的企业家人才等，因此，促使资金、人才由落后区域流向发达区域。

（3）国家初期的经济发展目标是追求全国经济高速增长，因此，政府的公共投资倾向于具有良好发展条件的发达区域，贸易、关税等优惠政策也偏向于保护发达区域的产业。

（4）由于早期发展阶段的交通通讯业不发达，区际联系不畅通，因此，区域间连锁效应（interregional linkage effects）的缺乏导致发达区域的技术、产业、社会变革思想等的波及效果传递甚缓，无法影响落后区域的发展。

由于上述四个方面的影响，会加快早期经济发展起飞阶段区域间经济增长不均衡程度扩大的速度。在接近 t_1 点时，区域间经济增长差距的扩大速度减缓。至 t_1 点后，国民经济发展进入成熟阶段，区域间经济增长差异渐趋缩小，倾向于均衡增长。其具体成因表现在：

（1）随着国民经济实力的增强，交通、通讯等基础设施得到改善，落后区域投资机会增多，发达区域产业发展达到拥挤程度后开始向外扩散。由于昂贵的运输成本下降、迁移费用减低、选择性迁移消失，隐藏性失业劳动力有能力迁出，再加之发达区域的劳动力市场亦趋于饱和，有技能的劳动力开始回流至发展程度较低的落后区域。

（2）发达区域因拥挤而出现聚集规模不经济，水电、土地价格上涨，环境污染加剧，投资效益下降等现象，资本开始从发达区域倒流至落后区域。

（3）国家经济发展目标由经济高速增长目标（即效率目标）转向福利目标（即公平目标），政府政策开始对区域发展失衡谋求补救之道，公共投资倾向于落后区域，优惠政策也偏向支持落后区域的发展。

（4）在市场机制的作用下，区域间连锁效应增强，发达区域对落后区域的辐射作用增强，其波及效果有足够的力量影响落后区域的发展。

根据以上分析，促使区际经济增长差异呈倒 U 形变动趋向的决定因素可归结为：人口迁移成本；投资收益率；国民经济发展目标；区域之间的连锁效应。

威廉姆森的倒 U 形理论提出之后，在学术界产生了极大的反响。不少学者通过实证研究支持威廉姆森的理论。美国区域经济学家阿朗索（W. Alonso，1980）在倒 U 形理论的基础上进一步提出了“钟形理论”（Bell Shaped Theory）。当然，也有不少学者对威廉姆森的理论提出了质疑。如印度经济学家帕特奈克（S. C. Patnaik，1981）指出，由于支持早期发展阶段趋异的经济数据不足，所选择的发展中国家缺乏代表性，以及各国使用的收入概念的不一致，因此，威廉姆森倡导的区际经济差距趋于缩小的结论不具备普适性。中国学者自 1980 年以来也对威廉姆林的理论进行长时间的讨论和验证。魏后凯（1995）认为，从总体的一般趋势而言，第二次世界大战后发达国家的区际经济差异大多趋于不断缩小，而发展中国家的区际经济差异则大多趋于不断扩大，这说明从长期的一般趋势看，威廉姆森的倒U形假说是存在的。

第二节　地区趋同假说及其验证

自20世纪80年代中期以来，趋同（convergence）的概念已成为经济增长理论中的核心概念。在经济分析中，“趋同”指的是地区间或国家间的收入差距随着时间的推移存在着减少的趋势。当然，还另外存在与趋同相对应的概念，趋异（divergence），即对于不同的国家和地区存在着贫者愈贫、富者愈富的现象。

趋同问题十分重要的原因有两点：首先，对趋同存在性的检验往往成为新古典增长理论和新增长理论的试金石，进一步说，围绕“趋同”问题的争论在很大程度上也就是两种增长理论的争论。其次，对趋同问题的解答，实质也就是对经济增长理论学者所面临的基本问题的回答。

一、“趋同”的内涵理解

严格地讲，大致有四种趋同的概念。

（1）绝对β趋同。该“趋同”的含义是贫穷的国家或地区往往比富裕的国家或地区有更高的增长率；换句话讲，经济增长率和经济发展水平之间存在着负相关；并且，随着时间的推移，所有的国家或地区将收敛于相同的人均收入水平。不过，绝对β趋同内含一个严格的条件，该条件假定对于由一些经济体（国家或地区）所组成的群体中，尽管彼此相互隔绝、封闭，但却具有完全相同的基本经济特征，包括投资率、人口增长率、资本折旧率和生产函数，从而也具有完全相同的增长路径和均衡稳态。在这样一个特征完全相同的群体中，某个经济体的经济增长率与其离稳态的距离成反比。

（2）条件β趋同。此类趋同放弃了各个经济体具有完全相同的基本经济特征的假定，从而意味着不同的经济体也具有不同的稳态。按照新古典增长理论，每个经济体都收敛于自身的稳态，离自身的稳态越远，其增长速度也就越快。由于许多的外生变量对不同的经济体产生了不同的作用，不同的经济体也就具有异质的基本特征，亦即不同的增长路径和稳态。所以，条件β趋同所考察的是，如果外生变量保持不变，初始收入水平与增长率是否成负相关。

（3）σ趋同。σ趋同指的是指各国或地区的人均收入水平随着时间的推移而趋于减少。一般用国家或地区间的对数人均收入或产出的标准差来衡量。这一概念最接近于现实中我们对趋同的直观理解。

（4）群体趋同。群体趋同（club convergence）是指结构特征相似且初始收入水平也相同的国家或地区，它们的人均收入在长期中相互趋同。人们根据各国经济增长的截面数据进行聚类分析，将那些基本经济特征和初始条件类似的国家划分在一个样本或群体中，比如OECD国家或非洲撒哈拉沙漠地区的国家，以此描述它们的群体趋同特征。

以上四种趋同既有区别又有着紧密的联系。首先，β趋同意味着落后国家或地区的经济增长速度快于发达国家，即增长率趋同；而σ趋同则意味着各国或地区的人均收入水平的绝对趋同，即收入水平趋同。其次，β趋同是σ趋同存在的必要条件，因为若不存在着β趋同，那么富裕地区将比贫困地区增长得更快，国家或地区间的收入差距将会无限地增加；然而，β趋同不是σ趋同的充分条件，因为在收入水平差距减少的过程中，常常受到新的随机因素的冲击。最后，从数理统计的角度来看，β趋同相当于不同国家和地区的增长率向期望值的回归，该期望值就是由技术进步决定的长期均衡增长率；而σ趋同描述的是人均收入的离差的衰减。所以说，β趋同表现了总体收入在不同经济体之间分配的变动，而σ趋同表现了总体收入在经济体中分布格局的变化。

两种类型的β趋同也有一定的区别。绝对β趋同意味着在一个样本或经济群体中，人均收入水平具有均等化的趋势；最初贫穷的经济体将增长得更快，直到它们追赶上富裕的经济体为止；从长期来看，群体中所有成员的人均收入会相同。对于条件β趋同，各个成员仅仅收敛于自身的稳态，它们的稳态可能彼此不同。因此，即便在长期中，不平等仍然可能会持续，不同经济体的相对位置也会存在下去；换句话说，富裕的地区将仍然保持富裕，而贫困地区将依然贫困。

加罗尔认为（Galor，1996）条件趋同的假说内在地与每个经济体只有唯一相同的稳态的观点契合；而群体趋同却与每个经济体存在着多重均衡点的假定相联系。现实中，由于经济个体的差异性，往往会产生多重均衡增长路径，因此，即便结构特征相同的国家或地区也不一定收敛于同一稳态，最后的增长结果还部分决定于初始条件。只有结构特征相同，初始条件相互近似的国家才最终收敛于同一稳态。结构特征和历史因素共同决定了经济增长的结果。与条件趋同一样，群体趋同也是同样富有说服力的假说。

二、影响地区趋同的因素和机制

经济理论并没有预言国家或地区间的收入水平是否趋同。不过这些理论的确提出了一系列可能产生趋同的因素或机制。

(1) 资本的边际收益递减。趋同存在的第一个必要条件是由于资本的边际收益递减（此处的资本可以代表各种类型的资本）。该假定意味着产出增长小于资本存量相应的增长；表示资本要素的边际生产率将随着资本要素积累的增加而递减，因而，减少了储蓄的动力，降低了给定投资量对增长的贡献，并且带来一定时间内增长的减缓。该机制会产生趋同的结论：贫穷的国家（即资本量相对稀缺）将比富裕的国家增长得更快，原因在于它们更有动力去储蓄并且享有同等投资率的更快的增长。在开放经济的条件下，由于产生可移动要素的流动以及国际贸易对要素价格和劳动者人均国内产品产生均等化作用，这种结论又进一步得到了加强。

(2) 技术进步。技术进步既可能导致趋同，也有可能产生趋异。如果国家间在产生和吸收新技术的能力和努力程度有差异，那么它们的长期增长率将有所不同。不过，人们会认为这种持续的差异并不合理。例如，技术资本的收益也许会随积累的增加而递减，如同我们在其他类型的资本中所看到的情形。这样，国家间技术投资率的较大差异将不再持续下去，就有可能存在着技术效率水平逐渐均等化的趋势。不过，目前尚不清楚知识积累是否也应服从收益递减法则。如果新的创新的成本随科学或生产经验的增加而下降，技术投资的收益就不可能是积累的知识存量的递减函数，技术效率水平的国家间差异就会一直保持下去。从这一点看，技术进步可能是一个重要的趋异因素。

不过，还存在着由技术进步引起的相反的力量。正如阿布拉莫维茨

（Abramovitz，1986）指出的，假使后进国家有能力吸收和采纳国外技术，满足自己的需要，技术知识的公共物品特性（即技术扩散）往往使后进国家从中受益。实际上，他的思想很简单，追赶者用不着从事新的发明，用不着为前沿技术的开发耗费资源，因此它们比技术领先者处于迅速增长的更有利的位置。技术赶超过程的结果无疑会导致趋同。当代许多工业化国家的发展经验表明，后进者常常利用了技术的模仿优势。

（3）国家或地区内的经济结构变动。除了以上两种机制之外，我们还应提到第三种趋同机制，尽管这一机制在理论模型中并不突出，但在现实中却很重要。这种机制是通过结构变动，或者说是生产要素在部门间的再配置而产生的。实际上，库兹涅茨很早就详细地阐述过这种增长特征。我们都注意到贫困的国家或地区往往拥有比例较大的农业部门。通常，农业中劳动力人均产出大大低于制造业或服务业，那么把农业中的资源转移并从事其他的生产活动就会增加平均生产率。过去的几十年中，在较为贫穷的经济中发生的这种转移十分显著。因而，人们能明显地观察到区域间劳动生产率差异的减少。

三、趋同假设检验的几种分析方法

对趋同假设的检验有赖于实际的经济分析，特别是具体的计量分析方法的运用。目前，学者们主要利用了以下四种分析方法。

（1）截面数据分析法。该方法主要利用了各个国家或地区的人均收入和增长率等截面数据。对方程（12.1）和（12.2）式进行最小二乘法估计。

$$\Delta Y_{it} = bo - \beta Y_{it} \tag{12.1}$$

$$\Delta Y_{it} = \gamma X_{it} - \beta Y_{it} + \varepsilon_{it} \tag{12.2}$$

式中：Y_{it}是在时间段 t 的初期经济体 i 的人均收入，$\triangle Y_{it}$是同一时期的增长率，bo 为常数项，X_{it}为表示经济体 i 的基本特征的变量或变量矢量，ε_{it}为误差项。

对方程（12.1）和（12.2）的回归，就可分别验证绝对 β 趋同和条件 β 趋同的存在以及测算出收敛速度。同类方法的研究文献中，最有影响的首推 MRW（Mankiw，D. Romer & Weil，1992），巴罗和萨拉伊马丁的研究。例如，萨拉伊马丁在对美国各州、日本各县以及欧盟各国的研究中发现，这些国家中不同地区的收敛速度非常近似地稳定在2%左右；MRW也发现，在一个包括许多国家的样本中存在着强烈的条件趋同。另外，许多研究者引入了大量的影响增长率的政治、经济和社会等因素作为解释变量 X_{it}，深入探究国家间经济增长率的变动和差异。

然而，越来越多的研究者也指出截面数据分析法尚存诸多缺陷，这些缺陷包括：忽视参数的非均等性、解释变量的内生性和测量误差；无法解决模型的不确定性和误差相关等问题。例如，在MRW和巴罗与萨拉伊马丁的研究中，假定国家间的初始技术水平和技术进步率是相同的，从而相应的参数是均等的，但由于不同的国家和地区的政治经济条件和自然资源禀赋千差万别，参数均等化假定难以成立。

（2）平行数据法。为了消除参数的非均等性和解释变量的内生化，一些学者尝试利用平行数据（panel data）的估量方法。平行数据法主要有两个特点：其一是将时间段划小，抽出更多的截面和时间序列数据（平行数据）信息，以便分析收入的动态变动；其二是将一些具有非均等特性的参数作出新的规定，使得一些参数同时反映特定国家或地区在不同时间段的影响。

一旦考虑了参数的非均等性问题，那么趋同的经济分析的结论就发生了变化。例如，伊斯拉姆考虑了截距项的差异之后，就发现趋同率在3.8%至9.1%之间（Islam，1995）；而卡塞里等人所估计出的趋同率为10%（Caselli，Esquivel & Lefort，1996）。结论的差异一部分是由于研究者采用不同的数据，另一部分是缘于不同的估计方法。目前，许多研究者采用一阶差分广义矩法或系统广义矩法。

（3）时间序列分析法。时间序列分析法的重点在于探明各国人均收入差异的长期变动情况，预测出这些差异是否会随时间推移而逐步消失。为此，研究者将分别对各个国家或地区的人均收入的时间序列数据进行分析，据此确定它们的人均收入是否具有相同的预测值，用数理统计术语来讲，就是判断这些经济体中的人均收入的差异是否具有零均值的平稳随机过程特性。

于是，通过验证各国人均收入的统计数据之间是否存在单位根或协整，方可确定趋同成立与否。伯纳德和德劳夫在对 OECD 国家的时间序列数据分析后发现，这些国家之间不存在着时间序列的趋同；然而，比利时和荷兰两个国家却的确存在着这种趋同（Bernard & Durlauf, 1995）。

（4）收入分布动态法。丹尼·奎阿（Quah，1996）对传统的截面数据趋同分析方法提出了质疑和批评，他认为这种方法仅仅关注的是单个经济体是否趋近于自身的稳态，而不是关注所有经济体的收入分布的动态变化。所以奎阿将国家间或地区间的收入分布格局视为某种概率分布，从而着重研究这种概率分布的演变，即分布的形状和变动的方式。在分布演变的过程中，经济体向不同的峰值集聚，奎阿称这种现象为“极化”。“极化”既表现为高收入水平向低收入水平的“极化”，也表现为低收入水平经过跳跃式发展向高收入水平的“极化”。最后，收入水平向高收入水平或低收入水平“趋同”，而中等收入水平会消失。这时候，收入分布的形状形同双峰，故称为双峰分布。实际上，琼斯的研究也表明，世界的国家间收入分布正从 1960 年时的近似正态分布的格局，演变成 1988 年时的双峰分布格局，即趋向于两极分化（Jones, 1997）。

以上几种方法均能从不同的角度检验趋同假设，不过，现在越来越多的学者选择平行数据方法以及收入分布动态方法，揭示趋同问题中复杂而重要的内涵。

四、趋同和趋异的现实证据

对趋同问题的经验分析的文献甚多，此处，我们只能列出几个重要的研究结论。

第一，从世界范围看，绝对趋同的假设不成立。例如巴罗和萨拉伊马丁利用 1960 至 1985 年间世界上 118 个国家的截面数据，将实际人均 GDP 的年均增长率与 1960 年初始时期的人均 GDP 的对数值进行回归，没有发现负相关关系，实际上还有稍微的正相关，即期初越富的国家，后来增长得越快，从而拒绝了绝对趋同的假设。另外，普里切特（Pritchett，1997）在对世界上的大多数发达国家和发展中国家从 1870 年至 1990 年的经济增长的研究中也发现，劳动生产率和生活水准的趋异是这120年经济史的显著特征，发展中国家的收入，无论从相对值还是从绝对值来看都远远地落在发达国家的后面。

第二，如果将样本局限于某些特征相同或相近的国家或地区，就能印证绝对趋同假说。例如，巴罗和萨拉伊马丁分析1960年至1985年间二十个OECD国家，以及分析美国各州、日本各县、加拿大各省和欧洲部分国家内地区间的趋同问题时，均发现了绝对趋同的存在。由于这种趋同是在各国或地区的经济特征基本相近的条件下成立的，所以说这种趋同就是条件趋同。

第三，本-戴维（Ben-David，1998）和普里切特在经济史的研究中还发现，经济特征和初始条件相近的国家，例如世界上最富裕的国家和最贫穷的国家也表现出一种趋同，即群体趋同现象。而在收入水平的顶部和底部的趋同特征是有区别的：前者表现为赶超式的趋同；后者则显示出向下积贫式的趋同，二者的经济增长都表现出一种“路径依赖”。本-戴维认为这些最低收入国家的经济与其说是在向下减速（slow down），不如说是在瓦解、消失（melt down），因为许多国家有的只是负的增长。

由以上分析可以看出，趋同假说包含了非常复杂而又重要的内容。可是，由于存在着多种影响趋同和趋异的机制和力量，至今，我们仍难以用完整的理论来解释各国的增长经验以及兴盛、衰落。实际上，趋同或趋异不仅是由收益递减、技术进步和结构变动影响着的，自然条件、文化、政体和宗教都影响着一个国家或地区的发展进程，仅仅用经济理论恐怕很难破解国家增长和兴衰之谜。所以说，部分学者呼吁回到历史中去，强调用历史的、全面的眼光去研究增长和趋同问题。

第三节　后发优势与跨越式发展

跨越式发展是社会经济发展相对落后地区在借鉴和吸收发达国家和地区成功经验的基础上，通过技术、制度的模仿和创新，加快产业结构优化升级，努力提高经济运行的质量和效益，从而实现经济超常规增长或跨越某个发展阶段，最终达到赶超发达国家和地区社会经济水平的一种发展模式。跨越式发展有其理论依据，这个依据就是后发优势理论。

一、后发优势理论

首次明确使用“后发优势”（advantage of backwardness）一词来表述后进国家对先进国家追赶潜力的，是20世纪美国著名经济史学家亚历山大·格申克龙（Alexander Gerchenkron，1904~1978），他在发表于1962年的题为《经济落后的历史回顾》的论文中，对19世纪的德国、意大利、俄国等欧洲较为落后国家的工业化过程进行了经验分析，认为工业化前提条件的差异将影响发展的进程。一个国家的经济发展越是落后，工业化起步就越是缺乏历史的连续性，往往采取突变的方式。因此，一个国家在实行工业化的初始时期，相对落后程度越高，其后的增长速度就越快。他提出了一个后进国家追赶先进国家的经济增长模型，其中的假设是：相对的经济落后性具有积极作用，它可以系统地替代先进国家工业化的一些先决条件，而且后进国家可以享有先进国家已经开发出来的技术，并采取当代“最优做法”，因此具有一种“后发优势”。所谓“后发优势”，是指后起国在推动工业化方面所拥有的由后起国地位所致的特殊益处，这种益处是与其经济的相对落后性共生的，也常被称作“后起之益”或“落后的有利性”。它包括两个层次：一是后发优势只有在后起国家才具备可能；二是一个国家工业化起步越晚，实现追赶的速率也就越快。在这篇论文中，格申克龙总结了落后国家经济发展的六大特征，强调了制度的重要作用，而且强调“精神”、“意识形态”等智力因素，以及劳动力的数量和质量对经济发展的影响，这些观点并未过时、在今天仍然适用。格氏“后发优势”学说的重要意义，并不在于其理论是否准确、系统和完备，而主要在于他首次从理论高度展示了后起国在工业化进程中赶上乃至超过先进国家的可能。

“后发优势”理论是研究后进国家追赶先进国家的问题。但在格申克龙首次提出“后发优势说”之后，发展经济学家似乎很少对后发优势理论进行专门研究。而在以发达国家为背景的新古典增长理论中，层出不穷的关于“经济趋同”的理论与实证研究，往往明确地阐释了一种后发优势；“趋同假说”的“绝对趋同”和“相对趋同”理论，为“后发优势说”所认为的“一个国家工业化起步越晚，则追赶速率就越快”的命题提供了一个注脚。

二、地区趋同与后发优势

地区趋同现象的存在表明了某种“后发优势”的存在，即落后国家比先进国家的经济增长速度更快，这种后发优势来自于“边际报酬递减规律”，但通过“边际报酬递减规律”发挥作用而导致经济趋同是有条件的。条件趋同理论认为，“经济越落后，则追赶速率越快”不是无条件的，这意味着，后发优势的存在虽然是绝对的，但却是作为一种潜在优势而存在，越是落后的国家，其潜在的后发优势虽然越大，但潜在优势向现实优势的转化也越困难，因此经济落后程度过大，有可能导致潜在后发优势难以转化为现实优势，出现“马太效应”，而非“追赶效应”。反过来说就是，“只要条件具备，趋同一定发生，而且越落后者趋同速度越快”。从中我们能够得出的一个有用结论是：后发优势转化为现实优势的关键是首先使得后进国家在政府效能、技术水平、人口素质以及观念（储蓄观、生育观等）等各方面与追赶目标趋同。因此，在经济全球化背景下，对于以追赶发达国家为目标的发展中国家来说，必须采取开放战略，在与发达国家的交往中通过借鉴和学习，使自身经济条件逐步向发达国家接近。

简言之，新古典增长理论预示了“经济趋同”，经济趋同的核心是“边际报酬递减”规律。经验实证的结果并未证明“绝对趋同”，只证明了“条件趋同”，这一结论表明了后发优势的条件性。而后发优势除了包括“边际报酬递减”的后发优势（属于资本型后发优势）外，还包括技术、制度等方面的后发优势。因此“后发优势”有着比“趋同”更为广泛的内涵，尤其值得注意的是，新古典增长理论所揭示的“趋同性增长”与后发优势理论所强调的“跳跃式增长”有着本质不同，前者意味着后发展国家的发展路径是亦步亦趋地重复先发展国家走过的道路；而后者则意味着后发展国家可以采取跳跃发展的路径追赶先发展国家。

三、落后区域的后发优势

欠发达地区在经济发展中，虽然处于不利地位，首先面临的是许多不利的因素，但不是只有劣势，毫无优势。欠发达地区主要拥有以下几个方面的后发优势：

1. 技术引进优势

这是指欠发达地区通过低成本引进先进技术更快发展经济的有利条件。由于发达地区已经开发和拥有先进的技术，欠发达地区虽然技术落后但采用先进技术的成本却比发达地区要低，不需要花费大量的人力、物力、财力和时间去研究和开发新的先进技术，只需支付比技术开发少得多的费用引进现成的先进技术，就能直接采用先进技术，缩短与发达地区的差距，走发展经济的捷径。

欠发达地区可以通过引进和学习发达地区的先进技术，节约大量的时间和费用，用于其他经济活动，更快地发展经济；发达地区一般没有这种有利条件和机会，新的先进技术主要只能靠自己研究和开发，成本较高。欠发达地区可以发挥技术引进优势，在经济发展上成功地加速“追赶”发达地区。

2. 制度创新优势

这是指欠发达地区更能通过制度创新加快经济发展的有利因素。制度创新是社会经济发展的强大动力，能够极大地推动经济的快速发展。发达地区的市场经济制度已经相当成熟，很难通过这方面的制度创新，实现经济高速增长。欠发达地区大多数缺乏实现资源优化配置、促进经济健康发展的制度体系，这一方面不利于甚至严重妨碍经济的发展。另一方面也表明欠发达地区通过制度创新，实现经济快速发展的余地很大。欠发达地区可以通过对低效的经济体制的改革，建立完善的市场经济创新制度，形成完整、统一、竞争、开放的市场体系，健全保证经济有序运行的法律制度，完善适应市场经济要求的微观企业制度，实行合理有效的宏观调控，实现经济的高速发展。中国近二十多年来经济之所以得到了前所未有的大发展，取得了举世公认的巨大成就，最根本的原因就是实行了经济市场化的改革，进行了制度创新。

3. 结构变动优势

这是指欠发达地区拥有通过经济结构优化升级推动经济迅速发展的有利条件。国民经济结构的优化升级是社会经济发展的重要内容和标志，又是促进经济发展的巨大推动力。以农为主的经济结构向以工为主的结构转变、升级，就是带动发达地区经济发达、繁荣的重要因素之一。欠发达地区大多数都呈现出落后的二元经济结构，工业化程度、城市化水平、产业结构发展的层次都比较低，都面临着调整和改善经济结构、提高工业化和城市化水平、使产业结构优化升级、实现二元经济一元现代化的历史任务。经济结构的这种变化，能够极大地改善资源配置状况，大幅度地提高生产率，推动经济的高速增长。这是发达地区经济发展的实践证明了的规律。发达地区已经实现了发达的工业化和城市化，已经没有了通过这种结构调整，促进经济发展的机会，或者说已经利用过了这种机会，这是现在欠发达地区特有的优势。虽然发达地区现在也面临实现经济知识化、信息化的新的结构优化升级的机遇，但这并不是发达地区独有的，这种机遇同样也提供给了欠发达地区。可以说，欠发达地区在新世纪面临双重结构优化升级的机遇，搞得好，能够实现生产力的跨越式发展。

4. 规模扩张优势

这是指欠发达地区通过规模扩张能够实现经济快速增长的有利因素。生产和投资达到规模经济之前是边际收益递增，达到规模经济之后是边际收益递减。发达地区经济发展水平高，经济总量相当大，达到规模经济的情况比较普遍，许多方面超过了边际收益递增的范围，所以，边际收益递减规律的作用更大，经济规模的扩张难以带来经济的更快增长；欠发达地区经济发展水平低，经济总量比较小，达到规模经济的情况比较少，边际收益递增规律的作用大，边际收益递减规律的作用相对小，因此通过经济规模的扩大，能够实现经济的快速发展。

5. 人力资源优势

这是指欠发达地区人力资源丰富价廉的有利条件。在人口方面，许多欠发达地区不仅存在人口增长过快、素质较低的劣势，同时也具有劳动力资源比较丰富、价格低廉的比较优势。劳动密集型产业是不可缺少的重要产业，主要依靠劳动力投资少、见效快，多数情况下技术要求也不高。发达地区资本充足，技术先进，劳动力价格昂贵，人口老龄化现象严重，人口增长缓慢，甚至是负增长，发展资本和技术密集型产业更为有利，一般不适合发展劳动密集型产业，这就给欠发达地区留下了一个拥有优势的产业发展空间。欠发达地区可以发挥人力资源的比较优势，先主要发展劳动密集型产业，积累资本，然后再进行产业升级，提高经济发展水平。亚洲一些国家和地区就是通过大力发展劳动密集型产业开始实现经济起飞，逐步发展成新兴的工业化国家和地区的。

除了上述后发优势之外，欠发达地区还可以学习发达地区科学的管理方法和手段，借鉴发达地区多年发展经济的经验教训，少走弯路，减少损失，加快发展。后发优势只是一种可能性，并不必然自动转变为现实性，要把这种可能性变为现实性，还需要欠发达地区的主观努力。

四、知识经济与后发优势

人类社会正在向知识经济时代迈进，经济的知识化、信息化、全球化将极大地改变人类的生产方式和生活方式，对欠发达地区的后发优势也会产生重大的影响。

1. 技术更新加快减弱技术引进优势

在知识经济时代，由于知识更新速度加快，新技术开发周期缩短，产品升级换代步伐加速，使得欠发达地区技术引进的后发优势减弱，仅靠跟踪学习和模仿，难以赶上，更不可能超过发达地区，只能永远落后。由于技术进步速度太快，留给落后者学习、消化的时间太少，后进者学都来不及，等到引进、学习、模仿出来以后，新的更先进的技术又出现了，难以跟上技术前进的步伐。可见，靠引进发达地区现成的先进技术走经济发展的捷径的后发优势，必然大打折扣。技术进步上也存在“马太效应”，即技术越先进，基础越好，越有条件开发新技术，更容易进行技术创新；技术越落后，基础越差，改进技术越困难，再加上最新一流的技术很难引进，使这种“马太效应”更为显著，加剧欠发达地区的技术劣势。在网络经济中，出现赢家通吃的现象：谁先拥有新技术、新产品、新策略，谁先进入市场，谁将处于支配地位；谁落后一步，可能连生存的余地都没有。

2. 边际收益递增加强了发达地区的优势

知识经济是以知识的生产、分配和使用为最重要因素的经济，其实质是智力资源的占有、配置和使用。知识、技术、信息在经济增长中的贡献越来越大，越来越成为主要的增长要素。知识产品的成本随产品的增加而大幅度下降，知识越使用产生的价值越大，边际收益不是递减而是递增。这种新特点对发达地区更为有利，有可能扩大欠发达地区同发达地区的差距。因为，发达地区智力资源丰富，发展知识经济的基础雄厚，拥有知识经济中规模扩张、收益递增的优势，可以大大减弱工业经济中边际收益递减规律的不利影响；相反，欠发达地区虽然仍然具有工业经济中的规模扩张优势，发展知识经济也是边际收益递增，但在知识经济的发展中没有发达地区拥有的更为优势的条件，基本上处于劣势地位。

3. 知识经济提供新机遇

高新技术产业是知识经济的支柱，当代的高新科学技术有一个重要特点，就是领域十分广阔，任何国家和地区都不可能在所有科技领域全面领先，每个国家和地区都可以利用自己的优势，发挥自己的长处，在高新技术产业中占有一席之地。信息技术是最主要的高新技术，应用范围广、产业关联度大、带动能力强、发展速度快，能够实现超越常规的发展，带动整个国民经济的增长。据报道，宽带网是信息化的象征，中国在不到两年的时间内就建成了超过美国的世界上最先进的一万多公里的宽带网，可成本不及美国的三分之一。知识经济的这些特点，给欠发达地区提供了一个发展有优势的高新技术产业，以信息化带动工业化，实现生产力跨越式发展的新机遇。

4. 经济全球化产生双重作用

在知识经济发展过程中，经济全球化的程度将越来越高。经济全球化是一把“双刃剑”，对欠发达地区的后发优势会产生两方面的影响：

一方面，金融、贸易、技术、信息的全球化，更有利于欠发达地区引进国外的资本和先进的技术及管理方法，出口劳动密集型产品和其他拥有比较优势的产品，更好地发挥技术引进和人力资源的优势，克服资本、技术和管理的劣势。另一方面，经济全球化不能完全消除国际经济关系中的不合理、不平等现象，会使欠发达地区的优势不能充分发挥，劣势难以有效克服。比如，按照经济全球化的要求，市场机制应该在全世界范围内发挥调节作用，这就需要生产要素能够在全球范围内自由流动，只有这样，才能做到生产要素在全世界的优化配置，才会对各国的经济发展都有益，但只要有国家存在，根本做不到这一点。实际上，只有资本、技术等发达地区拥有优势的生产要素才可能自由流动，从而充分发挥作用，取得更多收入；劳动力这个欠发达地区拥有优势的生产要素却不能自由流动，也就不可能充分利用。显然，这种情况对发达地区有利，对欠发达地区不利。

五、后发优势与跨越式发展

（一）跨越式发展的含义

跨越式发展是一个与经济社会多方面紧密联系的发展概念，它主要包括以下四个方面的内容：其一是现代化发展阶段的跨越，在一次现代化（工业化）尚未完成的情况下启动二次现代化（信息化）进程，不是等一次现代化完成后再启动二次现代化进程，而是在推进一次现代化的同时，加快启动二次现代化的进程，从而实现现代化的跨越式发展。其二是产业发展重点的跨越，改变传统工业化进程中产业结构梯次推进路线，跨越由劳动密集型向资本密集型、技术密集型升级的过程，或是更大程度地增加劳动密集型产业的技术含量，有重点的直接发展高科技含量的新兴产业。其三是整体技术水平的跨越，抢占竞争的制高点，瞄准现有主导产业和新兴产业关键性、前沿性、带动性的技术，通过抢先引进先进技术和政府的有效扶持引导、培育、消化、吸收先进技术的能力，推进技术由点到面的突破，促进整体技术水平的提高。其四是经济增长方式的跨越，改变传统现代化的推进方式，在完成第一次现代化任务的同时，跨过粗放型的经济增长方式和以牺牲环境为代价的发展阶段，大力发展高科技产业、生态农业、建设绿色城镇、实现经济增长方式由粗放型向集约型转变，走可持续发展的道路。

（二）跨越式发展的特征

跨越式发展是一种新的发展方式。它是指落后国家或落后地区，为了缩小与先进国家或地区的差距，直接吸收人类先进文明成果，主要是先进的科学技术和管理经验，通过实施不平衡发展战略，在重点行业、重点领域和重点地区率先突破，并带动和促进其他行业、其他领域和其他地区快速跟进，最终实现经济、科技、文化等领域和国家发展水平整体跃升的一种新的发展方式。因此，谁选择了跨越式发展，谁就选择了进步；谁选择了跨越式发展，谁就选择了快速发展。可以说，速度是跨越式发展的本质性要求。

跨越式发展是超常规发展。它打破了以往经济发展缓慢、渐进、稳步的常规顺序，以快速、突进的特征出现，在较短时间内完成由较低生产形态向高级生产形态转变，使生产力水平迅速提高，进而实现社会经济整体跨越式发展。

跨越式发展是高效益发展。它不是拼资源、拼财力、高投入、低产出、低效益的增长，而是以减少投入、节约资源、降低成本为前提迅速增加产出。因此，跨越式发展既追求高速度，更注重高效益，同时也更加依赖科技进步和教育振兴。

跨越式发展是可持续发展。它特别注重经济与社会的协调发展和全面进步。因为无论是全球变暖、臭氧层破损、生物多样性锐减，还是土地退化、荒漠扩展、水资源短缺和环境污染，均已成为跨越世界各国国界的全球性问题，善待自然已成为世界各国的庄严使命。因此，实现跨越式发展，特别珍惜国家的资源和环境，尤其重视对国土资源和生态环境的合理开发和永续利用，实现经济发展、资源利用、环境保护的良性循环。

（三）基于后发优势的跨越式发展

后发优势为跨越式发展提供了理论基础。跨越式发展是指落后国家或地区在特定条件下，为快速缩小与发达国家或地区的差距，直接借鉴和吸收先进经验和优秀成果，通过不平衡推进和超常规增长，实现经济发展水平整体跃升的一种发展方式和发展过程。它包括增长速度、产业层次、技术水平、体制环境等多方面的跨越。跨越式发展的另一种理论基础是美国著名发展经济学家赫尔希曼提出的“不平衡增长理论”。该理论认为，欠发达国家或地区可集中有限的资源和资本，优先发展一部分产业，以带动其他产业的成长。产业革命时期的英国，工业化时期的美国，亚洲四小龙的迅速崛起，我国深圳的异军突起等，尽管发展类型不同，但都是跨越式发展的典范。

跨越式发展是指欠发达地区在追赶先进国家的过程中，借助现代科学技术的推动，实现超常规发展，从而快速缩短与发达地区的差距甚至赶上或超过发达地区发展水平的一种战略选择。根据新经济增长理论，穷国能否追上富国主要取决于三个因素：一是储蓄率的高低。一般来说，储蓄率高，经济增长速度就快。二是经济开放度的大小。诺贝尔经济学奖获得者罗伯特·索洛将开放定义为“从世界上其他国家引进新技术和新思想的意愿和能力”。开放型经济的实质是开放市场，首先开放本地市场、国内市场，进而面向国际市场开放。开放的战略才是真正意义上的跨越战略，而跨越战略也必然是开放的战略。三是知识扩散的快慢。只有加速知识传播和应用，才能缩小差距。知识作为一种特殊的资本和实物资本不一样，实物资本遵循边际报酬递减规律，此外还有折旧。而知识具有正反馈性、外溢性，正外部效应非常强，知识不仅能够降低能耗物耗，更重要的是能增加附加值。只要具备这三方面的条件，工业化后来者的增长就可能超过技术领先地区。因为引进或模仿先进技术或装备比自我创新的成本低得多，往往还能凭借其较低的劳动力成本或丰富的自然资源的比较优势占领国际市场，借助知识的外溢效应，带来更高的生产率，产生“跳跃”效应。欠发达地区通过学习和借鉴先进国家的成功经验、吸取教训，可以少走弯路，同时，欠发达地区一般具有强烈的赶超意识，这是最宝贵的精神动力。经验表明，技术领先国和技术引进国之间的技术水平差别越大，新技术引进和被模仿的产品项目的收益率就越高，技术引进国的经济规模越大，它所引进的技术产品的收益或外溢效应也就越大。

后发优势与跨越式发展虽然存在多方面的联系，但两者绝不可能构成等式关系。发挥后发优势，实现跨越式发展，都需要具备一定的条件。

（1）发挥后发优势，实现跨越式发展，需要有一个强有力的政府。“后发式”国家迫于外部环境的压力，社会领导层有目的地快速推进现代化进程。这就需要一个能够代表国家整体利益，有远见卓识、恢宏魄力、驾驭能力、领导权威的中央政府。“后发式”国家的典型代表都具备这个基本条件。日本分别于1964年和1965年对电子产品和汽车实行自由贸易，当时阻力很大，但政府决不让步，1970年就赶上了美国的水平，西方国家中至今还流传着“可怕的日本通产省”叫法。新加坡前总理李光耀则是典型的小国里的大政治家。一个强有力的政府，对于我国地方政府而言，那就意味着首先需要建立一个强有力的领导班子，特别是选拔一个高素质的“一把手”。人立则万事兴。当今世界各种竞争最终都落脚为人才竞争，特别是领导人才的竞争。在当前高新技术发展中，政府在制度设计、促进交流、提供基础条件和公共服务、制定市场规则、实施宏观调控等方面所发挥的作用，更是不可替代的。

（2）发挥后发优势，实现跨越式发展，需要改变落后的思维方式和行为方式。“后发式”典型代表日本、韩国和新加坡之所以能够充分发挥后发优势，成功地实现跨越式发展，一个重要原因是它们在引进西方国家技术和资金的同时，也引进西方的管理和法治，因而在改变国家落后面貌的同时，也改变了人们的思维方式和行为方式，许多现代观念为国民接受。新加坡还有选择地引进了西方的某些理念，倡导从商不奸的作风。所以新加坡已连续多年位居世界竞争力排行的榜首。我国实现跨越式发展的沿海城市，也十分注重人的思维方式和行为方式的转变。因此，要真正发挥后发优势，就必须在运用先进技术的同时，迅速改变落后的思维方式和行为方式。

（3）发挥后发优势，实现跨越式发展，需要加快科技创新和体制创新。人类社会的每一次重大变革和进步，都与科学技术创新有着密切关系。由于机器的发明和使用，资本主义社会在100年里创造的物质财富超过过去历代的总和。在刚刚过去的100年里由于科学技术革命，人类创造的物质财富和精神财富又超过人类以往世代的总和。两个100年里人类社会飞速进步，其直接原因和重要动力首先是科技创新。美国持续近10年的高增长、低膨胀、低失业率，更加明显地是依靠科技创新。作为后发式的我国，要实现跨越式发展，不得不主要依赖科技创新。与此同时，我们还要大力推进体制特别是经济体制的创新。只有创新经济体制，才能使社会生产关系充满活力，从而促进社会生产力快速发展。我国22年的体制改革过程，实际上也是一种体制创新的过程。21世纪经济增长的驱动源已经从主要依靠增加资源、劳动力等要素投入开始转向主要依靠科技进步、提高劳动者素质、优化要素结构等集约因素上来。因此，从现在起我们必须更多地依靠科技创新和体制创新，只有这样去认识问题，才能自觉地深化对人才的认识，推进改革纵向深入发展。

（4）发挥后发优势，实现跨越式发展，需要以信息化带动工业化。20世纪80年代以来，以微电子、计算机和网络技术为代表的信息技术迅猛发展，并在全球范围内形成一场新的技术产业革命。在发达地区，信息产业已经或正在成为国民经济的第一大产业。越是落后地区，越需要以最新的信息手段去获取新的信息和新的技术，这样才能有效地发挥后发优势，实现跨越式发展。越是传统产业，越需要与信息化结合，越需要信息手段的武装，这样才能提高传统产业的效率，并避免信息产业本身产生泡沫现象，使经济持续健康发展。

（5）发挥后发优势，实现跨越式发展，需要营造良好的投资环境。当今世界，资金流速日益加快，国际国内的各种社会资本、企业资本、个人资本都在寻找投资机会，为各地加快经济发展提供了良好的机遇。而引进外资，需要良好的投资环境，包括硬环境和软环境。从硬环境看，一般包括供水、排污、供电、通讯、道路、燃气、有线电视、土地平整等情况。从软环境看，许多地方着力解决乱收费、乱罚款、乱摊派现象，外商投资热情很高。因此，发挥后发优势，实现跨越式发展，要大力改善投资环境，特别是软环境，切实搞好各方面的服务，真正使外资项目引得进、留得住、发展快，并学会借助外商现身说法宣传地方优势，争取更大的发展。

第四篇　区域经济关系：城市竞争与区域合作

第十三章 城市间的竞合关系与区域合作

城市之间的关系既是竞争关系也是合作关系，确切地说，是一种竞争性合作与合作性竞争的关系，简称竞合关系。它完全不同于只强调宏观效益与公平的区域合作，或者只强调资源配置效率的区域竞争，这是一种新型的城市竞合关系。本章第一节从理论上讨论了城市之间的竞争与合作关系，并对政府间的博弈行为进行了分析；第二节进一步讨论我国财政分权后地方围绕经济增长而进行的竞争；第三节讨论全球化背景下城市之间竞争与合作的新模式——城市灵动联盟，以及区域合作的组织形式。

第一节 城市间博弈：城市间的竞合关系

一、城市之间的竞争是对稀缺资源的争夺

城市竞争是一种特殊的竞争形式，它是指一个区域内一个或多个城市代表通过城市经济活动与其他城市为获取非任何城市都能获得的、影响区域共同利益的资源而展开的角逐与较量。因此，城区竞争实质上是对稀缺资源的竞争。从竞争原理上看，城市竞争就是通过自身努力来达到对有限资源的占取。资源竞争的前提是资源的稀缺性。对城市来说，生存和发展所面对的资源十分广泛，包括土地、资本、人才、教育、科技、产业、市场、生态环境、城市形象、管理制度等。其中绝大部分资源（可分为两类资源：硬资源与软资源。相比之下，软资源的竞争有更重要的意义）是稀缺的，而且某个城市在某方面资源的增加，是以其他城市的减少为代价的。例如，一个国家一年吸收的国际资本是既定的，A 城市多了，其他城市就相对少了。另外，还有一些城市资源并非绝对稀缺，或至少不以其他城市相同资源的减少为代价。如城市优良的

生态环境、管理制度等，它不以其他城市生态环境的恶化和管理制度的倒退为代价。但每个城市为改善生态环境和优化管理制度又要投入新的资源，而这些资源往往又是稀缺的。城市对资源的竞争实质上是对生产要素和有利社会发展的其他稀缺资源的竞争，目的是为了集聚更多的文明要素，而这种竞争的直接结果就是城市在发展水平上的差异性[①]。

城市竞争大致上可以分为两个层面上的竞争：（1）城区间的市场竞争。从一定意义上说，城市竞争是一种空间竞争。它是为了获得有利的产销条件或较高的区域收益而展开的竞争。由于竞争主体一般带有地域性，因而竞争优势的获得源于区域优势及市场需求。而市场需求是有一定界限的，每一种产业或产品均受消费者的需求偏好及购买力等因素影响而表现为一定的市场空间。这样，城市竞争往往以城区间企业竞争的形式出现，竞争的目标也主要表现为分割市场份额。竞争优势也就表现为对细分市场份额的占有。如果进一步细分的话，城市竞争又有城市间产业竞争与城市间产品竞争两个层级。前者以各地区优势要素为基础，如高科技型产业、资源型产业等。后者以各地产品品质为依据，如名牌高级产品、大众产品等。任何城市均拥有以本身优势为基础所形成的产业或产品。同时，任何一城市的某一产业或产品均不可能形成独占，即使其他城市的相关替代产业或产品在各区域的比较中并不具备相对优势。因此，一些城市之间一定程度的产业同构是普遍的经济现象，从而任何一区域的任一产业或产品均存在竞争者，也只有在城市的竞争中，才能确认产业及产品的优势区域。（2）城市政府间的竞争。地方政府竞争指城市间政府为追求排他性利益而展开的角逐。竞争的目标是扩大城市的综合竞争实力。城市竞争力研究是政府竞争研究的一个主要方面。从城市竞争力指标看，地方政府竞争所追求的目标是全方位的，利益取向是多元化的，竞争手段也是多样性的，但最终目标都是为了提高一个城市的综合实力。

城市竞争是上述两个层面竞争的综合，单纯地将城市竞争视为市场竞争或政府竞争的观点都是片面的。而且，这两个层面的竞争是互相影响、互相依存、互相支持的。尽管它们在竞争目标、手段和策略等方面

① 连玉明：《中国城市报告》，127页，北京，中国时代经济出版社，2004。

存在着差异，有时甚至存在着矛盾与冲突。但在追求区域利益这一点上却是一致的。

二、城区经济关系：合作性竞争与竞争性合作

（一）竞争性合作

对于一个区域内的城市来说，至关重要的是它的开放性及与其他城市的相互依赖性。之所以如此，是因为贸易对城市来说非常重要，还因为它严重地依赖着从其他城市引进的生产要素。

区际经济关系的这些特性，使我们有理由认为，区域经济的协调发展是基于城市之间的竞争与合作而展开的。城市间的竞争是一条主导线，经济合作一方面是迫于竞争压力；另一方面，合作本身也是一种竞争，或者说是竞争范围的扩展与延续。

美国学者波特认为，区域经济发展中，城市之间实际上是存在竞争的，虽然这种竞争不像国家之间通过利率或价格的调节来进行，也不像公司通过追求利润最大化来进行，但城市间在吸引投资、人口和游客以及公共投资和奥运会这样的重大事件上有着激烈的竞争。然而，竞争与合作并不是水火不相容的，城市间竞争虽然普遍，但城市间的合作也正在成为一种趋势。在当今许多场合下城市合作已经不是权宜之计，而是基于共同利益的长远合作。因为合作可能使大家得到更多的利益，如果不合作，各自的损失将会更大。

目前，我国区域经济发展中，还存在一定的“属地化”倾向，即各地往往是只从自身发展的角度来处理城市与区域关系，而不是将自身的发展置于整个区域发展的整体框架之内来全方位地考虑和处理问题。在这种情况下，竞争关系往往强于合作关系，每个城市都试图将其他城市作为自己发展的对手，与其进行稀缺资源的争夺，并希望在竞争中取得优势，超越对手。这种无序竞争的结果必然是，建设重复，产业重构，相互内耗，互相掣肘，谁也不能从中脱颖而出，实现跨越式发展。

城市间竞争中合作的基点来自于区域优势的重组。区域优势既是竞争和合作的基础，也是竞争和合作的结果。

在这种情况下，城市优势（相对优势和绝对优势）不仅仅是区域竞争及区域经济联系的基础，且在逻辑上和实践上也是城市竞争的结

果。在城市竞争过程中，区域的经济资源由于其流动性将以城市优势为基础而实现重新配置。可见，无论是城市竞争，还是区域合作，均是出于强化区域优势或城市间优势互补的目的，以便通过结构的调整与改善，促进区域经济的协调、快速、健康的发展。我们将这一经济现象称之为区域优势重组，它包括区域优势的形成、强化、扩展、区域间的优势互补、城市间优势的重新配置以及城市优势在区域差距演化过程中的动态变化等。

（二）合作性竞争

资源的稀缺性是资源配置经济性的前提，对稀缺性资源占有权和使用权的争夺是绝大多数城市间竞争产生的根本原因。工业经济时代，城市之间的竞争主要是对能源等有形资源的竞争，谁拥有更多这样的资源，谁就可以在市场竞争中立于不败之地。由于传统资源具有稀缺性，只能被少数城市独占和使用，因此工业经济时代的竞争具有对抗性。进入知识经济时代后，信息、知识成为生产的最重要资源，城市及企业之间的竞争转向对人才、知识创新的竞争。而信息和知识存在有别于传统资源的资源特性，正是这种特性决定了信息时代企业乃至城市竞争的性质，即新的资源特性决定了城市的竞争性质。

从城市的竞争主体——企业的角度来看，现代的城市竞争也趋向于“合作性竞争”方式。在波特教授提出的由五种竞争力量构成的竞争分析模型的基础上，布兰登伯格和奈勒鲍夫对其进行了修正，提出了第六种竞争力量——协力者，主要是指与企业合作为顾客提供服务的企业，如硬件企业需要软件企业协作才能使电脑发挥作用。他们是企业在整个产业价值链中的合作者，因此，可以通过与他们的合作来共同提升整个产业价值链的价值和整体竞争力，通过与上游企业和下游企业的信息共享和利益共享来实现双赢发展。企业通过与他们的合作来增强自己的竞争能力和提升产品竞争力，通过发挥双方互补优势，共同拓展商机和占领市场份额，实现市场共享、利益共享、风险分担和优势互补的双赢发展。由此也决定了现代的城市竞争必然是一种合作性的竞争。[①]

① 于涛方：《城市竞争与竞争力》，59页，南京，东南大学出版社，2004。

三、走向竞合：地方政府之间的博弈行为

由于地方政府的地域性，任一政府所代表的公众均具有一定的地域限制，从而政府的目标一般更注重城市本位利益。基于这样的原因，单从竞争或协作的角度，都很难认识清楚区域内部不同城市政府之间的关系。美国哈佛大学教授亚当·布兰顿伯格（Adam M. Brandanburger）和耶鲁大学教授巴里·内尔布夫（Barry J. Nalebuff）曾提出一个"竞合"（co-opetition）理论。该理论用博弈论的方法，分析了企业之间既合作又竞争的关系。在此基础上，意大利卡塔尼亚大学大学教授迪格里尼和博科尼大学教授布杜拉提出了企业间共同创造价值的"竞合优势"概念，竞合分析的方法可能更有助于认识地方政府之间的博弈行为。

根据竞合理论，城市之间既竞争又合作的关系可以用如图 13—1 所示。

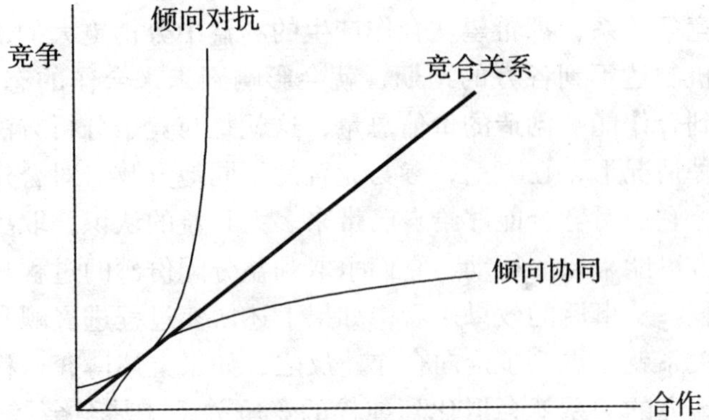

图 13—1 城市竞合关系结构

竞合分析方法的出发点是不同政府之间的"利益（及目标）不完全一致"，也即意味着它们之间既有利益一致的地方，又有相互矛盾的地方。在这种情况下，传统的竞争分析方法和合作分析方法都有欠缺之处。竞争分析方法强调在分配利益时的"零和游戏"（zero-sum game）性质，即在分配利益时一个地方所得到的必然是其他地方所失去的。因此，各地方之间有强烈的动机进行竞争，以便从对手方面得到更多的好处；而从策略上看，每个地方对对方提出的任何建议都持怀疑态度，彼

此间几乎没有合作的空间。合作分析方法则强调的是“正和游戏”(positive-sum game),即不同地方之间的合作能够创造额外价值,这个价值的分配要体现不同参与者各自的利益,才能建立信任关系,以便今后的合作能创造更多价值。如果在利益分配时不考虑对方的因素,就会失去合作的互信基础,从而失去长期创造共同价值的可能。因此,不同地方之间都有强烈的动机进行合作。

而竞合分析方法则认为,不同地方之间博弈的性质是“正和但可变的游戏结构”(positive-but-variable game structure)。在竞合状态下,一个地方的最高利益并不必然是另一个地方的最高利益,即不同地方政府之间的利益(及目标)不完全一致。它们之间的合作能够产生价值,但这个价值的总量是与合作的性质相关的,合作和分工得越好,创造的价值就越大;反之亦然。这是不同地方的利益一致之处,也是与合作分析方法分歧的地方。但是,在分配利益的过程中,不同地方彼此间存在着明显的竞争关系,都希望从合作产生的利益中分得更大的部分。如果利益分配机制达不到各方的预期,就会影响到未来合作的态度、行动,进而影响到合作能够创造的价值总量,这就是与竞争分析方法分歧的地方。在这种情况下,在事前,参与竞合的不同地方政府对合作的前景是不明确的,它们对竞合能够给自己带来多大利益的认识,取决于对方的认识和对方可能采取的行动,它们争取利益分配份额的过程是一个典型的博弈过程。从事后的效果来看,如果上述博弈过程进展顺利,不同地方之间的关系就会进一步走向合作;反之,如果上述博弈过程进展不顺利,不同地方的关系就会退化到纯粹的竞争关系,甚至会在产业规划、基础设施建设、招商引资等方面形成相互抄袭、恶性竞争以至于两败俱伤的局面①。

城市竞合的博弈过程到底是走向合作方向还是竞争方向,取决于以下三个因素:

(1)预期创造价值的潜力。预期创造的价值越高,不同的参与者就越能够选择合作,而不是竞争。如果预期创造的价值不多,不同的城

---

① 朱文晖:《走向竞合——珠三角与长三角经济发展比较》,71~75页,北京,清华大学出版社,2003。

市竞争的参与者就会考虑零和游戏的竞争策略，哪怕形成报复性的恶性循环也在所不惜。

（2）参与者的先发行动。如果领导者城市的先发行动不仅能够给自己带来利益，同时也给整个区域带来整体利益，它的先发行动虽然可能导致其他参与者的直接利益损失，但如果这种先发行动带来的整体利益能够给其他参与者形成溢出效应（即间接利益），而间接利益又大于其他参与者遭受的直接损失的话，其他参与者会选择合作的态度接受领导者的行为，而不采取对抗性竞争的方式。反之，如果领导者的先发行为只给自己带来利益，无法增加整个地区的整体利益，或者整体利益的溢出效应小于先发行为对其他参与者造成的直接损失，就会导致其他参与者的对抗行为以至恶性竞争，原先的领导者也会在博弈过程中逐渐丧失自己的领导地位，其他的参与者也可能采取先发行动，以建立新的领导地位。

（3）所运用资源的特性。如前所述，城市竞争是对稀缺资源的争夺。但在知识经济时代，信息、知识作为资源与传统的资源特点不同，从某种意义上说，它们不具有“稀缺性”。同时，以国际互联网等为核心的先进通信传输方式的广泛运用，使信息知识等资源获取的成本大幅度降低，从而使信息成为一种获取相对便利的生产要素。信息、知识资源的另一重要特性在于它的开发利用需要合作。在信息社会中，技术以惊人的速度发展着，各学科不断地交叉融合，知识的非线性扩张和协同效应，使一个城市单靠自身的积累很难跟上技术变化的步伐，必须不断学习，甚至只有通过合作才能获得竞争所需要的资源。建立在知识与智能密集基础上的产业有可能摆脱“U”形成本曲线的困扰，实现边际规模收益的递增。也就是说，大家都默认一个共同的合作基础，而不是一味地自立山头。

第二节 地区本位：为经济增长而竞争

一、财政分权与地区本位

（一）地区本位的内涵

地区本位是指地方政府为了实现地方经济发展目标和地方政府的政

绩目标，追求行政区域内的经济利益最大化，在经济发展中从本位主义的立场出发采取相应的措施、策略或政策的一种行为原则或行为方式。

在地区本位主义条件下，地方政府对待上一级政府的政策存在着极大的弹性。如果执行上级政府制定的政策时所产生的地区利益与全局利益一致，则采取完全迎合上级意愿的行为；如果地区利益与全局利益发生冲突或矛盾，那么，地方政府可能会采取变通性的政策，优先考虑本地利益。

地区本位的主体是政府，其采取行动的目的是实现本地利益的最大化。地区本位行为有合理与不合理之分。如果地方政府遵循市场经济规则来维护本地利益或追求本地利益最大化，这样的行为是理性的，也是合理的。相反，如果地方政府采取行政手段，一切从保护本地的局部利益和眼前利益出发，采取违反市场公平竞争原则的手段，进行地方保护和市场封锁，这样的行为就是不合理的①。

（二）财政分权、分税制改革与土地财政

新中国成立以来，我国的财政税收体制发展大致可以划分为三个阶段：第一阶段从新中国成立后到1978年以前，主要实行统收统支的财政集中体制；第二阶段从1978年到1993年，中央政府逐步放权，实行分成和财政包干体制；1994年分税制改革之后进入第三个阶段。

集中的财政制度是与中国在改革前所采取的集中生产和资源分配模式相一致的，但它与1979年开始的市场化改革不相容。有三个重要因素推动了中国财政制度的变化。第一个因素是非国有企业——乡镇企业、联营企业和私营企业——的快速成长，从而改变了国有企业一统天下的局面。亏损的国有企业越来越多，造成了国家财政的沉重负担，政府不得不去寻找其他的收入来源。第二个因素是经济改革使地方当局的政治权力得到了增强，这自然使得各级政府会在财政领域提出相应的决策权要求。第三个因素则纯粹源于经济上的原因。经济利益会极大地影响个人乃至政府的行为，因此为了使地方政府有动力去努力提高财政收入和推动经济增长，就必须改革集中的财政制度②。

---

① 姜德波：《地区本位论》，53～55页，北京，人民出版社，2004。

② 张军、周黎安：《为增长而竞争——中国增长的政治经济学》，52～53页，上海，格致出版社，2008。

自1980年开始，中央实行了名为“划分收支，分灶吃饭”的财政收入分享的安排。1985年和1988年延续并完善了这种财政承包制度。尽管这种体制改革扩大了地方政府的财政收支权力，但是，中央的放权并没有从根本上解决地方政府的激励问题，制度外资金急剧攀升，中央预算内财政收入占国家财政收入的比重和国家财政收入占GDP的比重都持续下滑，1993年两者的比重仅为22%和12.6%。在这种背景下，1994年开始在全国范围内推广分税制改革，将各税种划分为中央税、地方税和共享税，分设国税、地税两大征收机构，确定中央和地方的事权和支出范围。之后又配合了一些税费改革，逐步规范转移支付制度和基金管理制度，并从2002年开始逐步调整了中央政府与地方政府的所得税分享比例。总的来说，无论是分灶吃饭还是划分税种，从分成到财政包干再到分税制改革，其核心问题都是围绕着中央和地方政府之间的关系展开的，也就是如何分权的问题。

事实上，1994年中国发生了两场改革：分税制改革和城镇住房制度改革。这两场改革促成了“土地财政”的形成。1994年之前，地方财政主要依赖企业税收，分税制改革使地方政府的“企业财政”模式失去了意义。税收减少，但事权没有相应减少，反而增加。在这种压力下，地方找到了一条解决问题的办法——土地出让金。通过垄断土地一级市场进行土地批租，地方政府可以获得高额土地出让金，以“经营城市”的名义大拆大建，高价卖出低成本收回的国有土地，获得巨额土地增值收益。

1994年以后，土地出让金成为地方政府预算外的“第二财政”，其收入规模与预算内收入的比例，一般可以占到40%左右，高的达到60%多。国务院发展研究中心曾经做过一项调查（2007），其报告显示，一些地方政府的财政收入里面，仅仅“土地出让金”这一项收入就占到政府预算外收入的60%以上，土地直接税收收入和城市扩张带来的间接税收收入占到了地方政府预算外收入的40%①。目前，“土地财政”带来的问题已引起中央和各级政府的高度重视，但要使地方经济发展彻底摆脱对“土地财政”的依赖，还需要我国整个财税体制的重大创新。

① 任志强：《从土地收益看地方政府的趋利动机》，腾迅网，2007-09-04。

（三）财政分权与地方利益的强化

地方分权改革使地方政府具有了双重经济职能，它既是管理者，又代表本地区企业，起着“经济人”的作用，充当着市场行为主体的角色，由此带来了一系列的复杂问题。其中之一是地区利益的强化。

首先，由于财政分权，地方政府的利益与地方的经济繁荣紧密相关。财税体制改革改变了地方政府的财政激励，地方政府取得了支配地方财政支出规模和结构权力，特别是中央政府部门再也不能给各省设定强制性的支出目标。各省份还得到了决定本省管辖范围内各级政府财政安排的权力。财政分权为地方政府提供追求更好绩效的激励的同时，也促使地方政府保护本地企业，甚至会导致地方政府与本地企业在一定程度上结成“利益联盟”。

其次，地方政府具备了管治和发展地方经济的主要财政权、建设权和投资权。地方政府对当地的固定资产投资承担主要责任，最初是在工业领域，后来越来越多地集中在基础设施领域。他们提供一系列的地方公共产品和服务，例如学校、卫生保健、文化、治安，当然还包括基础设施以及其他支持经济发展的产品和服务。地方分权使得地方政府担当了推动地区经济增长的重任，其掌握的经济决策权和可支配的资源也得到相应的拓展。

最后，地方分权还与地方政府官员的特征有关。尽管地方政府最高行政长官仍然由中央政府任命，但对其的评价越来越着重于其管理地方经济的能力。现在许多省份的官员都和当地有较深的渊源，例如，他们是从本省职位晋升上来的，而不是由中央政府从外地调任过来。这些本地官员具有更好的地方信息和地方关系，而且对促进地方的繁荣更为尽心尽力。但是与此同时，他们也更容易被地方利益集团争取，可能会将对地方市场的保护上升到更高的程度①。

二、地方分权、官员晋升机制与地方经济增长

（一）地方分权与政府间竞争格局的形成

事实上，从20世纪70年代末到80年代初开始，中国的城市与

① 龚冰琳等：《中国的地方保护主义：直接的微观证据》，载《经济学报》，2005（2），3页。

区域改革大致是沿着两条主线着手进行的：一是对内的地方分权，二是对外的引进外资。对内的地方分权，使地方政府获得了三种主要的权力和责任：管理收入和支出的财政权；管制地方经济的权力和对国有企业的责任。这种分权冲破了计划经济时代中央政府对地方经济活动的至高无上的权威，将决策权下放，给了地方一定的相对自治权。回过头来看，这项改革措施带来了双重后果：一方面，通过经济性和行政性分权，地方利益得到了承认或强化，从而大大调动了地方政府的积极性，使地方政府担当起了推动地区经济增长的重任。另一方面，地方政府作为一种经济主体，为了实现地方经济发展目标，它们往往从追求行政区内经济利益最大化出发，采取相应的地区发展战略、策略或政策，这种行为发展到一定程度，使得地区本位演变成地方保护、市场封锁。在这种情况下，整体利益不但得不到增进，反而受损。正因为这种双重性，引发了城市间或地区间的竞争和冲突，当然，也推动了它们之间的合作。另一条改革举措——对外引进外资，是地区经济开放的关键组成部分。我们能观察到的现象是，那些坐拥有利地理位置和税收优惠政策的中国沿海开放城市和地区很快吸引到数目巨大的海外直接投资。海外投资在促进这些城市和地区经济快速发展的同时，也终止了中国城市单纯依靠政府分配国内资本的时代。从 20 世纪 90 年代以后，起初只有少数几个沿海城市享有的灵活优惠政策被赋予给更多的城市。在一定程度上，支撑我国地区经济高速发展的强大动力之一就来自于海外投资。

我国区域经济关系的新变化，与上述两个方面的改革密切相关。然而，光有这两项改革还不足以促使区域经济关系发生实质性变迁。其中，迎合了经济全球化的发展，是使这两项改革举措具有点石成金作用的最重要因素。随着经济全球化时代的来临，资本流动越来越频繁，范围日益广阔，尤其是跨国资本流动呈现出日益增长的势头。于是，更多的城市或地区成为资本实际或潜在的目的地，它们或者成为公司的总部所在地，或成为新工厂、新购物中心、新住宅区的所在地。当更多地区向资本敞开怀抱且常常相互竞争时，寻找最优投资地的资本流动就有了更多的选择。这直接导致区域或城市之间的冲突和竞争，促使城市在地区的城市等级体系中重新确定自己的位置。

（二）晋升模式中的地方官员的激励机制

近年来，对中国地方化经济增长逐步发展了两种侧重有所不同的理论解释：一种是强调政府间的财政分权对维护市场改革和推动地方经济增长的重要性。而另一种则力图回答在中国政府官员致力于经济增长的激励来自何处。根据后一种解释，中国地方官员之间围绕 GDP 增长而进行的“政治锦标赛”或地方官员晋升机制是理解政府激励与增长的关键线索。地方官员晋升机制可以将关心仕途的地方政府官员置于强大的激励之下。

其实，财政分权与地方官员晋升机制是密切相连的。因为财政分权构成了地方政府激励的重要源泉和地方政府行为的一个重要动力。在现行的政绩考核体制下，各级地方政府领导人除了承担保证管辖区域的社会安定、满足大众对公共产品需求、防止贫富差距扩大等责任外，更主要的是任期内还有 GDP 增长、财政收入增长、居民收入水平提高、引进外资数量等方面的政绩，并且这种经济发展政绩又主要以上了多少项目、建了多少企业、经济增长速度多少等指标来进行简单量化。这就必然导致各地政府官员强化资源配置的本地化，追求自身的经济增长，所谓“为官一任，造福一方”。有一系列现象的存在可以说明地方官员之间在晋升激励机制下的激烈竞争行为。例如，地方政府官员非常热衷于 GDP 和相关经济指标的排名。与此相联系的是，当上级政府提出某个经济发展指标（如 GDP 增长率）时，下级政府就会竞相提出更高的发展指标，出现层层分解、层层加码的现象，这方面的例子比比皆是。

（三）晋升机制激励下的地方经济增长

中国经济自改革开放以来保持了 30 多年的高速增长，被世人誉为“增长奇迹”。而这种经济增长，是地方经济增长累积的效果。我们观察到，这 30 多年间，中国地方政府在地区的经济增长中扮演了一个非常重要的角色，他们那种寻求一切可能的来源进行投资，推动地方经济发展的热情在世界范围内也是罕见的。那么，为什么中国地方政府能有这么高的激励去推动地方的经济增长？有学者认为，从 20 世纪 80 年代开始的地方官员之间围绕 GDP 增长而进行的“晋升锦标赛”模式是理解政府激励与增长的关键线索之一①。晋升锦标赛作为一种行政治理的模式，是指上级政府对多个下级政府部门的行政长官设计的一种晋升竞赛，竞赛优胜者将获得晋升，而竞赛标准由上级政府决定，它可以是GDP增长率，也可以是其他可度量的指标。改革开放以来晋升锦标赛的最实质性的变化是考核标准的变化。

以经济增长为基础的晋升机制结合了中国政府体制和经济结构的独特性质，在政府官员手中拥有巨大的行政权和自由处置权的情况下，提供了一种具有中国特色的激励地方官员推动地方经济发展的治理方式。

三、地方政府为地方化增长而竞争的得与失

（一）地方分权与经济发展的激励结构

迄今为止，中国经济转型的成功很大程度上要归功于中国在经济领域的分权式改革。分权式改革不仅硬化了中央政府对国有企业的预算约束，而且促进了地区之间的竞争。地方经济分权使得经济可以在局部进行制度实验，地区之间的竞争可以为中央政府提供反映地方政府绩效的有效信息，使得经济体更容易抵抗宏观冲击。更重要的是，它提供了一种经济发展的激励机制。

中国的地方分权是在大的政治架构不变、中央和地方政府不断地调整它们的财政关系的过程中实现的。从20世纪70年代的放权让利到80年代的财政包干体制，再到90年代的分税制改革，如何合理划分中央和地方的利益关系、调动地方政府的积极性，不仅是中国财政体制改革的要点，也是整个经济和政治体制改革的突破口。因为分权化制度安排可以向地方政府提供市场化激励，保持和促进市场化进程。

当然，简单的经济分权还不足以构成地方政府发展经济的全部激励，它还必须与以GDP为政绩的考核机制和官员任免制度结合起来才能为区域经济增长提供强劲动力。在这样的激励机制作用下，地方政府主要不是对下负责，而是对上负责。地方政府官员为了政绩有强烈的推动地方经济发展的愿望和驱动力，从而形成一种基于上级政府评价的

---

① 张军、周黎安：《为增长而竞争——中国增长的政治经济学》，115～119页，上海，格致出版社，2008。

“自上而下的标尺竞争”。这种为增长而竞争的激励成为中国政府推动经济增长的动力源泉。

（二）单纯地为增长而竞争带来的问题

首先，就地方政府而言，其经济行为取向可能与中央政府不完全相一致。改革使地方政府成为一级相对独立的经济利益主体，并被赋予地方一级的区域经济调节权。面对中央政府的宏观调控政策，地方政府的行为取决于中央与地方之间的利益分配关系。他们往往从地方利益出发，对于一些不利于局部利益的政策进行变通，或在一些政府领域与中央政府博弈与周旋。如在土地批租、开发区建设等方面，虽然中央三令五申，但地方政府的“擦边球”行为和在“灰色地带”博弈的行为却屡禁不止。

其次，由于政府官员的激励扭曲，造成了政绩工程泛滥和发展的不可持续性。这主要表现在晋升激励下的地方官员只关注那些能够被考核的指标，而对那些不在考核范围或者不易测度的后果不予重视。GDP竞争会导致一些地区的政府官员热衷于搞政绩工种，劳民伤财，甚至编造虚假经济增长数字，这种情况在缺乏经济资源和机会的落后地区尤为明显。一方面，在现行的行政体制下，上一级的晋升激励会转化为下一级的增长激励。如果它在上层是扭曲性的激励，就会在下面多级行政治理中放大。另一方面，高速经济增长不仅带来了严重的污染和高昂的能源消耗，而且构成中上企业的主要竞争优势——加工的成本优势也在相当程度上建立在长期人为扭曲的要素价格上。比如在地方政府的招商竞争中，土地价格被人为压低，经济出现“零地价”；资金成本因利率过低或政策贷款或担保也被人为压低等，所有这些要素价格的扭曲均与地方的增长冲动紧密联系在一起。同时，这种增长冲动由于受到以零和博弈为特征的行政竞争的支配必然导致资源配置扭曲，我国长期存在严重的重复建设问题就是一个直接的后果。

再者，GDP的高速增长和激烈的经济竞争往往忽视对民生的关注。晋升机制把考核的焦点集中在一个地区的经济发展上，地方官员更关心的是任期内的经济指标的高低，而教育、科技和医疗卫生这些投入均是在长期内发生影响的，短期内无法“兑现”为经济增长。虽然公众对于教育、医疗和住房问题的关心超过任何其他方面，但他们无法直接决定地方官员的任免，所以这些议题很难像经济增长那样被地方官员所关注。

此外，还有一点也很重要，那就是地方政府在市场化过程中的角色冲突。地方政府官员对本地经济发展负责，也使得他们不惜一切手段去促进经济发展，这其中包括一些不利于培育和维护市场秩序的手段，如纵容本地企业生产假冒伪劣产品，违规为企业办理市场进入手续或信贷担保。在晋升锦标赛激励机制下，地方官员一方面是地区经济增长的参赛运动员，同时又是辖区市场竞争的裁判员，这双重身份使得地方政府急于利用裁判员的身份做运动员的事情。同时，它也强化了地方官员与地方利益的联盟。如一些地方政府为了 GDP 增长和税收增长，认为安全监管过严会干扰地方经济发展，因而会采取放松执法、消极对待违规企业甚至偏袒这些企业的态度。这些是中国经济市场化过程中面临的最严重的障碍之一。

第三节　城市灵动联盟与区域合作

一、城市灵动联盟：区域合作新模式

（一）城市联盟及其实质

全球化与区域一体化使一些强大而新颖的城市合作模式真正浮出水面，城市联盟就是其中之一。从一定意义上说，对于城市而言，它们成功的关键既不是自身拥有的资产，也不是其开发能力，而是有效运用联盟战略及其卓越的合作能力。

城市联盟作为一种全新的合作模式，它强调城市如何利用自己的核心能力去和其他城市建立合作关系。而每个城市都集中精力去巩固和发展自己的核心能力和核心业务，利用自己的优势资源，做好本城市能创造特殊价值的、比其他城市更擅长的关键领域，这是动态联盟的多赢模式。

城市灵动联盟形成的关键在于，掌握城市的核心能力，将城市的有限资源向比较优势领域倾斜，在保持竞争优势的基础上，注意能力的平衡。一旦核心能力减弱或消失，则立即调整战略目标，调整城市动态联

盟的组合方式，以高弹性适应外界环境的快速变化。

城市建立灵动联盟体现了城市“灵活利用他人资源，为我所用”的战略思想，而对外部环境不确定性的反应却考验着城市在一切动态和变化中调整、重构联盟的实际水平。能够具备根据环境变化进行联盟的构建和重组的能力，这样的城市联盟是灵动的、机敏的、有市场“嗅觉”的。我们把这种主动应变的城市动态联盟，称之为“灵动联盟”①。

较之于“合作”，“联盟”更侧重于描述本质上具有战略性的城市关系。联盟关系正在成为21世纪城市成功的重要驱动力，也是区域经济关系的重要特征。毫无疑问，是否在区域关系中进行战略联盟是一个至关重要的决策。当然，城市战略联盟经不起百无禁忌随处滥用。选择了战略联盟的同时，它们可能忽视了联盟关系本身隐藏的巨大风险。联盟的建立和运用同样会带来沉重的资源负担。

（二）城市联盟的类型

（1）产业链联盟。产业链联盟是一种城市之间的目标驱动型合作联盟。合作双方的目标是使城市之间在产业层面上充分利用自身资源形成紧密的产业分工和经济联系。这种合作形式是以产品为主要线索进行的。一个城市通常是通过外包的方式将产品生产过程中的一部分工作交给另一个城市的合作企业完成。相比于其他联盟模式，产业链联盟的风险最低，其主要的难度是提高不同城市间的文化适应性。产业链联盟总是在创建“延伸组织”，为了一系列目标，要把来自不同城市的企业人员聚合在一起，还要在他们心目中树立起共同的，而且如产业链合作的主导城市所愿的归属意识。如果联盟城市能够有统一的产品品牌，参与产业链联盟的不同城市的人员在联盟体内就能感受到归属感。

（2）策略型联盟。不同的城市各自拥有不同的关键资源，彼此的市场又存在着某种程度的区隔或分割，为了彼此的利益以及共同开发市场，组成策略结盟，交换彼此资源。策略型联盟是通过各种契约组成的松散型网络组织，它不仅可以获得规模经济和范围经济效应，而且还可以抵制城市之间在某个产业领域或产品上的过程竞争，通过强强联合共

---

① 石钟韶等：《抢位：灵动联盟的故事》，北京，人民邮电出版社，2005年。本部分根据此书部分内容改写。

同维护竞争秩序或抬高竞争壁垒。但是，策略型城市联盟相对于其他联盟方式而言，是一种比较“松散”的合作模式，出现的问题也会和其松散的特点有关，比如合作的成绩较难在短期内衡量。

（3）主题型联盟。联盟的目的，就是合作方共同创造出一个全新的理念，而在实现这个新理念的过程中，离不开任何一个合作城市，它们彼此需要各自的核心能力。在多数情况下，主题型联盟的形成是以通过联盟拥有更强大的能力，提高城市已经具备的能力为目的的。比如，城市之间的研发机构合作开发某种具体的新药品。因此，主题型联盟的重点是倾向于创造新价值。通常这种合作会实现合作各方自身所不能达到的目标。

（4）竞争型联盟。城市竞争性联盟是若干盟员城市为共同获得某个发展机遇而组成的动态联盟。城市之间优势互补，风险共担，成果共享，并且可以根据发展机会的变更迅速实现资源的重组，创造出具有高弹性的竞争优势。城市竞争型联盟主要是基于城市核心能力（core competence）的一种外部优化整合，它的突出特点是以集成核心能力获得敏捷性和发展机遇为目的。所以说，它是城市为快速响应发展机遇而采取的相互联合、优势互补的合作方式。

（三）城市灵动联盟的特性

（1）非产权关系属性。灵动联盟在功能和效果上已经远远超过了各城市单体，但在资本关系方面，却不具备强制各盟员城市发生联系的权利，城市灵动联盟是在产权不发生转移的前提下实现对不同专有资产的使用权共享。因此，灵动联盟从总体上来说，并不是一个具有命令系统的经济组织，而是由于承担了一定的功能而具有某种实体性。灵动联盟在形成过程中，其成员城市之间通过契约联系在一起，联盟成员城市间无资本约束关系。联盟成员各城市具有相对独立自主性，一个城市可以参加多个灵动联盟，因此这种联盟具有更大的组织柔性。

（2）敏捷性。它是指联盟体内的城市能够对复杂的、不断变换的外界环境做出从容、有效和协调响应。敏捷性的核心是转换能力。也就是，城市通过灵动联盟对外部环境的变化适时作出调整的能力。这样，比没有参与灵动联盟的城市具有更大的竞争优势，从而赢得一种比较经济利益。

（3）委托代理关系。在灵动联盟中，占强势地位的核心城市将部分职能委托给相关的城市，让那些城市代理它的部分职能，从而在联盟体的城市之间出现了委托代理关系。而这种委托代理关系的纽带为“价值链”，亦即，委托关系源自核心城市强大的创造价值的能力。作为纽带，“价值链”实质上是一种契约链，它是通过契约关系形成的核心城市与其他城市的代理关系。众所周知，委托代理关系将导致信息不对称，容易导致代理人做出逆向选择进而产生道德风险。城市灵动联盟各城市间同样面临信息不对称的困扰。在城市灵动联盟中，各城市都有属于自己的核心竞争力和商业机密，而且它们并非永久性地加入此灵动联盟，这必然存在着机会主义行为。这是城市灵动联盟中委托代理问题的主要方面。

（四）城市联盟体及其内部合作关系

1. 城市联盟体

城市联盟体本身形成了一个“生态系统”，与自然界的生态系统不同的是，自然生态系统是由自然界的不同物种和物质构成的，而城市联盟体生态系统的要素则是各个城市（镇），包括为数众多的各级城市、城镇和乡村及其各类组织，这些大大小小的城市（镇）构成了城市联盟体生态系统的动态平衡。

保持城市联盟体生态系统的动态平衡是每个联盟主导城市的责任和义务。他们不仅使自己的城市得利，而且使系统所有成员共同受益，从而形成了城市生态系统的良性循环。

现在的竞争已经不仅仅是单个城市之间的较量，更多的是城市联盟体之间的团体战役。因此，城市联盟体在制定战略时不应仅仅从自身利益出发，而应当顾及联盟体以及整个城市生态系统的健康发展。他们明白，与他人分享财富的城市最终将会获得财富，而只注重自己的短期利益、损害联盟体总体利益的城市，最终的下场只能是损人不利己。

纵观成功的城市联盟，其共通之处就是创造该联盟体中所有成员共同利用的“平台”——各种公共服务、基础设施或技术，来提高自己的业绩。

城市联盟体的构成如图 13—2 所示。

在构成联盟体的两种类型的城市中，第一种是参与型城市，多为中

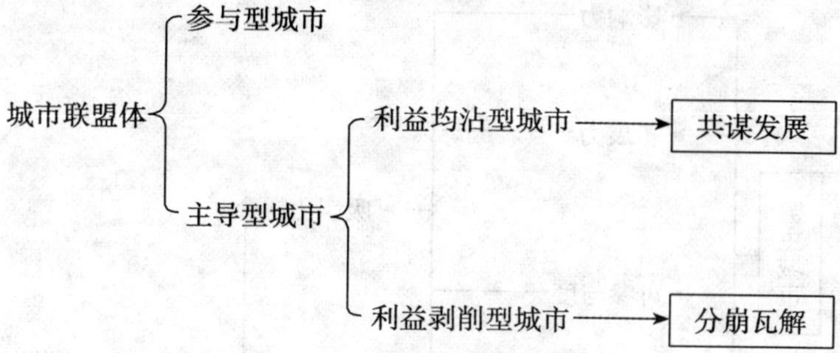

图 13—2　城市联盟体构成

小城市，构成了联盟体的主体。它们在联盟体内扮演“盟员”的角色。与盟员城市相对应的，就是主导型城市，它们在联盟体中占据中心位置。主导型城市又分两种：第一种是利益均沾型城市。这里的“利益均沾”不是平均分配利益的意思，而是按照各自对联盟体的贡献大小得到应有的回报。而另一种主导型城市是利益剥削型城市，这种城市往往都力图最大限度地从联盟体中攫取价值。这种城市极可能导致整个联盟体崩溃。

2. 城市联盟体内部关系

任何城市联盟内部都是互动的，一个城市必须具备足够的吸引力才能被潜在合作伙伴“相中”。作为盟主城市，凭什么服众？说到底，你得让其他城市认为加入以你为核心的联盟体是有利可图的。因此，盟主城市必须具备吸引、影响、主导其他城市的能力。图 13—3 描述了盟主城市与盟员城市关系的影响因素。

在城市联盟体中，盟主城市很多时候就是以盟员城市“伙伴”的名义，统治着自己的利益王国。然而，城市联盟体的合作强度还取决于盟员城市的努力。盟员城市边际贡献与联盟体合作强度的关系如图 13—4 所示。

盟员城市如果均能以渐进的边际贡献促进共同目标加速实现，合作关系则趋于加强和巩固。因此，能否建立合作伙伴关系，也在于能否不断加强盟员城市在灵动联盟中的贡献能力。实现边际贡献的增加，需要盟员城市增强自身的资源价值和核心能力，而那些缺乏足够的资源价值和核心能力的城市，最终将因其较低的边际贡献率而被排斥在联盟体

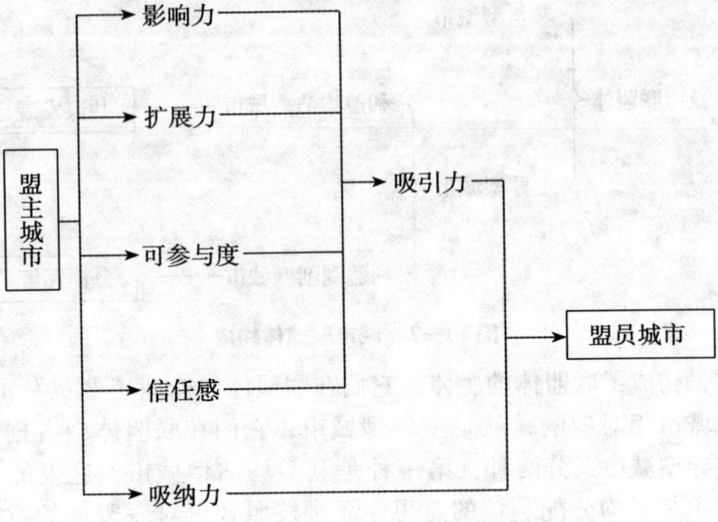

图 13—3 盟主城市与盟员城市关系的影响因素

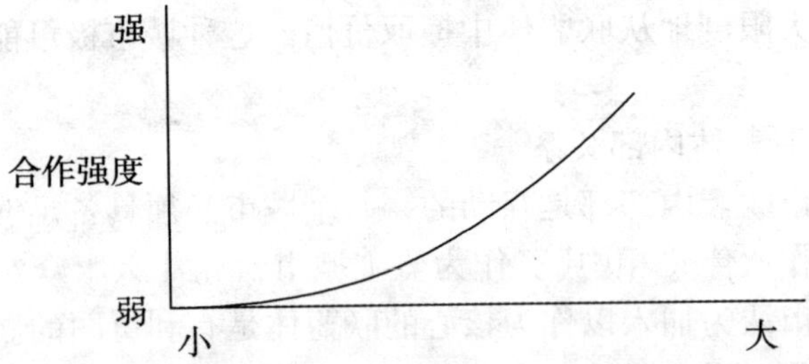

图 13—4 盟员城市边际贡献与联盟体合作强度的关系

之外。

处于城市联盟体中的城市固然是为长期的共同利益走到一起，但作为独立的行为主体，仍然要保证自己的利益和优势，而且他们加入联盟的目的正是为了获得更多的利益和发展机会。因此，盟主城市在设计整个联盟体的整体利益时，总会通过精心构造契约的形式来尽量寻求盟主城市的个体利益与整体利益的统一，这种利益关系的统一程度如图13—5 所示。

在图中，a 表示盟员城市个体利益与联盟体整体利益的夹角，如果 $a<90°$，则个体利益总会在整体利益上有正向的投影，即最大化个体利

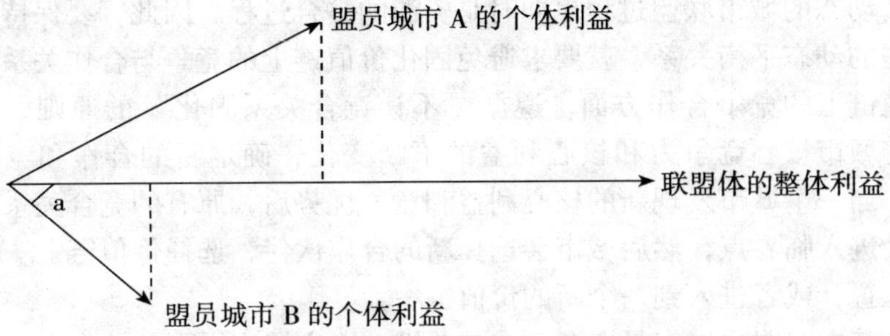

图 13—5　盟员个体利益与联盟体整体利益的关系

益总会对整体利益产生积极的作用。但是，从盟员城市的个体角度来看，如果盟员城市对灵动联盟的未来收益持怀疑态度，就难以保证有真正的合作了，它会使得 a 角不一定都小于 90°。如果联盟中的一个城市总是为另一个城市无偿服务，如何体现回报？此时，各主体所处地位不同，在委托代理关系存在的前提下，盟主城市很有可能无法在短期内发现这个问题。整体理性下的公平，有时候比个体理性还难以做到。

（五）城市灵动联盟是强者间的博弈

是什么驱动城市间的联盟呢？获得更高的城市价值，提高竞争能力，获得进一步增长的空间，寻找互补性优势等都是城市联盟的驱动因素。

一个有竞争力的城市联盟体，对其核心价值的衡量，不在于联盟体内所有城市的素质加总，而在于大家能否各自扬长避短，发挥优势。我们把价值链上各城市节点之间的动态整合称为“灵动联盟”，除了说明各节点间以利益合理均沾为前提而灵活组合、随机应变之外，换个角度看，其实也暗示着这种联盟必须建立在各城市的优势基础之上。产业链上的博弈双方只有在规模和竞争力上都旗鼓相当，在利益争夺中才能动态地相互制衡。

从这个意义上说，城市灵动联盟就是参与其中的各个城市为了追求自身利益最大化，不断根据自己的比较优势进行博弈的过程。这也就意味着，联盟体内永远没有绝对的平等，城市联盟的平衡永远是动态的。联盟体内城市的实力、筹码和地位会随着情况的变化而相应变化，盟主城市的桂冠也就会发生位移。

动态的城市联盟过程也同时是资源的整合过程。因此，要保持城市联盟的动态平衡关系，就要求避免固化价值链上的竞争与合作关系。在价值链上的竞争合作方面，遵循“不让竞合关系固化”的原则，它们随着城市核心竞争力和核心利益的不断变化，确定新的合作和竞争关系。当一个城市发现新的核心利益和竞争优势后，原有的竞合关系可能就会进入临界点，然后城市会选择新的合作伙伴，选择价值链上一个新的位置，或者进入到一个新的价值链中。

其中，盟主城市是资源整合的关键，盟主城市周围的一个个环节围聚成的一条条价值链，编织成了一个多赢的城市联盟生态圈。但是，这是一个追求协同的时代，中小城市（镇）就好比棋盘上的一枚棋子。中小城市在联盟体中的地位是由它们自己决定的，它们的崛起要有一个自强不息的磨砺过程。要获得持久的生存权，中小城市必须打造自己的核心能力。城市联盟体的每个成员城市要想把握主动，必须有自己的核心竞争力。只有这样，城市灵动联盟中的各级城市的优势才难以被取代，而且会成为其持久的竞争优势。

二、区域经济合作组织：两种不同的制度安排

（一）企业主导型的区域经济合作组织

企业主导型的区域经济合作组织是在市场机制作用下自发形成的，它通过产业链等方式，将一个区域内城区有机联系起来，形成一个区域共同体。这种合作组织的形式有多种，主要有：（1）跨区域一体化组织。它是处于同一产业链的不同区域企业以契约形式确定稳定的产供销关系而形成的你中有我、我中有你的利益共同体。如技工贸、农工商一体化组织。（2）共谋组织。生产同类产品的不同区域企业，共同确定产品产量或价格，商定彼此的市场范围而形成的半紧密型行业组织。（3）跨区域企业集团。它既包括在不同区域进行直接投资形成的紧密型组织，也包括总部或关键部件生产厂设在一区而分支或部件生产厂分布于众多其他区域的跨区域组织。（4）区域性服务组织。由企业或行业协会共同组成的服务业组织，如跨区域旅游网络、跨区域交通通讯网络等。

任何形式的企业主导型区域经济合作组织都具有一个共同特点，即

在制度规范与区域市场完善的前提下实现跨区域企业组织对区域市场的替代以节约交易成本。这是企业主导型区域经济合作组织的生命力之所在。它通过市场关系的组织化，有效地降低跨区域活动的外部性与不同利益主体间的信息不对称性，从而形成共荣共衰、彼此相互关联的区域关系格局，实现区域一体化。

（二）政府主导型的区域经济合作组织

政府主导型的区域经济合作组织是在政府直接干预或参与下所形成的一个跨城市行政边界的利益共同体，主要形式有：政府对所辖地域进行区域规划，对不同区域实行不同的政策以培养区域共同利益，形成区内向心力；不同地方政府联合制定统一规则，成立经济技术协作区，以协调和统一行动；政府直接在竞争性行业进行投资以诱导不同城市连接成一个产业链，区域利益主体因此而形成，等等。不论是何种形式的组织，都有一个基本特征，即政府承担了部分或全部交易费用以鼓励各地区企业发挥自身优势。这有利于微观利益主体产生较大的跨区域活动的收益预期，促进区域市场主体的发育。然而，这种区域经济合作组织本身具有内部的不稳定性，尤其是当政府过多涉足竞争性行业时。这种不稳定性是由多种因素造成的。首先，政府也是利益人，时刻要进行利益比较，政府所掌握的制度创新资源是有限的，当政府主导型经济合作组织为政府创造的收益小于制度创新成本时，组织的自下而上基础便脆弱不堪。其次，政府介入区域博弈会增加企业或个人采取机会主义行为的可能性。既然政府致力于减小交易成本，那么微观利益主体就可能不在减少交易成本方面努力而想着如何搭上政府便车的激励。因为政府所掌握的信息是不完备的，企业或个人存在利益信息优势在与政府博弈过程中存在机会主义的倾向，而且无论政府如何努力，外部性和信息不对称是不能完全消除的，因此不稳定性也难以避免。最后，由于外部性和信息不对称的存在，政府制定与推行新的规则也并非无懈可击。当新规则的推行会造成城市间或区域间的苦乐不均时，政府主导型经济合作组织极有可能夭折甚至胎死腹中。

（三）两种区域合作组织的相互关系及作用

任何形式的区域经济合作组织都是为了克服交易费用障碍，充分发挥每个区域的显性与隐性优势从而实现各个区域的利益最大化。此外，它们均需一定的制度保证，均有两个或两个以上区域的利益主体参与。在解决某些类型的区域问题方面，不同类型的区域经济合作组织都能实现同样的效果。然而，不同层次、不同形式、不同内容的组织往往在制度需求、具体结构、功能、作用领域方面有所区别，正是组织的多样性丰富与发展了区域经济合作。

从最一般的意义上说，区际交易与合作中市场组织存在的“市场失败”导致了政府主导型区域经济合作组织的诞生。市场组织不能完全克服外部性，也无力缩小区际差距，因此，这是政府主导型区域经济合作组织的主要作用领域。此外，关系到国计民生的行业以及区域性主导产业领域，也是政府主导型区域经济合作组织的作用领域，其作用效应是战略性的，旨在维系与提升区域在经济方面的战略地位，增强整体的综合竞争实力。

可见，政府主导型区域经济合作组织的作用领域具有很大的选择性，主要集中在具有全局或重大影响的领域，其主要效应可概括为克服企业与市场难以克服的交易费用障碍、增大合作的可能性与区域间的整合力、提供与维护公平且有效的竞争环境、确保区域战略地位稳步提升以及对国民经济的控制力。

值得注意的是，地方政府主导型区域经济合作组织不仅对区内领域具有类似的作用与功能，而且会通过地方政府间的协议或协会安排涉足众多领域。地方政府为解决共同的问题或协调多方在某一领域的关系，往往通过订立协议的方式形成合作关系。地方政府之间建立地方政府协会或有关部门的协会，也是形成合作关系的一种途径。但就全国而言，它具有潜在的内倾倾向，即一些区域合作组织对付另外一个或一些区域，这正是中央政府主导型区域经济合作组织所要预防与解决的主要问题之一。当然，政府主导型区域经济合作组织的例子也有可能产生一定的负面影响。除前面所揭示的其内部不稳定性外，这类组织的突出缺陷是政府过度干预会有害市场经济体制的发育，无益于市场机制的完善。

企业主导型区域经济合作组织赖以产生与发展的主要基础是市场调节的滞后与市场机制风险等“市场缺陷”。对规模经济不大的行业来说，众多区域的众多小企业所接受的市场信息存在时滞与失真，单纯的市场调节的结果很有可能是产品的供给短缺和过剩交替出现，随之而生的是买方过度竞争与卖方过度竞争，尤其是那些供给与需求弹性较大的行业更是如此。相关区域企业或非政府行业协会联合行动，如联合限产或限价，可弥补这方面的缺陷。对规模经济很大的行业来说，一个区域的大企业在原料、市场、技术等方面与其他相关区域存在千丝万缕的联系，一旦这种联系中的某一个环节出现障碍，将会对该大企业产生很大的负影响，企业规模越大，这种负影响会越大。另外，重大创新与新产品开发由单个区域的企业进行也存在市场风险问题。通过订立区际企业间约束力强的契约或联合投入可在一定程度上降低诸如此类的风险，当然，基于克服前述“市场失败”问题而组建企业主导型区域经济合作组织的例子也并不少见。但企业主导型与政府主导型区域经济合作组织的作用领域和具体效应存在一定差异。

在作用领域方面，企业主导型组织以非公共产品生产与服务、具体的研究与开发等为主要作用领域，其组织方式采取的是非强制性的正式或非正式形式，而政府主导型组织主要以纯公共产品（包括制度）的供给为主，非公共产品领域的作用范围不大，强制与非强制均是可供选择的组织方式。在具体效应方面，企业主导型区域经济合作组织实现的是组织内部利益的帕累托改进，而政府主导型区域经济合作组织除考虑内部利益最大化外，还要实现其特定的整体利益目标；两类组织均提供制度产品，但政府主导型区域经济合作组织的制度产品中很多是普遍适用的规则，具有较广泛的约束力。企业主导型区域经济合作组织虽然也提供制度安排，但这种安排一般只适用于本组织内部，对其他非成员主体与组织不具约束力。

两种合作组织有各自的作用范围。但是，也要看到他们之间的相互作用。一般地，区域经济合作动态发展过程的表现是不同类型的组织的角色变换，其反映的本质是区域利益与整体利益的最大增进。当现状存在不完全合理的区域政策利益空间分布时，政府制度创新是区域经济合作赖以发展的基础，政府主导型区域经济合作组织是区域经济合作的主角，而当区域政策利益空间分布基本合理时，企业区域组织的创新成了区域经济合作发展的主要动力来源，企业主导型组织成了区域经济合作舞台的主角。长期来看，这种动态的角色转换是不断轮转的。当区域获利机制成熟，也就是市场经济体制完善后，制度基本均衡且不需要作进一步的革命性调整而只需边际调整时，这种轮转便告以终结，企业主导型区域经济合作组织完全定格为区域经济合作的主角①。

① 张可云：《区域大战与区域经济关系》，388～392页，北京，民主与建设出版社，2001。

第十四章 比较优势理论与区域分工

区域分工的形成与演进，是区域经济增长与发展的重要源泉。在区域内形成合理的区域分工，会提高资源的空间配置效率，促进区域经济增长与发展，提升区域竞争力。区域分工的形成与发展，引起了区域之间的要素流动，反过来又推动和强化了区域分工。本章在介绍了比较优势理论的基础上，分析了城市竞争与区域分工的冲突，并进一步讨论了区域分工理论的新发展。

第一节 比较优势理论

长期以来，区域经济学者用比较优势理论来解释区域分工和经济活动区域分布。传统上的比较优势理论的基本特征在于坚持以劳动价值论为基础，并在这一前提下研究不同国家、不同商品之间依据劳动生产率进行的交换，以及通过交换实现“比较利益”。

一、李嘉图的比较成本学说

亚当·斯密（Adam Smith）是最早系统地提出比较优势理论的经济学家，其比较优势理论被称为绝对成本理论。在《国富论》中，斯密认为，每一国家都有其适宜于生产某些特定产品的绝对有利的生产条件，如果每一个国家都按照其绝对有利的生产条件去进行专业化生产，然后彼此进行交换，则对所有国家都是有利的。斯密的思想同样也适用于区域分工。但是，绝对成本优势理论存在一个明显的缺陷，即没有说明无任何绝对优势的区域如何参与分工并从中获利的问题。因此，一些学者认为斯密的绝对成本优势说只是李嘉图的相对成本优势说的一个特例。

大卫·李嘉图（David Ricardo）在1817年出版的《政治经济学及

赋税原理》中发展了斯密的国际分工理论，突破了斯密的绝对成本理论，提出了比较成本优势学说。根据比较成本原则，如两个国家或地区中的一个能以较低的成本生产各种产品，两国或地区之间的区域分工和贸易也会使双方均获利。

李嘉图的比较优势理论表明，当一个国家同另一个国家相比，其在两种产品的生产中均处在绝对劣势时，只要它在两种产品上的比较成本或机会成本同另一个国家相比是有差别的，则仍有资格参与自由贸易。这里我们用表 14—1 所列的情况予以说明。

表 14—1 **单位产品的劳动投入（绝对成本）**

	食品	衣服
本国	2	3
外国	2	1

由表 14—1 可知，同外国相比，本国在生产食物和衣服两方面均无绝对优势，即 $\alpha_{LF}=\alpha_{LF}^*$，$\alpha_{LC}>\alpha_{LC}^*$。按绝对优势原理，本国无条件参与国际贸易，外国无必要参与国际贸易。本国与外国之间无贸易发生的利益动力，故自由贸易是不可能发生的。然而，按机会成本或比较成本，则本国与外国有必要进行贸易，理由是：本国在生产食品方面具有比较优势，同时外国在生产衣服方面具有比较优势。通过表 14—2，我们可以得到有关两国生产食品与衣服的比较成本。比较成本见表 14—2。

表 14—2 **比较成本**

	食品	衣服
本国	$\alpha_{LF}/\alpha_{LC}=2/3$	$\alpha_{LC}/\alpha_{LF}=3/2$
外国	$\alpha_{LF}^*/\alpha_{LC}^*=2$	$\alpha_{LC}^*/\alpha_{LF}^*=1/2$

由表 14—2 可知，本国在生产食物方面拥有比较优势，这是因为 $\alpha_{LF}/\alpha_{LC}=2/3<\alpha_{LF}^*/\alpha_{LC}^*=2$，这等价于（$1F=2/3C$）<（$1F^*=2C^*$）。它们表明，本国每增加一单位食物的生产，可比外国少放弃 1. 33 单位的衣服的生产。同时，外国在生产衣服方面拥有比较优势，因为 $\alpha_{LC}^*/\alpha_{LF}^*=1/2<\alpha_{LC}/\alpha_{LF}=2/3$，这等价于（$1C^*=1/2F^*$）<（$1C=1.5F$）。它们表明，外国每增加一单位的衣服生产，可比本国少放弃 1 单位的食品的

生产。依据比较优势理论，本国可完全专业化生产食物并出口食物，进口衣服；外国可完全专业化生产衣服并出口衣服，进口食物。用两国进行自由贸易仍是对双方有益的。用李嘉图的比较优势学说可以简单地概括为“两优取大优，两劣取小劣”。

长期以来，比较优势理论成为指导国家或地区分工的基本原则。李嘉图认为相对比较优势是支配区域分工的区域优势，即区域优势是指本国或本地区各项产品生产中机会成本相对低的产品生产优势。也就是说，成本上的比较优势才是真正的优势，产品的生产成本越低，分工中越具有优势，在产品市场上越具有竞争优势。

二、H—O 模型：要素禀赋理论

赫克歇尔（F. Heckscher）和俄林（C. Ohlin）的要素禀赋理论，简称 H—O 模型。李嘉图的比较优势学说通过比较国与国之间相对成本的差异，解释了国际分工和国际贸易存在的可能性和必要性，但是李嘉图没有说明为什么国与国之间的产品生产成本具有很大的差异。瑞典经济学家赫克歇尔（F. Heckscher）于 1919 年提出要素禀赋的基本观点，他的学生俄林（C. Ohlin）接受了这些观点，并在其 1933 年出版的《区际贸易与国际贸易》一书中，形成了比较全面的要素禀赋理论。

H—O 模型从每个国家所拥有的各种生产要素的禀赋的不同，解释了比较成本差异这一现象。他们把生产要素分为劳动、土地、资本和技术等种类，并认为各国所拥有的各种生产要素的相对比例是不同的，一个国家所拥有的某一生产要素的资源禀赋可能超过另一个国家。由于在他们的模型中排斥了规模经济的可能性，因此要素的绝对数量在讨论中就没有意义，重要的是各种要素组合的相对比例。

H—O 模型认为，生产要素分布不均，引起相对价格差异；生产要素相对价格的差异又引起商品相对价格的差异；加上汇率因素，商品相对价格的差异会引起商品绝对价格的差异；这就导致区际和国际贸易的产生。H—O 模型把本地区内某商品各类生产要素之间的价格比例称为相对价格，如两地区各要素的价格比例不相等，则为两地具有相对价格，如相等，则为无差异。如有 A，B 两种要素，在甲区其价格比为 3∶7，在乙区为 2∶5，这叫做差异；但若两者在甲区为 1∶3，乙区为

2：6，则叫做无差异。由于生产要素在各地会有相对价格差异，再加上各种商品生产投入的要素比例基本上不一致，不同的国家和地区，就会利用对自己有利的重要因素，生产有利的商品输出。而同时输入那些需要较多本地稀缺的生产要素才能生产的商品。按照相对价格差异的理论，可以根据生产要素的构成，将所有商品大致分为劳动密集型、资本密集型、土地密集型、资源密集型和技术密集型等类别。这样一来，很多地域分工和国际贸易的现象得以解释。

由于各国或各地区的要素资源禀赋相对而言是不同的，每个国家或地区分工生产相对密集地使用其较充裕的生产要素的产品，便具有比较优势。因此，在生产要素使用具有替代性的前提下，一国或地区密集使用相对低廉的生产要素就拥有由成本优势所决定的国家或地区竞争优势，通过国际贸易或区际贸易，各自都可以获得比较利益。发达国家和地区资本充裕，适合专业化生产资本密集型产品；发展中国家和落后地区缺乏资本，而劳动力或自然资源充裕，适合生产劳动密集型或资源密集型产品，在此基础上可以形成发达国家和地区与不发达国家和地区之间的贸易。

此外，俄林（C. Ohlin）认为，地区是分工和贸易的基本地域单位。他指出，从一国范围来看，国内各地区由于生产要素价格的差异，导致国内贸易和各地工业区位的形成；从国际范围来看，各国生产要素价格的差异，导致国际贸易和各国工业区位的形成。俄林认为，在土地、劳动力、资本三个生产要素中，除土地不能自由流动外，如果劳动力和资本可以自由流动，则是古典区位论所讲的局部均衡问题；但若两个要素都是不能自由流动的，则生产要素价格比率的任何变化，会造成已有均衡关系的破坏，导致新的均衡关系的形成，这就是一般均衡的区位问题了。

总之，H—O 模型不仅以相对价格差异学说为基础，补充了斯密和李嘉图的区域分工论，同时它还在以局部均衡为基础的特殊区位论的基础上，引入区际价格差异理论，创立了以一般均衡为基础的一般区位论。俄林之后，经济学家们扩展了 H—O 模型，一方面将要素禀赋理论动态化，另一方面又深化了要素禀赋优势的基础内涵，尤其强调了技术在优势形成中的作用，如美国学者波斯纳（M. Posner）的新技术贸易论、弗农（R. Vernon）的产品生产周期理论等。

三、哈伯勒的机会成本理论

比较优势原理作为区域分工和国际贸易理论的经典，得到后来的许多经济学家的进一步阐释和发展。其中，1933 年美国经济学家哈伯勒（G. Von Harberler）从机会成本概念出发，并结合“生产可能性曲线”对李嘉图的比较优势理论进行了规范叙述。哈伯勒认为，古典经济学劳动价值论的分析过于简单，因为生产中投入的生产要素不仅仅是劳动，而把其他生产要素换成劳动一种要素，因计量标准不同，存在着不可克服的换算困难。他主张用机会成本代替相对成本来解释国际分工和国际贸易产生的原因。

所谓机会成本是指一国或地区特定的有限资源用于生产两种或两种以上不同商品时的选择成本，即一种资源用于生产某种商品时，等于牺牲了用同一资源生产另外种类商品的机会。根据比较成本理论，两国或地区进行贸易的基础在于比较成本的差异。比较机会成本理论则认为，两国或地区生产贸易的原因在于比较机会成本不等。这样，比较优势就可表述为：如果一个国家或地区在本国或本地区生产一种产品的机会成本低于在其他国家或地区生产该产品的机会成本的话，则这个国家或地区在该种产品上就拥有比较优势。

对机会成本进行动态分析，可分为边际机会成本不变和递增两种情况。

边际机会成本不变情况下的生产无差异曲线（生产可能性边界）被认为是一条直线（直线是曲线的特例）。

图 14—1 反映，当某国或地区将全部生产要素生产商品 q 时，产量为 OB，当将全部生产要素生产商品 p 时，产量为 OA，连接 AB 的线即为生产无差异曲线。AB 线上的任意一点到纵横两轴的距离代表同时生产两种产品的组合。商品 q 的产量增加 b_1b_2 和 b_2b_3 时，商品 p 的产量减少 a_1a_2 和 a_2a_3。商品 q 对商品 p 的机会成本 $a_1a_2/b_1b_2 = a_2a_3/b_2b_3 = OA/OB$，所以 AB 为直线，AB 线的斜率（OA/OB）表示生产两种商品的边际机会成本比率。

边际机会成本递增情况下的生产无差异曲线的形状在标图上必定是

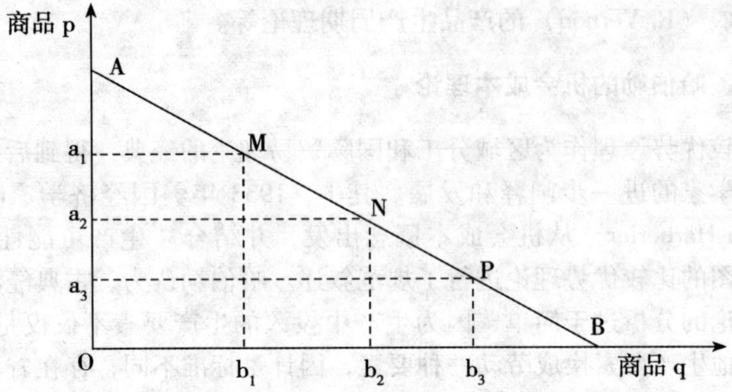

图 14—1 边际机会成本不变情况下的生产无差异曲线

凹向原点的曲线（图 14—2）。

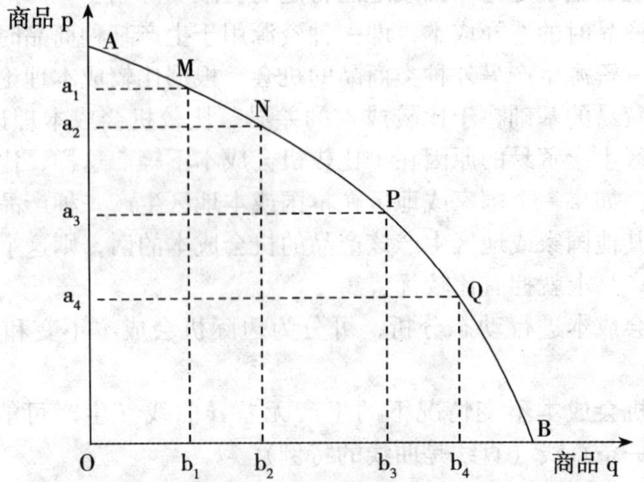

图 14—2 边际机会成本递增情况下的生产无差异曲线

图 14—2 表明，当某国或地区把全部生产要素都用于生产商品 q 时，产量为 OB，都用于生产商品 p 时，产量为 OA，曲线 AB 为生产无差异曲线。AB 线上任意点到纵横两轴的距离代表同时生产这两种商品的组合。当增加商品 q 数量为 $Ob_1=b_1b_2=b_2b_3=b_3b_4$ 时，必须减少商品 p 的数量为 $Aa_1<a_1a_2<a_2a_3<a_3a_4$，因此，$Aa_1/Ob_1<a_1a_2/b_1b_2<a_2a_3/b_2b_3<a_3a_4/b_3b_4$，表明随着商品 q 的增产，所牺牲的商品 p 也愈

多。反之，随着商品 p 的增产，所需牺牲的商品 q 也愈多。

哈伯勒认为，按贸易条件进行交换，会给贸易双方带来利益，因此使双方在生产方面发生变动，各自把生产要素从不具有优势的产品的生产中转移出来，增加具有出口优势的产品的生产，将使两国或地区的经济福利水平均有所提高。西方经济学界对机会成本理论的评价甚高，认为它是“国际经济学的里程碑，成功地用现代一般均衡理论的语言重新证明了古典比较成本理论”。

第二节 城市竞争与区域分工的冲突

一、城市之间的互斥性竞争及其社会基础

（一）城市之间相互排斥的竞争

在当今时代，城市竞争或合作的原则从来就在一种不可知的程度上主导着城市之间的关系。它可以通过区域分工使城市之间友好地联系在一起并相互依赖，或者由于竞争而进入到对立的状态。

当今，起重要意义的是城市之间工业制成品与工业制成品之间的竞争：要么是不同水平的商品之间的竞争（替代性竞争），要么是相同水平的商品之间的竞争（互斥性竞争）。这两种竞争形式不是以合作而是以竞争作为标志的。替代性竞争对于拥有产业优势的城市并没有坏处，因为输出的是高附加值的产品，因此能够获得较高的回报，但它却消灭了技术含量较低的产品竞争者并导致相应的就业岗位的消失。城市之间的竞争最激烈的是相同产品间的互斥性竞争。

城市之间的互斥性竞争使得各个城市争相进行重复性建设，排斥了区域分工的原则。要素流动（贸易）的正面作用虽然是现实的，但它并非是引起真正意义上的区域分工的原因，而是源自于比较优势原理的前提的改变。城市间互斥性竞争的负面作用却来自于这一前提的内在逻辑。

有学者认为，在互斥性竞争中仍存在积极的因素，因为这使得产品更加廉价，产品质量得以提高，这种竞争和市场竞争一样起到了促进技术进步的作用。但是这种观点忽视了这种理论的天真与危险。相同商品

的互斥性竞争只有在全球化条件下或国内存在巨大区域差异的条件下发生才是无害的，因为落后地区无条件地接受了先进地区的工业的生产能力，但这种决定性条件却从来没有出现过。

互斥性竞争的结果导致欠发达地区的相关领域发生了逆工业化过程——那些具有落后技能和竞争力的企业破产，劳动者失业。区域之间的互斥性竞争不仅没有引发所谓的技术进步，相反那些具有较高工业水平的地区也可能由于被劣质商品倾销所摧毁。当一个城市具有竞争优势时，就会通过优势竞争将其他城市的某一行业排挤出去，失败者要自己承担这一后果。

虽然各城市一直在努力谋求合作，但事实上城市之间的竞争从来就是具有强大竞争力的城市为谋求胜利而展开的竞争。各城市都宣称，我们无论如何要设法从这种竞争中存活下来，并取得成功。显然，这种幸存与竞争能力密不可分，除此别无坦途，否则无论短期还是长期城市都不会有增长，不会有经济的振兴。面对激烈的互斥性竞争，城市的首要任务是进行地方性管理，创造最大的机会，使自己的企业在这场经济大战中具有竞争力。

（二）城市竞争的政治、社会基础

城市竞争是一把双刃剑，当竞争被正确使用时，城市竞争是区域经济联系的纽带，它是一个城市经济腾飞和成功的基础；而当它被过度或不当运用时它就会毁掉城市合作。事实上到目前为止，只有实现对其适当的束缚，其正面作用才会充分发挥出来。

主张自由放任的理论家强调城市竞争令人兴奋的一面，但对于其社会的负面作用却置若罔闻。现行的城市竞争理论的根本性错误在于对竞争的社会基础的忽视。当城市竞争既能带来共同利益又可以带来相互的谅解时，城市竞争才能被视为区域经济问题的解决途径。换言之，为什么至今城市互斥竞争并没有真正的引起区域分工的实现？这个问题涉及区域分工所需要的政治、社会前提。正是在这一点上传统的区域合作理论表现出了对现实的无知。区域分工一定要得到社会的赞同。因为区域分工将经济与社会紧密地连接起来。区域分工对社会而言意味着优势，但当区域系统由于某一个链条的破坏而断裂时，区域分工相对于每个城市而言就成为了劣势。由于这个原因，区域分工需要政府、社会合作来配合。这种社会基础能使区域系统相互依赖，在对抗逆向选择和机会主义行为时保证安全。区域分工和合作关系越复杂以及个体活动越精细，这种社会基础的作用就越重要，其通过追求公共目标而抵制地区本位主义。就这一点而言，完善的区域治理结构与区域分工是严格互补的。

传统区域合理理论的根本性错误就在于它只想推行一种经济机制，但却忽略了这种经济机制的政治、社会基础。如果存在一个为公正负责的区域治理系统，所有城市都可以从区域分工中期待相同的好处，那么区域分工的实现就毫无问题。也就是，在区域分工中政府的作用非常重要，致力于社会平衡的政府要通过相应措施使所有的区域合作更加公平，使所有的参与者都能从中均等获益。

人们必须将这种区域分工的政治前提认识清楚，缺乏必要基础的区域分工（合作）的努力从一开始就注定要落空。因为当区域合作并非基于公平原则的区域分工时，它就会很容易受到伤害。在这种情况下，当一个城市遵循比较成本优势的建议时，它就被错误地引导了。它很快就获得了这样的经验：随着一些产业发展机会的放弃，其竞争和发展的主动权也一并拱手让了出去。最后它们只有任由其他城市发展，由其他城市生产高附加值产品，而自己则被迫地局限于传统优势领域。

二、城市竞争与区域协作的对抗性

（一）区域内部的合作与竞争

城市之间的共同体关系是通过经济互利联系在一起的，这种好处首先是通过区域分工实现的。理论上说，拥有不同产业结构或处于产业发展不同阶段、生产差异性产品的城市之间会产生一种纯粹的合作关系，这种合作关系导致了长期的相互依赖。在这种情况下，区域分工的社会在理论上只有单一合作而没有竞争。

如果区域内城市之间真的形成一种纯粹的合作关系，或者是由合作关系占上风的社会，那么，各城市生产者所生产的商品可能会上百年都不会改变。现实中，即使是产业和产品结构完全不同的城市之间，也不存在完全没有竞争的情况。竞争使区域内不同城市的竞争者平等地进行各自局限条件下利益最大化的产品生产偏好的选择。结果，相同或相近似的产品就不再仅仅通过一家工厂，而是通过许多家工厂生产出来。这样就产生了一种动态的区域分工关系——任何城市不能凭借其绝对特权或垄断优势来长期获取利益。

但竞争也带来了紧张关系，使合作式的区域分工社会不可能稳定地存在。这种紧张关系起因于相同产品制造者之间的竞争，竞争导致了更好的选择。在相同的价格下，质量更好的或在相同的质量下更廉价的产品获得胜利，幸存下来的产品就体现出了竞争的意义以及对城市的好处，但同纯粹的合作关系不同，竞争带来很大的成本——城市之间产业重复投资带来的巨大国民财富损失。

（二）城市竞争与区域合作的相互对立

人们对于区域分工抱有很大希望是有根据的，毕竟以前的时代从没有如此成功地提高人类生产效率。当各地区中的城市各有分工，各自只做自己所擅长的工作时，整个社会的生产效率就会提高。

区域分工的原则对于一个地区的进步和富裕而言是很本质的因素。事实上，人们一直主张各城市按产业链进行分工和交易，但这种区域性产业分工能够顺利实现吗？现实中，我们观察到的现象是，当城市经济发展到一定阶段时，城市之间的互斥竞争中不同城市生产相同商品并且各自竞相试图将对手挤出市场，从而引起了城市竞争与区域分工相互对立。在这种情况下，尽管技术的差异性、产品式样的不同或者在某一领域的专业化在各城市相互的交易中起着明确的积极作用。但是，当一个城市担心通过专业化而造成自己对其他城市的依赖时，没有哪个城市愿意实行全面的专业化。

区域分工源于合作——不同效率城市分工的专业化。相反，城市竞争使相同效率的提供成为可能，这种可能通过产业之间的竞争实现，并随之而出现了成败方。20 世纪 80 年代以来，城市竞争越来越走到了前台，而同时城市之间的区域分工越来越失去了意义。

区域合作不仅仅作为各城市交往的目标，而且存在于各城市经济联系的实践当中。但在现实的经济生活中，各城市却很少真正去促进区域分工的深化。例如，任何城市都不想放弃发展新兴战略产业，否则其他城市就会在这一领域占了先机。每个城市都最大限度地追求经济独立。现实中，也确实有一些城市通过“工业立市”战略，证明了它们较快的工业发展。因此出现了多中心工业化的局面。从一定意义上说，这种多中心工业化对于区域分工而言是决定性的否定因素。每个城市都试图在本地区范围内最大限度地运用这种原则，以使本地区生产能力得到充分的调动，尽可能不要产生对其他城市的依赖。各城市努力追求所有关键性工业产品都由自己制造，替代与其他城市进行的区域分工，以避免使自己受到其他城市的影响。

（三）将独立发展作为城市的目标

李嘉图的理论——区域分工可为社会带来最大限度的财富也不完全错。为什么人们目前所看到的却是区域分工的失败呢？因为这种理论的捍卫者是如此的天真，他们将经济和社会彼此分离开来。在他们看来，缺乏公平原则的相互依赖是能够实现的。

如此一来，地方当局将区域合作作为增强区域竞争力的最佳途径，但这却遭到其他城市有意识地抵制。所有城市都努力追求尽可能高水平的工业化，并且生产高附加值的技术产品。因此整个市场充斥着相同的产品。城市竞争与虚拟的区域合作联系在一起。由于区域分工的社会基础并未形成，城市竞争使区域合作相形见绌。城市竞争和区域分工之间冲突的法则，使得区域分工仅呈现为一种表象，而城市竞争则主导社会现实。

当然这并不能排除一些城市在外部压力之下，在一定程度上需要真正意义上的区域分工。大多数城市发现在自己领域里仅仅拥有产业链条上的一部分而已，它们必须与其他城市相关产业进行必要的贸易，这是一种不同商品之间的交换，使区域分工成为可能。另一种趋势也是值得关注的，一些城市正在试图通过特殊的方式替代区域分工。毫无疑问，这样的政策的目的是与区域分工原则背道而驰的。

为了在短时间内创造稳固的工业基础，它们从一开始就有意识地输入外部的技术和设备，这是一个与依赖性紧密相连的阶段，而实现工业化之后，就会摆脱对其他城市的依赖。因此，各城市之间并不是依赖进一步加深，而是竞争更进一步激化了潜在的冲突。

真正的区域分工经常表现为这样一种情况：它将产业活动分布在不同的所在地，并且以此产生区域范围内的产业联系。通过区域分工而产生的稳定的区域经济联系并没有使其他城市付出代价。相反，工业力量的优势地位往往会使地区中的中心城市采纳一种有利于本地区的相互联系的战略而会加剧城市之间的紧张关系。比如，一些中心城市构筑区域性网络系统的中心，而获得了很大发展。而这种战略可能并不能导致长期的区域分工。只是有强势地位的城市自己在一个很长的时期内从这种政策中获益匪浅。在这种情况下，参与其中的城市也就自然不会放弃独立的发展目标。

三、比较利益陷阱：比较优势定理面临的挑战

（一）比较优势定理的局限性

长期以来，区域分工都是建立在比较优势原理基础上的。先是李嘉图的比较成本优势理论，后来是H—O模型，即要素资源禀赋理论。比较优势理论至今仍然是欠发达地区确定分工格局和发展对外贸易的基本依据。但是，我们必须认识到，比较优势理论有着自身的缺陷。主要表现在，这一理论是从静态和外生因素的角度来说明分工与贸易的格局，而从动态和内生的因素的角度看，随着经济发展和技术进步，各地区的比较优势是不断变动的，产业结构和贸易结构也在不断变化。在经济发展过程中，人力资本、技术进步、信息流动等有形要素与无形要素的结合，赋予了要素资源禀赋以全新的含义；规模经济和聚集经济在区域经济发展过程中，表现出强大的竞争优势。

对欠发达地区而言，一味地单纯以自己外生的成本和资源比较优势来确定分工格局和贸易结构，就有可能跌入"比较利益陷阱"。因为欠发达地区在分工格局和贸易结构中，主要集中于劳动密集型和资源密集型产品的生产和出口，而发达地区则主要集中于资本密集型和技术密集型产品的生产和输出，这种比较利益结构虽然在一定时期内使欠发达地区得到了一些贸易利益，但是从长期看也强化了自身低水平的产业结构，进一步扩大了同发达地区的经济发展和技术水平的差距，因而进入"比较利益陷阱"[①]。

比较优势理论也存在着理论上的"硬伤"，或者说，存在理论分析上的"死角"。这是因为，在李嘉图的理论分析中，比较优势之所以能够成立，全然取决于两国间两种商品生产成本对比上"度"的差异。

---

① 陈秀山、张可云：《区域经济理论》，291～292页，北京，商务印书馆，2004。

但是，如果只是考察经过高度抽象的“2×2 贸易模型”，势必存在着这样一种情况，即两国间在两种商品生产成本对比上不存在“度”的差异。图 14—3 所示即为“等优势或等劣势贸易模型”（equal advantage or equal disadvantage model）。

	A 国	B 国
F 商品	1	3
C 商品	2	6

图 14—3 等优势或等劣势贸易模型

一旦出现此种等优势或等劣势的情况，即便具有相当的普遍适用性，李嘉图的比较优势理论及其基本原则“两优择其甚，两劣权其轻”就不再灵光了。人们惊异地看到，李嘉图陷入了“此优为彼优，无甚可择”或“彼劣即此劣，何以权轻”的尴尬境地。

进一步分析，李嘉图比较成本优势会有利于区域分工这种说法是有问题的。根据这种理论，当一个城市拥有一种产品生产上的比较成本优势时，拥有同样产品的其他城市就应该放弃生产该产品。该学说似乎在说，区域分工就是命令，区域分工越充分，不只是城市的生产能力，而是一个地区甚至全部国家的生产能力都会增加。后人几乎都遵循了这种理论的结论。同李嘉图一样，今天它要求拥有相对成本优势的城市去生产某种产品，而其他城市在其他具有相对优势的商品生产方面实行专业化。不言而喻，这种逻辑的发展必须要求各个城市——应该放弃不具有成本优势的产业，而将其托付给一个具有生产优势的地区——这是非常荒谬可笑的。

（二）来自于现实的严峻挑战

经济理论的逻辑不理会社会现实，人们在这一点上一直保持固执的态度。应该知道，李嘉图意义上的区域分工以及他的后继者的理论都是基于一种虚幻的决定性条件，与现实不符。

这是因为它严重地忽略了“后进经济在原先不具备比较优势的领域或部门大幅提高了生产率”的情况。以浙江省台州为例，台州是中国华东重要能源基地，是中国黄金海岸线上新兴的组合式港口城市，中国股份合作制经济的摇篮，中国重要工业生产出口基地和中国重要的小商品集散地。退回到十几年前，台州的比较优势部门恐怕只有农副业！如今台州每万名常住人口就有 1 100 家公司，制造业生产率的进步惊人。进一步看，这里发生的技术进步的领域，并不是强化了原来的比较优势部门。要是永远只能提升原来具备了比较优势的部门的生产率，断不会有今日之台州。

放眼望去，不仅是浙江的温州、宁波、绍兴，整个长三角、珠三角地区都是这样发展起来的，而且当年美国对英国、后来的日本对美国的快速发展的轨迹都是如此。这样的事例在经济史上可以说是俯拾皆是。由此可以推论：在原本不具备比较优势的领域或部门发生了生产率革命，恰恰是后来居上经济的共同特征。

因此，我们要追问：比较优势定理失效了吗？特别是，在全球化背景下，如果我们遵循比较优势定理，有可能只会强化区域分工的不平等地位。也就是，发达地区占据高附加值产品生产，而欠发达地区只能永远处于低附加值一端，从而导致全球化利益严重偏向发达地区。实际上，如果通过市场力量来推动一个地区比较优势的升级，不仅做不到，而且在利润最大化的作用下，各地区都偏向于生产具有比较优势的产品，这就使原有的比较优势不断强化。发达地区可以继续输出资本、技术密集型产品，获得高额附加值，而欠发达地区则继续输出资源和劳动密集型产品，获得较低的附加值。因此，欠发达地区要想变潜在的后发优势为现实的比较优势，就必须在原本不具备比较优势的领域取得突破，以创造动态的比较竞争优势。

第三节　比较优势与区域分工理论的发展

一、比较优势理论内涵与外延的拓展

（一）从静态比较优势到动态比较优势

20 世纪中期以来，许多学者在将静态比较优势动态化方面做了许多努力。理论上来说，第一次将静态比较优势动态化的是产品生命周期

理论。该理论将产品的生命周期分为创新期、发展期、成熟期和衰退期。处于创新期的产品实际上属于知识技术密集型产品，进入发展期则变成技术资本密集型产品，进入成熟期则变成资本与熟练劳动密集型产品，当进入衰退期时基本成为一般劳动密集型产品。随着产品生命周期的转变，产品的生产也从一国转移到另一国，比较优势也将随着产品生命周期的变化而变化。

在国际贸易的根源上，动态比较优势认为国际贸易产生的基础不仅仅来自于两国要素禀赋差异产生的产品相对价格的差异，而且受技术因素的规模经济差异的影响，将会导致生产成本差异，从而产生价格差异，因此，国家间相对要素禀赋差异和规模经济差异共同决定贸易格局。在贸易的构成上，动态比较优势理论认为，一方面由于规模经济的存在，每一个国家根据产业内专业化模式仅能生产某一产业内广泛的潜在的产品系列的一个或几个子集；另一方面由于示范效应的作用，消费者总在效用最大化原则的支配下，偏好商品种类的增加，这样从生产和需求两方面找到了产业内贸易的依据。在贸易利益上，以规模经济和不完全竞争为假设前提的动态理论认为，贸易利益不仅来自于比较优势利益，而且还会因生产效率提高、生产集中、生产的合理化以及产品多样性而存在潜在利益。

比较优势理论的动态化，为发展中国家先天比较优势的升级和后天比较优势的培育奠定了基础，这是对比较优势理论第一层次的拓展。

（二）从先天优势到后天优势

所谓的先天优势是指一国先天存在的资源禀赋和劳动力成本等优势，也叫自然优势；后天优势则是指原本没有，通过后天培育而形成的优势。后天优势的培育不仅要通过国内资源的优化配置，还要通过技术外溢效应带来产业部门的制度创新，使得先天的比较优势上升到后天的比较优势。技术外溢效应往往成为后进国家参与国际竞争，获得后发优势的源泉。有的学者甚至将这种后发优势纳入广义的比较优势中。但是，也有观点认为后发优势仅仅是后进国家所具有的潜在的比较优势，它要转化为现实的比较优势，还要取决于技术外溢效应的大小，如果一国仅仅被动地接受先进国家的技术外溢，并且在其中缺乏消化、吸收与创新，则不可避免地陷入由于技术创新路径选择错误而导致的比较优势陷阱。因此，本文认为后进国家如果能在主动接受先进国家的技术外溢效应和“干中学”过程中，加快技术创新和制度创新，就可以在特定产品或特定行业上，或者在技术、管理、营销上，替代或赶超同类的国际竞争者，获得后天优势。

（三）从外生比较优势到内生比较优势

比较优势理论近年来的发展主要是基于对外生比较优势这一主流理论的完善和挑战。外生比较优势理论的产生与盛行与当时粗糙的产业状况紧密相连。当时产业的生产形态是劳动密集型而非技术密集型，国际贸易的主要产品是香料、丝绸、烟草和矿产等，而国家的资源、资金与技术还处于发展中状态。随着20世纪60年代以来全球经济和国际贸易的迅速发展，外生比较优势理论并不足以解释丰富多元的贸易形态，这一使命注定由内生比较优势理论来完成。

在近年来关于比较优势的诸多研究中，一个比较突出的现象是，以克鲁格曼、赫尔普曼和格罗斯曼为代表，引入规模经济、产品差异等概念体系以及从专业化、技术差异、制度、博弈以及演化等不同角度完善和拓展了传统比较优势理论。20世纪80年代，克鲁格曼和赫尔普曼引入规模经济来分析比较优势，发展了一个基于自由进入和平均成本定价的垄断竞争模型，将产品多样性的数目视为由规模报酬和市场规模之间的相互作用内生所决定。90年代，梯伯特进一步总结并集中论述了递增性内部规模收益（increasing internal returns to scale）作为比较优势的源泉。他认为具有递增性内部规模收益的模型在三方面优于传统的比较优势学说：第一，该模型建立了一个从专业化中获取收益的新基础，即使贸易伙伴们具有相同的技术和要素比例，这种专业化也存在。第二，该模型认为具有大的国内市场的厂商在世界市场中有竞争优势。第三，该模型有助于理解贸易、生产率和增长之间可能的联系。

（四）从比较优势到竞争优势

竞争优势理论是由美国经济学家迈克·波特创立并发展完善的。20世纪80年代以来，波特相继发表了《竞争战略》（1980）、《竞争优势》（1985）、《国家竞争优势》（1990），系统地阐述了竞争优势理论。波特把国内竞争优势理论运用到国际竞争领域，提出了著名的波特菱形理论。波特的钻石模型如图14—4所示。

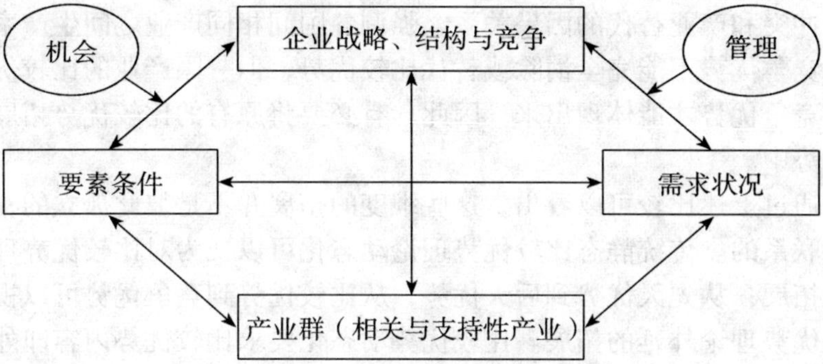

图 14—4 波特的钻石模型

竞争优势理论包括四个要素：生产要素，包括一国先天拥有的自然资源和地理位置等基本要素和后天通过投资和发展而创造出来的推进要素，且后者对竞争优势更为重要；国内需求，包括国内需求结构、规模、成长率、高级购买者压力以及需求的国际化，波特认为扩大国内需求有利于形成规模经济，进而获得竞争优势；相关支持产业，即为主导产业提供投入品的国内产业，包括上游供给产业及其他相关产业，其是影响一国主导产业取得规模竞争优势的重要因素；企业的战略结构与竞争程度，包括企业的形成与组织方式、竞争激烈程度、创新与企业家才能，公平有效的竞争环境有利于企业成长和竞争力的维持，政府应为企业创造公平竞争环境。此外还有政府和机遇两个辅助要素。波特指出，上述要素互相影响、互相作用，共同构成一个动态激励创新的竞争环境，进而产生一些在国际上具有竞争力的产业。

竞争优势理论与比较优势理论相对具有以下新特点：竞争优势理论除了考虑现实的利益外，还考虑潜在利益对比，考虑一国取得或保持竞争优势，从国际分工中获得更大的利益。竞争优势理论认为竞争优势主要取决于一国的创新机制，取决于企业后天的努力和进取，只要勇于创新、积极竞争，后进的国家也可能成为具有竞争优势的国家。此外，竞争优势理论涉及产业和企业，强调非价格竞争，更注重要素质量和市场的需求档次。

总之，比较优势理论主要论证国家间产业分布与产业互补的合理性，强调不同产业之间生产率的比较；而竞争优势理论主要论证国家间产业冲突和产业替代的因果关系，强调各国间相同产业之间生产率的比较。竞争优势不能完全消除或替代比较优势，但一国产业的比较优势要通过竞争优势才能体现出来。因此，有必要将原有的比较优势拓展到竞争优势中。

通过上述比较可以看出，这些维度的拓展并不是彼此孤立的，而是互相联系的。传统静态比较优势理论动态化可以视为对比较优势理论内涵的拓展；从先天优势到后天优势，从比较优势到竞争优势可以视为对比较优势理论外延的拓展。比较优势动态化要求比较优势内容即外延的不断拓展，以资源禀赋等先天优势为基础的狭义的比较优势必然发展到以后天通过努力而培育形成的优势为基础的广义的比较优势①。

二、基于新贸易理论的区域分工

（一）D—S 模型

传统上，区域分工理论，大都是基于比较优势定理基础之上的。他们用国家或地区间的差异，特别是要素禀赋的差异来解释国家或区域之间的分工和贸易。然而，20 世纪 70 年代末，许多经济学家发现，无法再用传统的静态比较优势理论来解释要素禀赋相似的国家或地区之间从事着产业内的相似产品的贸易现象。也就是说，许多经济发展相当，有相同的自然资源，可以生产同样好产品的国家，他们之间的贸易却发展迅速，这是传统的比较优势理论所不能解释的。于是，以保罗·克鲁格曼为代表的经济学家运用产业组织理论和市场结构理论来解释产业内贸易的新现象，并用不完全竞争、规模报酬递增、外部性等概念和思想来构筑新的理论，使比较优势和区域分工理论取得了新的重大进展。这就是所谓的新贸易理论。

新贸易理论建立在迪克西特—斯蒂格利茨（Dixit-Stiglitz，1977）模型（简称 D—S 模型）基础上。1977 年，迪克西特—斯蒂格利茨提出了基于规模经济的比较优势贸易理论，它讲述的是一个规模经济和多样化消费之间两难冲突的故事。他们假定，所有人都天生一样，生产中存在着无止境的规模经济，而消费者喜好多样化消费。从消费方面考

① http：//baike. baidu. com/view/277464. htm.

虑，产品的种类越多越好；但是，从生产的角度考虑，产品的种类却是越少越好，因为产品的生产规模越大就意味着成本越低。但是，由于生产中的规模经济和资源的稀缺性，当消费品种类增加时，每种消费品的生产规模就会缩小。它与规模经济相结合，就意味着每种产品的生产成本和价格上升，消费者的效用下降。市场竞争就会去折中这种两难冲突，达到某种垄断竞争的均衡。这个均衡虽然只是次优的，但是它却能在垄断不可避免的约束下使消费者的净福利最大化。如果人口或资源增加，则市场折中这种两难冲突的余地就增大。所以，一个规模扩大的统一市场，会使生产率和产品种类数同时增加。由于国际贸易能增加整个世界市场的规模，就使得折中这种两难冲突的空间加大，所有人都将有更多的机会消费更多样化和更廉价的产品。在这个模型中，不存在李嘉图所说的外生比较优势，但是，由于规模经济的存在，如果人们后天选择不同的专业，那么斯密所说的后天比较优势就会出现。克鲁格曼正是看到 D—S 模型分析国际贸易的潜力，因而将其应用到国际贸易分析中而大有收获。他用这个模型很好地解释了林达贸易模式，即为什么国际贸易主要发生在先天条件相近的发达国家之间，而比较利益较多的发达国家与落后国家之间的贸易，反而大大小于条件互相类似的发达国家之间的贸易。正是在克鲁格曼等人的推动下，规模经济自 20 世纪 80 年代以来成为国际贸易理论中的热门话题。人们将这种源自规模经济的比较利益称为后天获得的比较利益。这种有规模经济的模型，由于去掉了传统的规模报酬不变的假定，故能解释生产力和贸易依存度同时提高以及贸易量比收入增长更快等现象。①

（二）规模经济下的区域分工模式

新贸易理论将规模经济作为与比较优势并列的因素来解释贸易和分工现象。克鲁格曼（Paul Krugman）认为，行业间贸易反映比较优势，行业内贸易不反映比较优势。规模经济使各国或地区不再独立生产所有产品，规模经济本身可以成为国际或区际贸易的独立动因。以克鲁格曼为代表的新贸易理论，对解释相对成本或生产要素禀赋相同或相近的同

① 洪银兴、刘志彪：《长江三角洲地区经济发展的模式与机制》，104～105 页，北京，清华大学出版社，2003。

质区域之间的分工提供了重要依据。

为了说明规模经济与比较优势如何相互作用并决定分工模式的，可以设计一个两区域、两产业、两要素的规模经济与比较优势的分工模型[①]。假设有两个区域 A 和 B；两种生产要素：资本和劳动力；两个行业：制造业和粮食，其中制造品是相对资本密集型产业。再假设 A 区域有更高的资本—劳动比率，即 A 区域为资本充裕区域，B 区域为劳动力充裕区域。那么在纯粹比较优势与规模经济下的分工模式为：

（1）如果制造品是非差异产品行业，那么分工模式如图 14—5 所示。由于 A 区域资本充裕，制造业是资本密集型行业，所以 A 区域制造品供应相对充足，并出口制造品，进口粮食。B 区域正好相反，进口制造品，出口粮食。这就是纯粹比较优势下的行业间分工模式（图 14—5 中箭头长度表示各方向的贸易额）。

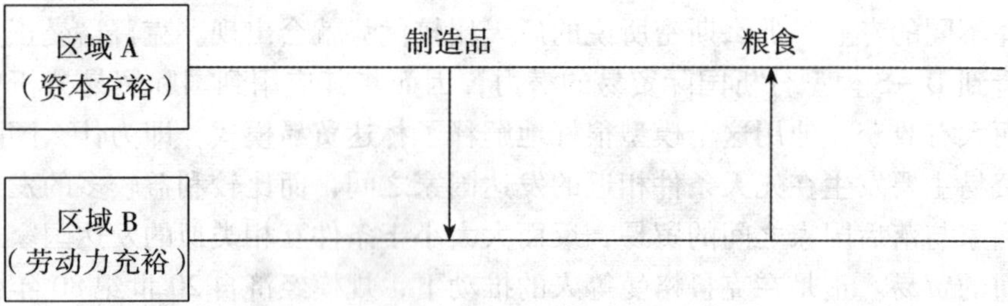

图 14—5 不存在规模经济的分工模式

（2）如果制造业是一个垄断竞争行业，由于规模经济的存在，没有一个区域能生产所有的制造品。区域 A 仍然出口制造品、进口粮食。但是，由于区域间制造品生产上存在差异，区域 A 的一些消费者会偏好区域 B 的制造品。因此，尽管区域 A 在制造品贸易上仍然有顺差，但是在出口的同时，也会进口一些区域 B 的制造品，从而促进了行业内贸易。这样在规模经济条件下的新的分工模式为行业间分工与行业内分工两部分，如图 14—6 所示。

由此可见，规模经济也是贸易和分工产生的一个重要原因，由于规模经济的存在使得两个生产和资源条件相同的区域，从贸易中也能获

① ［美］保罗·克鲁格曼等：《国际经济学》，海闻等译，96 页，北京，中国人民大学出版社，1998。

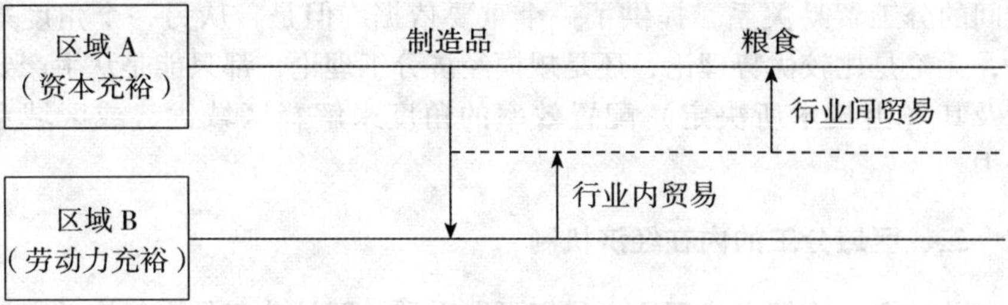

图 14—6　规模经济的分工模式

利。这种以规模经济为基础而不需要外生比较优势的贸易好处也被称为后天获取的比较优势。由于先天比较优势不可能演进，它也就很少有经济增长方面的含义；而后天比较优势则依赖于正确的决策，能推动生产率的进一步提高。因此，这种后天的比较优势就可以用来解释经济增长。

相对于比较优势分工而言，规模经济下的区域分工具有以下特点：首先，以规模经济分工为主导的区域分工效应的主要来源不再是比较利益，而主要以规模递增收益为主。规模经济分工并不排斥比较优势分工，而且能够通过要素的组合配置，优化比较优势的分工效应。其次，比较优势分工表现为行业间的分工，而规模经济分工则表现为行业内的分工。行业内的分工能使各个区域从更大的市场规模中获益，因此从区际分工贸易中可以获取额外收益，且比从比较优势中获取的要多。再者，区域通过行业内分工，可以在减少自产商品花色的同时，增加国内消费者所需要的商品种类。由于减少了商品生产种类，区域的生产规模会更大，从而引起生产率的上升以及成本的下降。同时，消费者也从更广泛的选择中获利。此外，与传统比较优势理论模型不同，新贸易理论模型揭示了：人口增长在规模经济分工条件下，会促进生产率的增长。由于规模经济的存在，当人口规模上升时，生产率就上升，产品数上升，每种产品的价格下降，而每人的效用上升；同时，生产率上升，每个人消费的每种产品数量也可能上升，总的市场容量也会因每个人购买的产品种类数和每种产品购买量上升而增加。这个结论能够很好地解释一些地区经济快速增长的现象。

可以看出，规模经济分工理论为解释经济全球化背景下的国家或区域间的分工贸易关系，提供了一个重要依据。但是，从另一个角度来说，无论是比较优势理论，还是规模经济分工理论，都只能是从生产要素及其（由技术所决定）配置效率的角度来解释区域优势或区域竞争力。

三、区域分工的内在经济机制

总结上述比较优势理论，我们可以看到，区域分工是由经济过程的内在机制所决定的。换言之，经济利益是区域分工发展的内在动力，那么这种区域经济利益又是如何实现的呢？

一般来说，区域分工利益的实现是基于比较优势、规模经济和空间竞争三种力量之上的。而且，这三者之间既有区别，又有联系，它们相互作用的结果也决定了地域之间的分工模式。

（一）比较优势

区域分工，是经济行为者谋求对他们最有利的地点来发展的过程，这些地点必然具有某种先天的地理上的优势和生产效率方面的优势。追求比较优势利益无疑可以视为区位单位（企业、家庭或公共机构等）定位于特定区位的动力。因为在比较优势明显的区位上经营可以使企业获得在其他区位上通过其他方式所无法得到的价值盈余或利润。因此，在不存在人为的空间进入障碍或制度性障碍的条件下，市场主体将会选择预期收益高、比较优势显著的区位。微观主体区位选择的结果，形成了势能差，造成要素赋存的空间不平衡。

1977 年，诺贝尔经济学奖得主的瑞典著名经济学家贝尔蒂·俄林指出："生产要素不平衡的分布，除非由相应的地区需求的不平衡加以抵消，否则，这种分布会使生产要素的价格在各地区形成差异，从而促成地区间的分工和贸易。"要素空间分布的不平衡性必然会导致经济活动方式和经济内容的不同，这又促使不同地区之间商品的交换和生产要素的流动，使不同地区之间结成一种互补与竞争的关系。生产要素差异性较大的地区之间互相补充，相互依存，从而使得它们以各自的经济利益的实现互为条件来获得"部分之和大于整体"的地域经济效益。要素赋存的差异性越大，区际劳动分工越明显，则常形成各具特色的区域专业化生产部门。差异性较小的地区则往往通过竞争机制，增强自己在某些要素上的优势，加强经济实力，拓展市场，这常表现为以不同技术为基础或以不同规模经济为基础的分工。

（二）规模经济

比较优势形成的势能差，只是导致区域分工的必要条件，而不是充分条件。因为仅有这种势能差，并不足以使不同空间发生相互关系和相互作用，只有在规模报酬递增的前提下，才可能发生相互作用，从而导致要素的实际流动。

分工和专业的经济性表现为单位生产费用的节约，而这种节约的途径为劳动分工所带来的规模经济性。一般地，规模经济利益包括内部规模经济利益和外部规模经济利益。内部规模经济指厂商的企业规模经济，它是由于厂商所需特种生产要素的不可分性（如生产设备、工艺过程、技术等方面的连续性）和厂商内部进行专门化而产生的。在产量达到相当大的规模时，不可分性的特种设备和流水生产线才能达到充分的负荷，高度的劳动分工和管理部门的分工才能充分地利用起来，也才有条件进行大量的研究和发展工作。而外部规模经济是由于生产过程的不可分性造成的，主要来源于厂商或行业以外所产生的规模节约。例如，在一个经济发达的地区，由于齐全和先进的基础设施而带来的运输成本的节约，原材料、机器设备和零部件的容易补充，资金筹措的便利等。现代工业的发展使得企业内部的分工不断分解，并上升为企业和部门分工，使企业或部门之间的协作更为多样。这种企业间或部门间的协作或联合，使生产专门化的规模不断扩大，从而产生外部规模经济利益。

由规模经济而形成的分工利益，可以简单地表述为：内部规模经济利益→企业内部分工分解↑→企业和部门分工→企业或部门之间协作的多样化↑→生产专门化的规模扩大→外部规模经济利益↑→产业集聚→区域分工。

可见，在规模经济机制作用下，不仅厂商通过技术创新，使产品成本降低，产量和质量提高，从而产生一系列生产上的节约，而且产品在其价格低廉的生产地的生产集中，形成地域分工。

需要指出的是，由产业集聚产生的外部规模经济效应，导致的规模经济分工，对于解释相对成本或生产要素禀赋相同或相近区域之间的分工提供了重要依据。

（三）空间竞争

在实际生活中，仅有了单纯的要素比较优势，并不意味着就一定具有竞争优势。在这个过程中，需要一个转化过程，即将要素优势转化为竞争优势。而只有那些具有竞争优势的城市，才可吸引更多的高品质的人口、资源和要素的聚集，才有更大的城市引力。两个资源禀赋基本相同，原有的基础也差不多的城市，往往是那些具有城市竞争力的城市有更大的聚集规模。从这个意义上说，只以单一的比较优势和规模利益作为区域分工的动力是不充分或不完整的。

空间竞争中的选择利益也是区域分工的基本推动力。在合理的空间竞争的情况下，企业总是尽可能地选择预期集聚经济最显著的区位，通过这种区位选择使企业获得了较好的产销条件和较高的收益。然而，由于受到资源与经济要素支配能力及外部环境的制约，不同性质的区位单位在对最优区位的选择时，涉及一个利益抉择问题。在利益抉择中，往往需要在时间和空间这两个尺度上进行比较，以确定具体的利益目标，最终选择适合于它自己的生存空间。从时间上看，区位主体必须协调近期利益和长远利益的关系；从空间上看，利益抉择还必须进行空间的比较，寻找适合于它的区位。也就是说，在现实中，区位主体的利益抉择过程往往是根据多种利益因素综合考虑后进行的取舍。假定制度和技术等因素不变，如果考虑到企业所处市场结构和制度障碍等具体情况，这些因素可能会打击企业向利润更高的聚集区移动的积极性。另一种情况是，规模经济也可能对企业没有吸引力，因为这类企业本身就是纵向一体化和多角化经营的，它已构成了一种“内部的规模经济”，或者说已经将外部经济内部化了，因此无须向聚集区转移。此外，由于政府给那些不盈利的区位以经济援助，可人为地使得该区位也有可能成为一个盈利的区位，也可能吸引资源和经济要素向这里聚集。

综上所述，比较优势、规模经济与空间竞争是实现区域分工利益的相互关联的序列，它形成区域分工动力的“三级阶梯”，即在具有比较优势的条件下，寻求多元利益互补关系，进而通过空间竞争优选并取得区位利益。

第十五章 城市服务边界与区域资源共享

在现代社会经济生活中，城市公共资源整合愈来愈成为影响一个地区经济运行的基本力量。本章从城市公共服务规模和效率的视角，分析城市公共资源的空间配置问题。其中，着重讨论城市公共服务产业的规模效益、地区服务边界、服务共享和区域协作、地区性资源共享机制等问题。这种讨论有助于我们更清楚地认识城市公共资源的空间配置规律，改善城市公共服务生产和供给效率，推动区域一体化进程。

第一节 城市公共服务规模与地区服务边界

传统上，人们往往将产业严格限定在部门意义上或部门内的行业方面，然而，事实上，当把产业的概念引入到公共服务领域以后，可以发现城市公共服务产业是一个完全不同于传统产业范畴的全新的产业领域。城市公共领域是由许多公共服务产业构成的，包括供水产业、消防产业、福利产业、环保产业、健康服务产业和警察产业等，每一个公共服务产业都是由作为提供者、生产者和消费者构成的产业系统。在这种情况下，每一个公民所面对的公共服务都是由大量的各不相同的公共服务产业所提供。那么，城市公共服务产业是否存在着规模经济？如果存在，在空间上，它的最优产出规模和地区服务边界应该怎样确定？

一、城市公共服务的帕累托效率区域

人们经常感到，在公共服务的生产中，规模经济不如私人产品的生产那么普遍，因为大多数公共服务的生产是“用户导向”的，而不可能“远距离地有效供给”（Ostrom，V. and E. Ostrom，1978）。实际上，这是假定城市是一个封闭的系统，公共服务只限于城市内部。当我们冲破这个限制以后，标准的规模经济就出现了。一般地，经济学家往往同

意，在下列公共服务的生产方面，可能存在较大的规模经济：污染控制、废水处理、公共交通、电力生产和分配、供水、公共卫生服务、医院和公共工作规划等。

然而，放宽了对城市的假设，并不意味这些公共服务产业中的规模经济会自然而然的实现。公共服务的产出规模与城市规模之间存在着内在联系，而这种联系的实质是规模与效率问题。也就是说，公共服务产出规模是否经济，取决于它所服务的城市规模。如果某一服务的产出规模较大，但是它所服务的人口较少，或不能“远距离地有效供给”，那么，它的服务效率就很低，而服务效率低，则产出规模也必然受到严重限制。

为了考察城市公共服务产出规模对于效率的累积性效应，我们假定一个大城市地区中有着规模不等的五座城市：M_1、M_2、M_3、M_4、M_5。同时还假设每一城市都是运用一个投入 X_{1j}，而提供两个产出 Y_{1j} 和 Y_{2j}。在图 15—1 中，我们画出 5 座城市的假设性结果，其中 3 个城市（M_1、M_2 和 M_3）界定了生产可能性边界。

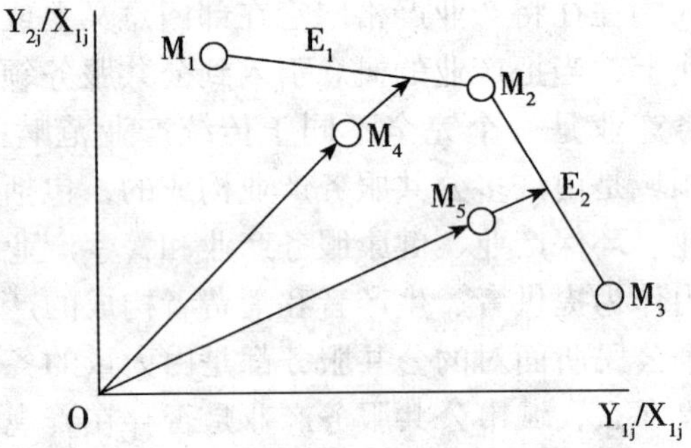

图 15—1　相对效率与帕累托效率区域

如果不损失产出 Y_{2j} 与投入的比率，没有任何一个城市能够使产出 Y_{1j} 与投入的比率高于 M_1。在这个意义上，M_1、M_2 和 M_3 代表了帕累托效率区域。M_4 和 M_5 不是帕累托效率。M_4 显然次于 M_2，因为 M_2 和 M_4 在产出 Y_{2j} 与投入要素比方面相类似，但 M_2 的产出 Y_{1j} 与该投入比的比率却高于 M_4。M_5 次于 M_2 和 M_3 的组合。M_2 和 M_3 的混合点为 E_2，显然优于 M_5 得到的结果。M_4 的相对效率可以确定为从原点到 M_4 的线段长度与从原点到边线上 E_1 线段长度之间的比率。这就是说，在生产可能性边界之下的城市的相对效率是相对于其他产出比例类似的城市的组合效率来计算的①。用投入产出的权重组合来表示的效率，可以清楚地显示一个城市在公共服务产出规模与效率之间的关系。

从图 15—1 中可以清楚地看到，帕累托效率区域就是生产可能性边界，生产可能性边界曲线说明了在一定技术条件和资源条件下，城市可能达到的最大限度的公共服务产出规模。同时，帕累托效率区域对一定投入量所带来的产出具有严格的约束力，它将产出规模约束在某一既定的范围之内。这显然是产出规模与城市规模相适应的一种效率最高的理想状态。

当然，由于生产可能性边界是可移动的，帕累托效率区域也不是固定不变的。在现实生活中，一个城市可利用的公共资源的总量不可能完全不变的，尤其是在长期，可利用的公共资源的总量将发生变化。这种变化有两个方向：一是城市获得更多的可用的公共资源；二是可用的公共资源出现减少的情况。这两种变化的结果，都将导致生产可能性边界的移动，进而影响到帕累托效率区域的范围。

公共服务资源总量增加的结果，是使城市有可能在同样长的时间内生产出更大的总产出数量，或使公共服务在更大的规模上得以发展。这种情况反映在图 15—1 上，就是使生产可能性曲线（M_1、M_2 和 M_3）向右上方移动。如果可用的公共服务资源有所减少，那么，生产可能性曲线就会向左下方移动。生产可能性曲线移动的原理表明，帕累托效率区域是可变的，它的变化可能会使公共服务随着城市规模的变化产出效率得到提高，也可能会出现公共服务随着城市规模的变化产出效率下降的情况。其中，关键在于，城市公共服务产出规模的优化必须与地区边界相一致，才会达到帕累托效率。

二、城市公共服务边界的确定

由于空间地域上的原因，一旦城市人口过度增加，便会出现公共服

① ［美］迈克尔·麦金尼斯：《多中心体制与地方公共经济》，毛寿龙译，377 页，上海，上海三联书店，2000。

务消费的拥挤问题。而个人在从城市公共服务的消费中所获得的效用，则完全依赖于与其分享利益的其他人的数目。

任何个人都应该为其所受到的服务付费。当城市的边界与所提供的服务的受益群体的范围相一致时，所有成本就应该由城市居民来承担；当城市边界大于受益者群体时，某些人可能没有得到服务就在付费。当城市边界小于受益者群体时，某些人没有付费就得到了服务。因此，我们必须寻找公共服务产出规模与其所服务的地区边界相契合的点。

假如在一个城市内存在着两种规模状态（如淡季、旺季人口不同），它们对城市公共服务需求是不同的。如图 15—2 所示，D_1、D_2 分别表示第一种规模状态和第二种规模状态的需求曲线，其中第二种规模状态的公共服务需求大于第一种。再假定公共服务成本的人均负担额不变，即税价均为 OP，则第一种规模状态对公共服务的需求量为 Q_1，第二种为 Q_2。若城市公共服务的最优供给能力是 Q_c 的话，那么，对于第一种规模状态来说，公共服务的供给量大于其需求量，他们将承担的成本会超过从公共服务的消费中获得的效用，其福利的损失为近似三角形的面积 $S_{\triangle ABC}$；对于第二种规模状态来说，所提供的公共服务数量小于需求量，因此造成的福利损失为 $S_{\triangle CDE}$。

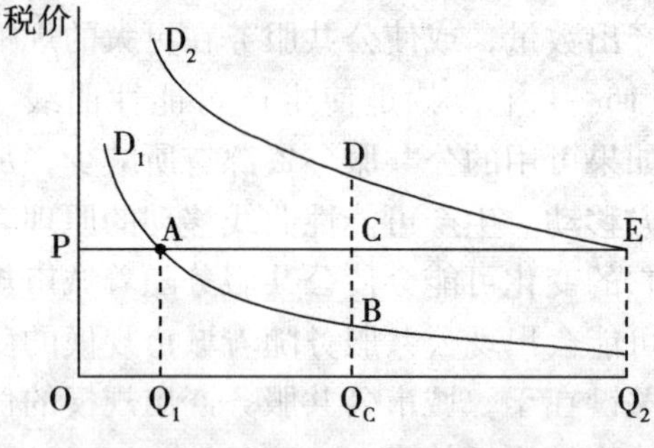

图 15—2　公共服务产出规模的优化

从理论上说，只有在城市公共服务的产出规模处于 Q_c 状态下时，城市公共服务的产出规模与城市的服务边界之间才达到了最优化。

城市可以拒绝将其服务（例如，供水系统、下水道排污系统、道路、学校和公园等）延伸到超出城市服务边界（urban service boundary）的地区，而将其服务严格地限制在边界地区以内。但是，这样做的结果可能是低效率的，因为城市公共服务边界存在着一种均衡效应。

假设一个城市公共服务的总产出 Y 既可以用作私人消费（每人 X），也可以用作公共产品 G。假定这一产出是该城市人口 N 的递增函数：

$$Y=f(N) \quad f>0,\ f'>0 \tag{15.1}$$

式中：当 $N\to 0$ 时，有 $f\to 0$；当 $N\to\infty$ 时，有 $f\to\infty$ 和 $f'\to\infty$。根据城市中的所有人均得到相同对待这一假设，生产的约束条件为：

$$Y=XN+G=f(N) \tag{15.2}$$

对于固定的 N 来说，它表示了城市人口的消费机会集合。假定同一城市中的个人具有相同的偏好，这种偏好由效应函数 U（X，G）表示。如果选择 G 使给定水平 N 下的 U 达到最大，这样实现了个人效用函数与总产出函数的均衡。U 的极大值条件为：

$$U_x=NU_G \quad 或 \quad NU_G/U_x=1 \tag{15.3}$$

这是边际替代率之和等于边际转换率的通常结果。当我们增加 N 时，公共服务产出的最大水平相应增加（因为 f（N）>0），但人均消费的最大水平 f（N）/N 下降。当 N 发生变化时，取 G 的一个固定值，然后改变 N 使 X 达到最大，便可以得到可变的 N 的机会轨迹的特征。由于：

$$X=[f(N)-G]/N \tag{15.4}$$

则一阶条件暗含着：

$$f'=[f(N)-G]/N=X \tag{15.5}$$

或 $G=f-Nf'$

上述第二个条件存在着一个有意义的解释。由于 f′是劳动的边际产品，如果将劳动力的边际产品支付给他们，则 f−Nf′为产出减去工资支出。因此，如果公共服务的支出水平固定不变，而人口可变，则使人均消费达到最大的人口便是使租金与公共服务支出相等的人口。换句话说，如果要保证城市人口消费水平的最大化从而实现帕累托改进，城市所提供的公共服务总量就应该与经济租金量（f（N）−Nf′）相等。在这种情况下，城市所能提供公共服务的产出规模达到了最优，同时，这个产出规模也与变化中的人口 N 保持着一种均衡关系。由此，城市服务边界的确定也就在其中了。

三、服务共享与区域协作：超越城市边界的公共服务供给

城市公共服务包括复杂的服务要素的生产和供给。其中某些服务要素是直接提供的，其他要素虽然不是直接服务于消费者的，但也构成了辅助性服务，这是直接服务要素的生产者为消费者生产服务所需要的。当公共要素分解成各服务要素时，显然可以看到，各要素在规模效应和生产方式方面是显著不同的。其中，一些要素在规模效应上是相当地方性的，是在城市内部组织的。这一服务要素的有效生产需要特定的时间和空间信息。另一些要素虽然也是地方化的，但其规模效应范围却较为广泛。把公共服务考虑为一组要素构成，它们在规模效应和生产组织方面各不相同，这使人们认识到公共服务生产所内含的劳动分工。这一劳动分工以许多不同的方式相互兼容。人们可以设想一个体系，在其中每一个分立的组织精于每一个要素的生产。它们是相互依赖的，通过各种各样的协作性安排与契约来协调。此外，劳动分工也体现在空间地域上，形成公共服务生产的区域分工。一般地，在一个城市区域范围内，中心城市与其他城镇之间在公共服务的提供和生产方面相互依赖，通过一定的互助协议或委托关系来协调。

公共服务生产要素方面的规模经济往往使得共同生产的安排在经济上颇为诱人。中心城市与它的周边城市之间在许多公共服务领域存在着功能上的联系，许多纽带和上位组织连接着下一级城市（镇）的各个管辖单位，这种联系把公共服务扩展到更大的范围之中，这为公共服务的协作性安排奠定了基础。

通常的情况下，跨行政管辖区的公共服务可以采取三种协作的形式：（1）互助协议。这是指地方公共服务机构为其他机构提供援助并接受援助过程中和其他部门达成的正式互助协议。（2）紧急援助。紧急援助属于非正式合作。实际工作中，机构间援助比参与正式互助协议更经常发生。大多数情况下，当发生重大事件时，各城市的公共服务机构往往都是既提供又接受援助的。（3）委托模式。“委托”意指一个辖区的公共组织在自己辖区之外被赋予一个或几个其他辖区的代管权。

消防服务提供了大量的例子，这些实例体现了实质性的协调性服务。互相支援的协议，把城市地区范围内的所有市、县、区的机构连接

在一起，这保证了在诸如发生巨大火灾等紧急情况时有必要的后备力量支持。这些互助协议以“首先反应”为原则，在城市地区内划分管辖区域，在其中来自邻近辖区的消防机构将即时对火灾警报作出反应。“首先反应”原则，是一项特别有价值的职能纽带，它使得服务提供的界线比较灵活，并使反应时间最少化。

在一定的空间范围内，共享服务是使公共服务资源配置达到有效规模和效率的保障。我们希望各城市公共服务组织间有更多协作，更期望实际上的协作要远远多于我们所期望的。然而，区域内的服务协作生产显著地减少了经常被人认为是祸害的“重复建设”或“重复努力”。服务的生产者，旨在于取得规模经济和利用更为专业化的分工，服务的区域协作为达到这个目标创造了条件。这就意味着小规模的城区在有些公共服务项目上，可以不组织自己的生产活动，它只需与大城市中的上位组织签约即可。显然，人们从这种区域协作中获得的利益是驱动公共服务区域分工发生、发展的直接动力和内在原因。这种利益表现为单位生产费用和交易费用的节约，而实现这种节约的途径，可以简单地归结为区域分工所带来的规模经济性。

现实生活中，人们不难发现，一个城市的公共服务产业的力量总是有限的，在一些需要协作的活动中，必须借助于其他城市的力量才能完成任务。因此，我们不能单纯地将公共服务产业看做是政府治理结构中的一个部门，它是一个公共服务产业中服务于一定区域的生产者。各种各样的公共服务都应该从它们的所作所为而不是其与政府的关系去考虑。显然，在这种情况下，公共服务既可以是当地提供的，也可以是跨行政管辖区提供的。

传统上城市之间公共服务方面通常是零散的和非正式的合作。所谓非正式的合作是指一个城市同意，若需要时为另一个城市提供援助。“需要”通常只被用于紧急情况。事实上，大城市可以更多地从事非常规服务，但实际情况却是，即使大城市，这种跨行政区的服务也不完全是专业化的。同一城市的公共服务组织往往自己生产支持性服务。这种非正式的合作并不是改善公共服务质量的有效手段。

城市公共服务产业边界的经济意义在于公共服务的地区化和专业化。公共服务的地区化要求，根据地理区域而不是根据管辖区域，组合人力和物力资源来提供专业的公共服务。公共服务的专业化则强调，在一个地区内两个或者多个机构共享支持性服务，以及公共服务力量的区域性协作。我们的政策应该倡导这种旨在加强区域资源共享和协作的城市公共服务产业的地区化与专业化的行为，它可能代表了城市公共服务产业未来的发展趋向。

第二节 城市公共服务的地区性资源共享机制

一、资源共享本质上是利益的共享

共享作为一种社会现象，它首先表明一种关系。共享关系一般联系着有特定目标和任务的人群，他们关注有价值的共有资源，相互之间协调行动，并形成或松或紧的组织架构，在此基础上进行资源的重新分配。所以，共享总是伴随着这样一些活动，它的特点是分担的、协作的、所有成员共同参与的；并存在这样一些实体，它们是相互融合的、一致的，或者“同舟共济”（John D. Evans，2003）的。这种共享关系强调了资源共享是一种群体性行为，而在这种群体性行为背后，资源共享本质上是利益的共享。进一步说，资源共享追求的是从各方利益差异的“合作”到共享整体利益最大化的“融合”，实现资源配置的社会整体效率最高。

群体性行为的利益共享是基于特定的资源共享体系之上的。一般地，资源共享体系由三要素构成：（1）共享主体。这是指共享链条上的利益相关者。（2）共享方式。这是指对于共享资源所采用的组织形式。对共享方式的基本要求是共享主体资源使用的公平性、资源利用的高效性。（3）共享规则。其包括共享程序、协议以及共享文化等方面的内容，它是共享体系的中介，其目的在于有序地、合理地利用资源，并协调共享主体之间的利益冲突。

资源共享体系表明，利益共享既是组织链条上的利益相关者之间存在的共享关系，同时也包含着空间共享关系，而且主要是空间上的利益共享关系。这是因为人类的各种活动总是在特定的空间内进行的。空间，是事物存在的一种形式和一种重要的资源。因此，利益共享的关键在于，必须处理好空间利益关系。美国著名区域经济学家艾德加·M.胡佛说过，空间既是负担又是资产。空间利益关系处理得好，对于利益共享的相关者来说就是一笔宝贵的财富，否则，只能是负担。

从区域空间上说，资源共享利益的核心是区域经济利益。区域经济利益是由一定地域空间范围内的城市利益与共同利益构成的矛盾统一体。随着区域分工的发展，城市的自身利益与所有相互交往的城市共同利益之间必然产生矛盾。同时，这种共同利益不是仅仅作为一种“普遍的东西”存在于观念之中，而是首先作为彼此分工的城市之间的相互依存关系存在于现实之中。这就是说，区域分工的发展不仅形成了城市自身的利益，而且还形成了分工与协作中的共同利益。

二、地区性公共服务资源的共享范畴

一般来说，公共服务资源共享主要是对区域内城市之间分工协作所产生的共同利益的共享，然而，由于共享资源性质不同，这种利益共享存在着相对性。一般说来，在一定区域范围内，城市之间所共享的公共服务资源不外乎这样几个方面：

（1）信息资源。信息是一种资源，它正在成为一个城市竞争力不可或缺的部分。信息共享表现为对城市之间信息资源的有效配置、管理与协调，并通过分担、协作，建立更强大的信息组织控制和存取利用能力。跨越城市边界的图书情报系统中的文献资源共建共享，就是一种典型的信息共享。

（2）知识（文化）资源。知识（文化）共享是信息共享的高级形式。信息共享很大程度上依赖于信息技术和系统来实现，而知识共享除了技术和系统之外，更多地依赖于人们的思想、价值、教育以及体制、环境，因此，在城市之间只有通过社会性协作过程中的沟通和交流，人们相互构筑起信任关系，知识共享才能实现。

（3）制度资源。制度作为一种公共规则，是一种“公共品”。当然，制度作为“公共品”又与其他公共品有一定区别：一般公共品是有形的，主要表现为具体的实物，如城市公共设施等；而制度则是无形的，它是人的观念的体现以及在既定利益格局下的公共选择。制度资源共享强调的是制度作为公共物品的性质。

（4）设施资源。某些带有公共物品性质的设施资源大多数是可共享的，如城市之间的基础设施（如公路、桥梁、港口），区域内充足的供电、供水、供气能力，优良的文体娱乐设施等。尽管有些设施的使用具有一定的空间限制，但大多数设施资源的溢出利益会使区域内外的人受益。

（5）人力资源。能够创造知识、运用知识的人才是当今生产力最宝贵的资源。人才流动有着“嫌贫爱富”的特征，那些原本短缺教育资源的地方，却正在为发达地区提供源源不断的、甚至某种意义上说是不可或缺的人才资源。这种近似悖论的资源流向显然需要更强有力的制度安排才能得到缓解。人才共享就是这样一种安排：高级人才的聪明才智不应该被地方利益所局限，他们应该为更多需要他们的地方服务。

（6）管理资源。管理是今天最稀缺的一种资源。无论是何种资源，也无论是资源的流动、变换、转移、集结……资源效率及效益的展现均有赖于管理。管理是社会实践的产物，管理资源的共享是一种知识或者经验的共享。管理共享的过程是管理经验外化的过程：一个地区创造的管理经验不限于当地的独享，而是与其他城市分享，并从中得到社会的承认或者某种经济利益。管理经验的外化体现了共享的社会性。

（7）技术资源。技术，尤其是新技术，是一种十分重要的资源。因为新技术大大扩展了技术的内涵和外延，也大大扩展了技术自身在生产力中的地位。对于一个城市来说，技术既可以通过自主开发创造，也可以通过学习、引进获取。城市技术水平在一定程度上取决于技术获取、共享和创新的能力，城市与城市之间技术水平差距，可以随着技术资源共享的开展而缩小。但技术资源往往代表着一个城市的核心竞争力，技术资源共享经常受到知识保密或者知识产权许可等形式的制约。

（8）自然资源。自然资源是各个城市赖以发展的基础条件。各个城市在自然资源的占有上存在明显差异，互补性非常强。比如，有的城市天然气资源丰富、有的城市煤炭资源相对充裕，还有的城市拥有得天独厚的旅游资源。这种自然资源既有相对的自然垄断性，同时，也可以成为区域内的共享资源。

三、地区性公共服务资源共享机制

（一）城市通用性资源与专有性资源进行的效率选择

上述共享资源可以分为通用性资源与专有性资源两大类。通用性资源通常是一般的、公开可得的、独立于特定的资源主体之外的；而专有性资源通常是具体的、与环境密切相关的、为特定人群所拥有的。共享的资源需要对共享成员具有相同的价值，而且能为各方所理解。这就让人产生了误解，以为能够共享的资源只能是通用资源，而专有性资源的共享是不可能的。其实，从这两类资源的区分来看，资源共享具有相对性。一方面，通用资源所面对的共享范围是相对的，这可能是纵向（系统）的或者横向（地域）的范围，而对这个范围之外的人来说，通用性资源又近乎是专有性资源。反过来，任何专有性资源在相对允许的范围内，也是通用的。在一定区域内，资源共享机制要解决的问题，就是由这两类资源所衍生出来的共同利益共享与城市利益扩张的矛盾。

共享是人类的理想，但资源共享不会自动实现。人们的常识表明：一个合理的共享体系，不能建立在无私奉献的基础之上，也不可能建立在外力强迫的基础之上，而要建立在合理的、内在的动力（intrinsic motivation）之上。

从经济学上看，地区性资源共享是对城市通用性资源与专有性资源进行的经济效益的选择问题。如果一个城市认为排他性地使用资源比共享该资源获益更大时，那么城市可能寻求资源使用的专有权；否则，城市需要寻求有效的共享途径。可见，决策是否与地区内其他城市共享资源依赖于放弃专有资源是否预期利益大于预期成本。因此，地区性资源共享存在着一个平衡公式——对于城市 E_i 在时间 t 提供资源共享，成本（C）和利益（B）的关系必须满足以下条件：

$$E_i t\,[B\,(L, R, A)] \geqslant E_i t\,[C\,(D, T)] \qquad (15.6)$$

式中：L=使用通用性资源的收入；R=使用对方城市资源的合法权利；A=取自对方城市的资源；D=由于资源共享后专有资源减少带来的成本增加；T=资源共享引起的交易成本。

通常，我们会这样认识地区性资源共享的好处：（1）资源共享能降低重复建设的成本。在现实生活中，重复建设的浪费是巨大的。（2）

资源共享能有效地克服“诸侯经济”现象，大大提高区域系统的竞争力。(3) 资源共享有利于提升人们的创造力，发现新机会、新问题，进而取得新业绩。这些共享收益都可归结为使地区性资源变成具有公共品特征的通用性资源后带给各城市的外部经济性。资源共享是有代价的，随着资源共享范围的扩大、共享紧密程度的提升，资源共享的成本将是直线上升的，而共享资源带来的经济、社会效益却会边际效益递减，这样就存在一个转折点，即共享超过一定程度之后就会变成经济上不合算的事情。共享带来的好处将抵不过共享成本的增长。总之，这个模型表明了这样一个观点：地区性资源共享的过程是共享主体在“成本—收益”分析基础上的积极选择行为。

(二) 通用性资源与专有性资源占有的转化与均衡

在地区范围内，如果把资源共享看做是各城市为维护自身利益而进行的“积极的选择”，那么，资源共享就存在着一个通用性资源与专有性资源占有的转化与均衡机制。显然，资源共享代表着现实社会公众利益，而专有权最直接表达为城市的利益，二者是对立统一、相互促进的关系，但在一定条件下也会相互转化：专有资源通过有偿或者无偿的方式可以共享成为通用资源，而对通用资源的有效共享和利用，可以促进专有资源的积累创造。

进一步分析，资源一旦被共享便可以人人获得而取用成为一种公共物品，一个城市独占将不再可能。从这个意义上说，地区内各城市对通用资源的享用，似乎表现为是一种索取或消费，它促使这种通用资源的享用转为城市利益的扩张，但是，从各行为主体追求城市利益的过程来看，各城市又主要表现为一种生产劳动或创造活动。这就表明，在谋求区域利益的活动中，尽管各城市对自身利益和共享利益的追求是同时进行的，但具有决定意义的是城市并非去简单地共享资源、分享公共利益，而是通过对资源的共享转化为对城市利益的创造活动。在这种情况下，资源共享就可以发生在竞争性组织之间。我们观察一下城市之间的协作关系就可以发现，在存在城市竞争的条件下，如果地区内的中心城市获得了更多机会，那么所有相应参与共享的城市有可能同样获得成功而不是被边缘化。换言之，有选择地与竞争对手城市共享资源可以吸引更多的投资，帮助建立产业架构，增强长期持续发展的能力。

实际上，我国长江三角洲地区的成功也可以归功于城市间频繁的资源共享，不仅仅与合作伙伴城市共享资源，同时也与竞争对手城市共享资源，地区内城市之间建立了一种宽松的互惠互利关系。在这里，过去那种以行政区划决定地域特征和发展方式的模式面临极大挑战，以上海为中心对区域资源进行重新整合，使区域内各级各类城市的经济功能及能量得到了极大释放。比如，沪宁之间的互动关系，摩托罗拉在上海有产业基地，而其部分研究与发展机构就设在南京；石化巨头巴斯夫在上海投入巨资，接着又在南京掷下巨资；爱立信、TCL、飞利浦等，在投资上海之余，几乎毫无例外地将南京作为投资“第二站”。区域内的其他城市也一样，过去处于竞争中的各城市，从资源共享中获得了好处，纷纷在城市定位上提出要做上海的后花园、上海的“前店后坊”，在发展战略上主动与上海进行调适，顺应区域整合的趋势。在这一背景下，城市竞争的内涵不再是单纯的行政权力的抗衡，而是对最有价值的生产要素和资源的共享。在这方面，区域内各城市有了一个基本共识：只有在配置利益资源要素方面优势互补，才能在发展中共享利益。

这样说，并不意味着各城市需要舍弃自身的利益。问题的关键在于，如何平衡资源的通用性与专有权之间的关系。尤其是，在地区内竞争城市之间资源共享的过程中，我们怎样找到城市专有资源共享的实现形式。以港口资源为例，作为港口拥有者的城市对港口有一定的资源使用上的专有权，这是毫无疑问的。传统上，港口城市也不愿意将自己的港口资源提供共享，因为人们担心港口资源被共享后，资源的效用递减，利用港口创造效益的能力下降，因此总是希望固守自己的专有权去获取最大的社会承认和经济效益。其实，从长远来看，这是一种狭隘的观点和做法。一个城市的竞争力和地位不在于拥有多少资源，而在于不断地创造社会财富并为别人所用。资源的存在就是为了利用，与其固守资源不能得到有效开发而让其失去价值，不如把它共享出来产生更大的社会效益。可见，城市的专有权是一种相对权利，只有让资源走向共享，其作为财产的资源产权才能转化成为财富，城市专有权才能取得更大的经济利益。

当然，在资源的通用性和专有权之间，过分强调任何一个方面都是不当的。地区性资源共享需要制度上的安排来调整这两个方面的关系，以达到城市资源专有权与区域内公共利益之间的均衡。资源共享的均衡机制归根结底是城市之间的利益均衡。因此，城市专有资源共享的实现以及制度安排自然也是围绕利益机制进行的。

（三）城市专有公共服务资源共享的实现

一般地，城市专有公共服务资源存在着有形资源与无形资源两种状态。因此，它们的资源共享的实现形式也完全不一样。

有形的城市专有资源共享的实现通常是根据资源产权的特征以及资源开发的特殊性来进行制度安排的，它至少包括三个制度：（1）资源产权分解制度。资源产权分解制度是保证资源产权在法律上清晰，经营过程中明确，使各利益主体在资源产权中所占比例合理化的制度。由于地方政府承担着资源发展造成的外部性所增加的成本以及资源所在地居民对资源禀赋的高度依赖性，所以应将资源产权按照国有产权、地方产权、企业产权和自然人产权分解开来，并经过科学计算使四方均获得一定比例的产权。（2）资源开发共享制度。对专有城市资源开发，要实行规范的股份制改造，以便实现资源产权组合。开发共享制度要求资源开发要按照各自在资源产权中所占的比例入股，既能保证各个共享主体的产权得以实现，同时又可以促进资源产权的多元化以及治理结构的规范化，调动了各共享利益主体参与资源开发的积极性，减少资源共享的矛盾和摩擦。（3）资源收益分享制度。资源收益分享制度是根据各个利益主体在资源产权中所占的比例，对资源开发所获得的收益进行分享的制度。因为各个利益主体在资源产权中所占的比重已转化为股份，所以各利益主体在资源开发中获得利益的多少取决于其所占股份的多少。资源收益分享制度可以保障各方资源共享主体从资源开发中受益，减少资源开发中的短视行为，有利于实现资源的可持续开发与利用。

无形的城市专有资源共享的实现则是以协作与契约的方式进行的。无形资源的共享有其自身的特性，即它是一种具有可复用性的共享。也就是，把你的资源分离给别人后，你还拥有这种资源，甚至通过互动，你的资源还会增加，比如技术、经验、信息、知识等资源就是如此。由无形资源的这种特性所决定，无形的城市专有资源共享的关键在于，要建立起一种开放式的协作系统，提供一个以资源共享为中心的协作平台，实现资源合理而有效的流动和共享。资源共享的最大挑战在于改变人们的行为模式。而资源主体之间的协作毕竟是一种人际互动行为，因此，它需要有非技术的驱动因素。换句话说，它需要共享链上的城市之间签订激励性契约，通过契约的法律约束功能和自履行机制来协调地区内各城市的协作行为。

总之，地区性资源共享需要建立一种社会机制，使资源共享成为人们内在的、自主的行为，这样才能从整体上优化地区性资源共享体系，促使地区整体效益的发挥。

第三节 区域性公共服务资源共享体制的构筑

一、城市公共服务资源共享体制与区域整合

地区性资源共享机制是解决区域整合问题的一个新视角。因此，从城市公共服务资源地区共享的观点出发，区域资源整合涉及对城市公共服务资源共享体制基本构成要素的认识和协调。一般而言，城市公共服务资源共享体制由以下五个要素构成：第一，有一个公正而客观的共享规则来指导一定区域范围内城市公共服务资源共享体系的运行。第二，要有被地区内各城市（镇）认同的共享方式和各类可利用的共享型服务资源。第三，要有城市之间的协作网层面的若干服务平台，取决于各个要素环节的运作及其制度安排。第四，要有一个区域性的公共服务供给系统，生产和提供公共服务。第五，要有一个强有力的城市之间资源共享的协调机构，安排和指导城市与区域之间的服务职能划分以及解决服务资源共享中的利益冲突等问题。区域性资源共享体制的基本结构如图 15—3 所示。

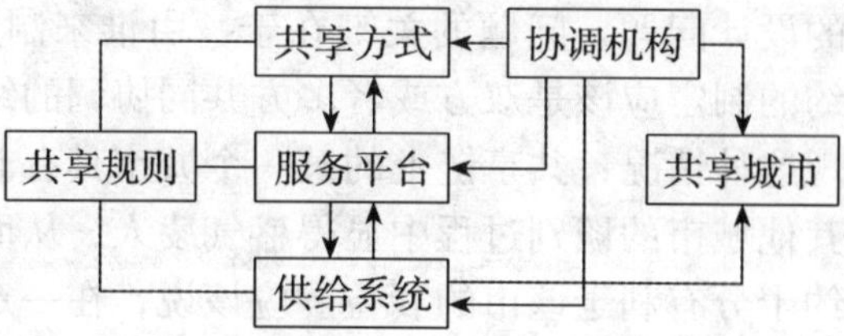

图 15—3 区域性资源共享体制的基本结构

城市公共服务资源共享机制运行的核心问题是区域公共服务资源的整合。整合是由个体趋向整体，把过去分离的单元，转变成为一个相互密合的体系。因此，它要求构筑起城市协作网，从共享链的角度去考虑资源整合的问题。如果地区内各城市在某些服务资源利用领域处于一个共享平台上，就形成了一个共享链。共享链上各城市之间不单纯是一种简单的市场交易关系，重要的是，它是一种类似企业之间协议的稳定关系。由于共享链上有众多的城市参与进来，实际上形成了一个共享城市网络。共享链的成功依赖于共享链上所有城市的成功，而且更依赖于各城市间的合作与协调。

在共享体系下，多个城市共生共存的特性决定了共享链是典型的需要协调的系统。协调的目的在于使共享链上的所有城市树立起共享意识，遵守“共享时代”的游戏规则，进而使公共服务资源共享所带来的好处不是由一个城市所独享，而是由整个共享链中的参与者共同受益。城市公共服务资源共享的一个最基本的规则就是互惠互利的原则。它倡导城市之间要树立“人人为我，我为人人”的资源共享的新观念，不能只讲索取，不讲贡献。违背这一规则，公共服务资源共享目标就难以达到。而实际工作中，许多拥有优势的城市并不愿意将服务资源与共享链上的其他城市共享，或者说没有一个良好的激励性合约来引导共享链上的城市共享其服务资源。在城市之间存在着竞争关系的条件下，共享链上的各城市在追求自身利益最大化的时候往往会单独采取行动，从而与服务资源共享体系的整体目标产生冲突，破坏公共服务资源共享规则。在这种情况下，就需要共享链上的城市之间签订激励性的合约，通过合约约束功能和自律机制来协调各城市的行为。

从这个意义上说，公共服务资源共享的互惠互利规则的实施就转化成激励性合约的设计问题。问题的关键在于，由谁来制定这些合约呢？一般来说，合约的制定应该是双方或者多方共同协调的结果。但是在实践中往往会出现这种情况：共享链上的某一个城市具有非常明显的强势地位，它在与其他城市的谈判过程中显得盛气凌人，从而使得各方与其签订的共享合约十分有利于该市的利益。应该说，在一定条件下，这种“强制性协商”的结果并非是一无是处的，因为它起码可以节约城市之间讨价还价的交易成本，在某些情况下还会使得共享链上各城市之间的关系在一定时期内显得十分稳固①。但是，在很多情况下，这种共享合约的形成不符合公共服务资源共享规则所追求的目标。理想的公共服务资源共享体系应该是由不同利益主体构成的竞合互动型系统，各个子系统是在考虑自身利益最大化的基础上才开展合作的。

当然，城市公共服务资源共享并非是“免费财货”。对享用服务资源的城市机构收取适当的费用，是公共服务资源共享合理而必需的保障机制。我们主张，在共享方式上，根据不同情况可实行免费和付费相结合的体制。对于基础性的公共服务共享，应当是免费的。公共服务平台的建设可以按类似公司制度的方式进行，即共享链上的各城市共同设定一个规范，每个城市按照规范投入资金、承担任务，然后把各城市连接在一起。这样，共享链上的各个城市就可以无偿利用这个平台，分享这些基础性公共服务资源。对于专有性公共服务资源和设施，免费提供可能不现实，按照共享合约的规定，可适当收取费用。对于拥有知识产权的服务资源，根据授权可以按“先付费后使用”的方式将其转换成共享性服务资源。

二、城市公共服务区域性资源共享体制建立的关键环节

整合是由个体趋向整体，把过去分离的单元，转变成为一个相互密合的体系。资源整合是靠机制完成的，资源共享机制就是借助自组织力量和市场力量，实现资源整合的内在方式。资源共享机制运行的状况直接影响着区域整合的成效，共享机制的作用就是要保证区域整合的公平和效率，降低整合成本和交易费用。

（一）构筑起城市协作网，从共享链的角度去考虑资源整合的问题

如果地区内各城市在某些公共服务资源利用领域处于一个共享平台上，就形成了一个共享链。共享链上各城市之间不单纯是一种简单的市场交易关系，重要的是，它是一种类似企业之间协议的稳定关系。由于共享链上有众多的城市参与进来，实际上形成了一个共享城市网络，因此，对于这种由契约关系维系起来的共享主体之间的联系，我们称之为“共享链城市协作网”。站在共享链整体的角度，一

① 王夏阳：《契约激励、信息共享与供应链的动态协调》，载《管理世界》，2005（1）。

个城市与共享链上其他城市之间是一种竞争合作关系。它们之间利益上的相互依赖性表现得十分明显。共享链的成功依赖于共享链上所有城市的成功，而且更依赖于各城市间的合作与协调。可见，城市共享链实际上是通过整合区域内各城市资源的协同关系，获得共享链整体的资源配置优化和共享链整体的快速反应，从而获得共享链整体收益最大化。从共享链出发考虑区域整合问题，容易冲出资源共享的行政性阻力和传统思维惯性，让地区内各城市及时调整自己的定位，调整产业布局，找到自己的战略支点。

（二）资源共享体制的运行要求必须选择合适的区域整合模式

一般来说，区域内共享链城市协作网的整体形态和联结方式与区域的经济结构和区域发展中的历史、社会文化背景等因素密切相关。这意味着资源共享机制运行中的区域整合模式也不尽相同。那么，如何选用这些模式呢？关键是找到资源共享的核心模块，分析哪些资源可共用，哪些资源可以从内部扩展到外部，哪些资源需要重建。此外，还要明确所共享的资源是否可以通过交叉方式进行资源整合。以长三角为例，从现有的经济实力及其发展潜力看，长三角有着比其他地区更好的经济基础和发展空间来进行区域整合，尤其是，长三角在长期的历史变迁过程中形成了自己独到的吴越文化，而且还拥有丰富的区域合作经验。因此，长三角区域整合采用“区域经济一体化”的思路来促进该区域经济的密切联系和共同发展，其目的在于以城市为中心的空间资源合理配置和空间效率提高，其中心内容是通过以上海为中心的城市群（带）的发展来促进三角洲区域经济的集约化发展。按照这一整合模式，长三角确定的核心模块为：（1）基础设施整合。联合进行基础设施的协调建设，形成一体化的区域基础设施网络。（2）产业整合。各地着力于发展特色产品，提高某些重要的优势产业的竞争力。（3）生产要素整合。特别是资本要素互动和科技人才、信息化成果互融。（4）环境保护与整治。以太湖流域水系生态环境保护和建设为重点，加强区域合作，转变经济增长方式，推行洁净生产，建设“绿色长三角”（李清、何健照，2003）。从目前该区域经济整合情况看，城市之间通过一系列或民间的或政府的、自发的、局部的多赢合作，推动了区域经济合作向纵深发展。

（三）共享体制的建立要考虑组织变革，第一要做的是区域整合中协调机制的设计

在我国，区域性资源共享中存在的问题，主要是体制上的问题。由于行政体制上的分割，区域资源的管理体制是“多元分立”的。在这种情况下，要使共享链上城市之间的协作网络有效运转，必须从体制及其组织职能的优化开始。（1）建立起权威性的地区协调机构。它应该是一种功能性机构，承担着共享规则制定、共享系统的顶层设计、资源共享的战略研究等任务，并具有一定的规划、管理、协调和组织职能。（2）建立一套制度化的决策程序和机制。它既要有灵活性，包括在议程和方式上的多样性和可调节性，又要有一定约束力，即任何决策一旦达成，就必须严格执行。（3）建立区域共同发展基金制度。要使区域协调机构具有相当的经济调控能力和投资管理能力，促进区域内城市之间的合作与发展。（4）发挥各类半官方及民间的中介组织的作用。例如，跨城市边界的联合商会和行业协会、联合的物流系统、大企业联合会和企业联谊会、产权交易联合中心，以及各种研究中心等。

（四）构筑城市公共服务资源的区域共享体制还必须注意共享文化的建设

能否实现资源共享与区域整合不仅取决于互补性需求、发展的共识和共同利益，还取决于制度结构、创新环境及变革者的智慧。后者直接涉及共享文化的建设。资源共享文化的核心是城市合作文化。建立资源共享文化，实质上是塑造一个“软”环境，营造一个城市合作与资源共享的氛围。资源共享中的文化障碍往往表现为对共享缺乏正确的认识，担心共享会失去自身的优势，削弱了自身利益，认为共享是“额外负担”，而作为这些意识的表现形式的制度文化直接影响区域资源整合。比如，区域整合中的地方保护主义、区域市场分割、同构化现象等都是这种制度文化作用的结果。因此，资源共享的推动必须依赖制度文化的配合，通过改变管理体制、组织模式和行为方式，最终使地区内各城市形成自愿的共享观念。本书认为，资源共享机制的制度因素比技术因素更重要。因为制度能够降低共享的交易成本，为城市合作创造条件；同时，制度还可能提供激励和有效信息，影响城市的偏好和行动。

尤其是，当一些资源一旦成为具有公共品性质的共享资源时，就很容易产生“搭便车”的行为。制度创新为克服或减少这种“搭便车”行为提供了基本保障。正是从这个意义上，我们把制度文化视为资源共享和区域整合的“软”环境。

第十六章 城乡统筹与新型城乡关系

城乡二元经济结构是中国区域经济发展过程中的一个显著现象。这种二元性常常表现为城乡劳动力市场、商品市场、产业链条等的分割。如何把分割的城市和乡村资源要素整合起来，形成一个城乡一体化发展的局面，就是本章所关注的问题。

第一节 城乡统筹与城乡关系变革

一、城乡统筹发展的实质

所谓“城乡统筹”，就是站在一个地区经济和社会发展全局的高度，把城市和农村的经济社会发展作为整体统一筹划，通盘考虑，把城市和农村存在的问题及其相互关系综合起来研究，统筹解决，以达到改变城乡二元结构，实现城乡一体化发展的目标。

城乡统筹发展的关键，就是要通过工业反哺农业、城市支持农村，改变我国农业基础薄弱、农村发展滞后、农民增收困难的局面，建立起新型工农、城乡关系，实现工业化、城镇化和农业现代化协调发展，形成城乡经济社会发展一体化新格局。

城乡统筹发展的实质是解决中国的“三农”问题，促进传统二元结构转变。统筹城乡社会经济发展，是相对于城乡分割的“二元经济社会结构”而言的，它要求打破城乡界线，优化资源配置，把解决好“三农”问题放在优先位置，更多地关注农村、关心农民、支持农业，实现城乡共同繁荣。

统筹城乡经济社会发展就是要给城乡居民平等的发展机会，通过城乡布局规划、政策调整、国民收入分配等手段，促进城乡各种资源要素的合理流动和优化配置，不断增强城市对农村的带动作用和农村对城市的促进作用，缩小城乡差距、工农差距和地区差距，使城乡经济社会实现均衡、持续、协调发展，促进城乡分割的传统“二元经济社会结构”向城乡一体化的现代“一元经济社会结构”转变。城乡发展统筹，需要观念、机制和体制的诸多变革，是一个长期、艰巨而又复杂的系统工程。

城乡统筹就是要改变和摒弃过去那种重城市、轻农村，“城乡分治”的观念和做法，通过体制改革和政策调整削弱并逐步清除城乡之间的樊篱，在制订国民经济发展计划、确定国民收入分配格局、研究重大经济政策的时候，把解决好农业、农村和农民问题放在优先位置，加大对农业的支持和保护。

城乡统筹的目标是实现城乡一体化。城乡一体化的主要内容包括：城乡经济一体化；城乡空间一体化；城乡人口一体化；城乡市场一体化；城乡社会一体化；城乡生态环境治理一体化。城乡一体化的核心是发展，包括政治、经济、文化、教育等诸多方面，涵盖物质文明、政治文明、精神文明和生态文明的全面发展。

二、城乡统筹发展的主要内容

城乡统筹发展的内涵不仅仅指经济范畴，它包括城乡经济与社会发展中的物质文明、政治文明和精神文明建设三个方面。具体说来，城乡统筹发展的内容主要包括以下几个方面：

一是统筹城乡规划建设。改变目前城乡规划分割、建设分治的状况，把城乡经济社会发展统一纳入政府宏观规划，协调城乡发展，促进城乡联动，实现共同繁荣。根据经济社会发展趋势，统一编制城乡规划，促进城镇有序发展，农民梯度转移。主要包括：统筹城乡产业发展规划，科学确定产业发展布局；统筹城乡用地规划，合理布局建设、住宅、农业与生态用地；统筹城乡基础设施建设规划，构建完善的基础设施网络体系。尤其要在农村地区缺乏基础设施建设资金的情况下，政府要调动和引导各方面的力量着力加强对农村道路、交通运输、电力、电信、商业网点设施等基础设施的投入，使乡村联系城市的硬件设施得到尽快改善。优先发展社会共享型基础设施，扩大基础设施的服务范围、服务领域和受益对象，让农民也能分享城市基础设施。

二是统筹城乡产业发展。以工业化支撑城市化，以城市化提升工业化，加快工业化和城市化进程，促进农村劳动力向二三产业转移，农村人口向城镇集聚。建立以城带乡、以工促农的发展机制，加快现代农业和现代农村建设，促进农村工业向城镇工业园区集中，促进农村人口向城镇集中，促进土地向规模农户集中，促进城市基础设施向农村延伸，促进城市社会服务事业向农村覆盖，促进城市文明向农村辐射，提升农村经济社会发展的水平。

三是统筹城乡管理制度。突破城乡二元经济社会结构，纠正体制上和政策上的城市偏向，消除计划经济体制的残留影响，保护农民利益，建立城乡一体的劳动力就业制度、户籍管理制度、教育制度、土地征用制度、社会保障制度等，给农村居民平等的发展机会、完整的财产权利和自由的发展空间，遵循市场经济规律和社会发展规律，促进城乡要素自由流动和资源优化配置。

四是统筹城乡收入分配。根据经济社会发展阶段的变化，调整国民收入分配结构，改变国民收入分配中的城市偏向，进一步完善农村税费改革，降低农业税负，创造条件尽快取消农业税，加大对“三农”的财政支持力度，加快农村公益事业建设，建立城乡一体的财政支出体制，将农村交通、环保、生态等公益性基础设施建设都列入政府财政支出范围。

三、城乡二元结构与城乡关系变革

（一）城乡二元经济结构理论

通常，学者们往往用二元经济理论解释经济发展过程中的城乡关系以及二元经济向一元经济的转换①。

（1）刘易斯的二元经济论。从对经济思想史的考察看，最早将“二元结构”概念运用分析人类社会经济现象的是荷兰经济学家和社会学家伯克，他在对荷兰政府于1860年企图在其属地东印度推行经济自由政策而遭失败的反思中发现，当时的印尼社会是一个典型的二元结构社会——殖民主义输入的现代“飞地经济”与资本主义社会以前的传

① 李泉：中外城乡关系问题研究综述，见 http：//cenet. org. cn/cn/wangkan/issue38/。

统社会并存。1954年，刘易斯在其论文《劳动力无限供给下的经济发展》中提出的“二元经济”模型与城乡关系研究表明，传统部门劳动力无限供给构成了二元经济的内在特征，二元经济发展的核心问题是传统部门的剩余劳动力向现代部门转移的问题。也就是说，通过现代大工业的发展，取得资本的积累，使农村剩余劳动力得到充分的转移，诱发产业结构的演变，使城市化水平得以提高，最后经济由二元变成一元。

（2）费景汉—拉尼斯二元经济论。20世纪60年代，费景汉和拉尼斯在运用微观经济学基本理论和计量经济学方法的基础上，构建了费景汉—拉尼斯二元经济结构模型。此模型揭示了二元经济发展中劳动力配置的全过程，并证明了伴随劳动力从农业部门向工业部门的转移，不仅可以获得经济发展，而且可以完全实现商品化。他们认为，工业化过程中必须保持农业生产率的同步提高，以此来增加农业剩余和释放农业劳动力。与刘易斯模型相比，费景汉和拉尼斯认为，工业和农业两个部门平衡增长对避免经济增长趋于停滞是很重要的。

（3）乔根森二元结构模型。乔根森对刘易斯和费景汉—拉尼斯模型的农村剩余劳动力转移的假设提出质疑，并试图在一个纯粹新古典主义框架内探讨工业部门的增长是如何依赖于农业部门的发展的。乔根森认为，为了使经济持续发展和避免陷入低水平均衡陷阱，工业部门积累资本是必要的，但是，其先决条件是正的农业剩余。由于农业剩余的出现，使现代部门的发展成为了可能，即农业产出达到了人口最快增长时所需要的农产品数量，农业部门就会出现剩余劳动力。这部分剩余劳动力是需要转移的，而农业劳动力向工业部门转移的速度取决于农业剩余的增长速度，同时还取决于工业部门的技术进步状况。工业部门的技术进步越快，其储蓄率就越高，劳动力增长越快，经济也就增长越快，最终完成二元经济结构的转化。

（4）哈里斯—托达罗模型。哈里斯—托达罗为了解释普遍存在于很多欠发达国家面临广泛的城市失业的情况下由乡村向城市移民的持久性现象，而首先在1970年提出了一个具有启发意义的哈里斯—托达罗假说，即在被分割的但是同质的劳动市场上用预期工资的均等取代工资的均等。他同时指出，发展农村经济，提高农民收入是解决城市失业和“城市病”及“农村病”的根本途径。正如吉利斯在说明城乡关系时所指出的："如果工业化不是万灵药，那么农村发展也不是。它们相互需要，缺一不可，如果不平衡增长过头，就会受到损害。"农村和城市必须协调发展，工业化才能顺利推进。

(5) 缪尔达尔的地理二元结构理论。1957 年，缪尔达尔在《经济理论和不发达地区》一书中提出的"地理二元结构"，利用"扩散效应"和"回流效应"概念，把二元结构理论引入了经济发展理论，指出城乡的诸多差异会产生进而引起"累积性因果循环"，导致城市区域发展更快，乡村区域发展更慢（乡村发展陷入纳克斯描述的"贫困的恶性循环"），使城乡差异在逐步增大中出现"马太效应"，最终在空间组织结构上呈现为埃及发展经济学家阿明在《世界范围的积累》中所谓的"中心—外围"结构。要改变这种地理上的二元经济，政府应该在某些发达地区累积起发展优势时采取不平衡发展战略，促进其扩散效应的形成。在此基础上，赫希曼进一步提出了"极化效应"与"涓流效应"。20 世纪 70 年代，米尔顿·桑尔顿对计划理论作了归纳性总结：城市与农村处于两个不同的经济循环层次，城市高级循环与农村低级循环二者是相互补充、相互竞争的关系。

(二) 我国城乡二元结构的形成与特点

认识我国城乡二元结构的形成是研究城乡统筹发展的逻辑起点。在我国，城乡"二元结构"由来已久，并严重阻碍了社会前进的步伐。几十年的计划经济体制，使这种格局被高度制度化，形成了包括城乡分割的户籍制度、城乡差异的土地制度，以及依附其上的城乡分治的管理制度。这三大制度仿佛一道无法逾越的鸿沟，由此形成了城乡二元的经济结构和社会结构。

中国的城乡二元结构的形成有其特殊性背景。新中国，为了把一个贫穷的农业国建设成为强盛的工业国，国家只能依靠农业农村为工业现代化提供资金积累。在我国，主要是通过工农业产品价格"剪刀差"，低价收购农产品，把农业剩余转化为工业利润，再通过严格控制工业部门的工资水平，把工业利润转化为财政收入。同时，国家也从农业税收、农村储蓄渠道获得大量的资金积累。为了保证从农业中获取稳定的工业化资金，在政策制定上，实行严格的城乡分割政策，如城乡分离的户籍政策、财政政策、就业政策、住房政策、社会保障政策等，在制度设计上，逐渐形成和强化了我国城乡二元结构体制。

在二元经济结构的长期影响下，我国二元社会结构相继形成。在产业分布上，现代工业集中在城市，传统农业集中在农村，城市享有丰富的物质文明，农村的物质文明和精神文明处在落后状态，由此造成现代城市和传统农村并存的区域二元社会结构，而且随着社会发展，城乡在政治、经济、社会、生态等各个方面的差距越显突出，城乡二元经济结构体制的根基稳固，不容易轻易被动摇。

我国城乡二元结构主要有如下几个特征：就业结构调整严重滞后于产业结构调整；产业结构调整滞后，第三产业发展严重不足；我国统一市场体系发育不全，生产要素流动性差，城乡市场差距大；市场机制和经济体制作用弱化，行政干预严重；相关配套制度供给严重失衡；二元意识与二元经济互动，形成恶性循环。

由这种二元经济结构带来的结果是，工农关系和城乡关系扭曲，发展比例失调；工农产品不能平等交易；城乡之间劳动力自由流动受限；城镇居民与农民权利和发展机会不平等。尽管改革开放以来我国城乡经济社会获得了很大发展，城乡居民的生活水平有了很大提高，中国城乡关系逐步得到改善。但是，从工农差距、城乡居民收入差距和社会发展差距等方面综合判断，目前中国城乡差距仍过分悬殊。特别是20世纪90年代以来，我国城乡差距不仅没有缩小，而且有进一步扩大趋势，城乡发展失衡问题仍十分突出，对我国国民经济和社会发展产生了严重的影响①。

（三）城乡二元结构体制：城乡关系失衡的根本原因

城乡严重失衡是国民经济发展长期积累的结构性和体制性矛盾的集中体现，是各方面因素综合影响的结果。但是，从根本上说是没有突破传统的城乡二元经济社会结构体制。城乡二元经济社会结构体制是统筹城乡发展的最大障碍，也是造成城乡关系失衡的根本原因。

（1）城乡二元结构体制，导致城乡差距不断扩大，带来了所谓的“三农”问题。当前我国“三农”问题主要表现在农民收入增长缓慢、城乡收入差距扩大和农村经济社会发展落后方面。按世界银行1997年对36

① 周琳琅：《统筹城乡发展理论与实践》，9～12页，北京，中国经济出版社，2005。

个国家的分析，城乡居民的收入比率一般低于1.5∶1。而2010年，我国城乡居民人均收入比率为3.23∶1，而且农民收入中相当一部分要用于再生产，再加上城乡之间在住房、物价、医疗、失业等方面的社会福利以及教育、文化事业等公共产品供给上的巨大差距，城乡居民收入差距实际达到的程度要比统计数据大得多。目前，我国城乡的巨大差距已明显超出了合理的范围，处于两极分化的国际警戒线上，成为世界上城乡收入差距最大的国家之一。现代中国社会的基本矛盾是城乡居民之间的二元经济社会结构的矛盾，城乡差距已经成为中国发展面临的一大挑战。可以说，城乡二元经济结构是中国解决"三农"问题的根本阻滞因素。

（2）城乡二元结构体制，造成了消费需求不足，阻碍了中国经济的增长。由于二元经济结构的存在，造成了城乡经济的差异和收入水平的差异，导致了城乡收入水平的不断拉大，使中国的二元经济结构由一般的"二元结构"的工农产业差异、城乡差异和地区差异，表现为突出的城乡收入水平的差异，城市人均收入远远高于农村人均收入，而农村人口又在全国人口总数中占据多数。依据经济学的基本原理，消费是收入的函数，农村人均收入低，农村人口的消费需求低，必然导致全国总的消费需求不足。以2010年为例，城市人均收入为10 109元，农村人均收入为5 919元，城市人均收入是农村人均收入的1.7倍。而且城市家庭居民户的恩格尔系数为35.7%，农村家庭居民户的恩格尔系数为41.1%，城乡收入的巨大差异、农村人口较低的收入和较高的恩格尔系数必然会使消费水平难以提高，而消费不足又会阻碍经济的增长。

（3）城乡二元结构体制，形成了经济结构转变的"双重演进"的特征，加大了制度变迁的成本。在中国经济结构转型中，一方面是要实现经济体制由计划经济向市场经济的转变，在城市建立现代企业制度，在农村实行家庭联产承包责任制和发展乡镇企业都是这一制度变迁的表现。另一方面，中国的经济转型要加快实现由二元经济结构向现代经济结构的转变，制度的变迁与经济的转型统一为一个完整的过程，表现出了转型增长的特征，形成了"双重演进"，这种双重演进的特征延长了改革的实践过程，增加了制度变迁的成本。

（4）城乡二元结构体制，导致了城市化发展滞后于工业化的发展。经济发展的主线是经济结构的转变，与经济发展相关的结构性变动主要包括四个方面：劳动者从农业活动转向非农业活动，即工业化过程；城市和乡村之间的人口比例发生了变化，即城市化过程；工业自身尤其是制造业内部的结构变动；服务业部门的结构变动。因此，作为经济发展主线的两个结构转变——工业化与城市化应该是相互协调的，工业化应该是相互影响和相互推动的发展过程。但是在中国经济发展的过程中，由于经济结构的二元性，国家全部投资的绝大部分用于工业部门的发展，而忽视了城市和小城镇建设，使城市化和城镇化滞后于工业化。据我国著名学者樊纲估计，2011 年，工业化率按非农劳动力占全部劳动力比重算，城市化率按照居住人口算，中国城市化率为 48%，工业化为 70%，城市化率大大低于工业化率。这种工业化与城市化的反差程度，在世界经济发展中是一个典型的特例。

（5）城乡二元结构体制，阻碍人力资源的优化配置和地区间的合理流动，人为制造种种不平等。严格的户籍管理制度的实行是中国二元经济社会结构形成的直接原因。实施户籍管理制度，严格限制公民的迁徙自由，从当时的时代背景来看，是与我国的计划经济体制相适应的。但是长期以来严格贯彻执行户籍管理制度，限制人口自由流动，给我国带来了严重的经济和社会问题。户籍制度的弊病集中在两个方面：一是阻碍劳动力资源的市场化配置，从而从总体上降低了生产效率，影响了经济增长；二是通过对农民经济利益的剥夺，加剧了城乡二元结构的矛盾。发达国家的经验已经告诉我们，缩小差距的重要方式就是通过人口的自由迁移实现地区间的平衡发展。而任何劳动力流动的障碍都会加剧部门、城乡和地区之间的经济发展差距。中国的城乡二元政策人为制造种种不平等，把人口划分为两大块，即农业户和非农业户，这种划分，使中国人从一出生起就注定了今后的人生中将有不同的福利待遇，出生在城市的人生来就比出生在农村的人条件优越，这种差异和不平等导致种种特权愈演愈烈。因此，限制迁徙自由，就是制造特权，它违背了社会公平的原则。

（四）城乡边缘地带的凸起与城乡关系的变革

1. 城乡边缘地带的凸起

由城乡关系构成的整个区域经济空间是一个由城市核心区、城乡边缘区和农村三个部分构成的整体。核心区是指城市的建成区，它是已经完全被城市化的区域。农村则完全是以非农化的生产方式和生活方式为主的区域，即我们观念上的完全意义上的农村地区。从空间上看，城乡边缘区是介于二者之间的边缘地带。

目前，国内外学者都注意到了这样一个明显的事实：一些亚洲发展中国家包括中国在内的城市外围区域出现了高速增长的现象。这些区域往往地处中心城市间的交通走廊地带，其非农产业发展迅猛。我国以长江三角洲和珠江三角洲地区最为典型。西方学者麦基（McGee）把这样的地区称之为"desakota"（在印尼语中 desa 是村庄，kota 是城市）。因此，这样的地区可以称为"亦城亦乡地区"，但在这里，我们称之为城乡边缘地带（rural-urban fringe）。

如果将视野扩充到较具空间意义的"城市化地区"层次上，即将都市与其毗邻城镇及集居地视为一个整体的空间单元予以审视，城乡边缘地带是一个城乡之间的区域空间概念，但从城区关系上看，它是一个复合概念，既具有城市某些特征，又具有某些农村的特点，它是在同一地理区域内同时发生的城市性和农村性行为。城乡边缘地带的凸起，标志着城乡关系——空间经济秩序的调整和空间经济结构的转换。

2. 城乡边缘地带的形成对城乡关系的影响

从动态的城乡关系演化过程的角度出发，而不是把城市和乡村发展作为独立的问题分开论述，才是解释城乡边缘地带的正确立场。

(1) 城乡边缘地带的形成过程是城乡相互作用的过程。研究城乡边缘地带的形成，必须通过考察中心城市与周围地区的联系来确定城市所起的作用。城市与乡村的联系是在各自的经济发展过程中形成的，它既和各城市与乡村的利益联系，又和相互发展相关联。在市场经济条件下，城乡都是开放系统，二者相互影响、相互作用，是一种互动发展的过程。在这个过程中，中心城市是主体，居于主导地位。但这并不是说中心城市自然而然地会在城乡关系上居于主动地位，而乡村只是受其推动。中心城市作用的发挥是有条件的，它不仅要求中心城市要具备增长极的各种基本条件，而且要求城乡之间要有合理的资源配置机制和具体的相互作用机制。但在我国，由于城乡之间摩擦力的存在，城乡关系的相互作用存在一定障碍。因此，城乡边缘地带既是城市核心区域集聚效应与扩散效应的接受者和传导者，又是农村聚集效应和扩散效应的施加者，具有“中继发动机”的作用。

（2）城乡边缘地带加上核心区形成了一个高密集的城市化空间，它能产生更大的聚集效应。城市形态的演变大体上总要经历一个由若干个孤立的城市—城市群—以大城市为中心的城市带的历史过程。（希腊学者道萨蒂亚斯（Doxiades）还认为有些城市已超越国界，成为洲际城市、世界城市）中国的两大三角洲地区也经历了同样的历史过程。回顾新中国成立前，两大三角洲内只是孤立的几个城市，新中国成立后逐步发展，开始还只是一个松散的城市群，改革开放以后，随着乡镇工业的大发展和通讯交通条件的改善，在大城市及其城镇密集地区的基础上，出现了一种城镇间具有强相互作用的高城市化和高密集的城市地区。值得注意的是，当地区规模大到一定程度，城镇密集到一定程度，由于相互交通越来越便捷，原来较为疏散状态的点与点之间的关系就像物理学中粒子间的“弱相互作用”转变为点与点之间比较紧密的“强相互作用”。可以说，一个包括上海在内的苏南地区，比总规模类似而人口聚集的大墨西哥城，具有更大的聚集效应。在现代交通、科技条件下，这种聚集效应表现为一种相对聚集的效应，它既不同于相距较远的松散的城市群，又不同于完全集中的单一大城市，它比绝对化的聚集，既有集中的优势或超大城市的优势，又避免了过分集中或城市过大的一些弊病，使经济效益、社会效益和环境效益得以较好的统一。而且使三个效益相互促进，由“强相互作用”而“连锁反应”式的产生可持续发展的力量。

（3）城乡边缘地带的形成是城市空间经济结构变革的极重要载体。城市不能孤立存在，它能够存在的本质就在于它与乡村有一种内在联系，地理学家称这种联系为“共生关系”。然而，由城乡间简单的互通有无的交往形成的“共生关系”只是城乡之间协同状态的阶段性特征，它的进一步发展应该是城乡一体化。这个过程实际上就是结构变迁的过程。随着结构变革，一个城市地域的生产大循环已不再是单单在城市或是在乡村展开，因为城乡之间新的协同状态只有在城市和乡村都被纳入更广阔的经济空间，都成为大的开放系统后，才有可能实现。城乡“优势杂交”而生“杂交优势”，这样一种协同作用在城乡间所产生的聚合效应，是单独依靠城市或乡村所无法达到的。

3. 城乡边缘地带凸起条件下的新型城乡关系

如果把城乡边缘地带凸起条件下的城乡关系看作是一种“独立的现实”，那么，现实的城乡关系“代表和反映了独立的社会和空间事实，其产生、演进和变化，既是城市化和农村发展的结果，又是一系列社会、经济、政治进程的产物，还与当地特殊的文化、历史条件有关”（Koppel，1991）。

城乡边缘地带的凸起就是这样一种“独立的现实”。首先作为一个新的集聚中心，它的形成是在城市存在严重的制度障碍和农民不能进城就业而日渐减少的耕地又无法容纳边际生产率为零的农村劳动力的情况下，农村剩余劳动力产业转向和空间转移的被迫分离催生的产物。但是，它一经形成就变成了一个农村城市化的先导空间，随着城市化的推进，其边缘甚至为城市所演替，变成城区的一部分。因此，它必然受集聚与扩散机制支配。城市功能的变化将导致空间区位优势的转移，在现有城市空间无法找到合适的扩展“苗床”时，则会通过向新的区位扩散发展而催生新的空间集聚中心的形成。尽管最初的城乡边缘地带与农村并无差异，但随着城市核心区的集聚与扩散效应的综合作用，它必然表现出异质性来，即新的城市空间便逐步成长起来了。

从城乡一体化的角度上看，城乡边缘地带的凸起打破了旧有的空间经济秩序，从而丰富了城乡一体化的内涵，也使其在城乡关系中发挥着一种独特的作用。在传统上，城乡一体化被理解为依靠农村的发展或城市对农村的支援，使农村达到与城市类似的经济发展水平的过程。这种观点实际上是计划经济时代的产物，是难以实现的。城乡边缘地带的“中继发动机”作用，使其在整个由核心区、边缘区和农村形成的经济“场”中对城市核心区与农村具有中介的传导能力，使二者的整体效能在整个区域空间上得到优化，使城乡边缘区自身功能也得到强化。从集聚力与扩散力的角度上看，我们发现在城乡一体化过程中，分离和集聚的趋势是并存的。因为在一个城乡边缘地带内，会形成一个产业链条，这种产业链条上的各环节可以分布在城乡不同的地方。因此以产业链为平台的城乡合作与竞争的趋势会越来越显著。同时，城乡一体化发展在某些方面又表现出强烈的集聚倾向。在一个城市化空间上，城乡产业间建立起密切的前向和后向联系，使得它在整个区域引起强烈的“连带效应”，从而使城乡间的联系更加紧密，发展更趋密集化。

第二节 “以工促农、以城带乡”机制

一、“以工促农、以城带乡”机制的实质

所谓“以工促农、以城带乡”机制，实质上是城乡统筹发展的机制。“以工促农、以城带乡”就是既要发挥城市对农村的辐射作用，发挥工业对农业的带动作用，又要发挥农村对城市、农业对工业的促进作用，实现城乡良性互动，以改变城乡二元结构，实现城乡经济社会一体化发展。要达到这一目的，就需要建立资源在城乡之间合理配置的市场机制和政府调节机制。

“以工促农、以城带乡”机制不仅是一种政治机制，更是一种经济机制。在市场体制下，想通过政府对其发号施令，用行政手段调拨资源支持农村建设，肯定行不通。但是，中国城乡二元结构由来已久，倘若是资源皆由市场配置，听任市场安排，工业不仅难以反哺农业，就是农村现有的资源，也会源源不断地转向城市及工业。

“以工促农、以城带乡”机制是对新型城乡关系的一种概括。“以工促农、以城带乡”中的工业和农业都是历史性的概括性概念，工业泛指非农业部门和城市，农业则涵盖“三农”。它是对传统上依靠农业积累支持工业、重要因素配置向城市倾斜体制的一种矫正。

“以工促农、以城带乡”机制强调的是城乡整合和良性互动。如果把它简单地理解成“农”和“乡”只是被动的接收“工”和“城”的推动，是错误的。农村通过深化改革，激发出广大农民群众的积极性、创造性和巨大潜能，是长效机制得以发挥效用的基础。

二、基于农业产业链视角的“以工促农”机制

（一）农业产业链是实现“以工促农”的重要载体

农业产业链是以城市为导向，以城市或郊区农副产品加工、流通企业等为龙头，以乡村合作经济组织和农户为基础，把农业的生产、加工、储运、销售等环节联系起来，形成产业链经济利益共同体。由于农

业产业链反映的是区域内工农产业经济活动的内在的技术经济联系。因此，它是联系城乡经济，实现“以城带乡”的重要纽带和载体。

一般来说，农业产业链是通过如下三个途径来实现它的载体作用的：

（1）农业产业链延伸。农业产业链的延伸即是农产品深加工的体现，它包括：向与初级农产品生产有关的前期生产部门延伸；向与农产品加工、运输、销售有关的后期生产部门延伸；增加中间环节。但通常所说的延伸是指向后延伸，即在农产品加工过程中，通过追加劳动、技术、资本，来提高农产品附加价值。

（2）农业产业链拓展。产业链拓展是指产业链整体质量的提升，它体现为产业链中产业结构高度化，即产业链的各环节向高技术、高知识、高资本密集和高附加价值演进。这是产业链升级的重要方面，对于提高产业链竞争力至关重要。这一升级内容既不同于产业链延伸，也不同于产业链整合，而是产业链中各链环的知识含量、技术层次、资本密集程度和附加值水平的不断提高，其中尤以技术层次的提高最为重要。

（3）农业产业链整合。农业产业链整合是产业链环之间的连接、合作与协调，是根据社会资源和市场需求的变化，在产业链环之间合理配置生产要素，协调各产业链环之间比例关系，产生协同效应和聚合力量。实质是把各产业部门通过一定方式连接起来，形成一个完整的产业链，最终实现资源共享和协同工作，以追求整个链条的价值最大化。从产业链形成要素看，有物流、信息流、价值流整合以及经营主体的整合等。从产业链时空分布看，有宏观区域内产业链整合、区域内的产业链整合和跨区域的产业链整合等①。

（二）基于产业链的“以工促农”的驱动模式

“以工促农”机制是通过构建农业产业链来实现的。而农业产业链构建的动力可分为生产者驱动、购买者驱动和城乡产业驱动三种模式。

（1）生产者驱动模式。所谓生产者驱动，是指由拥有技术优势的生产者投资来推动市场需求、形成本地生产链的垂直分工体系的模式。在中国，实际工作中，“龙头企业+银行+农户”的运作方式具有典型代表性。这种方式主要针对农户贷款困难的情况。银行不给农民贷款，原

① 谷永芬、吴倩：《我国农业产业链升级路径选择》，载《江西社会科学》，2011（8）。

因有二：一是与工业企业比，农户的贷款额度较小，农业贷款的相对成本要比工业高；二是农户分散，信息不对称，加上没有财产质押，所以农业贷款的风险也远比工业大。针对这一情况，“龙头企业+银行+农户”的运作方式是一个一箭双雕的办法。一方面，由龙头企业出面担保，替农户从银行贷款；另一方面，龙头企业与农户签合同，允许农民秋后用生产成果抵贷。龙头企业一手托两家，既免却了银行的风险，又满足了农民的资金之需。

（2）购买者驱动模式。购买者驱动是指由拥有品牌优势和发达销售渠道的购买者通过市场需求拉动产业链运行的动力模式。这种模式主张以城市为中心的涉农工业为农业产业链构建的主动者，通过城乡联系，使城市中的涉农工业部门不断地吸收农业中的隐蔽失业的劳动力。在实际工作中，“龙头企业+中介服务组织+农户”的运作方式是这一模式的具体体现。它通过中介服务组织，使生产、加工、流通等环节有机联结起来，形成完整有效的农业产业链条。

（3）城乡产业驱动模式[①]。构建现代农业产业链是借鉴供应链管理理论把农业生产同产前和产后各部门组成统一的有机体的现代农业，从而在产供销一体化的基础上形成贸工农综合体。基于供应链管理的现代农业产业链是一种“双向驱动”供应链模式，如图16—1所示。它是一个跨第一、二、三产业，联结多元直接和间接利益（企业、农户、政府、消费者等），并伴随多种要素（产品、信息、资金等）流动和竞争合作关系的复杂产业化系统。

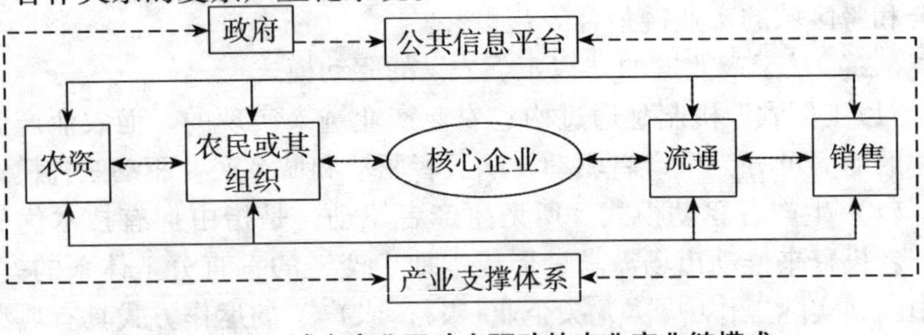

图16—1 城乡产业双动力驱动的农业产业链模式

① 李杰义：《农业产业链视角下的“以工促农”机制的动力模式与路径选择》，载《农业经济问题》，2010（3）。

在这种模式下，农业产业链依靠“推拉”结合的“双向驱动”的力量，以市场为导向，以效益为中心，农产品价值的持续实现要靠消费者的需求满足和持续购买。同时，市场供求信息是供应链各节点企业组织生产、提供服务和调配资源的重要依据，所以，消费者的满意是供应链的拉动力量。农户是农业生产的经济主体，产业链构建的最终目的是为了实现农户的增收，如果农户不能增收、利益得不到保障，其生产积极性就会受挫，构建农业产业链就会受阻，所以农户满意是供应链的推动力量。只要农民成为城市涉农加工企业利润分配的受益者，真正的区域农业产业链就会自发构建，而且这也是企业的强烈要求。

三、以新型城镇为着眼点的“以城带乡”机制

（一）理论依据与经验启示

从新型城镇入手推进以城带乡机制的建设从理论上讲是有充分的理由的。这些理论早已为国内外众多学者所研究，并被实践证明是正确可行的。比如，德国地理学家克里斯塔勒（Walter Christaller）、经济学家廖什（August Losch，1933）提出的“中心地”理论（Central Place Theory，1933，1941）就对这一问题做出了十分精辟的阐释。这一理论认为，一个地区要想取得广泛的经济增长，就必须建立起一个一体化的城镇体系。这个体系应该是由具有不同规模及功能的城市、镇及乡村所组成。在这个城镇体系中，对作为一个地区系统市场网络结点的小城镇的作用必须给予充分的重视。因为，只有通过这些城镇的经济活动，才能有效地实现农业地区与城市地区的生产品与服务的交换，从而保证区域市场交易得以顺利进行。没有次中心、亚洲的中心，主中心也就不复存在；没有村镇、小城市在整个市场网络中相互的有效联结，整个市场体系也就无法正常运作。正因为如此，有些经济学家就提出，以小城镇为中心的农村市场中心建设是促进农村地区发展的重要潜在力量（Adalemo，1981）。

Rondinelli 和 Ruddle（1978）提出了关于“农村发展中的城市功能”的理论，该理论在充分重视城市对农村外围的重要影响力的同时，特别强调了要将各中心地与城市及其周围农村紧密地联系起来，保证各类中心设施能在整个社区系统内得到最合理、最有效地配置与利用，提

高整个区域的总体经济效益，最终使城乡之间长期存在的不公平现象得以减少乃至消除。在该理论及相应的政策体系中，一个十分重要的概念就是“主要市场中心”，因为它是联结城市与农村的中间形式。这些“主要市场中心”就是我们现实经济中的各类小城镇。

还有许多著名的理论家，如Berry（1967）和Johnson（1970）等都对小城镇在带动农村发展方面的作用给了充分的肯定。施坚雅（1998）新近的研究也指出，中国目前的城镇化所具有的地方化特征和地方制度创新在地方城市化中具有十分重要的作用。他指出，“……经济活动的地方化和区域尺度在加强地方化的区域经济团体中含有某种动力，构成了某地所特有的‘经济文化’及基本结构”①。因此，发展越来越被视为一种地方化的现象。这表明，小城镇发展在中国地方化经济活动和城镇化过程中起着特殊的作用。

以新型城镇发展推动乡村快速发展是国外发达国家快速协调发展的基本秘诀，也是我国一些发达地区迅速崛起的成功因素之一。在西方，美国是其中的典型代表。美国在工业化初期，主要发展了三种类型的小城镇：大都市边缘区的小城镇、城乡郊区小城镇和农村地带小城镇。这些小城镇发展的原始动力来自自身社会经济发展的推动，其主要依托于各自不同的产业特色和功能。英、法、德等欧洲国家的小城镇也在城市化进程中发挥了重要作用。特别是第二次世界大战以后，这些国家的小城镇发展迅猛，诞生了许多依托某种主导产业或资源或大城市的卫星城，成了缓解城市人口压力、解决经济社会环境问题的重要依托。日本在20世纪70年代开始推进的城乡一体化过程中则突出强调了村镇示范工程。世纪之交，日本的城乡一体化又有了新的进展，其中农村小城镇的发展较为突出，对国民经济发展起了重要的推动作用。日本小城镇之所以获得稳步发展，与其选择比较符合当地实际并能发挥优势的发展道路是密不可分的，包括纳入大城市圈，瞄准城市大市场；与中小城市联合，共同发展；运用地方资源，创建特色城镇；制定城镇发展计划，颁布城镇建设法律等。

改革开放以后，我国农村新型城镇纷纷开始恢复活力，新型城镇在实

---

① 施坚雅：《中国农村的市场和社会结构》，102页，北京，中国社会科学出版社，1998。

践中取得了令世人注目的巨大成就。特别是江苏、浙江、广东、福建、山东等一些发达地区形成了一批具有相当规模和实力的专业特色小城镇。例如，湖州织里、义乌稠城、绍兴柯桥、温州桥头和金乡、台州路桥、河北白沟、福建石狮等，它们分别依靠兴办专业市场而发展壮大起来并名扬四海，带动了城镇产业和人口的集聚。此外，一些乡镇，例如广东虎门、长安，江苏周庄、同里，浙江乌镇、西塘，河南南街和北京庞各庄，它们也充分依靠自身的区位交通、商贸物流、历史文化、自然资源、农优产品等优势条件，建立了加工工业型、商贸流通型、旅游服务型、交通枢纽型、特色农业型等各具特色的小城镇，形成了辐射农村的小城镇经济网络，较好地发挥了小城镇对于整体区域经济的带动作用。

中外实践都证明了一个毋庸争议的事实：凡是城乡统筹发展较好的地区，基本上都是新型小城镇发展得较快的地区。凡是经济快速发展的城市，也一定是新型小城镇最有活力的城市。

（二）“以城带乡”机制的构造

从新型城镇入手，构建城市推动乡村发展的机制基于产业、市场与新型城镇三个基本战略要素及他们之间形成的相互联系、相互制约的关系。这三个要素在一定的市场机制和行政机制下彼此作用，形成城乡互动的格局。也就是说，以城带乡的过程的实质是产业、市场与新型城镇的协同发展的过程。“以城带乡”的基本战略要素及其关系如图 16—2 所示。

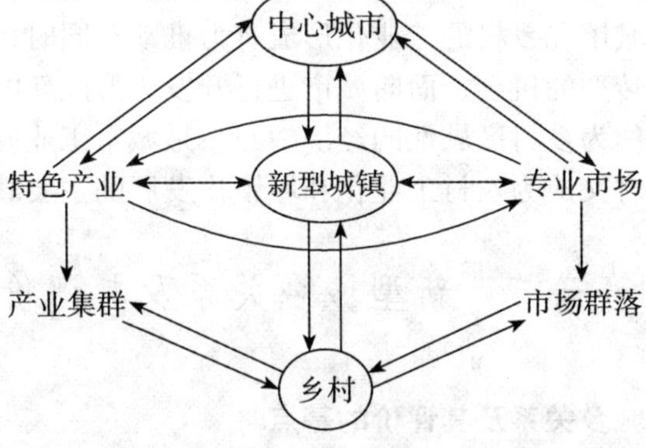

图 16—2 “以城带乡”的基本战略要素及其关系

“以城带乡”机制应该是城乡系统中各部分、各主体之间的相互联系和相互作用的制约关系，它是一种由多种机制所构成的综合体系。从新型城镇入手，推动城乡统筹发展的机制，其内在含义存在着三种基本情况：

（1）产业→产业群→专业市场→城镇→城乡联动发展。

新型城镇依托特色产业而成长壮大。最初，这类城镇大多数是根据自身的条件发展工业，并逐渐地建立起了自己的支柱产业，在培育支柱产业的同时，又通过相关配套产业开发，延伸产业链，形成融产供销于一体的企业网络，专业市场由此而萌生并得到发展。产业催发市场，市场带动产业，二者之间形成一种相辅相成的内在共生关系。随后又以城镇为依托，通过产业与市场耦合联动机制，使产业链与消费链扩延聚合，从而形成城乡良性互动发展的格局。

（2）市场→市场群→特色产业→城镇→城乡联动发展。

新型城镇依托专业市场而成长壮大。这类城镇最初主要是由传统的商品集散地发展起来的，它们利用本地商品资源丰富的优势，通过改善市场基础设施，拓宽市场交易范围，增大市场容量，逐步发展成为以商品流通为主的专业性城镇。在此基础上，许多小城镇为了规避单一集散型市场可能引发的市场风险，又逐步提高了市场主导产品的本地化生产，进而演变成产销一体化的专业化新型市镇。

（3）中心城市→产业转移→城镇→乡村→城乡联动发展。

新型城镇利用中心城市的辐射和产业转移，加快工业化和城市化步伐。一些位于城市中心的传统工业项目逐渐转移到城市近郊区或远郊区，对周围小城镇和乡村的工业化形成有力推动。同时，新型城镇利用中心城市结构转型的机会，面向城市进行开发，形成新的产业和居住空间。新型城镇作为乡村区域性的经济中心，是城市工业向乡村传播与辐射的枢纽，同时又成为农村工业化和城镇化发展的主要载体。

第三节　新型城乡关系及其评价

一、新型城乡关系及其评价的基点

（一）新型城乡关系的含义

一直以来，“农业支援工业，乡村支持城市”是中国城乡关系的重要历史特征，并且，这一特征铸就了中国城乡关系的二元结构。随着市场经济体制的初步确立，中国的城乡关系正日益紧密地融入到工业化与城市化的进程之中，从而使我国城乡关系正在经历着重大变迁。然而，从工农差距、城乡居民收入差距和社会发展差距等方面综合判断，目前中国城乡二元结构仍然存在，城乡发展失衡问题仍然十分突出。在这种形势下，构建新型城乡关系，全面统筹城乡发展，积极推动城乡一体化已成为新时期中国可持续发展的国家战略，围绕这一战略的理论探索与改革实践也随之展开并不断深入。

新型城乡关系是对城乡二元结构政策的否定，其本质是城乡统筹，"良性互动、协调发展"两句话似乎可以概括它的春秋深意。进一步说，良性互动、协调发展是指资本、劳动力、物质、信息等社会经济要素在城乡之间的双向流动与优化配置。因此，构建新型城乡关系的途径，就是要把城市与农村的工业化和城市化整合为同一个历史过程，站在国民经济和社会发展的全局高度，把城市和农村的经济社会发展作为整体统一筹划，通盘考虑，把城市和农村存在的问题及其相互关系综合起来研究。

（二）评价的基点

基于上述认识，可以把新型城乡关系的评价基点确定为如下两个方面：

1. 城乡关联强度

关联强度，是反映城乡之间经济联系强度大小的一个指标，它既能反映城市对乡村的辐射能力，也能反映乡村对于城市辐射能力的接受程度。城乡互动与关联发展是一项复杂的系统工程，它实际上是城乡之间因社会、经济、技术、文化等多种交流与联系而形成的一种空间互动的地域关系。这种交流、互动与关联构成了城乡这一有机巨系统。

2. 城乡协调度

关联强度指标是对城乡关联性进行的判断，协调度指标则是在此基础上对城乡之间的协调程度作出评价和分析。协调度可定义为组成该系统的各个要素之间彼此和谐一致的程度。协调度是将城乡作为一个完整的系统，考察其系统内部各因素之间的相互作用关系。城乡协调度就是衡量区域发展不同阶段，在区域发展这一大系统中城市与农村在自然、经济、社会等方面的耦合程度。

城市同农村有着密不可分的经济联系。在经济发展的不同阶段，其相互联系的内容、形式、结果并不完全相同。当前，我国经济发展中最突出的矛盾是城乡二元经济结构，即自给性强的农村经济与城市较发达的市场经济的对立与冲突。要克服这种城乡之间分割对立局面，必须充分认识城乡之间相互作用、相互协调的重要性。城市和乡村在作用上是相互的，功能上是互补的，利益上是互惠的，职能上是有所分工的，把一定地域的城乡作为一个系统来研究，加强城乡关联强度和协调程度研究，对于克服和解决长期以来的城乡分割局面、把握城乡协调的过程与阶段性、制定区域发展规划乃至实施城市化发展的宏观调控都有积极的现实意义。因此，城乡关系强度和城乡协调度就构成了评价新型城乡关系的基点。

二、评价指标体系的建立

（一）指标选取的原则

要准确地反映城乡之间关联发展和协调互动的状况，关键是要从城乡系统的各种错综复杂关系中寻找到城乡协调与关联关系表现的方式以及影响关系发展的主导因素。基于新型城乡关系内涵的广泛性及其系统的复杂性，构建新型城乡关系的评价指标体系应遵循如下原则：(1) 科学性。指标体系一定要建立在科学的基础上，能够科学、客观、真实地度量和反映城乡互动关联和协调发展战略目标的实现程度和发展趋势、发展潜力。(2) 系统性。指标涵盖面广，能综合地反映城乡生态、经济、社会发展状况的各种因素。(3) 层次性。城乡系统是开放的复杂巨系统，其中又可分为若干子系统，指标体系主要为各级政府的决策提供信息，而解决城乡发展问题是由政府在各个层次上进行调控和管理，因此应在不同层次上采用不同指标。(4) 动态性。指标能综合地反映不同发展阶段和发展背景以及未来发展趋势。(5) 可比性。指标既要便于纵向比较又要便于横向比较，指标概念要科学，内涵要严格，外延要清晰，口径要统一。(6) 代表性。所选指标应该是代表性和综合性极强的核心指标，指标少但可信度高。

(二) 指标体系的设计

城乡关联互动与协调发展表现为一个地域社会经济过程，其本质是通过城乡间的密切联系，不断向区域内城乡要素优化组合的方向迈进，是一个城乡协同度、融合度日益提高的过程。为了衡量和评价城乡关联互动和协调发展的水平，根据指标体系选取的方法及原则，可以建立一套由目标层、功能层、次功能层和指标层所构成的具有递阶层次结构的指标体系①。

城乡关联互动与协调发展的指标体系以城市和乡村两个子系统间的关联强度和协调程度作为目标值，对于城市和乡村系统层次，又分别从自然禀赋条件、城镇化与城镇体系、区位与基础设施、经济技术联系和城乡社会文化五个方面选择了功能性指标，每个功能性指标下面又选取了若干次功能性指标。次功能性指标用更为具体的、可操作性的指标来反映。总之，指标体系的涵盖面广，综合性强。涉及与城乡关联互动与协调发展目标有关的资源、人口、经济、城市、交通、教育、社会、文化等各个领域，系统反映了城乡关联互动与协调发展目标与指标体系之间的支配关系。同时，指标体系突出了与城乡关系发展密切相关的城市化与城镇体系、区域基础设施、经济技术联系方面的指标，并始终把区域城乡协调发展、城乡融合以及贯彻城乡统筹、区域统筹政策理念的发展思想贯穿于指标体系的各层次之中。另外，指标体系注重运用综合性指标和相对性指标。如区域二元结构指数、交通便利度、人口文化素质、经济外向度、基尼系数、城乡每百户电话机数对比指数、城乡恩格尔系数对比指数等，这些指标分别是由若干指标通过复合计算得到，具有较强的可比性、可测性和可操作性，同时也增大了评价指标的信息量。

三、评价方法

许多方法可以用来评价城乡之间的“良性互动、协调发展”，比如，主成分（因子）分析、AHP 综合评价、灰色关联度分析等，这里

① 段娟、鲁奇、文余源：《我国区域城乡互动与关联发展综合评价》，载《中国人口·资源与环境》，2005（1）。

只介绍一种简捷的评价方法——城乡协调度的计算方法[①]：

（一）协调度与协调系数

“协调发展”是一种强调整体性、综合性和内生性的聚合发展，它不注重系统单个要素的“增长”，而是更强调系统多个要素在和谐一致、良性循环的基础上的综合发展。由于城乡协调度存在合理的区间，最理想的状态是城市、农村与系统的整体发展均保持最优；反之，若部分与整体都处于最差发展状态，人们是不能接受的。根据这样的思想，定义协调度计算公式为：

$$B=1-S/Y\ (1) \tag{16.1}$$

式中：Y是平均值，S是标准差。B越大，说明城乡各个子系统之间配合得越好，即协调度越好，反之亦然。该模型可用于两个以上子系统间的协调关系评价，因而根据以上模型分别进行城市发展综合指数和农村发展综合指数的评价，可以判断出不同地区或同一地区在各年度城市和农村各自发展状况，并可以进一步分析城市经济发展水平、社会进步状况、生态设施水平和农业生产条件、农民生活水平、农村经济条件等各子系统之间的配合程度，找出阻碍区域协调发展的限制性因素，从而为区域城乡协调发展的战略决策提供重要依据，促使区域城乡朝可持续发展方向健康、协调地发展。

城乡协调度可通过城市与乡村协调系数来表示，其计算公式如下：

$$C=\left\{\frac{f(X)\times g(Y)}{\left[\frac{f(X)+g(Y)}{2}\right]^2}\right\}^k \tag{16.2}$$

式中：f(X)，g(Y)分别为城市发展综合指数和农村发展综合指数。显然，从理论上分析，f(X)与g(Y)的离差越小，城市与乡村协调程度越高。C为协调系数，$0\leqslant C\leqslant 1$。K为调节系数，它用来反映当城市与农村发展水平一定的条件下，为使城市与农村的综合协调度最大，即f(X)与g(Y)之积最大，城市与农村进行组合协调的数量等级，$K\geqslant 2$。

为了全面反映城市与农村的协调程度，利用C、f(X)和g(Y)

---

① 张竞竞、陈正江、杨德刚：《城乡协调度评价模型构建及应用》，载《干旱区资源与环境》，2007(2)。

再构造协调发展度函数：

$$D = \sqrt{C \times T} \tag{16.3}$$

$$T = \alpha f(X) + \beta g(Y) \tag{16.4}$$

式中：D 为协调发展系数，C 为协调系数，T 为城市与农村协调发展水平综合评价指数，它反映了城市与农村的综合发展水平，α 和 β 为待定权重，$T \in (0, 1)$，$D \in (0, 1)$。显然，协调发展度 D 综合了城市与农村的协调系数 C 及其综合发展水平的信息。

（二）操作步骤

首先分别计算城市发展综合指数和农村发展综合指数：

（1）对按照城乡协调度指标体系收集到的原始数据进行标准化处理，本书采用级差标准化，由下式计算：

$$\hat{X}_i = (X_i - X_{min}) / (X_{max} - X_{min}) \tag{16.5a}$$

$$\hat{X}_i = (X_{max} - X_i) / (X_{max} - X_{min}) \tag{16.5b}$$

$\hat{X}_i$ 为标准化后数据，X_i 为原始数据，X_{max} 为原始数据中最大值，X_{min} 为原始数据中的最小值。当指标越大越好，即正指标时，采用前式计算；相反，当指标越小越好即逆指标时，采用后式计算。

（2）对标准化后数据，采用客观与主观相结合的赋权法对其赋权，即对指标体系中控制层的各子系统指标分别进行主成分分析，将得到的因子得分系数及其贡献率进行数学处理，使其和为 1，将其作为对应指标的权重，记作 λ_i。

（3）将标准化后数据与对应权重乘积，再求和，即 $M_j = \sum \lambda_i \hat{X}_i$，分别得到城市的生态设施状况、经济发展水平和社会进步水平的综合得分，记作 M_j，j = 1，2，3；以及农村的农业生产条件、农民生活水平和农村经济水平的综合得分，记作 M_j，j = 4，5，6。

（4）应用公式（16.1）求出 f（X），g（Y）。

（16.1）式中 Y 是 M_j，j = 1，2，3 的平均值，S 是 M_j，j = 1，2，3 的标准差；当 j = 4，5，6，按同样方法计算。B 越大，说明各个子系统之间配合得越好，即协调度越好，反之亦然。

（5）按照公式（16.2）、（16.3）、（16.4），对 f（X），g（Y）进行处理，得出城乡协调度 D 值。

第五篇　区域经济的空间组织与政策

第十七章 经济区与行政区关系调整及整合

中国正进入一个全面发展的新时代。表现在城市与区域经济方面，正在发生比以前更密切和更频繁的合作和互动，从而带来了深层次上的区域经济关系的变革与调整。本章从行政区与经济区的深层矛盾入手，全面讨论了行政区与经济区二者之间的内在关系，分析了从行政区经济向经济区经济转化的路径、模式、机制和制度基础。

第一节 两种区域化空间：经济区与行政区

一、行政区与经济区的基本内涵

（一）行政区的概念、结构与功能

1. 行政区的定义

行政区是与行政区划相对应的一个概念。所谓行政区划，就是根据国家行政管理和政治统治的需要，遵循有关的法律规定，充分考虑经济联系、地理条件、民族分布、历史传统、风俗习惯、地区差异和人口密度等客观因素，将国家的国土划分为若干层次、大小不同的行政区域系统，并在各个区域设置相应的地方国家权力机关和行政机关，建立政府公共管理网络，为社会生活和社会交往明确空间定位。行政区划是一个国家权力再分配的主要形式之一，也是一个国家统治集团意志及政治、经济、军事、民族、习俗等各种要素在地域空间上的客观反映。

行政区是行政区划的结果，是指一个国家首先并且主要基于政治统治和行政管理的需要，对领土进行合理的分级划分而形成的地域，是国家权力再分配的一种空间投影。

2. 行政区的构成要素

一般认为，行政区主要由四大基本要素构成：①管辖范围。所谓管辖范围，是指一定数量的人口和具有法定边界线的地域空间。人口的多少是设置和调整行政区所需要考虑的最主要的因素之一。②行政中心。每个行政区必须有一个并且只能有一个行政中心，它是该行政区行政机关等公共管理机构的所在地，是全区的政治、行政核心。③行政等级。它表明了该行政区在国家行政结构体系中的行政地位和不同行政单位之间的上下级隶属关系。一般情况下，实行一级管辖一级的层级制，即一级行政区管辖二级行政区，二级行政区管辖三级行政区，以此类推。但也有部分地方实行直辖制。④行政建制。即行政区通名，如省、地区、县、乡等，它用于区分行政区的类型，并在一定程度上反映行政区的行政等级。

3. 行政区的结构

行政区结构是指构成某一行政区域的各行政区的排列组合方式，行政区结构可以根据不同的需要，从不同的角度加以选定。例如，各级行政区之间，构成管辖与被管辖的统属关系，这种排列组合方式称为行政区划的纵向结构；同级行政区之间，构成合作与协调的平行关系，这种排列组合方式称为行政区划的横向结构。行政区划的基本结构——纵向结构，主要包括管理层次和管理幅度两个方面。管理层次即纵向结构的等级层次，有多少等级层次就有多少管理层次。管理幅度即一个行政区直接管辖的下一级行政区的数量。

4. 行政区的功能与作用

作为一种国家权力再分配的空间投影，行政区是我国政权建设的空间组织载体。因此，行政区的政治功能是行政区最直接和主导的功能。行政区划是国家对地方进行有效管理的基础和基本手段，是国家行政管理和政权建设的重要组成部分。一个国家行政区划合理与否，直接关系到国家政权结构和行政管理体制，关系到国家政权的巩固和阶级统治的稳固甚至整个国家机器的效率，关系到中央能否有效地统率、指导地方，关系到地方政权能否有效地在本行政区域内行使职权，关系到国家的统一和社会的安定团结，关系到经济发展和社会进步。

同时，合理的划分行政区域也是科学布置生产力的基础。任何经济活动都要在一定的行政区域内进行，这就不可避免会受到本行政区行政机关、权力机关的影响，即使在最自由化的资本主义国家，各级地方政府也通过信贷、税收，甚至拨款等手段来影响本行政区域内的经济活动，而地方政府则根据行政区域的划分进行设置。因此，行政区的调整最终必将对整个国家的生产力布局产生深刻的影响，必然会从政治体制和行政管理体制等方面影响，制约经济体制和经济活动形式，影响区域经济的形成和发展，影响资源的开发、管理和使用。在调整经济结构、促进区域市场经济发育和发展等方面，行政区更有着不可低估的作用。

（二）经济区的概念、性质与类型

1. 经济区的概念

经济区是在劳动区域分工基础上形成的不同层次和各具特色的地域经济单元，是以中心城市为核心，以农业为基础，以工业为主导，以交通运输和商品流通为脉络，具有发达的内部经济联系，并在全国经济联系中担负某种专门化职能的地域生产综合体。中国的经济区是全国统一的地域经济系统的组成部分，是为因地制宜发展国民经济服务的。每一个经济区，应根据其自然和社会经济条件，扬长避短，发展一个或数个具有全国或区际交换意义的专门化部门以及辅助性部门，自给性部门和基础设施，使区内国民经济各个部门相互依存、相互制约，按一定比例协调发展。经济区具有客观性、区域性、多元性、开放性、稳定性和综合性特征。

2. 经济区的性质

经济区是由多种经济要素组成的地域生产统一体，随社会经济的发展而发展。生产力的发展会引起经济区内部结构和外部经济联系的变化，社会经济形态的变革也将导致经济区性质的变革。就其基本属性而言，经济区是属于社会经济范畴。各种社会形态下的经济区虽都具有地区经济专业化和地区经济统一性以及广泛的区际经济联系等共同特点，但它们的内容和结构是不同的。资本主义国家的经济区是在追求最大限度的利润而彼此激烈竞争的过程中自发形成的地域生产统一体。地区经济联系主要是通过市场来进行。社会主义国家的经济区是在国家统一计划指导下逐步形成的。它是具有全国专业化意义的地域生产综合体。

经济区的专业化生产部门是全区经济的主体，反映地区经济的主要特征，也反映一个经济区在整个国民经济中的地位和作用。各经济区的专业化部门所生产的产品销往其他地区，彼此互为市场，构成区际联系的主要内容。每个经济区都有自己的经济中心。这个经济中心往往是由一个大的综合性城市或一组城市所组成，起到中心地的作用。它的发展对整个地区经济的发展有深刻的影响。通过生产协作、物质和技术的交流等多种渠道，经济中心对周围地区产生一种经济上的辐射力和吸引力。经济中心往往是全区的交通运输枢纽。区内综合运输网分布的特点影响经济区的地域范围和边界的划分。

3. 经济区的类型

经济区因其目的和内容可分为三大类：经济类型区、部门经济区和综合经济区。根据区内同一性和区外差异性原则确定的经济区是经济类型区，如经济发达区、贫困落后区、加工区、资源区、重点开发区、高新技术实验区、对外开放特别试验区等。它是地区经济分布现状的反映，地域范围可大可小，在全国各地交错分布，划分的目的是为制定区域性经济政策提供依据。根据地区自然条件和社会经济条件的差异确定的经济区是部门经济区，如工业区、农业区、商业区、运输区及下一层次的重工业区、棉产区等单项部门经济区。它是地区优势差异的体现，区划的目的是为国民经济各部门的合理布局提供科学依据。根据区内经济结构的差异互补和相互联系性（非同一性）原则确定的经济区是综合经济区。它是全国经济大系统的地域子系统，具备相对完整的经济体系，区划的目的是为整个国民经济的区域经济组织提供科学依据。

根据经济区的结构和职能特点，可分为部门经济区和综合经济区两种类型。①部门经济区。划分部门经济区的主要目的是为国民经济部门的合理布局提供科学依据。为了使每一个经济部门尽可能在对它有利的地区发展，根据其特有的劳动地域分工规律，结合各地区的具体条件进行部门经济区的划分，如工业区、农业区、商业区等。每一种部门经济区还可以分综合部门经济区和单项部门经济区，例如综合农业区包括农、林、牧、副、渔全部农业生产部门，畜牧区、林业区、粮食作物区、油料作物区等则属于单项农业区。②综合经济区，即通称的经济区。划分目的是为了因地制宜地发展国民经济。

根据中国的国情，经济区的分级系统一般分为基层经济区、省级经济区、基本经济区或大经济区三级。基层经济区是经济区体系中最低一级，范围较小，经济结构比较单一，大多是由地方的经济中心同它周围有密切经济联系的地区所组成。省级经济区与行政区划的省、自治区不一致，它们是进行经济管理和宏观经济调控的地域单元。基本经济区或大经济区是指在全国范围内形成的最高一级经济区，如中国的基本经济区通常包括若干省、自治区和直辖市。经济协作区是综合经济区的一种类型，地域范围大小不一，它是毗邻地区进行经济协作的组织形式。改革开放以来，我国形成的一系列经济协作区则采取地区之间横向经济联合的形式，促进地区经济的发展。从地域范围可以分为3个层次：由省、市、自治区联合而成的经济协作区；由跨省市的毗邻地区联合而成的经济协作区；由省内市、县组成的经济协作区。

二、两种区域化空间的比较

（一）行政区与经济区是区域空间组织的基本形式

1. 经济空间是经济区域化的表现

经济的区域化或地区化特征可以追溯到农业经济时代，当时专业性的生产分工以及经济活动的协作体系刚刚形成，经济的区域化特征仅仅体现为同质农业产品供给的地区差异以及产品交换市场的地区分布差异。农业经济活动是一种对自然条件与客观环境强烈依赖的生产方式。因此，不难推论，经济区域化的萌芽与初步形成是体现于具体生产方式中的地区初始禀赋差异的最终结果。及至工业经济时代的中前期，以产业经济为核心的大工业生产方式对资源、劳动力、适宜土地等物化生产资料的大量集中需求，导致地区主导经济活动方式分异的例证比比皆是，使上述推论得到进一步的印证。幅员辽阔的国家自然禀赋差异显著，从而在工业化阶段该国家必然出现经济区域化趋势。按照阿瑟·刘易斯（A. Lewis）发展经济学的理论，工业化过程的经济实质是现代工业和传统农业二元经济一体化的实现。可见，工业化与城市化两者相互伴生。

2. 行政空间是职能区域化的表现

区划本身体现的是一种行政行为。区划的结果是一定的地域空间范围及区域的形成。此空间范围的具体形态取决于区划的目的依据以及所依赖的其他标准。根据综合理论及各国的区划实践可知，进行区划所依据的因素一般包括自然与地理的因素、行政与管理的因素、政治军事因素以及经济关联的因素，此外在实践中，区划实践还将受到历史传统、民族分布及宗教与文化体系等意识形态因素的强烈影响。作为区划的结果，相应地形成了地理区域、行政区域、军事区域及经济区域等。不同的区域空间范畴是指相对于其他区域而言的一种在特定地域内的功能集聚，在现实中，纯粹的均质区域是不存在的，任何的区域都具有一定的综合性。

行政区域作为行政区划的空间结果，属于上层建筑的一部分，它是根据体现行政职能和方便行政管理的需要而进行划分的。与其他区域形态相比较，行政区域是一个典型的动态化的历史范畴。其稳定程度取决于不同国家政权、政体及对历史传统的继承等方面的差异。行政区域一旦形成，在地域范围上便具有较强的稳定性。行政区划作为上层建筑，须适应经济基础的发展，从而具有可变性。这种变化即称为区划调整。行政区划的调整一般包括：行政区域划分范围和划分层次的变更、行政区域建制的撤销或并立，区域行政中心的迁移以及行政区域边界和隶属关系的变更。

（二）行政区与经济区的联系与区别

1. 功能差异

行政区的创置和变更是为国家政治服务的，属于一国上层建筑的范畴，带有明显的政治色彩，因此行政区最基本和最主要的功能是体现在其政治功能上。而经济区是直接为国家和区域的经济建设而设立的，其主要的功能主要体现在其经济功能上。

2. 运行机制

就行政区和经济区之间的关系而言，二者分别基于不同的运行机制，一是行政机制，另一是经济机制，因此两者的地域形态、空间内涵和职能定位构成不同的体系。但是，二者也存在着密切的联系。正如美国著名经济学家诺贝尔经济学奖获得者萨缪尔森精辟指出的：“现存的经济机会的分配，是历史上区域边界划分的结果。”显然，以行政的空间组织结构划分的行政区域与行政管辖的属地范围内的地区经济发展，存在着紧密的联系。

3. 利益主体

行政区决策的主体是政府，政府具有区内最高的决策权、调控权和行政区域内的利益追求权，政府是行政区最高的决策主体和利益主体，行政区的有效运转和职能实现是依托自上而下的垂直式的行政管理系统的。而经济区决策和利益主体是企业，企业虽然没有全区性的决策权和调控权，但企业往往是经济区运行中的决策主体和利益受益主体。

4. 区域边界

行政区是与一定等级政府对应的政治、经济综合体，具有明确的和相对稳定的区域界定，并具有相应的法律效应。而经济区是以中心城市为依托的自然、地理和经济综合体，经济区的边界相对模糊，具有动态性，且没有法律效应。

三、行政区与经济区的冲突

从理论上说，假如两种区划边界在空间上重合，那么，制度效率应该是最高的。因为两者重合可以消除由区域内部的行政边界壁垒造成的交易成本增加的情况，从而在行政区域的范围内形成区域市场的整合。在这种情况下，由各级政府担当区域经济组织职能，即实行经济计划体制的成本最低。但现实情况是，二者经常处于不重合的状态，即在区域管理中，要么是行政职能大于经济职能，要么是经济职能大于行政职能，这就引发了一系列问题。

（1）行政区的相对稳定性与经济区边界的动态性之间的矛盾。在现行体制下，各级地方政府作为一级调控主体和利益主体的地位十分突出，各利益主体都有不同的利益追求，因此，各级政府按照行政区来组织区域经济是一种必然的选择。然而，从发展的趋势看，按经济区来组织区域经济活动却是一个客观要求。行政区划的敏感性和复杂性，决定了行政区应该保持相对稳定性，一旦确定下来，不宜频繁变更，而经济区由于区域经济发展水平的提高，尤其是经济中心不断壮大以及区内交通网络的变化，其边界也会发生相对变化。因此，行政区的管理与经济区的市场范围不一致的矛盾就会经常表现出来。

（2）行政区产业的自成体系对经济区产业合理生产布局的制约。经过计划经济体制的规划，行政区内经济已经形成了各自的产业体系和产业布局，这就与经济区发展所要求的按照比较优势和地域分工原则对产业新布局产生了冲突，行政区基于追求自身利益最大化的目的，对经济区产业合理生产布局产生了制约。同时，行政区产业的自成体系，又势必造成了经济区内产业低水平同构的状态。各行政区重复建设，产业结构趋同，区域之间在比较优势基础上的分工和协作难以协调，经济要素资源配置低下，浪费严重。而区域内城市产业结构的调整路径又呈现出惊人的相似，这势必会使产业同构的局面继续持续下去，不可避免地形成新的产业恶性竞争。在生产方面，行政区经济的特点之一是搞“小而全”，为追求配套，不惜保护低效率的本地产业。第二是重复建设问题。除了本地力求产业齐全的动机之外，地方政府为提高经济增长速度，纷纷把经济的重点放在相同的产业或产品上，从而阻碍了经济区内产业的扩散，不利于区域经济一体化的进程。

（3）行政区经济的地方封锁、地方保护主义对经济区生产要素合理流动和共同市场发育的制约。经济区的发展必然要求生产要素跨区域的自由流动和产业布局的重组，这才能发挥区域资源和区位的比较优势，起到加快区域经济一体化进程和经济区区域共同市场组建的作用，这也就是经济区规划建设的目的所在。目前，各行政区正是由于存在着一些地方保护主义的行为，使得地区利益矛盾尖锐，经济区难以形成真正意义上的共同市场。各级地方政府为了追求和保护自身利益，往往以行政区为依托，构筑贸易壁垒、实行市场封锁、阻碍经济要素资源的自由流通，如对外埠商品流入的阻碍，对本埠项目、资金、人才、企业的流出设置有形或无形的关卡等等。真正意义上的区域经济，是以将资源和产品作为市场主体的企业之间自然流动为前提，不能有地域间的人为阻碍，在制度方面要求实现平等竞争，遵循同一的市场规则。然而地方政府出于本地的利益，封锁市场，禁止外地商品流入，设置关卡，防止本地资源输出。因此，行政区经济的发展是逆区域统一市场发展的，它的存在使经济区一体化经济难以形成。

第二节　从行政区经济向经济区经济的转化

一、转型期行政区经济的特征

行政区经济是指由于行政区划对区域经济的刚性约束而产生的一种特殊区域经济现象，它与“经济区经济”相对应，是我国区域经济由纵向运行系统向横向运行系统转变过程中出现的一种区域经济类型。我国转型期出现的行政区经济，具有以下四个明显的特征[①]：

（1）行政区经济的行政性。“行政区经济”的行政性是指行政区政府在区域经济发展中起主导性甚至决定性的作用，这是行政区经济区别于经济区经济最重要的特征。由于行政区是一个与一定等级政府相对应的政治、经济、社会、文化综合体，具有完整而成熟的自上而下的纵向行政管理系统，依靠这个系统，确保了行政区政治、社会、文化功能的有效运转，同时使行政区的经济功能得以有效实现。行政区经济是行政区划对区域经济的刚性约束，而行政区划的本质是政治和行政权力的空间配置。实践证明，在地方分权的体制下，如果地方政府占有的行政区划要素资源——主要是行政等级和地域空间——越多，那么它发展经济的有利条件就越多，在区域发展中就越处于有利的地位。

（2）行政区经济的封闭性。封闭性是行政区经济区别于经济区经济的又一具有本质差异的重要特征。各级行政区基于地方利益的驱动，在地方政府直接干预下，在生产领域和非生产领域盲目建设、上项目，重复布局，资源不能优化配置，生产要素难以跨行政区流动，地方本位与地方保护主义十分严重。正是在行政区经济运行下，使各级行政区的经济结构出现大量雷同，行政区经济呈现稳态结构特征，制约了企业、城市和区域在竞争、合作中的分工。而在处于同一发展水平的相邻同级政区之间，这种行政区经济的封闭性表现尤其突出。

（3）行政区经济的两面性。许多学者在引用“行政区经济”的概念时，只看到了它的消极影响，即市场分割、重复建设、盲目竞争，搞小而全、大而全，地方保护等，这实际上是将“行政区经济”混同于“诸侯经济”，而没有看到“行政区经济”运行的积极一面。我们应当全面、客观地认识“行政区经济”现象。在看到“行政区经济”消极影响的同时，也要看到它对地方经济发展的积极影响。事实上行政区经济运行并不完全是坏事，在“行政区经济”运行初期和中期，正是地方政府发展经济利益的动机，激活了区域内政治、经济、文化资源，大大推动了地方经济的快速发展。同时，应当指出，在某种程度上地区之

---

① 刘君德：《转型期行政区经济透视》，载《解放日报》，2004-10-31。

间的竞争的强化并不一定是件坏事，而是好事。我们要用科学发展观正确认识行政区经济的两面性特征。

（4）行政区经济的过渡性。从我国区域经济的发展过程来看，行政区经济是特定历史时期的产物，它是中国转型期特定体制环境下出现的一种过渡性质的区域经济。计划经济时期，中国的地方经济是一种凌驾于自然经济联系之上的上下级层次之间的行政-经济联系，行政区之间的横向联系很不成熟，即使是中央放权与收权，也只是中央与地方经济权力之间的转移而已，政府与企业、市场之间的关系并未根本改变。改革开放以来，企业的自主地位虽然逐步增强了，但地方政府的经济权限也在扩大，实际上是政府与市场两个主体同时承担着行政区经济运行主体的职能。与计划经济时期的地方经济相比，行政区经济无疑是一种进步；但与建立在统一大市场基础上的经济区经济相比，行政区经济又是一种滞后的区域经济类型。随着市场经济体制的完全确立，行政区经济将逐步瓦解，一种新的区域经济关系又将形成与发展。

二、行政区经济的体制成因

中国的“行政区经济”源于各级地方政府对辖区内经济利益的保护主义行为，其形成和发展有其特定的体制成因①。

（1）“分灶吃饭”财政体制的实施使地方政府具有自身独立的经济利益。实行“分灶吃饭”的财政体制后，地方政府的预算规模就取决于以下两个因素：一是与本地经济发展水平相联系的财政收入规模；二是中央与地方分享财政收入的比例。由于分享比例已预先确定，所以地方政府可支配财政收入的规模直接与本地社会总产出水平正相关。当地方政府以一预先确定的比例与中央政府分享剩余索取权时，它就不再仅仅是一个纵向依赖的行政性组织，也逐渐成为一个追求本地经济利益最大化的经济组织。

（2）行政性放权使地方政府拥有了较大的资源配置权，从而具有实现地方经济利益最大化的手段。我国在改革开放之初主要是通过行政

① 唐勇：《从“行政区经济”到“区域经济一体化”的制度演化与机制构建》，载圣才学习网，2010-06-18。

性放权推进市场化改革，即权力中心根据决策权的重要性不同，把一部分经过选择的决策权下放到地方或部门，或把一批原来隶属于中央的企业下放到地方（当时，一批在地方举足轻重的国有企业被下放到了地方）。地方政府在拥有增大了的投资决策权的同时，还要为本地居民提供公共产品、社会福利以及为市场化改革提供必要的其他保障等。

（3）市场化改革步伐的加快使地方政府有可能凭借经济实力争夺资源，加快本地的经济发展。如随着农村承包制的全面推行和企业扩权试点范围的扩大，国家指令性计划的范围不断缩小，国家调整了工业品的比价关系，实行浮动价格和双轨价格，相当一部分生产资料开始直接进入市场，从而使生产性资源的横向流动有了可能。

（4）经济权力下放后地方政府的“政绩合法性”的转变。在经济权力下放和市场化的过程中，地方政府的合法性基础也发生了相应的变化。在这种新的制度环境下，经济发展成为考核地方官员业绩的最重要指标之一。地方政府的领导人通过发展地方经济，推动 GDP 的增长，一方面可为自己赢得上层的肯定；另一方面通过为辖区内的人民提供广泛的社会福利，又可获得地方人民的支持和认可，地方政府的政治统治基础开始发生了转变，形成了所谓的“政绩合法性”。有学者指出，在中国现行政治制度下，出现一种倾向，即地方政府官员的提升与当地的经济发展成正比。斯坦福大学的周黎安博士运用了一个委托代理模型，对 1980 年至 1993 年间中国大陆 28 个省份（除西藏和海南）的数据进行了实证检验，结果显示各省份的经济绩效与地方官员的晋升之间呈现出高度的正相关性。因为现行的干部考核制度特别是对地方干部政绩的评价与考核过分强调与所辖地方经济发展业绩进行直接挂钩，而这种业绩又主要以上了多少项目、建了多少企业、经济增长速度多少等指标来进行简单量化和比较。这样，就必然导致各行政区首脑或部门干部强化资源配置本地化和保护本地市场。

三、行政区经济的变革与转型

随着区域体制改革的深入，行政区经济正经历着一场深刻变革和转型，其基本趋势是行政区的经济功能逐渐淡化，行政区划正向经济区划转变，以经济区替代行政区来组织区域经济活动[①]。

（一）从经济协作区到城市经济区

经济协作区旨在建立相对独立和完整的区域性经济体系，是实现区际经济发展水平均衡的基础，它在传统的经济区划中，具有代表性、支柱性的地位和作用。正因为如此，改革开放前及改革开放以后的一段时间内，在多数国民经济和社会发展时期中，经济协作区划都是落实经济和社会发展战略的空间框架。改革开放以后，随着国家放弃对建立独立的区域性经济体系的追求，以此为原则和依据的经济协作区划分虽然在一定范围和程度上还存在，但总体上已基本消失。与此同时，随着对城市在区域经济发展中的地位和作用认识的深化以及城市化发展，中心城市在区域经济组织中的作用受到空前重视，以中心城市及其吸引范围经济联系为原则和标准划分综合性功能经济区——城市经济区的理论与实践应运发展起来。以都市圈为主体形态推进城市化、以建立独立的区域性经济体系为目标的城市经济区逐渐成形。

（二）经济地带的多元化、柔性化

经济地带划分是我国最连续的经济区划体系，但不同时期，由于经济社会发展战略的变化，经济地带区划的具体方案有所变化。改革开放以来，中国区域经济多样性不断丰富。为了适应这种变化，从改革开放以来我国经济地带划分出现了两次多元化转型。第一次转型是“七五”时期将传统的沿海和内地的划分调整为东、中、西部三大地带，鼓励东部优先发展。第二次转型是考虑到南北东西中区域差异问题全面凸显，为了促进区域协调发展，“ 十一五 ”规划将东中西三大地带划分系统地调整为西部地区、东北地区、中部地区和东部地区四大板块，并建立健全的西部大开发、振兴东北以及促进中部崛起以及鼓励东部地区率先实现现代化的区域性政策。

此外，与传统的计划经济体制相适应，传统的经济地带划分通常是刚性的。随着灵活的社会主义市场经济体制的发展，中国经济地带划分也出现了相适应的、针对不同政策实施空间柔性化的趋势。这是因为，一方面，经济地带是综合的、复杂的，其各个部门的空间变化并非总是

---

① 杨开忠：《中国经济区划转型与前沿课题》，载《中国行政管理》，2010（5）。

完全一致的；另一方面，经济地带在划分时往往照顾到省级行政区划完整性以及地理空间连续性，这就可能使某个或某些更加细分的同质或不连续分布的空间单元被排斥在外。

（三）主体功能区划的兴起

主体功能即各地区所具有的、代表该地区的核心功能。主体功能区指基于不同区域的资源环境承载能力、现有开发密度和发展潜力等，将特定区域确定为特定主体功能定位类型的一种空间单元。传统经济发展战略忽视环境因素，结果，无论是从理念框架还是从行动方案来看，环境因素都被置于传统经济区划之外。改革开放以来，随着经济发展对环境的冲击不断扩大，环境问题日益突出，我国越来越注重统筹环境和发展的关系。“十一五”规划首次专门提出划分优化开发区、重点开发区、限制开发区和禁止开发区四类主体功能区，从而将开发管制区划提高到国家战略层面。主体功能区是促进区域协调发展、实现人口与经济合理分布的有效途径，是实现可持续发展、提高资源利用率的迫切需求，是坚持以人为本、实现公共服务均等化的必然要求，是提高区域调控水平、增强区域宏观调控有效性的重要措施。

第三节　经济区形成：行政区与经济区关系整合

一、经济区形成的一般机理

（一）城市场效应与距离衰减规律

借助于物理学中“场”的概念，城市可以看做是一个经济场。因此，存在着“场效应”。为了说清城市场效应的内涵，我们先从外部效应谈起。外部效应是一个经济学概念，它是指某个微观主体（生产者或消费者）的经济活动对其他微观经济单位的福利所产生的非市场性影响。外部效应有正负之分。正外部效应指这种影响对受影响者是有利的。负外部效应则相反。当受影响者并未因此支付报酬或得到补偿时，就存在着所谓的非市场性影响。受影响者因正外部效应所得的收益称之为外部收益；而因负外部效应所受到的损失称之为外部成本。

将外部效应与场联系起来，外部效应就可以理解为由某种行为引发的场效应。甚至可以这样说，在一定的条件下，外部效应与“场”是等价的。现实生活中，城市的经济活动并非是孤立地进行的，它往往与其所处的环境（区域）密切相连。因此，城市也同样存在着场效应。所谓城市场效应，指中心城市集聚和扩散对其所处区域产生的积极和消极的影响。城市场效应示意图如图17—1所示。

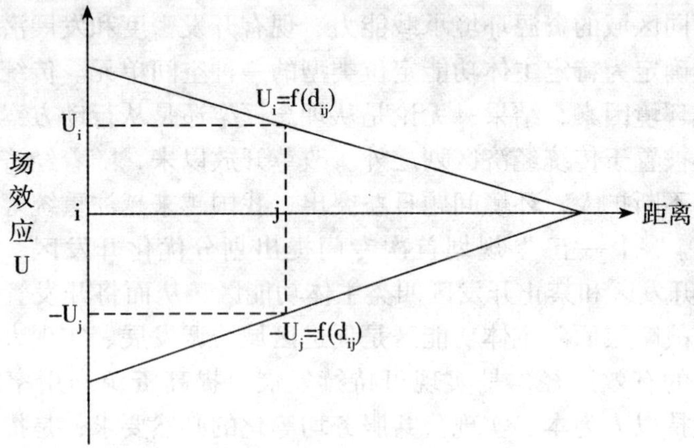

图17—1　城市场效应示意图

在上图中，i 点处于原点，代表中心城市的位置，纵轴为场效应(外部效应)，横轴为距离。i 点产生有益或有害影响的场源，当它产生这些影响时，势必波及一定范围的空间，产生场效应。若 U_i 和 $-U_j$ 的代数和大于零，则有正的场效应，反之，则有负的场效应。

城市场效应的大小有三个因素极为重要：（1）创新的源生地——中心城市的规模。通常，城市规模越大，场强就越强，场效应的影响距离越远。（2）城市网络体系的健全程度。因为场效应的作用是通过以中心城市为核心的城市体系为载体完成的。（3）空间扩散的障碍大小。这种障碍包括自然障碍、文化障碍、社会障碍、政治障碍等等。障碍在城市对区域的辐射中可以起重要的限制作用。

一般地，城市场效应会随着距离的增加而衰减，从而表现为一条下降的连续曲线。这就是所谓的距离衰减规律。在现实区域经济中，我们可以看到大量的距离衰减现象。例如，从城市中心向四周出发，随着距离的增加，人口密度、经济密度以及地租和工资水平将趋于逐步下降；

大都市区工业人员的通勤范围、消费者的购物行为、旅游者的目的地选择、企业配套厂家和供应链的确定，以及两个地区之间人员、货物、资金、技术和信息交流量等，通常都随着距离的增加而减少。只是有些交流量随着距离增加衰减得比较快，而有些则衰减得比较慢。这取决于各种经济现象的具体特点以及经济联系的方式和环境条件。

长期以来，地理学家和经济学家对距离衰减现象进行了大量的研究。但由于各种社会经济现象的复杂性，要科学客观地描述距离衰减现象是较为困难的。因为“距离”是一个综合性的概念，除了地理空间距离外，还包括“时间距离”和“心理距离”等。特别是，随着交通运输技术和互联网的迅速发展，许多在地理空间上相距遥远的地方，其“时间距离”和“心理距离”在大大缩短。这样，单纯采用地理距离来衡量就越来越显示出其局限性。很显然，新技术革命增加了距离衰减函数测量的难度，但它并没有从根本上改变距离衰减法则。

（二）经济区边界的确定

任何一个城市都和外界发生着各种联系，即城市间存在着空间交互作用（spatial interaction）。这种联系可通过人口、物资、货币、信息等的流动来实现。城市联系所及的范围可称之为城市的绝对影响范围。与此概念相对应，一个地域可以同时接受很多城市的影响。

城市对外影响力的大小一般随距离的增加而衰减。因为随着距离的增加，实现这种联系所付出的时间或费用也增加了。当考虑两个等级相当的城市的交互作用时，在两城市之间必然存在着一条界线，在此界线一侧的地域，以向这一侧城市的联系为主；在此线的另一侧，联系的主要方向是另一个城市。城市引力范围示意图如图 17—2 所示。

图中，城市 A 和 B 的影响力衰减曲线在 O 相交，AO 地域以城市 A 的影响为主，属于 A 城的吸引范围；BO 以 B 城的影响为主，是 B 城的吸引范围。城市的吸引范围是一个城市的吸引力和辐射力对城市周围地区的社会经济联系起着主导作用的一个地域。换言之，城市吸引范围的形成是区域内同级城市空间交互作用力量平衡的结果[①]。其实，城市的吸引力范围就是经济区边界所确定的范围。

---

① 周一星：《城市地理学》，351 页，北京，商务印书馆，1997。

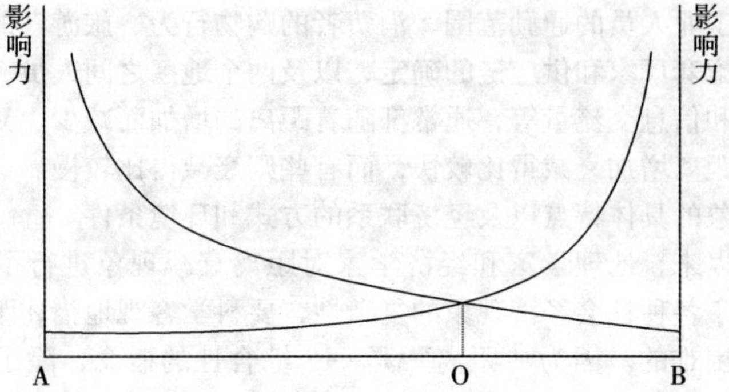

图 17—2　城市引力范围示意图

对于城市吸引力范围或经济区边界，也可以通过数学模型加以描述。在早期的引力模型中，一个城市对其周围地区的吸引力，同城市的人口规模成正比，同城市距离的平方成反比（Reilly，1931）。用公式表示就是，城市 i 吸引城市 j 中的成员在 i 中所产生的贸易额 A_i，同 i 的人口 P 成正比，同到城市 j 的距离的平方 d_{ij}^2 成反比。

$$A_i = P_i / d_{ij}^2 \tag{17.1}$$

这可以被认为是一元的从 i 到 j 的潜在的相互作用流，然而，赖利通过检验两个中心同时处于一个市场上进行的竞争（争夺），扩展了这一分析。运用上述的基本原理，他发展了一种方法，用于估计竞争的市场中心以吸引来自于市场腹地或者市场区的消费者以及（或者）支出流。在此基础上，他将这一方法扩展成为可以确定市场界限的技术（Reilly，1931）。这就是著名的被称为赖利—康弗斯（Reilly-Convers）分界点的公式。

$$d_{ix} = \frac{d_{ij}}{1+\sqrt{P_j/P_i}} \tag{17.2}$$

式中：i 和 j 分别为两个市场中心，x 为市场分界点，d_{ix} 为 i 到 x 的距离，d_{ij} 为 i 到 j 的距离，P_j 和 P_i 分别为两个市场中心的人口。城市引力范围和市场区分界点如图 17—3 所示。

公式（17.2）的推导过程为：假设城市 i 和 j 的吸引力分别为 A_i 和 A_j，则在分界点上，A_i 和 A_j 相等，即：

$$\frac{P_i}{d_{ix}^2} = \frac{P_j}{d_{jx}^2} \tag{17.3}$$

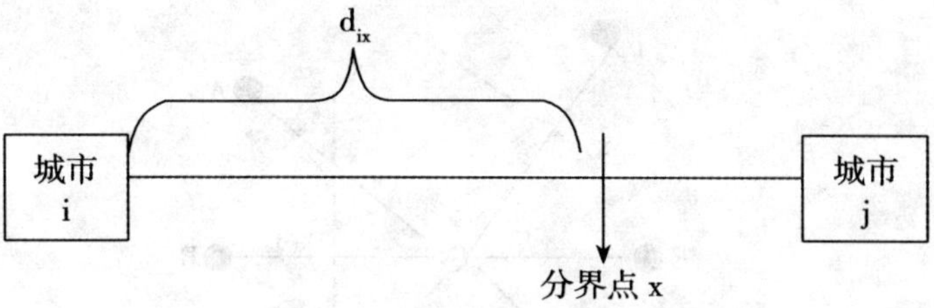

图 17—3 城市引力范围和市场区分界点

由于 $d_{ix}=d_{ij}-d_{jx}$，将其代入公式（17.3），则可得出公式（17.2）。

赖利—康弗斯分界点的公式在实践中的应用非常广泛。图 17—4 为一个具有 7 个城市的城市体系，各城市的人口以及与中心城市 Z 的距离见表 17—1。利用赖利—康弗斯分界点公式，可以确定城市 Z 的市场区边界即市场腹地。

表 17—1 **城镇体系基本情况**

城市	A	B	C	D	E	F	Z
到 Z 的距离	10	6	16	20	8	9	—
人口（人）	20 000	10 000	16 000	4 000	4 000	15 000	25 000

根据公式（17.2），对于两个竞争性的城市 Z 和 A，两城市的分界点 x 距 Z 的距离为：

$$d_{zx}=\frac{d_{ZA}}{1+\sqrt{\frac{P_A}{P_Z}}}=\frac{10}{1+\sqrt{\frac{20\ 000}{25\ 000}}}=5.3 \qquad (17.4)$$

同理，对于 Z 和 B，$d_{zx}=3.7$；对于 Z 和 C，$d_{zx}=8.9$；对于 Z 和 D，$d_{zx}=14.3$；对于 Z 和 E，$d_{zx}=5.7$；对于 Z 和 F，$d_{zx}=5.1$。

根据计算结果，可画出 Z 的经济区边界范围①。城市引力范围和经济区边界如图 17—4 所示。

赖利定律没有考虑交易成本等因素对城市引力范围或经济区边界的影响，如果考虑了交易成本等因素后，城市引力范围和经济区边界的确定，就更贴近现实一些。

---

① 魏后凯：《现代区域经济学》，509 ~ 510 页，北京，经济管理出版社，2006。

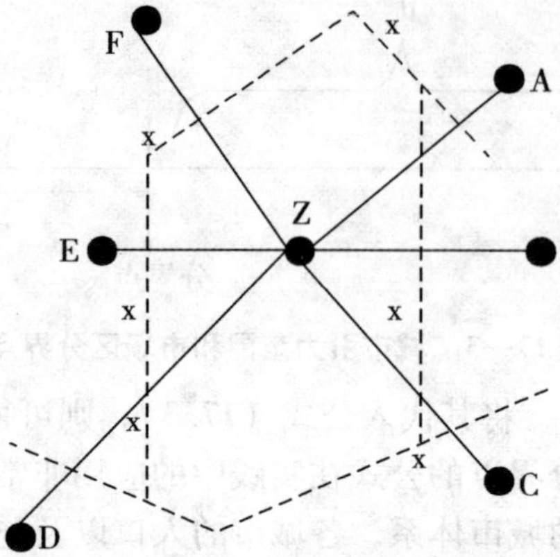

图 17—4 城市引力范围和经济区边界

一般地，有两类要素对城市引力范围和经济区边界的影响很大。一是交易成本，二是城市规模和实力。

交易成本与市场交易制度安排密切相关。在交易成本为零的情况下，交换的空间扩展是无任何障碍的。可现实情况并非如此，交易成本是现实存在的。一般地，交易制度影响着交易成本。市场范围扩张的过程，是交易制度的整合过程，主要是去除人为设置的种种壁垒，降低交易成本。这些壁垒包括各种限制贸易和投资的行为。交易制度的不确定性越大，交易成本越高。只有交易成本降低了，市场区边界才能扩展，城市引力范围才能更大。这是因为，交易成本的存在产生了一种交易空间权，即交易行为的空间排他性。空间权和交易成本的关系可以表述为一种函数关系：交易空间权 $\gamma=\mu C$。其中，μ 是由技术决定的权数关系，即权重，C 为交易成本。在一定的技术条件下，交易成本越高，交易活动的空间排异力量越大，属地化性质越明显。比如，农业经济的运输成本在全部交易成本中权重最高，属地性最强。

城市规模和实力主要以城市功能来衡量。而一个城市的功能主要看城市的商业、交通运输、行政管理和金融功能的强弱。具体来说，可以用 GDP 总额、人口总量、人均收入水平和流通力等指标来衡量。一般认为，这些指标与城市实力成正相关关系，而且城市规模越大，实力越强，则市场范围越深，市场区边界范围越大。克拉克（Colin Clark，1945）研究指出，20 万 ~ 50 万人口规模是充分发展制造业所必需的。

所以，有些区域无法发展为增长中心，人口规模也是一个重要原因。这就是说，当市场区边界扩展到一定程度，可以为某些新的产业生存提供空间的时候，该产业便会在这个市场中成长，形成新的产业区域布局。

根据上述两个方面，交易成本与经济区边界成反向相关关系，而城市规模和实力则与经济区边界正相关。用公式表示，即：

$$D=k\left[+f(m_1, m_2, \cdots, m_n), -C_{ij}\right] \tag{17.5}$$

式中：$f(m_1, m_2, \cdots, m_n)$ 表示的是反映城市规模和实力的主要指标，C_{ij}代表两个城市之间的交易成本。另外，k 是一个参数，其取决于技术条件。式中的“+”、“-”号表示变量与函数之间的作用关系。

总之，城市吸引力范围的确定过程实际上就是经济区边界的确立过程，而经济区边界的确定与城市规模实力和空间交易成本密切相关。

二、行政区与经济区关系整合路径

综合各种有关行政区与经济区关系整合的代表性观点，主要有两种现实路径：一是行政区划调整与改革；二是大都市圈经济模式。

（一）行政区划调整与改革

经济区是与经济区划相对应的概念。但经济区划是以行政区的客观存在为基础的，即行政区的客观存在在先，经济区划在后，即使没有进行经济区的划分，行政区也是一种客观存在的经济实体。由于区域经济一体化与行政区划的冲突在表面上表现为行政区与经济区的不一致，因此，从行政区与经济区关系视角出发，考虑到我国经济发展的特点，有学者主张通过行政区划的调整，使行政区与经济区相一致。

持这种观点的一个强大理论支撑是经济基础和上层建筑的关系。他们认为，行政区与经济区的关系，在理论上就是上层建筑与经济基础关系的具体体现。一方面，经济基础决定上层建筑，经济区的发展决定行政区的发展，行政区划应以一定的经济区划为基础，使行政区划与发挥地区优势相结合，与依托中心城市、组织合理的经济网络相结合，与实现区域经济发展战略相结合。另一方面，当行政区格局一旦确定下来，则会反作用于经济区的发展，成为促进或阻碍经济区经济发展的因素。为了便于管理经济活动，也为了通过行政区进行必要的行政干预，经济区的划分要适当考虑保持一定层次行政区的完整性，使经济区的经济发展有一定的行政区依托。

从行政区与经济区关系的视角探讨行政区划改革，把行政区划改革置于我国独特的经济发展模式的宏观背景下，突出了我国行政区划改革的经济属性，引发了如何看待我国行政区经济功能的讨论。其实，行政区与经济区的关系实质是政府与市场的关系，从行政区与经济区关系的视角探讨行政区划改革，目标是通过行政区划改革，实现政府与市场的均衡，焦点在于区域的资源配置效率。其基本逻辑是：我国经济发展的一个基本特征是经济区与行政区相一致。当经济区突破行政区界限时，根据经济基础与上层建筑的关系，应调整行政区划，使行政区与经济区相一致，从而推动经济发展①。

（二）大都市圈经济模式

经济区的"区域"是一个开放、发展、动态的概念，它不是一级行政区，没有明确的边界线，扩大或升格行政区虽是在现阶段解决区域矛盾的手段之一，但不能从根本上解决问题。这是这一改革路径面临的一个困境。

由于经济区实际上是市场化和城市化的结果，一个替代的办法是发挥经济中心的作用，使经济中心和行政中心相一致，特别是当经济中心与行政中心不一致时，应使经济中心获得与其相称的行政中心的地位。为此，提出了大都市圈经济模式的构想。

事实上，我国区域经济的发展在从行政区经济向经济区经济的演变过程中，转型时期的都市圈经济是必不可少的中间环节。在经济发达地区，行政区经济已经率先走向都市圈经济，城市之间的开放和联动发展成为主流。随着经济和社会的不断发展，都市圈经济逐步成熟和完善，将会实现更大区域范围内的联动发展，即省际的协调发展成为主流，都市圈经济发展演变为经济区经济发展。从世界范围来看，大都市圈经济模式将是区域经济发展的一个基本趋势。

上述两个整合路径不是相互冲突的。我国行政区和经济区之间的矛盾和表现，都与现行体制下政府的职能相对应，两者之间存在着紧密的

① 刘小康：《行政区划改革：视角、路径及评价》，载《北京行政学院学报》，2006（3）。

因果关系。政府作为一级利益主体，其职能转换不到位是行政区与经济区关系不协调的根本性原因。因此，大都市圈经济模式的确立也必然涉及政府职能转换及其行政区划的调整。此外，大都市圈经济模式还要求国家区域政策的调整。现行体制下实行的以“倾斜”为主要特征的区域经济政策导向存在着明显不足，如客观上加剧了地方政府的地区封锁行为。因此，按照大都市圈经济模式建立起跨行政区的经济区组织，在此基础上，重新构筑我国的区域经济政策，应该是协调我国行政区和经济区关系的基本思路。

三、经济区经济的动力机制和制度创新

（一）经济区形成和发展的内在动力机制

一般来说，在一定条件下，经济区是依靠市场机制而能自行创生、自行演化、自主地从无序走向有序的自组织系统。经济区自组织演进的根本动力是市场。所谓自组织是指市场的演进过程是一个自发的过程，通过市场机制的自动调节实现资源的最优配置，无需政府的过多干预。从这个意义上说，经济区就应该是以市场为主导力量自组织配置要素资源的空间经济系统。对于经济区而言，空间的自组织主要体现在区域主体的空间行为彼此产生累积因果的内生动力，也就是说，经济区的形成和发展是两种力相互作用的结果：一是使经济活动集聚在一起的“向心力”，即集聚的力量；二是打破这种集聚的“离心力”，即扩散的力量。正是由于集聚力和扩散力的共同作用推动了城市和区域之间的互动过程及其关系的产生。显然，这两种“力”是一系列复杂的效应发生作用的产物，它们构成了经济区形成和发展的内在动力。

在经济区形成和发展关系中，经济学家为我们设计了一系列十分美妙的机制：赫希曼认为，经济发展不会同时出现在所有的地方，而一旦出现在某一处，巨大的动力将会使经济增长围绕最初的增长点集中，随后增长点会产生一种力量来作用于其他地区，这种作用主要通过赫氏称之为“涓滴效应”和“极化效应”发生的。缪尔达尔在他的“循环累积模型”中提出了所谓的“回流效应”和“扩散效应”的观点，事实上，与赫希曼的主张并无二致。约翰·弗里德曼借用了熊彼得关于发展是由创新推动的论点，更是提出了核心区对外围区作用的6种反馈机

制，即支配效应、信息效应、心理效应、现代化效应、连锁效应和生产效应。上述这些机制的设计，都体现一个共同思想，那就是经济区的形成和发展是一个由市场主导的自主演化过程。

经济自组织的结果会呈现出不同的空间结构。空间经济自组织过程使区域经济的网络联系变得越来越复杂和广阔，甚至突破既定空间边界的约束，形成跨区域的空间市场网络。这种更大经济市场区的形成淡化了原来区域的界限，客观上要求一个新的与该市场区相吻合的经济区域出现。经济区就是在这种市场力量作用下进行整合和发展的。

当然，强调经济区的整合发展应以市场经济体制为基础，以市场价格信号、商品和生产要素的自由流动调节区域供求作为推动经济区形成和发展的根本力量，但也不能忽视政府在经济区整合发展中具有的重要地位和作用。在市场经济条件下，政府已成为经济区规划和开发的基本推动力量。因此，要充分发挥政府的引导和推动作用，通过政府制度的创新与政策设计去完善市场体系，明确竞争规则，通过区域规划引导区域公共产品的联动和区域重点产业的发展方向，构筑优化区域资源配置的机制，可以进一步增强市场配置资源的力量。

（二）向经济区经济转型的制度创新

经济区的形成需要相应的组织和体制建设来推动和保障。在行政区经济体制下，各地区之间竞相竞争，尽管在更多领域寻求合作可能获得共赢的效果，但现实中真正成功的区域合作却难以出现。其根本原因在于实现合作的交易成本太高。交易成本是协调人与人、城市与城市、城市与乡村之间的利益关系而需要支付的成本，包括决策成本、信息成本、谈判成本和签订契约所需要的法律成本等。缺乏高效完善的区域协调机制，如缺乏信息沟通的平台，缺乏相互信任和交流的渠道和环境，缺乏合作的规则和实施监督机制等，使得达成合作所耗费的交易成本过于高昂，导致合作难以实现。交易成本高昂的原因在于有效的制度安排的缺失。因此，由行政区经济向经济区经济转型的过程中，制度创新的主要目标就是通过一系列有效的制度安排来降低向经济区经济转型的交易成本。

首先，改变地方政府的目标函数，即建立科学的地方官员政绩考核体系。在以 GDP 指标挂帅的政绩考核制度下，任期内的 GDP 增长速度往往直接决定了地方政府官员的政治、经济收益。所以在这样的绩效评价体系的指引下，地方政府官员往往会为了自身利益的最大化而忽视全局利益和长远利益，导致地方政府间利益关系的不协调，地方保护主义和地方市场分割盛行。因此，必须建立起科学的地方官员绩效评价体系，通过正确的方向引导，规范官员们的行为取向和行为模式，从而达到协调和改善政府间利益关系的目的。

其次，必须建立与之相适应的“区域利益共享机制”。区域政府合作的出发点是地方政府通过合作来共享整体利益，而打破传统的“小而全”、“大而全”的工业体系，重新调整各地方政府的产业结构，形成合理的产业布局和产业分工体系是区域政府合作和区域经济一体化的应有之义。但合作结构中总有优势一方，有些地区可能必须从某些产业中退出，去重新定位自己的优势产业，而另一些地区则可以乘机扩大市场和规模，进一步壮大自身的产业优势，有些地区生产的可能是低附加值的上游产品，有些地区生产的可能是高附加值的下游产品，于是发生了地区利益从劣势一方流向优势一方的问题。这就需要合作优势一方给予劣势一方以必要的补偿，让区域内所有的地区都共享合作的收益，否则，合作关系就会破坏，彼此利益都会受损。因此，区域合作规则要有效地发挥作用取决于能否达致各方利益的平衡，实现合作双方或多方的双赢或共赢，这就需要各地方政府在平等、互利、协作的前提下，通过规范的制度建设来实现地方与地方之间的利益转移，从而来实现各种利益在地区间的合理分配。

最后，建立独立的跨行政区的经济区管理机构，并配套以相应的权限。行政区与经济区关系的协调实质上就是使得经济区的经济功能和行政区的政治功能得到最大的发挥并相互均衡，使得经济区的市场分权水平与行政区的行政权力相匹配，使得经济区能够形成统一的经济系统和统一的共同市场，从而促进区域经济的协调发展。因此，经济区的发展势必要进行跨行政区的基础设施建设、重大的战略资源开发以及跨区的生产要素的流动等，因此就有必要建立独立于行政区的跨行政区的经济区管理机构，并配套以相应的决策权和调控权，从而弥补经济区组织本身存在的利益主体和决策主体缺位的不足，为经济区的发展提供组织保障：①赋予跨行政区管理机构适当的决策权，使其能够协调经济内各行政区主体的资源优化配置，实现区域之间的优势互补和联合发展。②经济区管理机构要协调经济区整体利益和行政区局部利益关系。跨行政区的经济区管理机构在权力的分配上要注意经济区内部各行政区的利益共享，建立利益共享框架下的整体与局部的保障机制。如果经济区的决策制定和实施不能保证利益共享，各行政区由于在行政等级上是平等的，都有追求各自利益最大化的动机，因此可能会破坏经济区内部共同发展的基础，不利于经济区的发展。因此，必须注重协调经济区的整体利益和各行政区的局部利益，促进区域发展。

第十八章 区域管理体制与大都市区治理结构

随着全球化背景下大都市区在资源整合中地位和作用的凸显，中国现行的行政区经济体制遇到了前所未有的挑战。本章从制度创新的角度，总结区域治理结构演进规律，对我国区域管理体制进行分析，探讨大都市区治理结构的新模式。

第一节 中国区域管理体制的制度分析

一、中国区域管理体制的特征与缺陷

（一）中国现行区域管理体制的基本特征

区域管理体制是指区域管理系统的结构和组成方式，即采用怎样的组织形式以及如何将这些组织形式结合成为一个合理的有机系统，并以怎样的手段、方法来实现区域管理的任务和目的。换言之，区域管理体制是规定中央与地方、城市在各自方面的管理范围、权限职责、利益及其相互关系的准则，它的核心是由政府间关系形成的区域治理结构。各级政府间关系的相互协调，直接影响到区域管理的效率和效能，在区域管理体制中起着决定性作用。

长期以来，我国区域经济运行基本上是以行政区划为核心来进行的，有着鲜明的行政区经济特征。首先，行政区经济是一种板块经济，亦即地域分工被严格限制在行政辖区范围内，产业布局和经济活动的规划、管理都以不同层次的行政区划为单位，区域之间的内在联系被人为分割。“在行政区域运作条件下，企业竞争受到政府的强烈干扰，生产要素跨行政区流动受到很大阻隔，区域经济呈稳态结构，‘小而全’、‘大而全’，重复建设，结构雷同，各自为政，画地为牢，自成体系成

为我国地区经济发展中难以克服的顽症。"[①] 其次，行政区经济是一种受地方政府行政职能操控的经济。一方面，地方政府被赋予调控和发展行政区域经济的职能，区域经济发展状况与地方政府官员的业绩直接挂钩。另一方面，地方政府的行为直接影响着区域经济运行，并成为行政区经济增长和发展的强大推动力量。最后，行政区经济是一种具有从属性质的经济。行政区是一个国家的地方行政机关所辖的区域，它有层次性。中国行政区划一般为省、市、县、乡（镇）四级制。在四级制行政区划体系中，各级行政区自上而下具有纵向垂直领导属性。同时，各级行政区域都有严格的行政区边界。行政区划的这种内在的规定性和体制上的垂直性决定着行政区经济的从属关系：省区域经济由市场区域经济构成，市场区域经济由城市经济和县区域经济构成，县区域经济由城镇经济和乡镇经济构成，低一级行政区经济板块及其运行是高一级行政区经济板块及其运行的基本组成部分[②]。

（二）中国现行区域管理体制的制度缺陷

随着全球化和区域一体化进程的加快，这种受行政区政府经济职能影响而形成的区域经济的内在缺陷日益显现出来，成为制约中国区域管理体制改革的制度障碍。

1. 真正意义上的经济区角色缺位。在区域的划分上，我国目前存在着行政区划分、主体功能区划分和经济区划分等多种区域的划分方式，而依据不同的划分方法所对应的区域大小和类型也不尽相同，且针对不同的区域概念所配套和实施的区域政策也不尽相同。由于行政区的经济功能十分突出，在各级政府强烈地追求地区本位利益的动机驱使下，地方政府对经济的不合理干预行为——实际上是地方保护主义严重，区域经济带有浓厚的地方政府行为色彩。在这种情况下，各种不同的区域大都是以行政组织协调方式为主，市场的作用和社会主体的功能难以得到充分发挥。经济区的管理处于无法可依的状态，也并未得到政府的确认。

2. 跨行政区层面协调机制尚待建立。跨行政区管理是跨越了中央

① 刘君德等：《中国政区地理》，25 页，北京，科学出版社，1999。
② 朱舜：《行政区域经济结构与增长》，16 页，北京，经济科学出版社，2003。

一地方二分体系架构的管理模式。这主要表现为一定区域范围内两个或两个以上地方政府，为了追求共同利益相互协作，对共同关注的事务进行综合治理的管理活动和制度安排。在我国区域一体化机制不断得以强化的情况下，许多地区通过地方政府倡导方式成立了松散的协调组织，这些组织在协调地方利益方面发挥了一定作用。从许多地区的实践看，这些区域管理机制还存在进一步完善的空间：从国家层面上对于地区间一体化发展和区域公共管理缺乏政策引导和激励机制；地区合作机制中行政性要求较多，而制度性的安排较少；地区合作大多出于道义上合作，缺乏相应的经济激励和约束手段。

3. 城市之间存在利益冲突和不规范竞争。一个地区中，行政地位和经济实力相当的城市之间本位主义倾向明显，各个城市以行政区为界，各自发展，经济关系离散，导致“小而全”的经济体系。在行政隶属关系的城市之间也存在利益分歧。由于行政区划的条块分割，区域内难以统一规划布局，导致产业和公共基础设施建设分散。总之，在现行区域管理体制下，不论哪种情况，城市之间在不同利益机制的驱动下都存在着不同程度的不规范竞争。

二、“市管县”管理体制实践的理性思考

(一)“市管县”体制的由来

所谓“市管县”体制，是指地级市对其周围县实施领导的体制。它以经济发达的城市为核心，依据行政权力关系，带动周围农村地区共同发展，形成城乡一体的区域整体。新中国成立后，随着城市行政区的发展，市领导县体制开始出现。1958 年，国务院先后批准京、津、沪三市和辽宁省全部实行市领导县体制，并逐步在一些经济较发达地区试点并推广。1980 年以后，随着改革开放和有计划的商品经济政策的实施，再加上国家对城市发展的扶持，城市经济和规模得以飞速增长，同时也导致了城乡差距、地区差距不断加大。而且，长期计划经济体制下逐步形成的按行政系统、行政区划、行政层次组织经济活动的纵向管理体制，不适应社会生产力和商品经济发展的要求；长期实行市县分治的行政管理体制使得城市人为地脱离周围农村孤立发展，这种城乡二元体制使经济增长日益陷入块块分割、条条分割和城乡分割的困境之中。当

时的城乡发展和体制转轨迫切需要行政体制改革，一方面，农村经济改革使原本隐性的农村剩余劳动力显性化，需要转移出来，乡镇企业的发展也需要来自城市的技术、人才、设备和资本方面的支持；另一方面，城市产业的发展由于受行政区域的限制，缺乏相应的原材料、资源和更广泛的商品消费市场。

在此背景下，中央于1982年决定在经济比较发达的地区试行“市领导县”体制，以经济比较发达的城市为核心，带动周围农村，统一组织生产和流通，逐步形成以城市为依托的各种规模、各种类型的经济区。市领导县体制可以克服长期困扰地方的地市并存、城乡分割的弊端，有利于市县合作、相互支援，地级由虚变实可以强化省县之间的中间环节，分担省级政府及其部门的一部分工作，大大减轻省级领导在协调地市矛盾方面的压力和责任。同时，市通过扩大管辖范围，解决了城市原材料供应以及土地紧张的问题，扩大了工业产品的销售市场；县则以城市为依托，引进城市的技术、人才、资金和设备，促进了县域经济的快速发展。结果在全国掀起了“市管县”的热潮，各地纷纷“撤地设市”。“市管县”成为我国地方行政体制中的普遍现象。在这种情况下，1999年中共中央、国务院以中发［1999］2号文件发出的《关于地方政府机构改革的意见》指出：“要调整地区建制，减少行政层次，避免重复设置。与地级市并存一地的地区，实行地市合并；与县级市并存一地的地区、所在市（县）达到设立地级市标准的，撤销地区建制，设立地级市，实行市领导县体制；其余地区建制也要逐步撤销，原地区所辖县改由附近地级市领导或由省直辖，县级市由省委托地级市代管。”① 此后，地市合并，城市升格，建立市管县体制成为行政改革的主要取向。目前来看，市管县体制已成为各省市区最基本的区划模式，构成了最基本的纵向权力结构体系。这一体制的施行，使我国行政区划由宪法规定的四级制向五级制转化，成为世界上少数的多级制国家之一。

（二）“市管县”体制运行中存在的主要问题

实行“市管县”体制的初衷是通过给地方放权，发挥中心城市带

① 唐琦玉：《“市管县”体制改革的反思与重构》，中国改革论坛，2010-04-22。

动和组织区域经济发展的目标。从形式上看，“市管县”管理体制具备了大都市区政府的某些特征。但实际上，“市管县”体制仍然是一种具有很强等级关系的管理模式。不论是直辖市、计划单列市，还是一般的地级市，在其所辖的行政区范围内，上下级城市之间基本上是行政隶属关系，下级政府对上级政府负责，上级政府对下级市县自然也是全方位的领导。因此，伴随着经济转轨、社会转型，“市管县”体制对县域经济社会发展的消极作用凸显出来。

首先，中心城市作为地区级政府的区域性职能无法有效发挥。从形式上看，“市带县”管理体制已经具备了国外大都市政府的某些特征，但严格地讲，目前我国不同级别的政府职能并没有明确区分，只是随着行政地域范围的不同而缩小或放大，因此这一体制实际是进一步加剧了地方的行政、经济乃至社会的分割。在经济欠发达地区，中心城市无力组织区域内经济、社会和城镇的整体发展，形成了“小马拉大车”的局面，而且往往因强调自身的壮大而牺牲周边县（市）的利益；在经济发达地区，周边县（市）的经济实力与中心城市不相上下，形成了“诸侯勃兴”的格局，中心城市组织、协调区域发展的作用也极大受限。这种情况同样表现在县（市）与镇之间，进而造成城乡管理的脱节。

其次，县（市）的发展活力和积极性受到一定束缚。在地区体制时期，地区是属于省（自治区）的派出机构，而不是一级政权建制，县的很多行政管理工作直接归省，省对县的管理相对比较宏观，县的自主权和回旋空间都比较大。而在“市带县”的体制下，市对县的领导是全方位的具体领导，相对地区体制时期，县的自主权不是扩大了而是缩小了。同时，中心城市又担负着诸多的经济功能，自身具有很强的发展冲动，从而使其决策行为带有浓重的“本位性”和“市区色彩”，对县的发展也形成了一定程度的抑制。

最后，各级城镇间的分工协作难以有效开展。从某种意义上讲，“市带县”体制是围绕上级政府的“高度分割型”管理形式，由于市与县之间在争夺资源的过程中存在着不平等的利益博弈，因此，不同行政区的城镇之间，即使经济社会联系再紧密，也往往由于隶属关系不同而难以形成有效的分工与合作。同时，从我国实际情况看，以解决各种问题为主的条性组织受到各级地方政府的极大约束，条性管理行为被各级政府肢解，打上严重的地方本位主义烙印，这又给一些依靠区域协调方能完成的工作造成很大的阻力①。

三、“省管县”管理体制改革的现实审视

（一）“省管县”体制的内涵

为了改善“市管县”体制的现状，近年来，我国一些地区又开始试行“省直管县”体制。“省管县”体制是指省市县行政管理关系由现在的“省—市—县”三级改革成“省—市县”二级管理体制，对县的管理由现在的“省管市、市管县”模式转变成省代替市，实行“省直管县”模式。实行省直管县改革的主要目的是为了激发县域经济发展活力，进一步加快县级经济发展步伐。“省管县”体制的改革主要分为两大类。一是财政直管，即在财政预算编制上，由省直接对县编制预算，在收入划分上也由省直接对县进行划分，同时省也把转移支付、专项资金补助、资金调度、财务管理等经济权限下放到县的一种管理体制。中国目前采取的主要措施有调整财政收入分配格局，增加对县乡财政的一般性转移支付，逐步提高县级财政在省以下财力分配中的比重，探索建立县乡财政基本财力保障制度，将以往主要由省一级统筹安排县一级的财政收支下放到各县市，而在一些农产品生产大县，政府直接下放生产特权，近年来将粮食、油料、棉花和生猪生产大县全部纳入改革范围。二是行政直管，具体而言即为市县平级，是一种无论在财政体制上，还是在人事权、审批权、经济社会管理权上都由省与县直接打交道的体制，以降低政府的行政成本、增强县域经济活力为目标。行政直管实质是削减政府行政层次，使以前“市管县”中的城市“虚有化”，直接加强省对县一级的管理，促使县一级更加具有自身的灵活性②。

（二）“省管县”体制产生的背景

针对“市管县”体制存在的问题，从2002年起，浙江、湖北、河南、广东、江西、河北、辽宁等省先后开始了“强县扩权”的改革，

---

① 朱磊：《都市经济圈管理体制初步探讨——兼论“市带县”体制的改革创新》，新华网浙江频道，2006-08-03。

② 王丽娅：《中国“省管县”体制改革的现实审视——广东省“省管县”改革的路径选择》，http：//www. csscipaper. com/politics-law/reform/reform-papers/137093_ 4. html。

把地级市的经济管理权限直接下放到一些重点县，在经济管理方面形成了近似于“省管县”的格局。2005 年 6 月，国务院总理温家宝在农村税费改革工作会议上明确提出：“具备条件的地方，可以推进‘省直管县’试点。”我国在《国民经济和社会发展第十一个五年规划纲要》（2006 年 3 月）中明确规定“理顺省级以下财政管理体制，有条件的地方可实行省级直接对县的管理体制”。《国务院关于 2009 年促进农业发展农民增收的意见》进一步提出：“稳步推进扩权强县改革试点，鼓励有条件的省份率先减少行政层次，依法探索省直接管理县（市）的体制。”

“省管县”体制的产生首先源于“市管县”体制存在的主要弊端：它束缚了县域经济发展，造成了城乡利益分配的不均衡。其中，一个明显的表现是，地级市在“市管县”体制下已成为县级财政的沉重负担。因为“市管县”体制将市与县分成相互独立的上下两级，其本身有着明显的倾向性，它主要是为地级市服务，县成了地级市的附属行政单位。因此，为了市的发展，为了搞政绩，出现集中县财力、人力建设地级市的现象在所难免。最终结果是为了市里的经济发展而影响了县的经济发展。尤其是一些经济实力相对薄弱的中心城市，利用其强势地位，优先发展中心城市，截留中央和省级权力，下侵县级利益，不仅起不到辐射带动作用，反而制约了区域发展，导致城乡差距扩大。实现“市管县”向“省管县”的转变，从一定意义上说，就是要克服这一严重的体制障碍。

其实，从更深层的意义上来看，“省管县”体制的提出是市场经济条件下优化空间组织关系的要求。随着中国社会主义市场经济体制由建立阶段向完善阶段过渡，全国统一的大市场逐渐形成，行政配置资源的基础性地位也随之被市场取代。体制基础的变化，极大地提高了经济的运行效率和供给能力，显著增强了国家的经济竞争力。与此同时，体制基础的变化、微观主体行为的市场化、统一大市场运行成本的进一步降低也对上层建筑提出了要求，即需要优化市场经济的空间组织关系，突破行政区经济的固有边界，寻求建立适应经济区发展的新框架。

（三）对“省管县”区域管理体制的评价

省行政直管的实质是削减政府行政层次，使以前“市管县”中的中心城市"虚化"，直接加强省级政府对县一级的管理，从而使县一级具有更大的行政权和灵活性。然而，"省直管县"模式尽管对于县域经济的发展有明显的激励作用，但从区域空间组织发展规律来看，它可能是一种倒退。原因在于，首先"省直管县"模式极大地削弱了大都市在组织区域经济活动、整合和配置空间资源的职能。事实上，大都市在中国经济发展中占有显著的中心位置，是我国城乡统筹过程中的主导力量。为了鼓励县域经济发展而抑制中心城市作用的做法是本末倒置。同时，这与全球化背景下，大都市区成为国家财富的创造者和国际竞争的重要载体的趋势大相径庭。而现实中，忽略了全球化这一特定的背景和国际竞争视野去谋划区域体制改革，其成功的可能性几乎等于零。其次，更重要的是，"省直管县"模式并没有突破现行体制所构筑的行政区经济边界。当前，随着我国市场经济发展，资源配置已由政府主导逐步转为市场主导，行政配置资源的体制基础发生了根本性变化。体制基础的变化，要求优化区域经济的空间组织关系，寻求建立突破行政区边界的区域经济治理新框架。显然，"省直管县"模式有悖于这一改革方向。另外，在不改变行政关系的条件下，在省级直接下放权力的同时，会因为管理跨度太宽而对各县市的管理力不从心，使得各县市权力膨胀，在利益面前加剧各县市之间的竞争和地方保护。这样，可能会再次陷入计划体制下的"一放就乱，一乱就收"的恶性循环之中。

第二节　新区域主义与大都市区治理结构

一、新区域主义的出现及其基本主张

当前，大都市区已经成为世界经济发展最为活跃的区域，在促进各国经济社会发展乃至全球发展方面都扮演着举足轻重的角色。面对经济全球化过程中的城市竞争，过去那种以行政区划决定地域特征和发展方式的模式面临极大挑战。大都市的经济功能及由此而产生的凝聚力、辐射力在配置市场资源和要素方面发挥出越来越大的作用，进而呈现出一个以大都市为核心的打破行政区划限制，重新进行区域资源整合的强大势能。在这种情况下，大都市区内各城市逐步形成了一个基本共识：城

市竞争的内涵不应该再是单纯的行政权力的抗衡，而应该是对最有价值的生产要素和资源的共享。只有在配置利益资源要素方面优势互补，才能在发展中共享利益。

然而，随着大都市区的发展，其治理难度与复杂程度也日益加大。大都市区在生态、经济和社会上是一个有机的统一体，许多区域性公共问题都是紧密联系和不可分割的。为了有效治理诸如资源配置、环境治理、公共安全、发展规划等区域性公共问题，就需要在大都市区内建立常态的区域治理制度。

20 世纪 90 年代中期以来，一种建立在大都市区跨区域性政策的经验性研究基础上的大都市区治理的新视角开始形成，这就是所谓的新区域主义。新区域主义主张，大都市区治理可以通过合作性安排来实现，这种安排建立在政策相关者之间的谈判过程之中，也就是，新区域主义将大都市区治理看做是多种政策相关主体之间谈判的过程，而不是科层制或市场化竞争过程。传统的区域经济管理体制依赖于大都市区政府的正式结构来执行，而新区域主义强调的是政府与非政府组织以及其他利益相关者的协作机制。

新区域主义产生的最基本原因在于持续性的人口扩散。新的郊区城市产生了，它们扩展到以前的农业和自然区域，引发了环境和基础设施问题，城市间日益加剧的竞争也给区域战略规划带来了压力。新区域主义抗议持续性的扩张问题、关注实现更多的大都市区政策制定协调、关注减少中心城市和郊区之间的不平等。总之，新区域主义是在大都市区形成的，是以跨地方公共事务治理与协作网络为基础组合而形成的治理制度。它主要针对区域内各地方共同面对的制约区域持续发展的问题，或者为了规划区域内产业布局和经济增长方式，而建立区域内互惠、合作和共同发展的网络体系。参与区域治理的主体力量来源于大都市区不同层次政府间、地方公民团体间或各地方政府与私营企业间形成的社会网络，它们组建成区域治理的协作性或合作性组织，采取多种形式来解决区域性公共问题①。

---

①　张紧跟：《新区域主义：美国大都市区治理的新思路》，134 页，载《中山大学学报》（社会科学版），2010（1）。

二、大都市区治理结构及其演进的一般趋向

（一）大都市区治理与治理结构

新区域主义将大都市区治理定义为：为了产生公共服务的更多协调与整合而进行仔细的建设和深思熟虑的设计。正如巴罗所言："大都市区在功能和行政辖区上，都是非常碎片化的，只有通过不同机构和政府之间的一系列制度安排、合作与整合才能实现。因此，大都市区治理是一种治理系统，在其中，政府间关系起主要作用。①"

大都市区治理是治理理论在区域领域的应用。一般来说，大都市区治理是一个综合的社会过程，它涉及广泛的政府与非政府组织间的参与和协调。如果我们把大都市区治理看成是各行为者的互动过程的话，那么，大都市区治理结构本质上是指一种关系，是一个体系结构。在区域范围内，这种结构体现在各利益相关群体之间的关系上，特别是大都市区内各级地方政府之间的关系上。

大都市区治理是一个持续不断的过程，在这个过程中既可以是对立的或各异的利益彼此适应，也可以采取合作。但是，不管怎样，好的大都市区治理结构，就意味着好的关系，意味着更高的效率。

20 世纪 90 年代以来，长江三角洲、珠江三角洲和环渤海湾地区日益呈现出城市集群发展的态势。然而，由于城市群治理机制供给不足而导致这些区域内部存在着诸多治理难题，如重复建设、地方保护主义、恶性竞争等，最终损害了其健康发展和竞争力。在这种背景下，认真研究新区域主义，对于推动当代中国的城市群发展和提升其竞争力，无疑具有极其重要的现实意义。在新区域主义看来，自上而下的行政性整合与类市场化的竞争都不可能真正解决大都市区治理的困境，区域治理应该是区域内多元利益主体的多元互动与参与。正是区域内多元利益主体的互动与参与，才使得关键的区域性公共问题不仅能够被表达，而且也易于解决。当代中国的城市群区域发展经历了从主张行政性整合到鼓励地方政府间竞争再到地方政府主导的区域合作，但都只是解决了部分问题，都不是万能的。当代中国要想以增强综合承载能力为起点，以特大

① L. M. Barlow, Metropolitan Government, New York: Routledge, 1991, p. 294.

城市为依托，形成辐射作用大的城市群，培育新的经济增长极，就离不开城市群的有效治理。

（二）大都市区治理结构的演进趋势

在全球化的时代背景下，区域发展的空间地域系统正经历着结构性调整。一个最为显著的现象，就是城市发展和服务需求扩展到了原城市行政界限之外。面对这种新的区域空间发展带来的挑战，地方政府去管理和服务这样一个快速扩大的“城市外壳”（urban berg）几乎是不可能的。于是，区域治理结构和治理模式面临着根本性变革。综观世界大都市区发展的一般趋势，这种变革的基本走向体现在如下几个方面：

1. 由单中心城市体制向多中心治理结构的演进

伴随着世界范围内大都市区一体化进程的加速，人们可以观察到这样的现象：大都市区增长本身带来了新的城市形态——新增长中心。这种新增长中心充满活力，已成为一个地区经济增长的重要推动力量。新增长中心倾向在更大的地理范围内扩散，它引导大都市区向多中心城市演进，逐步形成了一个与大都市核心区互补与竞争的现代多中心城市结构模式。新增长中心的崛起，使得大都市的部分职能逐步分散到了这些新的增长中心之中，由此形成大都市区的多中心治理结构。这里所说的多中心治理结构与“多中心政治体制”① 不同，它是指在大都市区的治理中存在着相对独立的、众多的行动者——不同类型、规模和性质的新增长中心包括新城和新产业区——他们能够自主选择发展机会，形成许多替代性制度安排。大都市区治理其实就是各行为者的互动过程。因为当单中心城市结构转化为多中心城市结构时，其治理结构必然表现出各种行为者之间复杂的互动模式。尽管人们对于这种模式还在探索之中，但其向多中心治理结构演化的方向却是毋庸置疑的。

2. 由城市组群结构向现代城邦治理结构的演进

在城市化发展过程中，城市空间不断扩展，新的城市（镇）不断

① “多中心体制”一词来自于奥斯特罗姆、蒂伯特和瓦伦的经典性文章（V. Ostrom, Tiebout and Warren, 1961; V. Ostrom, 1987, 1991），它概括了多个领域政治互动的智慧。正如文森特·奥斯特罗姆所说，“通过把大城市地区构想成多中心政治体制，我们实际上是在说明一种有序关系的体制，它是权力分散和管辖交叠的基础”。参见迈克尔·麦金尼斯：《多中心体制与地方公共经济》，毛寿龙译，69页，上海，上海三联书店，2000。

涌现，城市由少到多、由孤立分散到形成组群，这是一个必然趋势。城市组群（urban agglomerations）是在特定的地域范围内，以一个或两个大城市为核心，借助于现代运输和信息网络，构成的一个相对完整的城市“集合体”。从形成机制上讲，城市组群更多地是指由产业功能联系和空间联系所形成的地域经济空间。对于城市组群经济空间的复杂关系的组织管理是大都市区发展的内在要求。20 世纪 70 年代以来，西方国家的大都市区治理模式问题就引起人们的高度重视，不断有学者提出各种治理理论，以探寻大都市区的功能地域与现有地方政府结构的一致性问题。其中，现代城邦（citistates）理论是人们普遍认同的大都市区治理结构的发展方向。现代城邦既是以现代中心城市为主导的经济空间，也是大都市区内城市间结成的“利益联盟”或政治共同体。从这个意义上说，现代大都市区已经不是传统意义上的独立的地理区域了，每个城市面临的都是来自全球的挑战。因此，由城市组群向现代城邦治理结构的演进意味着构建一个以区域自治为基础的在全球范围内竞争的大都市区组织模式。

3. 由行政区一体化结构向契约治理结构的演进

行政区一体化结构是由行政区域内政府职能和行为决定的城市之间的垂直隶属关系。传统上，城市治理模式可以视作“一元”模式。“一元”治理模式的基本特征就在于掌握决策权的上一级城市在区域资源的配置决策中起着支配作用，他们具有依据自己的偏好系统和效用函数将区域资源配置于特定的区域或项目上的能力。与传统上城市的行政一体化结构比较起来，大都市区治理更多地依靠契约而不是行政层次，因为在一个多元而互动的区域结构中，契约关系在协调城际之间的关系方面更有效率。事实上，近年来，城市之间的行政边界正逐步被打破，在一个地区内两个或者多个城市之间的共享支持性服务，以及政府部门的区域性协作现象屡见不鲜。这种共享与协作关系强调了资源共享是一种群体性行为，而在这种群体性行为背后，资源共享本质上是利益的共享。而在大多数情况下，这种区域共享与协作的制度安排总是以契约形式出现的。因此，大都市区的契约治理结构可能代表了大都市区治理模式未来的发展趋向。

三、中国大都市区治理模式和管理体制的变革

21世纪是全球经济一体化的世纪。在全球化背景下，作为资金、物质、人才、信息集散中心的大都市区以其对全球资源的吸引和配置能力，日益成为各自国家经济增长的引擎，掌握着经济发展的命脉。同时，由于国际竞争主要体现为大都市区之间的竞争，大都市区也因此成为一个国家在国际竞争中的制高点，从某种程度上代表着国家在国际社会中的地位和实力。为此，国家的一部分权力逐渐转移到以大都市区为中心的地方政府手中，成为一种新的趋势。美国著名学者尼尔·R. 皮尔斯（Neal Peirce，1992）认为，现在世界的国家权力正在逐渐“旁落”——一部分权力上收到国际性区域共同体，而另一部分权力则转移到地方政府手中①。

中国的区域管理体制改革恰巧契合了这种发展趋势。从20世纪80年代初开始，中国的区域体制改革大体上是沿着两条主线进行的：一是对内的地方分权，二是对外的引进资金。改革带来了双重后果：一方面，通过经济性和行政性分权，使地方政府获得了管理收入和支出的财政权、管制地方经济的权力和对国有企业的责任，地方利益得到了承认或强化，从而大大调动了地方政府的积极性，使地方政府担当起了推动地区经济增长的重任。另一方面，地方政府作为一种经济主体，为了实现地方经济发展目标，吸引到数目巨大的海外直接投资，它们往往从追求行政区内经济利益最大化出发，采取相应的地区发展战略、策略或政策。正因为这种双重性，引发了城市间或地区间的竞争和冲突。

伴随着经济全球化和区域一体化的发展，过去那种以行政区划决定地域分工和发展方式的模式面临极大挑战。目前，我国沿海发达地区出现了以中心城市为核心，打破行政区划限制，重新整合经济要素的新趋势。然而，由于大都市区治理结构上的缺陷，区域整合发展中仍存在诸多不合理现象，比如，区域产业结构趋同，城市之间无序竞争，地方保护和市场屏障的存在，“市带县”体制内部的相互掣肘，等等。这些问

① ［美］尼尔·R. 皮尔斯：《现代城邦——美国城市如何在世界竞争中崛起》，陈福军等译，2页，大连，大连出版社，2008。

题和矛盾冲突的凸显，实质上是一系列的经济、社会发展问题和环境压力在大都市区体制上的综合反映。因此，研究大都市区内城市政府之间的关系，寻找一个能够有效整合空间资源的大都市区治理模式就成为摆在我们面前的重大课题。

显然，改善大都市区治理结构，构筑我国大都市区管理新体制，要以打破行政区划界限，充分发挥大都市区的区域性职能为宗旨。从这个意义上说，有计划、有步骤地削减凌驾于大都市区之上的省一级政府的权力，让大都市区更多承担起区域经济组织的责任，赋予其更大的自治权力，让它独立地参与全球竞争，才是解决我国区域经济治理困境的重要途径，且符合世界范围内区域经济管理体制变革的大趋势。

第三节 Citistate 理论与大都市区政府间关系

一、Citistate 理论的本质特征

（一）Citistate 的含义

Citistate 是尼尔·R. 佩尔斯和柯蒂斯的约翰逊（Neal Peirce 和 Curtis Johnson）等学者在 1993 年出版的《Citistates—How Urban American Can Prosper in a Competitive World》一书中提出的新名词，用以描述在冷战之后，面对新的世界经济环境条件下大城市区域（metropolitan regions）是怎样运作的情形。创造 Citistate 一词是为了与 city-state（城邦）、na-tion-state（国邦）两词相区别，以表明他们对现代区域经济发展的新观点。根据他们的定义，Citistate 指的是一个区域，这个区域由一个或多个具有历史性意义的中心城市及其周围的城市和乡镇所组成，它们有着共同的可识别特点。它描述了当今时代区域经济活动的城市量级和空间结构特点，体现了建立在优势互补意义上的经济区域内，城市特别是中心城市与所在区域唇齿相依的关系，指出了一种要充分发挥中心城市作用，以带动农村，完全实现城乡经济一体化的倾向和意图。然而，Citistates 又不仅仅只是一个经济区域。相对于 Metropolitan Area 等词汇，Citistates 不仅有量的变化，而且还有质的变迁，它作为一个单独的区域进行贸易、商业和通讯方面的活动，并且具

有社会、经济和环境的相互依赖性。这就明确了 Citistates 的本质内涵，表明世界城市化进入高级阶段后，城市区域作为地方性经济与政治高度自治的统一体的重要地位。尼尔·R. 佩尔斯等学者为我们进一步描述了 Citistates 的属性：“城市区域——我们称之为 Citistates ——是我们这个时代的真正城市。它们是真正的劳动力市场和真正起作用的经济联合体。货物、服务、运输、媒体传播、犯罪、医疗服务，诸如此类的东西实际上都是区域性的。从劳动力储备到基础设施的质量等方面成功的区域体系决定了在长期内该区域的竞争力和成功性。”也就是说，这样的共同体是区域经济的聚合体，是区域社会发展的载体，最终是区域具有综合实力的政治保证机制。

（二）Citistate 的性质

1. Citistate 是以城市经济发展为关键推动力的自组织经济区域。每一个 Citistate 都是由一个中心城市及周边城镇、居民区共同构成的有机整体，它改变了原有建制的城市区域集合体呈现出与传统行政区划明显不同的自组织性特征。无论是古代的城邦（city-state）还是现代的城市区域（citistate），在其整个演化进程中，城市经济发展是关键性推动力，是提高其影响力的关键因素。由于知识、技能、信息等生产要素日显重要，智力和知识成为 21 世纪的主要战略性资源，城市日益显示出其吸引和培育人才的重要潜能和优势，使城市区域呈现出巨大的创造力和活力。正如 AneJacobs 在《城市经济》一书中指出的那样：“有史以来是城市而不是农村促成了世界上大部分的经济增长和创造。城市才是财富的创造者，而不是国家。”因此，佩尔斯把具有这样一些特点的时代叫做 Citistate 时代。

2. Citistate 的本质是一个与其他城市广泛联系的、在全球范围内竞争的大都市区。也就是说，Citistate 作为一个经济实体，它的形成可以突破行政疆域的限制，可以是全球性的、区域性的，Citistate 是经济全球化背景下的产物，它是由城市中心地带、城郊区、乡村腹地组成，这些组成部分在地理、环境、劳动力方面有着明显的内在联系，共有着一份经济、社会发展前景。Citistate 更着重强调城市的经济职能，其腹地可以随着经济联系而向全球延伸。它的空间结构与以往的城市区域集合体有着质的差别，呈现出非连续性和跳跃性特征。在新的思维模式下，它将在世界发展进程中发挥积极作用，成为具有全球性影响的国际性城市区域。

3. Citistate 是以城市为中心的具有经济联合、政治管辖和社会组织特性的经济政治共同体。其政治特色源自其经济功能的提升和增强，这一特色必然要求其在管理范围上实现行政区与经济区的高度统一，在管理权限上实现自身的高度自治，在管理形态上体现区域共同的身份和功能。我国学者针对 Citistate 所具有的"以城市为中心的经济政治共同体"的含义，将 Citistate 译作"城市主导区域"、"城市自治区域"、"城市自主区域"、"城市治理区域"、"城市自理区域"、"城市国家"等。Citistate 时代的到来预示着：21 世纪真正是城市区域的世纪。

二、Citistate 理论对我国区域管理体制改革的启示

尽管 Citistae 理论尚在发展之中，还需不断完善，但依据这一理论的基本精神，考察分析我国区域经济管理体制现状，仍可从中得出一些很有价值的启示：

（一）突破传统的省建制模式，按 Citistate 构建新体制

曼库尔·奥尔森指出，"国家富的源泉来源于制度！"我国目前城市与区域经济发展存在的突出问题是：资源配置的行政色彩过浓；行政区划对客观存在的经济区经济的健康发展制约过大；城市与区域之间的产业和市场对接严重受阻。大家习惯于把原因归咎于政府职能转换不到位，实际上根本问题出在传统省建制模式下形成的区域管理体制。由于我国目前一级行政区的地域管理空间太大，不仅难以形成经济联系紧密的共同体，反而更大程度上成为事实上的"诸侯经济"。如果按 Citistate 构建体制，以城市及其基本辐射范围为依据组建都市区，赋予这样的都市区以省级的权力，使新建制后的国家成为一个 Citistate 的集合体，有计划、有步骤地削减凌驾于城市区以上的省一级政府，让各个 Citistate 像市场经济中的企业一样，以独立的主体参与全球竞争，那就必然大大增强城市与区域参与国际竞争的活力。这样的新建制与原来的建制相比，其发挥作用之大是不可同日而语的，这一新的建制"是对城市化规律及其空间形态高级阶段的正确反应，也是对世界政治、经济历史发展趋势的重大发现。"因此，Citistate 建制将对解决我国当前区

域经济发展的困境具有重要借鉴意义①。

（二）冲破行政区划体制的禁锢，彰显经济区的力量

行政区划对资源要素自由流动的限制与经济区划对资源要素自由流动的诉求之间的矛盾，已成为制约我国区域协调发展的重要因素。citistate 理论显示，我国原有的区域经济管理系统已经不适应经济发展的需要，行政区划行政管理机能在组织经济建设方面的局限性，已成为政府行政管理的"灰色区"。我国三大经济圈中都不同程度地存在着中心城市与各次级中心城市之间缺乏良好的协调机制、产业结构趋同现象严重，远没有形成完善的分工协作体的情况。基于国内外区域经济管理的经验和教训，迫切要求我们按照构建合理经济区的原则对行政区划管理体制进行改革。一是对于跨行政区划且已密切连成一体的经济区，如长三角城市圈区域和珠三角城市圈区域，需建立跨行政区划的高层次区域权威协调机制，加强区域内部的分工协作，避免低层次、低效率的恶性竞争，提高资源在区域范围内的配置效率。二是在加强城镇化建设的同时，加强城乡协调发展，将城乡交接地带的基础设施建设纳入规范化道路，从总体上提高城市区域集合体社会经济发展平衡程度。三是积极转变政府职能，强化地方政府服务区域集合体经济发展的观念意识，减少对微观经济行为的直接干预，着力于营造良好的经济发展软环境，引导生产要素跨行政区划自由流动和产业跨行政区划自由转移，发挥市场机制在经济运行中的基础性作用。

（三）建立大都市区的自治体制，发挥中心城市作用

每个大都市区的治理都必须从各自区域的实际情况出发，开发其潜能，建立起一个新的地区自治体制和机制。大都市区的自治体制应该包括：从区域政府管理转向区域治理，参与式治理取代传统的自上而下的命令驱动体制，鼓励多种形式的参与和引入更透明的决策程序，建立包括公共部门间以及公私部门间的伙伴关系等。其中，发挥中心城市在区域自治中的作用是关键。中心城市作为一国经济力量的主要载体，它具有更灵活的资源支配性功能。中心城市凭借其全球性的产业链，可轻而

① 曾坤生、申雄伟、王劲峰：《Citistate 理论评介及其借鉴》，载《国际经贸探索》，2005（3）。

易举地实现资源在全球范围内的优化配置。因此，Citistate 作为当代大都市区治理的一种新思路，昭示着当代大都市区自主治理的方向性转型。

三、Citistate 时代的大都市区政府间关系

（一）地方政府间关系的变革

在 Citistate 背景下，大都市区地方政府之间的关系可能存在着两个重大变革：一是结构性变革，即大都市区内的地方政府是趋向整合还是分散；另一个是过程性变革，即大都市区的地方政府采取何种方式为其居民提供各项跨区域服务①。

趋向整合的结构性变革是通过调整地方政府的政治边界或行政区划，在大都市区建立一个统一的大都市政府。趋向分散的结构性变革是指在大都市区的郊区建立自治式社区或新城，为其居民提供各种公共服务，这是第二次世界大战后许多发达国家大都市区为解决发展压力所采取的主导性回应。

趋向整合的过程性变革包括建立享有政策制定权和执行权的多功能大都市特别行政区，由它们向公众提供排水、交通、垃圾处理、住房、公园等服务，实行区域税收共享，消除地方政府间恶性竞争，控制经济发展所带来的负的外部效应；增强县级政府职能，为其边界内的自治体提供各种区域性服务等。趋向分散的过程性变革是指在不改变大都市区地方政府基本结构的情况下，通过各种协调机制提供某种区域性服务。

大都市区地方政府间关系的变革可以归纳为图 18—1 所示的动态过程。

在图 18—1 中，关于影响大都市区政府间关系的变量和变革方式仅列举几项，并不全面。针对上述各种变革因素产生的综合影响，大都市区进行主动或被动的回应。因 Citistate 的发展现状和所在的大都市区发展阶段的不同，地方政府对各种变革因素的回应的强度也有所不同。但不论哪种回应，大都市区政府间关系的变革基本上都包含在上述两个维度之中。

---

① 刘彩虹：《整合与分散——美国大都市区地方政府间关系探析》，245 ~ 247 页，武汉，华中科技大学出版社，2010。

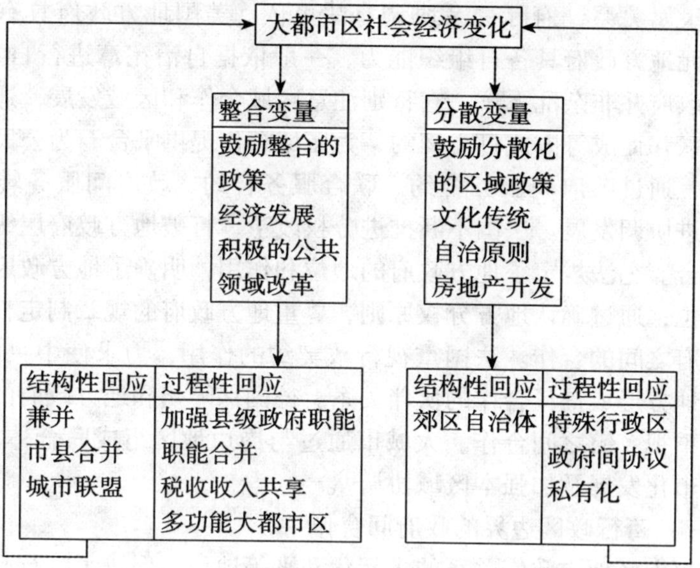

图 18—1 大都市区地方政府间关系的变革

（二）多元而平等的城市关系

从 Citistate 的视角看地方政府间关系，它完全超脱了等级制，逐步建构起多元伙伴型府际关系网络。它强调要尊重地方行政主体的自治权力，破除行政等级制，规避科层制论资排辈和以大压小的城市治理困境。

在 Citistate 条件下，地方政府具有自主地位，并不存在孰高孰低的行政级别，其权力源于本区域民众，对本区域民众负责。在多元而平等的城市关系下，区域经济关系的重心在于促进地方政府自主交叉合作，形成伙伴式合作关系；从宪政上支持地方自主权，以平等的契约来规范多元行政主体行为；推动资源整合，订立契约促进区域发展。

在这方面，西方国家的地方制度，可为中国的大都市区内城市关系协调，尤其是地方政府的定位及多元地方政府间关系处理提供借鉴。西方各国对地方制度定位清晰，地方往往有较大自治权，政府间关系伴随宪政民主进程逐渐明晰，加之西方有较强烈的法治意识和契约精神，故中央与地方、地方与地方关系清晰，不同类型的多元地方政府有条不紊的运行。美国联邦宪法界定了联邦与州之间的关系，州内的地方政府之间并无隶属关系，府际关系协调有法可依。美国地方政府具有法人权威，多元地方政府具备自组织能力，一般依据自治宪章进行自主管理。但地方政府并非杂乱无章，它特别注意区域合作和区域发展，通过自发组织、联邦促成等方式订立契约，为区域合作提供平台，为公民提供优质服务，通过政府间服务合约、联合服务合约、政府间服务转移等方法，促进协调发展。法国不断推进分权改革，打破地方政府层级并推进区域联合。宪法规定了地方政府的地位和作用，明确了地方政府自主管理的地位；通过确认地方分权原则，尊重地方政府的规章制定权，促进地方政府之间的合作。法国重视行政契约的作用，力求使中央与地方、地方与地方形成信任合作的伙伴关系。德国保障州和地方政府的独立性地位，重视乡镇之间合作。大城市通过与周边地区组成联合体的方式，促进城市化发展及加强本区域协调①。

（三）跨行政区边界的政府间合作

大都市区地方政府关系的多元化和平等地位，促成了跨行政区边界的政府间合作的多中心的制度安排，而这些制度安排又总是以契约形式出现的。地方政府间功能层面的合作主要有如下几种形式②：

1. 非正式合作（informal cooperation）。与正式合作相反，非正式合作通常是政府之间口头的、非正式的协议，一般不具有法律约束力。它可能是简单的信息共享或交流；也可能是允许一个政府使用另一个政府所拥有的设施的口头协定。最简单的一种非正式合作是双向互助协议，这种互助可能是信息共享，也可能是在紧急时刻相互援助。在那些跨越行政区边界的大都市区，非正式合作是地方政府间合作的重要的方式之一。

2. 政府间服务合约（interlocal service agreement）。政府间服务合约是两个或两个以上地方政府签订的有法律约束力的协议，根据协议规定，其中一个地方政府同意按照议定价格向另一个地方政府提供某项公共服务，服务的质量和数量都可在合约中约定。采取这种政府间服务协

① 蔡英辉：《斜向府际关系——多元县市合作的基点》，载《天津行政学院学报》，2011（4）。

② 刘彩虹：《整合与分散——美国大都市区地方政府间关系探析》，162～176页，武汉，华中科技大学出版社，2010。

议，地方政府仍然承担着提供公共服务的责任，但是可以约定由其他政府单位负责服务的生产。

3. 一揽子服务协议（package of service）。许多小的城镇或郊区社区，在服务提供上无法实现规模经济，于是便采用向某个政府购买一揽子服务的机制，将公共服务的生产与提供分离开来，由规模较大的城市利用规模经济负责生产，而小城镇或社区则向这些大的政府单位购买服务提供给居民。

4. 共同权力协定（joint-powers agreement）。地方政府间合作的另一种形式是共同权力协定，是指两个或两个以上的地方政府共同建造和管理某项设施或共同提供某项公共服务。它包括两种形式：一是共同设施协定，二是共同服务协定。

5. 职能转移（transfer of functions）。在大都市区现有地方政府框架内进行的另一种适应性调整是将某项城市职能从一个城市政府永久性地转移到另一个政府。大部分情况是自上而下的转移，但有时相反的情况也会发生，政府间职能转移一般是自愿性的。这种职能转移在一定程度上避免了大都市区服务的重复性，并且还可以获得某种规模经济，因而使用比较频繁。

综上所述，跨行政区边界的政府间合作向我们展示出大都市区治理的创新性变革，它也显示了一种应对经济挑战的全新政治和行政文化。

第十九章　区域经济一体化与区域经济政策

经济全球化与区域经济一体化已成为当今世界经济发展的两大趋势，为适应这种形势，中国经济发展必须冲破行政区经济的束缚，深化国内区域经济一体化，增强国家及地区经济增长实力。本章围绕区域经济一体化的政府干预和政策设计为中心展开讨论，首先简单地介绍了区域经济一体化的基本理论，然后，分析区域经济协调发展过程中的政府干预思想，最后探讨区域经济一体化的政策目标、手段和效果评价。

第一节　区域经济一体化理论

一、区域经济一体化的内涵与标志

荷兰学者简·丁伯根（Jan Tinbergen）首次明确赋予经济一体化以完整词意，其本意在于以区域为基础，提高区域内的要素流动，达到资源的有效配置和利用。一体化从文字本身的含义来理解，是使分散的部分融合为一体，不仅是使相互间的联系加深，更强调部分之间的共生性。

在国际经济的研究中，“区域一体化”是用来描述在国家之间建立区域化、集团化的合作关系的最基本的理论概念。国际上的区域经济一体化理论多是以欧洲国家的集团化发展实践为主要实证基础的。一体化被定义为伙伴国家之间逐步加强经济合作联系、结合成为范围更大的区域经济实体的过程。

在一国范围内，区域经济一体化可定义为：地域上较接近或地理特征较相似的省区之间、省内各地区之间、城市之间，为谋求发展而在社会再生产的某些领域，实行不同程度的经济联合与共同经济调节，形成一个不受区域限制的产品、要素、劳动力及资本自由流动的统一区域的动态过程。它的目的是优化资源配置，实行区域内各地区合理分工，提高资源使用效率，促进联合体共同繁荣。

区域经济一体化是区域经济学的一个主要范畴，是一个发展的、动态的概念。其实质就是打破行政区划界限，按区域经济原则统一规划布局、统一组织专业化生产和分工协作，建立统一的大市场，优势互补、联合协作，连接并成为一个利益命运共同体。一体化的基本内涵是一种经济联盟、经济利益命运共同体。它通过一定的组织和协议以及一定的联合方式，实现区域经济的统一规划布局和生产力配置，统一开发区域资源，统一分工协作，建立统一的大市场，统一对外开放政策，联合开发和占领市场，提高竞争力，实现共同的发展目标。也就是说，通过区域经济联合的优势和优势互补，促进区域经济优势的充分发挥，逐步缩小区域内部之间的发展差距，实现经济、社会的全面发展。

区域经济一体化是区域经济联合与协作模式的高级阶段，也是实现国家统一大市场的必由之路。一般来讲，区域经济一体化的实现主要表现在以下几方面：一是打破行政分割，建立稳固的区域经济协调发展组织；二是使联合协作不断向多层次、多领域、全方位方向发展，联合化、协作化程度不断提高，联合协作关系更加密切；三是形成统一、开放、竞争、有序的大市场，实现区域内资源合理配置，生产要素优化组合，优势互补，联合发展；四是发挥中心城市的优势及“极化”、“扩散”效应，带动周围地区的产业发展和技术进步，使大城市与周边地区的相关性、互动性、互为发展性及相互依存度不断提高，形成一个密不可分的整体。

二、区域经济一体化的分类与内容

（一）区域经济一体化的类型

1. 从经济一体化形成的动力机制看，区域经济一体化分为政策导向型的一体化和市场导向型的一体化，这两种形式是互相联系的。一种是以政府为主体的一体化，一种是以企业为主体的一体化；一种主要采用法律、政策、行政手段，一种多采用经济、市场手段。

2. 从区域经济一体化包括的地域范围来看，区域经济一体化可分三个不同层次：（1）一个国家内某些地区的经济一体化（如城乡经济一体化，接壤地区经济一体化等）；（2）不同国家之间的经济一体化（如欧洲共同市场，以及发展到后来的欧洲经济与货币联盟等）；（3）全球范围内的经济一体化（如正在发展中的世界贸易组织等）。

3. 从区域经济一体化的过程来看，根据市场的融合程度，区域经济一体化可分成四种类型：（1）贸易一体化，即取消对商品流动的限制；（2）要素一体化，即实行生产要素的自由流动；（3）政策一体化，即在一定地区内达到国家经济政策的协调一致；（4）完全一体化，即所有政策的全面统一。从国际区域一体化的角度上说，与这四个阶段相对应，经济一体化组织可以根据市场融合的程度，分为以下六类：优惠贸易安排、自由贸易区、关税同盟、共同市场、经济联盟和完全的经济一体化。

（二）区域经济一体化的内容

区域经济一体化是一个逐步扩展与深化的过程，呈现出一定的阶段性，而每个阶段又有不同的内容。区域经济一体化大致包括以下内容，且这些内容具有一定的渐进性。一是产业经济一体化，指产业内部，以企业为主，通过兼并、重组的形式，追求经营规模化、竞争规范化的产业整合模式，以提高区域经济整体竞争力。这是区域经济一体化的主要内容，在不同发展阶段，涉及的产业领域范围从一个部门向多个部门逐步扩大。二是基础设施一体化，这是目前我国多数经济协作区的主要协作内容。由于我国幅员辽阔，各地区资源分布与经济发展水平不平衡，经济发展受到瓶颈制约，为此结合我国现实，实行区域间资源共享，公共产品共建，以提高资源使用效率与投资效率。三是市场一体化，这是区域经济一体化的较高级阶段。产业一体化过程实现了产品市场一体化，而生产要素的流动仍受行政区划的限制。通过建立共同的生产要素市场，消除不同区域间生产要素、技术水平差异及行政障碍，使劳动力、资本及各种生产要素在区域间自由流动，达到优化配置的目的。四是投资一体化，这是区域经济一体化的关键，它有利于防止盲目、重复投资，造成资源浪费。通过经济联合体制定统一的投资政策，指导区域成员的投资行为，从而提高重大项目的投资效益。五是完全的经济一体化。区域经济一体化是一个动态发展过程，在前期可能只有某一方面的协作与联合，如产业联合或投资联合等。完全的经济一体化需要让渡一定的地方权力，服从联合体共同的利益决策，实行统一规划，共同管理。

三、区域经济一体化的形成机制与路径

(一) 区域经济一体化的形成机制

1. 市场机制

在市场化程度比较高的地区，经济发展主体是企业，在利润最大化动机驱使下，由于规模经济的作用，企业之间会通过横向联合与纵向兼并，逐步实现区域经济一体化。同时，生产要素在区域之间自由流动，这就实现了区域之间的合理分工、资源优化配置的区域经济一体化目标。因此，企业往往是区域经济一体化的主要推动主体。在宏观层面上，区域经济一体化通过更加畅通的市场调节和一体化组织的内部协调，能够促进区域之间更有效地开展区域专业化分工，减少相互之间的无效竞争。经济一体化区域之间建立在分工基础上的合作是协调机制的基本内容，也是区域经济一体化形成的首要条件。促进区域经济一体化发展的市场机制：一是商流的集聚效应与扩散效应；二是产业转移的“多赢”合作；三是区域分工协作的专业化生产；四是自由市场的贸易一体化。

2. 行政机制

在市场经济体制尚不成熟的地区，在区域经济一体化过程中，往往会形成一种自上而下的政府主导型经济一体化模式。经济协作区、经济联合体等一体化组织，虽然强调以市场为导向，但依然是以政府为主体进行操作，企业表现出对政府的严重依赖，没有发挥企业的积极性、主动性。促进区域经济一体化主要靠政府协调机制，而这种调节机制又重点体现在政策方面，包括产业规划、基础设施建设、区域政策、户籍政策及行政区划调整等。

需要指出的是，上述两种机制不是非此即彼、相互分割的，相反，在很多情况下，二者是结合起来发挥作用的。只不过是视不同的条件决定以谁为主导的问题。中国是一个政府主导型的、现代化的后发型国家，一方面，计划体制下政府对经济的深度干预，使政府手中掌握了大量的管理和直接运行经济的权力和能力。另一方面，市场经济发育还极

不成熟、公民社会的力量也还有待于发展和壮大，所以，除非政府之间达成共识，通过政府间合作，依靠一致性的行政力量、中央政府的政策资源和法律制度去实现一体化，否则在政府之外几乎没有足够的力量和制度渠道来实现这一制度变迁。当然，以政府合作来推动区域经济一体化，并不是强调用政府的力量去替代市场，而是试图通过区域内地方政府的共同行动，一起尝试并进行以市场化为导向的制度创新，为区域内社会经济资源的优化配置提供一个一体化的制度平台。同时，必须意识到，在一个缺乏普遍的法治规则、统一的市场秩序和完善的区域政策的国度里，要真正建构起一个行之有效的区域政府合作机制，实现区域经济一体化，绝非是一朝一夕的事。

（二）区域经济一体化的实现路径

随着城市功能的重构，政府职能及市场经济体制的完善，产业结构及空间形态的调整，城市的功能空间已由原先的一个“点”，发展成为更大范围、更多层次的“面”，出现了城市区域化的态势，其空间范围或影响范围在客观上构成了由中心城市与周边城镇相结合的大都市圈，成为现代城市发展的一个新的空间单元。从这个意义上说，大都市圈的形成过程也就是区域经济一体化的发展过程，在我国发展区域经济的实践过程中，大都市圈将成为推动区域经济一体化的核心载体和基本模式。大都市圈是由一个或多个中心城市和与其有紧密社会、经济联系的城镇组成，具有一体化倾向的协调发展区域，是以中心城市为核心、以发达的联系通道为依托，吸引辐射周边城市与区域，并促进城市之间的相互联系与协作，带动周边地区经济社会发展的，它是可以实施有效管理的区域。大都市圈是一个以经济联系、社会联系以及生态联系为核心形成的一体化的区域，往往不是一个完整的行政地域单元。因此，推进大都市圈发展和都市圈一体化进程还有赖于跨地区、跨行政区边界的协调与合作。

因此，区域经济一体化的实现路径可以简单地概括为：经济协作区→城市间经济协作网络→大都市圈。经济协作区是区域经济一体化的主要形式，它是一种初级的、松散的区域经济组织形式，主要围绕加强能源、交通及其他基础产业和基础设施的建设，调整产业结构、产品结构和企业组织结构，通过大跨度的联合，促进区域市场的形成和发展。城市间经济协作网络，往往以城市群的形式出现，在区域经济联合中起重要作用。城市群是社会生产力和城市化发展到一定水平后，在相邻地域范围内，由相当数量规模的等级不同、各具特点而又相互联系、相互作用、相互依存的城市构成的网络体系。比较高级的区域一体化形式就是大都市圈经济。它往往是一个国家最主要的经济发达地区，在本国经济甚至世界经济中，发挥着枢纽作用。由于它集聚的产业、金融、贸易、科技、信息等力量，在全球经济活动中具有较大影响，所以它代表国家参与国际分工与国际竞争，日益成为世界经济活动的主导力量。大都市圈中的每个城市，都有占优势的产业部门，它们之间通过生产上的协作与联系，在共同市场的基础上形成一体化经济，从而形成大都市圈的整体功能优势，推动区域经济一体化的发展，增强国际竞争力。

第二节 区域经济协调与政府干预

一、政策行为：替代市场的方法

（一）区域政策与政府干预

区域经济政策是指中央政府为推动萧条地区经济发展、调控区域经济运行而采取的一系列方针、政策和措施的总和。它的着重点是区域经济发展，它的必要性是纠正市场机制在资源的空间配置方面的不足，它的目标是实现资源在空间上的优化配置和促进区域经济的协调发展。

区域经济政策是一种典型的政府行为。任何区域的经济都具有开放性特点，在一个国家的区域系统中，每个区域都是国民经济功能网络中的一个环节，因而区域经济发展与区域经济关系在很大程度上会受到区域外部因素的影响。在区域发展过程中，各级政府或公共机构通常会为实现一定的社会经济目标而对区域经济运行进行有目的的干预。而干预的主要方法通常是通过政策导向替代市场导向的自发作用。作为公共政策的组成部分，区域政策实质上是政府针对一国范围内经济资源的空间配置所实施的公共干预行为。

（二）政府干预区域经济的理由

一国区域经济活动需要政府来干预，通常是担心区域经济差距的扩大，可能给整体经济和社会带来严重的不良后果。而市场机制的作用往往倾向于加大区域经济的差异，即使在某些方面有助于减少差异，其过程也很慢长。具体来说，之所以有必要制定区域政策来调控区域经济运行，主要基于以下三个方面的原因。

1. 市场经济在区域发展与运行方面存在功能失灵

市场机制主要以价格反映资源的稀缺程度，体现商品和劳务的成本或效用，在二者存在显著差异的地方，可能会导致资源的配置失误。从空间角度看，在生产或分配上存在密切的前、后向联系，或在布局上有着相似指向性的产业布局与某个拥有特定优势的区域会形成聚集经济效应，而企业总是倾向于在这种地方聚集，市场作用使这种聚集的趋势越来越明显。这使外部不经济和环境恶化等问题越发严重。

2. 区域经济具有要素分布的空间上的不平等性

要素分布不平等和现代经济活动的某些内在特点，使得区域间均衡发展必须不断地进行资源的空间再配置。然而，在正常的市场调节下，这一过程可能进行得过于缓慢。原因在于，市场是通过调节产业经济活动来调节区域经济的，因而这一过程取决于产业经济的特点，而现代产业经济的四个基本特征都可能会加剧区域经济的非均衡发展。一是农业在产业结构中的比重降低，农村劳动力向城镇迁移。二是制造业由于技术进步的原因对原料的依赖程度渐渐低于对市场的依赖度。三是随着经济发展和收入水平的提高，服务业的比重上升，而有利于服务业发展的只是人口聚集的城市。四是自由竞争的市场条件不复存在，在不完全竞争市场中，如仅靠时常调节的缓慢作用来引导和调节资源在产业间和区域间的再配置，只能在产业兴衰的“事后”才能见效，这无疑会在客观上造成繁荣与衰退并存的区域不平等现象。

3. 不平等的区域竞争使区域差异扩大不可避免

市场对区域经济的调节作用，主要是通过竞争机制来解决区域资源配置的效率问题，但是，在这种市场力量的作用下，也会产生一种区域累积因果效应，从而加剧区域经济发展的不平衡。因为一旦某些地区因市场的作用而持续、累积地加速增长，长此以往，即使是平等的产业竞争，也会表现为不平等的区域竞争。此时，市场无力集中支配资源，实现资源的区域合理配置。

（三）政府与市场：降低区域间就业差异的两种不同方法

下面以如何降低区域间就业差异为例，对其中采用政府干预方法和自由市场方法特征进行比较分析①。

根据经济学原理，如果市场是有效的，区域间的失业差距会自动消失，市场能够出清。下述的三种主要机制可以保证市场出清。

（1）高失业区域工资水平的下降和低失业区域工资水平的上升，伴随着对就业数量的相应影响。

（2）工人将从低工资区域迁移到高工资区域。

（3）企业和流动资本投资将从高工资区域流向低工资区域。

在劳动力和资本可以自由流动的完全竞争市场中，最后的结果将会是所有区域都实现公平工资和均衡就业。但是，上述的情况并不与现实相符。虽然工资在一定程度上对区域之间的就业差距有反应，也会出现由于区域间工资率和失业率差距而带来的迁移，但是调整的过程太慢，以至于无法消除区域间工资率和失业率的差距，从这点来说，市场是失效的。

为什么市场力量不能够迅速改变区域间工资率和失业率的差距呢？主要有如下两个原因：首先，区域间的资本和劳动力流动存在着很大的障碍。第二个原因是工资无法及时反映出当地劳动力市场的情况。导致工资无法及时反映市场情况的主要因素是工资率由产业内的集体协议决定，而不是由某个区域决定。

那么如何来缩小区域间的就业差距呢？可以采用两种截然不同的方法——自由市场法和政府干预法，每种都和不同的政治观念有着密切关系。

自由市场法认为区域问题的产生主要是因为市场无效，原因是缺乏企业家文化和过度的政府干预。基于市场解决的方法就是通过解除对市场运行的约束来缩小区域间的就业差距，特别是劳动力市场需要更多的自由。这方面的政策建议很多。比如，关于促进劳动力从高失业区域迁移到低失业区域的政策。通过提高公共部门的房租到市场水平来促使劳

① ［英］哈维·阿姆斯特朗：《区域经济学与区域政策》，刘乃全、贾彦利、张学良等译，178～182页，上海，上海人民出版社，2007。

动力迁移出高失业区域。在低就业区域也可以通过对私有行业的财政刺激来鼓励增加可租房屋的供应，从而促进劳动力从高就业区域迁移到低就业区域。作为取代减少劳动力迁移障碍政策的另外一种政策是对劳动力稀缺的区域征收较高的就业税，迫使企业减少劳动力的使用，改进为资金密集型，或者将其企业迁移到劳动力资源丰富的区域。相关的方法是征收交通堵塞税。任何新成立的工商企业都要根据其造成的交通堵塞征税，这样也可以造成资本和劳动力需求外迁转移到劳动力资源丰富的区域。

自由市场法并不一味排斥区域政策的运用，但是它强调区域政策即使存在也应该将影响降到最低，区域政策提供的任何方式的财政援助都需要进行严格的控制。当然，这种缩小区域间就业差距的自由市场法受到了很多的责难。基础的经济理论认为，鼓励劳动力从劳动力资源丰富的地区迁往劳动力资源稀缺的地区将带来确定的经济收益。但这其实只是在基础的需求和供给模型中成立，因为它忽略了迁移者对迁出地和迁入地带来的外部效应。

反自由市场法要求政府的直接干预。由于市场刚性的存在而导致无法使工资水平下降到市场出清水平，所以最有效的方法就是去除市场刚性。这种方法的核心思想是区域问题是由区域经济中的结构性缺陷造成的。比如，由于大量的资金从贫穷地区流向富裕地区造成了基础性投资的缺乏。问题区域的复兴需要给供给方提供政策来重建区域内的工业和商业基础，需要政府从地方、区域、国家等不同的层次进行干预。

政府之间干预区域就业差距可以采用三种方法：（1）引导投资进入高失业区域；（2）刺激高失业区域的内生增长；（3）通过生态经济方面的基础设施公共投资来振兴高失业区域。引导制造业企业从非援助区域进入援助区域是政策干预采用的典型方法。对非援助区域内的企业布局实施严格控制，而对迁移到援助区域的企业则给予投资刺激。鼓励受援助区域新企业的产生和小企业的成长，促使受援助区域内生增长。对问题区域进行社会和生态等方面的基础设施投资也是常采用的一种方法。干预主义者认为，为提高问题区域的竞争力，就必须提高该区域的社会基础设施存量。这方面的投资包括重新发展落后地区、提高运输网络质量、提供更好的休闲娱乐设施、增加房屋存量和提高城市环境质量等。这种投资会向投资者显示出政府振兴该区域的信心，从而也增加他们对该区域的投资信心，同时，也可以帮助落后区域留住和吸引那些比较重视生活质量的高技术劳动力。

二、政府干预区域经济关系的基本目标

政府干预区域经济关系主要是为了协调各区域的发展，而各区域协调发展的一个关键是能否实现区域利益的帕累托改进。所谓区域利益的帕累托改进，是在至少不降低任何其他相关区域的利益的前提下的区域利益增进。简言之，就是利己不损人。这是区域经济分工与合作的基本前提与效应。两区域情况下的区域利益帕累托改进如图 19—1 所示。

在图 19—1 中，ab 为现有制度条件下的利益可能性边界，OE 为平均利益线，S 为现状利益空间分界点，由 S 点到 SFG 中任何一点，均为为区域利益帕累托改进轨迹。

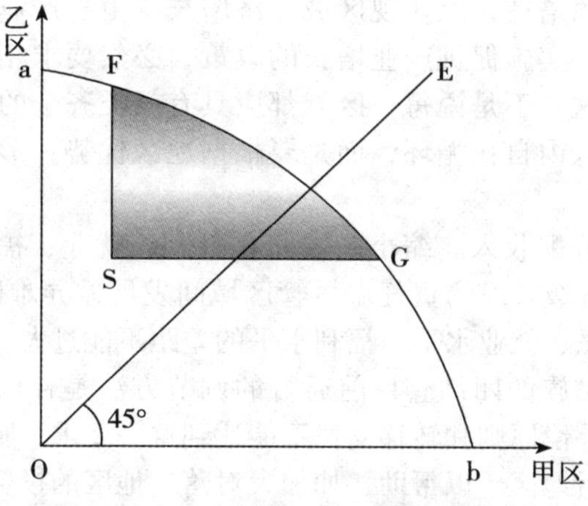

图 19—1　区域利益的帕累托改进

外部性、信息不对称、区域经济差距与不合理的区域经济政策都会导致区域利益矛盾，也就是说，这些因素会妨碍区域利益帕累托改进。分工与交易范围扩大在制度不变时会增大外部性与信息不对称程度，从而增大合作障碍这一内在矛盾。而且，区域经济差距与不合理的区域经济政策也会妨碍区域利益帕累托改进，亦即在某些场合，区域经济合作

不一定会导致区域利益帕累托改进①。

从这个基本目标出发，具体到特定区域经济活动空间中，区域经济政策的目标可以归纳为经济稳定化、资源配置高效化、分配公平化三种，即解决公平与效率的问题，使国民经济增长最快，资源的空间配置最优，区域间收入、福利、增长等方面的差距缩小。

（1）稳定经济发展。由于发展水平高的中心区域与发展水平低的外围区域对立的存在，经济发展的稳定性在于两类地区的协调发展。低收入地区的经济增长既有利于全国经济总量增长，同时又使区域差距趋向缩小。但集中经济、市场机会和心理上的偏好等，往往都有利于富裕的区域，使这类地区的发展往往较快。要实现经济稳定发展，必须依据当时当地的经济状况，正确确定两类地区的发展速度比例，既要保证国家经济的一定的增长速度，又要保证地区差距不要过大或拉大。区域经济政策是协调这个关系的最有效的杠杆。

（2）有效配置资源。要保证区域经济的协调发展，就必须在重点地区间进行资源培植，以实现区域经济增长。由于产业经济活动的空间非平衡分布，实施促进产业增长的政策，必然要求相应的区域经济增长。但是，这并不是说每一区域都应具有门类齐全的产业结构以实现经济流程的区内自我循环，而是要根据地区优势，形成地区的特色产业。

（3）公平分配收入。缩小区域间在收入、就业、福利等方面的差异，是各国、各级政府的责任。尽管区域间发展差异难以避免，但是，区域间收入水平、就业水平、福利水平的差距不能过大，因为这关系到国家的巩固、民族的团结。目前通行的调节方法是补偿原则和转移支付，如果仅凭补偿原则和转移支付不能达到这一要求，则应采取相应的政策措施对落后地区予以帮助，如加大对落后地区的投资，用政策措施鼓励社会资金投向落后地区等。

三、政府干预区域经济关系的条件和方式

区域经济差距是区域经济不协调的主要原因。也就是说，是造成区

① 张可云：《区域大战与区域经济关系》，378～379页，北京，民主与建设出版社，2001。

域经济矛盾与冲突的关键。在现实中，区域经济差距有多种表现形式，而且各个国家或同一国家在不同时期所采取的旨在缩小区域经济差距的干预措施（包括区域经济政策与区域经济规划）是有所不同的。其原因可用一个理论模型来说明。

运用两区域模型可分析区域经济差距和政府干预区域经济关系的强度与方式之间的理论关系。图 19—2 中的 ab 与 OE 曲线代表的意义同图 19—1。定义扇形区 aVD 与 bWD 为可能的非合作利益空间分布区。当利益空间位于 aVD 或 bWD 内的任一点，例如在 A、B 点上时，区域经济差距永远不可能通过区域利益的帕累托改进来消除。在 A 点上，乙区在区域利益格局中占优，由该点可作的帕累托改进空间为 AHI，不可能接近 OE，AI 是乙区参与合作的底线。在 B 点上，甲区在区域利益格局中占优，由该点可作的帕累托改进空间为 BJK，这一空间同样不可能接近 OE，因甲区参与合作的底线是 BJ。现状利益空间在 ab 线以下 OVDW 以外越靠左上方或右下方，尽管区域经济合作也可带来区域利益的帕累托改进，但区域合作的难度越大。若各区域均有“患不均而不患贫”的思想，则在可能的非合作利益空间分布区不可能发生区域经济合作。

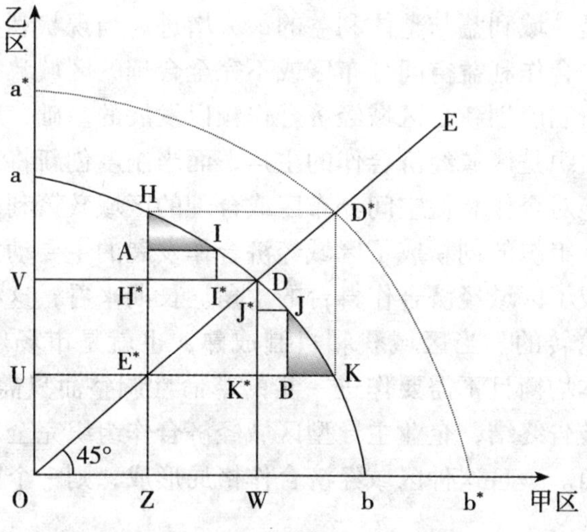

图 19—2 区域差距与区域利益帕累托改进

可见，当区域经济差距达到至少使一个区域的利益低于利益临界点时，区域经济合作绝对不可能发生。区域经济关系很难协调，当现状利益空间分布点位于利益临界点范围之内时，即位于绝对合作利益空间分布区时，区域经济合作能导致区域利益帕累托改进与绝对区域经济差距缩小，政府干预主要应着眼于为区域间企业合作创造良好的基础结构和制度环境方面；当现状利益空间分布点位于潜在合作利益空间分布区时，区域经济合作需要制度创新来推动，制度创新的边界是将所有潜在合作利益空间分布区纳入绝对合作利益空间分布区；在绝对合作利益空间分布区，现有的制度能保证区域利益帕累托改进有效，政府不必过多介入，企业主导型是区域经济合作组织的主要形式；在潜在合作利益空间分布区，现有的制度不能提供足够的激励促使区域利益作帕累托改进，政府推进制度变迁存在一定潜力。政府主导型是区域经济合作组织的主要形式。通过制度创新使原有的潜在合作利益空间分布区变为绝对利益空间分布区。区域经济合作的组织形式随之以企业主导型替代政府主导型①。

现状利益空间分布点的位置决定了对区域组织与制度的需求及其结构。区域经济合作动态发展过程的表现是不同类型组织的角色变换，其反映的本质是区域利益与整体利益的最大增进。当现状利益空间分布点位于可能的非合作利益空间分布区或不完全合理的区域政策利益空间分布区时，政府制度创新是区域经济合作赖以发展的基础，政府主导型区域经济合作组织是区域经济合作的主角，而当制度创新将现状利益空间分布点推至绝对合作利益空间分布区或合理的区域政策利益空间分布区时，企业区域组织的创新成了区域经济合作发展的主要动力来源，企业主导型组织成了区域经济合作舞台的主角。长期来看，这种动态的角色转换是不断轮转的。当区域获利机制成熟，也就是市场经济体制完善后，制度基本均衡且不需要作进一步的革命性调整而只需边际调整时，这种轮转便被告终结，企业主导型区域经济合作组织完全定格为区域经济合作的主角。一旦这种区域经济合作格局形成，则一个国家便步入了

① 张可云：《区域大战与区域经济关系》，380～382页，北京，民主与建设出版社，2001。

日益兴旺的现代化快车道。

第三节 区域经济一体化的政策手段与效果评价

一、区域经济一体化政策的主要手段

区域经济一体化政策手段包括使用什么工具、采用什么方法实现区域经济政策的目标。其主要手段包括：财政和税收手段；产业与投资手段；区域开发手段。

（一）区域财政税收政策

财政政策是国民经济总量调节的重要手段，也是配合产业政策和投资政策，促进区域经济一体化协调有序发展的重要手段。区域财政政策具有三个目标：第一，区域经济发展的效率目标。保证区域经济的有效增长，是区域经济发展的重要目的。第二，区际公平目标。保证社会经济资源的合理配置和区域间经济发展水平、收入差距不要拉得过大，保证区域间的公平分配，是国家和地区区域财政政策的重要目标，区域公平与代际公平一样，是可持续发展的重要组成部分，是要靠区域财政政策中的资金支持来达到目的的。第三，区域发展的稳定性目标。促使区域经济的稳定、协调，避免出现波动，无疑是保证区域经济向前发展的重要目标。

区域财政政策的实施手段通常包括两个：一是地区税收杠杆。从财政收入来看，关税、消费税等归中央固定收入；营业税、房地产税、个人所得税归地方；企业所得税、资源税、增值税归中央和地方共享。地方的收入直接成为地区经济和管理的资金来源，增加地方的收入是地方政府长期追求的一个重要目标。中央的收入经过二次分配，有一部分返回地方，成为地区重点项目建设的主要资本来源之一。二是财政分配。中央政府投入是保证地区生产经营活动正常进行和社会经济环境正常建设的重要因素，主要用于全国性和地方性的能源、原材料等基础工业，交通、邮电通讯等基础设施，农业、教育、科技等基础产业的建设。

就财政收入分配政策来说，最重要的是区域转移支付政策。转移支付政策是国家的解决由于中央和地方之间的纵向不平衡而产生的某些区

域、某些产业和某些人口的发展落后问题，以及为了实现区域间各项社会经济事业的协调发展而采取的一项区域经济政策。转移支付是政府把以税收形式筹集上来的一部分财政资金转移到社会福利和财政补贴等费用的支付上。施行转移支付，包括三个方面的内容：缩小地区差距方面的转移支付；基本公共服务设施建设方面的转移支付；扶贫方面的转移支付。

（二）区域产业与投资政策

在市场经济体制下，生产要素在生产者之间、行业之间、产业之间、地区及区位之间的分布组合主要是经济主体通过要素市场来进行的，但市场调节不能解决总量与结构问题，它需要政府运用产业政策和投资政策来调节。

产业政策是以区域经济各产业为对象，通过对各产业的保护、扶植、调整和完善，直接或间接参与产业或企业的生产经济活动的总称。产业政策的意义不仅在于调整资源配置结构，更在于加快结构合理化与高级化和经济发展的步伐。产业政策包括三个方面的内容：一是产业结构政策。产业结构政策是指政府调节资源在产业间配置及其关联性政策，涉及结构协调和结构进化两个问题。二是产业组织政策。产业组织政策指调控一个产业内的资源配置结构的政策，解决规模经济与竞争资产的矛盾。产业组织政策主要是关于“产业内”的结构问题，也就是说，产业内的企业间如何分配生产要素。三是产业布局政策。产业布局政策指调节生产要素在地理空间上的配置政策。如果生产要素在空间上聚集，形成地方化经济，但取得集聚规模效益的同时，会引起区域差异的拉大。

从区域投资政策来看，政府的投资行为，既包括政府的直接投资，也包括它对地区企业和个人投资的影响。地区在进行产业投资时，投资产业选择非常关键。因此，投资政策应注重优先发展主导产业，使之有效地承担起全国地域分工任务，并增加其带动地区经济发展的辐射力；配套发展关联性产业，特别是主导产业的前后向关联产业。同时，积极发展基础性产业特别是其中的“瓶颈”产业，克服其对地区经济的制约作用。此外，投资环境建设也很重要。投资环境当中，硬环境主要指交通运输业、通讯业、金融业等行业，它们是区域内、区域间经济联系的手段，这些行业一般具有外部经济性和规模经济的特点，一次性投资大，应由政府投资或融资、集资建设。软环境包括区域发展战略研究，完善法律、法规，制定市场规则，维护市场秩序，保障生产者和消费者权益等方面。所以，要在较短时间内解决地区经济发展不均衡的问题，应尽可能使经济不发达地区的投资软环境优于经济发达地区。

（三）区域规划与布局政策

区域规划与布局应当是区域经济发展战略指导下的区域和产业发展的详细安排。它包括区域发展、产业发展、土地利用、城镇体系等多方面的内容。由于区域发展涉及自然、人文、社会、经济等诸多要素，每一要素的变动，都可能对区域规划与布局产生较大的影响。在多因素作用基础上制定的区域规划与布局具有基础性、区域性和综合性的特点。

区域经济一体化发展总是在一定的时间和空间中进行的，区域规划与布局最终要落实在特定的地域空间。生产力在一定范围内的分布与组合，构成一个国家或地区的经济布局。因此，区域规划与布局政策是指包括一定时期经济布局目标及其形成机制，保证布局目标得以实现的重大措施等在内的政策体系。区域规划和布局政策是各地区产业政策确定的前提与依据。

就促进区域经济一体化发展而言，区域规划与布局政策的主要任务是：根据不同经济区的现有生产力水平，针对各自的布局条件和特点，按照全国经济总体布局和经济发展战略总目标的要求，制定区域的经济发展战略，确定能够发挥当地比较优势的区域经济结构；合理配置区域内部不同规模、不同类型的产业基地和城镇体系；合理安排城乡间的经济联系，促进城乡一体化的发展。

二、区域经济一体化政策效果的评价

（一）区域经济一体化程度的测度

区域经济一体化的测度，理论上有两类方法：一是从过程上测度，即测度各区域间物质、能量、资本、技术等的流量。二是从结果上测度，即测度各区域生产率、价格水平，以及居民生活水平等的差异程度。

从过程测度的角度上说，区域经济一体化首要的就是实现地区市场一体化。当区域经济一体化还处在初级阶段，跨区域的实际经济活动主要集中在区际贸易或投资领域。因此，可选用区域贸易一体化指标来大致描述一个地区的区域经济一体化水平和发展状况。常用的区域贸易一体化指标包括：

1. 区域内贸易总比重

$$\frac{X_{AA}+M_{AA}}{X_A+M_A} \tag{19.1}$$

式中：X_{AA}和M_{AA}分别代表区域A的区域内输出和输入，X_A和M_A分别代表区域A的总输出和总输入。

2. 区域内贸易强度指数

$$\frac{X_{AA}+M_{AA}}{X_A+M_A} \div \frac{X_A+M_A}{X_W+M_W-(X_A+M_A)} \tag{19.2}$$

式中：X_W和M_W分别代表全国出口和进口。

3. 区域内贸易均比重

$$\frac{1}{n}\sum_{i=1}^{n}\left(\frac{X_{AAi}+M_{AAi}}{X_{Ai}+M_{Ai}}\right) \tag{19.3}$$

式中：X_{AAi}和M_{AAi}分别代表i地区区域内输出和输入，X_{Ai}和M_{Ai}分别代表i地区总出口和总输入，n为构成区域的城市数目。

这三个指示贸易一体化程度的指标各有特点。区域内贸易总比重计算简单，但无法很好指示区域贸易的地域偏向，也容易受到区域内经济规模较大城市的贸易地域模式的影响。区域内贸易强度指数可以指示区域贸易的地域偏向。区域内贸易强度指数等于1，表明属于该区域的贸易关系没有地域偏向。区域内贸易强度指数大于1越多，表明区域内贸易偏向越大。区域内贸易均比重可以减弱经济规模较大城市贸易地域模式对区域贸易一体化表征的影响，更好地反映区域的整体情况①。

就结果测度的角度来说，区域经济一体化涉及区域市场、规划、基础设施、体制、社会等多方面的一体化问题。在这种情况下，学者们通常习惯运用层次分析法来测量区域经济一体化程度。层次分析法

① 朱显平、邹向阳：《上海合作组织框架下的区域经济一体化进展与动力》，载《俄罗斯中亚东欧研究》，2010（3）。

(analytic hierarchy Process，AHP) 由美国运筹学教授 T. L. Saaty 在 20 世纪 70 年代提出，其优势在于利用层次结构，依据各个子指标的重要性来归总不同变量对总指标的影响，并且运用相对度量和成对比较的概念对不同的子指标在总指标中的权重给出更为准确的衡量。用层次分析法来测量区域经济一体化指标体系中各子指标的权重，并且进一步计算出目标变量的量值，主要遵循以下步骤：

第一步，建立层次结构模型。分析可能影响最终结果的各个因子及它们之间的相互关系，然后建立层次结构。将区域经济一体化定位于目标层，该目标层由市场一体化、规划一体化、基础设施一体化、体制一体化和社会一体化等若干一级变量来体现。规划、市场、基础设施、体制等一体化又包含若干个二级变量，最终通过可以获得的数据指标来表现指标变量，进而以综合指数表示区域经济一体化的总体水平。

第二步，对各变量进行标准化处理。指标体系设计中各个指标的衡量单位差别很大，尤其是定性指标，如区域合作协议、高速公路畅通性等，这类指标即使数量化了，其中心值和离散程度也无法和定量数据相比。为此，我们借用标准差值法将各变量标准化并最终得出可比较的区域经济一体化量值。为统一各衡量单位，标准差值法使用的标准差值依下列公式计算得来：

$$\theta = (V_{ij} - A_j) / S_j \quad (19.4)$$

$$S_j = \sqrt{\sum (V_{ij} - A_j)^2 / N} \quad (19.5)$$

式中：θ 为标准差值，V_{ij}是某一地区 i 在第 j 个指标下的观测值，A_j 是这个指标的平均值，S_j 是标准差。N 为观察中的地区总数。在指标体系中，依照上式求出标准化的指标值，然后再将其归总为更高一级的指标，最后得出区域经济一体化的量值。

（二）区域经济政策评估的一般程序

区域政策的制定、实施和评估一般要经历如下几个过程：提出需要解决的区域问题、确定一定时期要达到的目标、设计政策方案（包括目标、手段或工具、实施细则）、政策方案进行事前评估、选择政策方案、区域政策正式实施、政策效果评估。其中，区域政策的评估包括两个阶段，即事前评估和事后评估。区域经济政策的评估程序如图 19—3

所示。

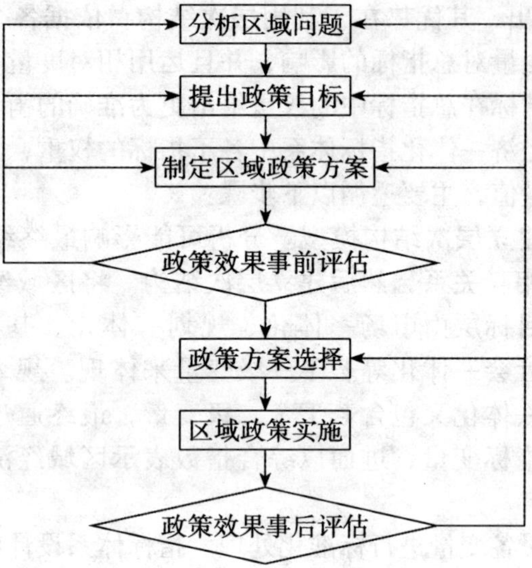

图 19—3 区域经济政策的评估程序

"事前评估"是一种预测性评估，是对已经设计的区域政策方案在未来实施过程中可能产生的结果进行预测、分析和评价。根据分析评价的结论，对原方案进行修改或调整，其中包括对先前的问题、目标、政策方案的再分析、再设计，并重新评价，最终提出比较满意的政策方案供决策部门抉择。由于"事前评估"通常需要邀请各方面专家学者和相关地区的代表，咨询对区域政策方案的意见，因此它也是体现政府决策民主化、科学化的重要环节。

"事后评估"简称"后评估"，是一种回顾性评估，即对区域政策实施以后实际产生的效果进行评价和综合分析。其主要任务是检查实际结果与预期目标是否吻合，通常可分为三种情形：效果好、效果一般、效果差。"效果好"表明实际结果与预期目标相吻合，甚至有可能超过预期；"效果一般"表明实际结果接近预期目标，但还有一定距离；"效果差"则说明实际结果没有达到预期目标，两者距离较远。

也就是说，区域政策评估的基本方法主要采用对比法，即将政策实施的实际结果与预期目标对比、与政策实施之前对比、与未实施政策的同类地区对比，通过这些对比可以反映区域政策实施效果的好坏或效果的大小。图 19—4 显示了对比法实际运用的三种情形。

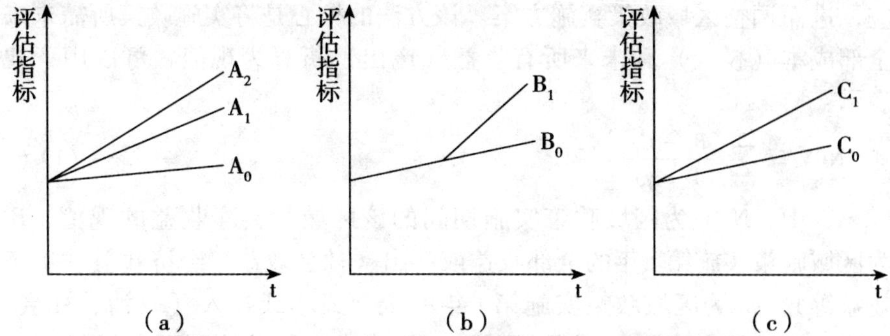

图 19—4　区域经济政策效应对比法评估示意图

图 19—4（a）表示一定时期内政策实施的实际效果与预期目标 A_1 的对比。A_0 反映出实际效果低于预测值，效果较差；而 A_2 则反映出实际效果高于预测值，政策效果好。图 19—4（b）表示政策实施后的实际效果与政策实施前相对比，说明如果没有区域政策，实际指标值的趋势为 B_0，而实施政策以后则发生了变化，比如实际指标值变为 B_1，显著好于 B_0。当然也可能没有显著变化。通常不会变得更差，即指标值小于 B_0。若发生这种情况，则很可能是客观条件出现大的变故，而不会是政策本身的问题。图 19—4（c）表示实施政策地区的实际结果 C_1，与没有实施政策地区 C_0 的对比，前者的指标值通常要大于后者，但政策效应究竟有多大，要通过对比才能做出判断。需要注意的是，没有实施政策的地区与实施政策的地区属于同一类型，如同属资源枯竭型地区，这样才有较强可比性①。

（三）评价区域经济政策的成本—效益分析法

区域经济政策的成本—效益分析方法，与其他分析方法相比，有三大特点：一是综合程度高，它需要对区域政策的所有成本和效益都进行分析。二是使用起来比较灵活，可用于事前评估也可以用于事后评估。

① 魏后凯：《现代区域经济学》，536～537 页，北京，经济管理出版社，2006。

三是尽管难度较大，但效果好。

成本—效益分析方法是对政策实施过程中所支付的成本（投入）和所产生的效益（产出）进行比较分析，并以此为基础评价政策的效应，进而调整区域政策实施方案。该方法的核心是将实施政策所需未来全部成本（投入）和未来所有收益（产出）折算为现值，可以用下式表示：

$$NPV = \sum_{t=0}^{n} \frac{B_t - C_t}{(1+\gamma)^t} \tag{19.6}$$

其中，NPV 为区域政策实施期间的该区域社会净收益的现值，B_t 为区域政策实施第 t 年的全部收益或产出（社会效益、经济效益、生态效益等），C_t 为区域政策实施第 t 年的全部成本或投入（政治、社会、经济、环境等方面），γ 为贴现率，n 为成本和收益达到预期增长率所需年份，为了消除在政策实施期间价格变动的影响，成本和收益都用基准年价格来表示。假定目前一个单位的投入，将来创造超过一个单位的价值，是该方法的核心思想。利用上面的公式来评价政策有效性时，B_t 包括所有的收益，C_t 包括所有的成本。当 NPV 大于零时，则该政策是有效的，当 NPV 小于零时，政策实施成本大于效益，政策是无效的，必须调整政策方案。

该方法应用的关键是成本—效益分析中成本和效益的确定。成本—效益分析中的投入成本一般包括：（1）政府财政支出；（2）企业支出成本；（3）机会成本。成本—效益分析中的效益（产出）一般由三部分组成：（1）新增经济产出和提高的收入；（2）新增就业机会创造的效益；（3）政府收入。新增产出和提高的收入，一般根据 GDP、人均 GDP 等指标来衡量，但根据区域政策的目标，也可以用表征经济发展水平的其他指标来衡量①。

区域经济一体化政策主要的目标是促进区域欠发达地区经济增长和收入提高以及扩大这些地区的就业，但收入状况对不同收入水平的城市或地区而言其意义不同，因而进行成本—效益分析时，对不同收入水平的城市或地区的成本和效益应给予不同的权重，然后再进行分析。同

① 安虎森：《区域经济学通论》，838~841 页，北京，经济科学出版社，2004。

时，区域经济一体化政策针对不同区域的政策目标或不同区域问题可能有所不同，各种投入与产出要素在构成区域政策成本与效益中的重要程度不同，故在进行成本—效益分析时，也应给予不同的权重。

参考文献

1. 顾朝林：《城市经济区理论与应用》，长春，吉林科学技术出版社，1991。

2. ［美］埃德加·M. 胡佛：《区域经济学导论》，郭万清等译，上海，上海远东出版社，1992。

3. 杨吾扬：《高等经济地理学》，北京，北京大学出版社，1997。

4. 魏后凯：《区位决策》，广州，广东经济出版社，1998。

5. 周克瑜：《走向市场经济——中国行政区与经济区的关系及其整合》，上海，复旦大学出版社，1999。

6. 朱保华：《新经济增长理论》，上海，上海财经大学出版社，1999。

7. 张文忠：《经济区位论》，北京，科学出版社，2000。

8. 孟庆红：《区域优势的经济学分析》，成都，西南财经大学出版社，2000。

9. ［美］迈克尔·麦金尼斯：《多中心体制与地方公共经济》，毛寿龙、李梅译，上海，上海三联书店，2000。

10. 陆军：《城市外部空间运动与区域经济》，北京，中国城市出版社，2001。

11. 张可云：《区域大战与区域经济关系》，北京，民主与建设出版社，2001。

12. 陈计旺：《地域分工与区域经济协调发展》，北京，经济管理出版社，2001。

13. 王缉慈等：《创新的空间——企业集群与区域发展》，北京，北京大学出版社，2001。

14. 魏后凯：《中国外商投资区位决策与公共政策》，北京，商务印书馆，2002。

15. 盖文启：《创新网络——区域经济发展新思维》，北京，北京大学出版社，2002。

16. 郭鸿懋等：《城市空间经济学》，北京，经济科学出版社，2002。

17. 朱舜：《行政区域经济结构与增长》，北京，经济科学出版社，2003。

18. ［美］S. 米尔斯：《区域和城市经济学手册》，郝寿义等译，北京，经济科学出版社，2003。

19. 邓翔：《经济趋同理论与中国地区经济差距的实证研究》，成都，西南财政大学出版社，2003。

20. 朱文晖：《走向竞合——珠三角与长三角经济发展比较》，北京，清华大学出版社，2003。

21. 蔡昉等：《劳动力流动的政治经济学》，上海，上海三联书店、上海人民出版社，2003。

22. 姜德波：《地区本位论》，北京，人民出版社，2004。

23. 梁琦：《产业集聚论》，北京，商务印书馆，2004。

24. 李国平：《首都圈——结构、分工与营建战略》，北京，中国城市出版社，2004。

25. 朱英明：《城市群经济空间分析》，北京，科学出版社，2004。

26. ［日］藤田昌久等：《集聚经济学——城市、产业区位与区域增长》，刘峰等译，成都，西南财经大学出版社，2004。

27. 陈秀山：《区域经济理论》，北京，商务印书馆，2004。

28. 于涛方：《城市竞争与竞争力》，南京，东南大学出版社，2004。

29. 安虎森：《区域经济学通论》，北京，经济科学出版社，2004。

30. 曹荣湘：《蒂布特模型》，北京，社会科学文献出版社，2004。

31. 刘乃全：《劳动力流动对区域经济发展的影响分析》，上海，上海财经大学出版社，2005。

32. 王兴平：《中国城市新产业空间——发展机制与空间组织》，北京，科学出版社，2005。

33. ［美］保罗·克鲁格曼等：《空间经济学——城市、区域与国际贸易》，梁琦等译，北京，中国人民大学出版社，2005。

34. 杨宝良：《我国渐近式改革中的产业地理集聚与国际贸易》，上海，复旦大学出版社，2005。

35. 周琳琅：《统筹城乡发展理论与实践》，北京，中国经济出版社，2005。

36. 郑伯红：《现代世界城市网络化模式研究》，长沙，湖南人民出版社，2005。

37. 魏后凯：《现代区域经济学》，北京，经济管理出版社，2006。

38. 张弥：《城市体系的网络结构》，北京，知识产权出版社，2007。

39. ［英］哈维·阿姆斯特朗：《区域经济学与区域政策》，刘乃全等译，上海，上海人民出版社，2007。

40. 高帆：《交易效率、分工演进与二元经济结构转化》，上海，上海三联书店，2007。

41. ［美］尼尔·R. 皮尔斯：《现代城邦——美国城市如何在世界竞争中崛起》，陈福军等译，大连，大连出版社，2008。

42. 胡彬：《区域城市化的演进机制与组织模式》，上海，上海财经大学出版社，2008。

43. 金钟范：《中国城市体系外向性发展与结构特征》，上海，上海财经大学出版社，2008。

44. 张军、周黎安：《为增长而竞争——中国增长的政治经济学》，上海，格致出版社，2008。

45. 王飞：《创新的空间扩散》，北京，知识产权出版社，2008。

46. 郭茜琪：《制度视角：从产业同构走向产业分工》，北京，中国财政经济出版社，2008。

47. 陈建军：《要素流动、产业转移与区域一体化》，杭州，浙江大学出版社，2009。

48. 刘修岩：《市场潜能、经济集聚与地区差距》，南京，南京大学出版社，2009。

49. 张学良：《交通基础设施、空间溢出与区域经济增长》，南京，南京大学出版社，2009。

50. 梁琦：《分工、集聚与增长》，北京，商务印书馆，2009。

51. 张闯：《中国城市间流通网络结构及其演化：理论与实证》，北京，经济科学出版社，2009。

52. 陈金祥：《中国经济区空间演化机理及持续发展路径研究》，北京，科学出版社，2010。

53. 叶飞文：《中国经济区比较》，北京，社会科学文献出版社，2010。

54. 魏后凯：《中国区域经济的微观透析——企业迁移的视角》，北京，经济管理出版社，2010。

55. ［美］菲利普·麦卡恩：《城市与区域经济学》，李寿德、蒋录全译，上海，格致出版社，2010。

56. 余东华：《地方保护论：测度、辨识及对资源配置效率的影响研究》，北京，中国社会科学出版社，2010。

57. 刘彩虹：《整合与分散——美国大都市区地方政府间关系探析》，武汉，华中理工大学出版社，2010。

58. 张永安：《区域经济一体化理论与实践》，上海，格致出版社、上海人民出版社，2010。

59. 邹璇：《要素流动、产业转移与经济增长：空间经济学框架下的理论探索》，北京，经济科学出版社，2011。

60. 党耀国等：《区域产业结构优化理论与实践》，北京，科学出版社，2011。

61. 宁越敏、武前波：《企业空间组织与城市—区域发展》，北京，科学出版社，2011。

62. 李杰义：《农业产业链视角下以工促农的机制研究》，北京，中国经济出版社，2011。

63. 段娟、鲁奇、文余源：《我国区域城乡互动与关联发展综合评价》，载《中国人口·资源与环境》，2005（1）。

64. 张竞竞、陈正江、杨德刚：《城乡协调度评价模型构建及应用》，载《干旱区资源与环境》，2007（2）。

65. 杨开忠：《中国区域科学的回顾》，载《中国区域经济》，2010（1）。

66. 杨开忠：《基于自组织理论的两种城市空间结构动态模型比

较》，载《经济地理》，2002（3）。

67. 王夏阳：《契约激励、信息共享与供应链的动态协调》，载《管理世界》，2005（1）。

后 记

摆在读者面前的这本书，是在我的“区域经济学讲义”的框架体系上经过修正和扩充而写成的。随着区域理论和实践的发展，这些年来，在课堂教学中，我们以不同方式对相关知识的新进展进行了探讨，尽可能地弥补讲义内容上的不足。但是，总觉得这些零星的讲授，只是区域经济理论的一些“片断”，不成系统。早就想编写本书，但苦于对近年来我国出现的纷繁芜杂的区域现象缺乏深入研究和对相关区域理论缺乏系统而缜密的思考，因此迟迟不敢动笔。时至今日，本书已付梓，我们的内心仍是忐忑不安，担心书中存在错误误导了读者。

为了保证教材的严谨性、权威性以及对现实的解释力，我们尽可能地汲取了近年来国内外区域经济的最新研究成果。就教材的体系结构而言，我们打破现行教材大多秉承西方新古典经济学的逻辑，从城市与区域互动关系这一视角入手，进行布局谋篇。这可看做是本书的主要特色之一。另一个特色是本书内容的“本土化”。我们所要讨论的大多是我国区域经济发展过程中被广泛关注的问题。比如，新城市区、产业集群、产业链网络、地方保护主义、城市竞争与合作、区域资源整合、大都市区等。这些内容在传统的区域经济学教材中涉及的并不多。本书在吸纳大家公认的研究成果的基础上，对这些问题做出了经济学的解释。从这个意义上说，本书的内容是与时俱进的，是有一定前瞻性的。不过，这部分内容又往往都是一些处于探讨中的问题，有些可能还不十分成熟。提出这些问题，是为了引导学生们关注中国的区域发展实践，将这些问题的研究引向深入。

冯云廷

2013 年 1 月于东财园

后记